AUROVILLE,
OU LA QUÊTE D'UN
NOUVEAU MONDE

Discovery Publisher

Titre original : *Auroville, or the quest for a better world*
©2019, Discovery Publisher
All rights reserved.

Pour l'édition française :
©2019, Discovery Publisher
Avec l'aimable autorisation de Auroville Press
Tous droits réservés.

Aucune partie de ce livre ne peut être reproduite ou utilisée sous aucune forme ou par quelque procédé que ce soit, électronique ou mécanique, y compris des photocopies et des rapports ou par aucun moyen de mise en mémoire d'information et de système de récupération sans la permission écrite de l'éditeur.

Auteurs : Christine Devin & un collectif d'auteurs
Traductrice : Christine Devin

616 Corporate Way
Valley Cottage, New York, 10989
www.discoverypublisher.com
edition@discoverypublisher.com
facebook.com/discoverypublisher
twitter.com/discoverypb

New York • Paris • Dublin • Tokyo • Hong Kong

TABLE DES MATIÈRES

Auroville, ou la quête d'un nouveau monde   9
   Auroville, c'est...   11

Première partie : Retournements   15
   Remerciements   17
   Avant-Propos   19
   Viens en Inde, maintenant !   21
   « Mère vous interdit de quitter l'armée »   33
   Out of Africa   41
   Où sont-ils, les problèmes ?   49
   Construire la vraie chose   55
   Un groupe de musique tribale   65
   Et le silence mental, vous en êtes où ?   76
   Comme si on était arrivé chez soi   85
   Je ne peux faire un pas sans Toi   97
   Un sourire qui venait de mon cœur   108
   Nous t'envoyons en Inde   118
   Qu'est-ce que la vérité ?   128
   Combien envoie-t-il à sa famille ?   133

Où est la cité pour mes enfants ?	141
Que tu m'acceptes ou pas	148
À la recherche d'un restaurant français	153
La Mère de Sri Aurobindo	164
Au bord d'un autre monde	171
Je me suis senti retourné	180
Ce n'est pas *mon* énergie	189
Où sont les gourous ?	196
La cité de ma vie	203
L'Histoire contemplait ce moment	213
Comme une page blanche	225
À 8h, la porte s'ouvre...	230
Liberté totale !	238
Elle m'a offert ses mains	249
Deuxième partie : Auroville, et si c'était une smart city	257
Préface	259
Introduction	261
Technologie et qualité de vie	265
Auroville	271
La Terre	276
La forêt de la Sadhana	277
Produire de la fertilité	282

Un jardin de cailloux — 291

Une ressource commune — 294

L'énergie — 301

Le solaire à Auroville — 302

Un réseau intelligent — 308

Contrôle à distance — 318

Des salades « smart » — 323

Projet d'irrigation intelligente — 325

Recyclage des eaux usées — 327

La communauté — 331

À l'école de l'avenir — 332

État des lieux — 338

Une coopérative pour tous — 340

Une histoire qui dure — 344

Approche globale — 349

Les secrets de l'eau — 353

Un prototype que l'on visite — 357

De bons microbes — 362

Mens sana in corpore sano — 366

Les soucoupes volantes arrivent — 373

Au-delà des différences — 376

Le rayonnement — 378

Des écoles pour tous — 379

Stratégie bénéfique de part et d'autre — 381

Des femmes en action — 385

Un éco-parc à Chennai — 391

Formations sur mesure — 395

Des soins pour tous — 401

Plus d'hygiène, moins de pollution — 404

Au nom de la terre — 409

AUROVILLE,
OU LA QUÊTE D'UN
NOUVEAU MONDE

Auroville, c'est...

Auroville, 1968, une vieille dame qui ne sort plus de sa chambre, située dans un ashram de l'Inde du Sud, invite les jeunes du monde entier à une grande aventure. Il s'agit de bâtir une ville dont elle définit ainsi la Charte:

Auroville n'appartient à personne en particulier. Auroville appartient à toute l'humanité dans son ensemble. Mais pour séjourner à Auroville, il faut être le serviteur volontaire de la Conscience Divine.

Auroville sera le lieu de l'éducation perpétuelle, du progrès constant, et d'une jeunesse qui ne vieillit point.

Auroville veut être le pont entre le passé et l'avenir. Profitant de toutes les découvertes extérieures et intérieures, elle veut hardiment s'élancer vers les réalisations futures.

Auroville sera le lieu des recherches matérielles et spirituelles pour donner un corps vivant à une unité humaine concrète.

Étonnamment, des jeunes répondent présents, et l'aventure commence.

L'*ashram*, c'est la communauté de disciples réunis autour du grand révolutionnaire, poète et visionnaire de l'évolution, Sri Aurobindo. Cette dame âgée, qu'on appellera *la Mère*, c'est une Française qui a travaillé aux côtés de Sri Aurobindo pendant plus de trente ans. En 1968, Sri Aurobindo n'est plus, mais la Mère est toujours à la tête de l'Ashram et c'est elle qui lance ce projet plutôt insensé, disons-le, d'Auroville.

L'idée de rassembler en un volume ce qui à l'origine était deux publications presque aux antipodes l'une de l'autre peut sembler étrange. Et pourtant il y a dans le rapprochement inattendu de ces deux perspectives sur Auroville, une logique profonde.

Dans la *Genèse du Surhomme*, Satprem décrit les différentes étapes dans le chemin proposé par Sri Aurobindo et la Mère : il parle de l'entrée progressive dans un mode de fonctionnement différent, dans un mode de compréhension et de perception qui n'a rien à voir avec la manière ordinaire ; il évoque une nouvelle conscience à l'œuvre dans le monde, à laquelle chacun peut se brancher et grâce à laquelle, sans être un grand sage ou un être « spirituel », on peut faire l'expérience d'une manière différente d'agir — on peut toucher les ressorts d'une harmonie secrète cachée dans toute chose. Parmi ce qu'il appelle « les règles d'or » de ce passage vers la transformation des habitudes de l'être humain, il en est une qu'il définit ainsi : de l'intérieur vers l'extérieur.

Ce livre, composé de deux récits distincts *Retournements* et *Auroville, est si c'était une smart city*, pourrait bien être : de l'intérieur vers l'extérieur.

L'intérieur, c'est ce qui a fait venir ces jeunes du monde entier dans les années 60 sur une terre qui allait s'appeler Auroville : quelquefois la lecture d'un passage de Sri Aurobindo, quelquefois un lien direct ou indirect avec la Mère — mais surtout, à la suite de cela et au-delà de cela, *toujours*, un contact dans leur propre cœur avec quelque chose d'ineffablement bouleversant qui leur murmurait qu'une autre vie était possible et que cette douleur qu'ils avaient toujours sentie dans un coin secret d'eux-mêmes n'était que la soif, le besoin, de cette autre vie. Oui, c'était possible, une transformation radicale était possible, un retournement de tout l'être était possible. Un retournement, au sens littéral, comme on retourne un gant. Ces jeunes ont répondu à l'appel de la Mère, se sont installés sur ces terres désertiques du sud de l'Inde et se sont mis à travailler pour bâtir une ville, ou plutôt, à travers la construction d'une ville, en vue de bâtir un être humain différent. Ce sont les racines de toute l'aventure.

Ces jeunes aux allures de hippie, laissons-les s'activer devant leurs huttes, sous un soleil de plomb, pieds nus sur la terre rouge et, si vous le voulez, faisons un bon en avant de cinquante ans...

Bienvenue à Auroville, nous sommes en 2019, la terre est toujours rouge, bien que le vert des arbres prédomine maintenant, les jeunes ont vieilli, mais sont entourés de leurs enfants et petits-enfants, et d'autres individus qui n'ont cessé de les rejoindre au fil des ans. Environ 3 000 individus habitent ici à l'heure actuelle, répartis dans près de cent communautés. Est-ce à dire qu'Auroville mérite à présent son nom de « ville » ? Au sens habituel, non, certes, le contexte est encore rural, l'habitat est dispersé, nous sommes loin d'une vie « citadine ». On pourrait presque dire qu'Auroville est « un gros village ». Mais dans ce village, il se passe des milliers de choses, il bouillonne d'évènements, de réalisations et de réflexions auxquelles on ne peut s'attendre que dans une ville : des expositions artistiques, des marathons internationaux, toutes sortes d'expériences et de stages de formation sur des techniques alternatives, des recherches architecturales, sur la santé, sur certaines techniques corporelles, des innovations concernant l'artisanat, l'éducation ou la construction, des débats sur l'économie, le planning urbain, les différences culturelles, etc. Ceci n'est pas un hasard. Ceci est un aboutissement de cela. De la graine plantée en 1968, il y a eu floraison. Aboutissement temporaire, très partiel. Floraison modeste, nous en convenons. Néanmoins, ces quelques expériences relatées dans la deuxième part de ce livre sont tout de même la preuve concrète que l'aventure commencée en 1968 est toujours vivante, créatrice, pleine de sève et d'énergie, qu'elle est toujours passionnément à la recherche d'elle-même.

Auroville a-t-elle réussi à devenir le berceau d'un homme radicalement différent, obéissant à son être intérieur plutôt qu'aux compulsions ordinaires, non, bien sûr, et personne ne le prétend.

Cependant la Charte d'Auroville, la souveraine invisible de cette ville pas comme les autres, est bien loin d'avoir dit son dernier mot. Elle est présente, vivante, active. Elle continue à inspirer, elle continue à agir, et continuera à agir — de l'intérieur vers l'extérieur.

—Christine Devin

PREMIÈRE PARTIE :
RETOURNEMENTS

Ont participé à la conception et réalisation de ce livre : Alain Bernard, Serge Brelin, Luisa Meneghetti, Hervé Millet.

Coordination : Christine Devin.

Nous remercions les Auroviliens qui nous ont donné des photos pour illustrer certains textes : Charlie, Grazi, Janaka, big Jocelyn, little Jocelyn, Claude, Gérard, Judith, Krishna, Paulette, Paul Vincent, Poppo, Rakhal, Roy et Vijay.

Nous remercions Karsti Stiege pour sa photo de Dharamsala, et Giorgio Molinari pour sa photo du feu.

Nous devons beaucoup à Dominique Darr, sans laquelle la beauté de certains instants uniques d'Auroville aurait été perdue à jamais.

Un merci très spécial à Olivier Barot, à Gilles Guigan et aux Archives d'Auroville.

Nous remercions Vardharajan qui nous a permis de reproduire des extraits d'une causerie de Mahalingam publiée dans le livre *Darshan*.

Remerciements

À : Big Jocelyn, Krishna et Kamala Tewari, Tim Wrey, Gloria, Piero, Johnny, Gérard, Judith, Thomas, André Hababou, Charlie, Janaka, Mahalingam, Jocelyn Brynhild, Pierre Elouard, Francis, Claude Arpi, Bhagwandas, Frederick, Roy, Vijay, Poppo, Rod, Janet, Paul Vincent, Shyama, Patrick et Heidi.

Je remercie tous ces Auroviliens d'avoir bien voulu ouvrir leur mémoire et leur cœur pour ce livre. Cette publication n'aurait pu voir le jour sans leur fraternelle collaboration.

Tout au long des interviews, je n'ai jamais senti chez aucun d'entre eux la moindre hésitation à dévoiler leur vie, leurs expériences, leurs souffrances et même leurs lacunes. J'ai adoré l'humour avec lequel ils ont évoqué leur naïveté ancienne et leur stupéfaction à se voir embarquer dans une histoire immense à laquelle ils ne comprenaient pas grand-chose.

Il leur arrivait parfois, racontant leurs aventures intérieures et extérieures, d'être saisis d'une émotion soudaine et profonde qui les transportait (eux et ceux qui les écoutaient) dans le domaine d'Agni, le dieu brûlant de l'aspiration.

J'ai essayé d'être aussi fidèle et exacte que possible en corrigeant ou traduisant les transcriptions. Toute erreur est mienne.

—Christine Devin

Krishna Tewari nous a quittés il y a deux ans. Que son amour et son exigence pour Auroville nous accompagnent.

Avant-Propos

Contrairement aux apparences il ne s'agit pas, avec ce recueil d'histoires, de contempler le passé.

Les expériences relatées ici par des hommes et des femmes dont la plupart vivent à Auroville depuis environ cinquante ans, sont le roc sur lequel est fondée leur existence en ce lieu. C'est ce qui les a poussés à s'embarquer dans cette aventure, mais aussi, plus important peut-être, c'est ce qui, chaque jour, donne signification et valeur à leur présence en dépit de multiples orages ou avaries.

Certains observateurs s'étonnent parfois du fait qu'Auroville existe toujours alors que de nombreuses autres communautés nées à la même époque ont disparu. Ces interviews mettent en lumière la raison profonde de ce fait remarquable : un jour, il y a de cela plus de cinquante ans, une vieille dame est allée chercher ces hommes et ces femmes là où ils étaient, à l'intérieur d'une prison française, dans le désert de l'Arizona, dans l'armée indienne, dans un village du Tamil Nadu, parmi un groupe de hippies londoniens, sur les contreforts de l'Himalaya, sur un trottoir de Paris ou de Munich, et elle les a tirés par un fil invisible jusqu'à ce qu'ils se retrouvent, sans y rien comprendre, sur une terre rouge où il n'y avait rien.

Au-delà des circonstances personnelles et des particularités de chacun, ces histoires sont un rappel vivant du formidable big-bang de la naissance d'Auroville. Plus on se rapproche de ce point, plus on sent la terre vibrer.

J'ai posé à ces Auroviliens une seule question : comment vous a-t-elle attrapés et conduits jusqu'ici ? À chaque fois je me suis émerveillée de constater que la réponse à cette simple question me connectait intérieurement à une vibration puissante. La même chose se produisait lorsque je demandais à des personnes autour de moi de lire les transcriptions. C'est alors que j'ai réalisé que ces histoires devaient être mises à la disposition de tous ceux qui le voulaient à Auroville et ailleurs.

> Tu es allumé, o Feu, par le feu
> Toi, qui es le voyant illuminé est allumé
> Par celui qui est illuminé,
> Compagnon, tu es allumé par ton compagnon.

—Christine Devin

Viens en Inde, maintenant!

Un entretien avec Jocelyn

C'était en avril 1968. Je vivais en Arizona. J'étais hippie à l'époque et je passais des moments formidables là-bas : les amis, le désert, les montagnes, etc. Un jour je devais aller avec une amie chez quelqu'un dont la maison s'appelait « Maison de la Colline ». Il n'y avait personne à l'intérieur mais comme nous étions très proches de la personne qui vivait là, nous sommes entrées pour l'attendre. Je me suis assise dans un fauteuil profond et confortable. Mon amie s'est assise à côté et nous sommes restées là très tranquillement. Il y avait un tableau en face de moi. Une peinture abstraite presque entièrement dans les verts. J'étais assise là et… le tableau a disparu. Le mur a disparu. La maison a disparu. Et puis j'ai vu deux yeux très puissants et j'ai entendu une voix qui me disait : « Viens en Inde maintenant ! » Cette chose [mon corps] avait pratiquement disparu mais je pouvais quand même sentir mon cœur et mon cerveau. J'ai donc à peu près répondu : « Mais je n'ai pas d'argent, je suis enceinte de deux jours… » Cette voix est revenue comme si ce que j'avais dit n'avait aucun sens : [ton impérieux] « Viens en Inde maintenant ! » Quelqu'un est alors arrivé à la porte, et je suis rentrée dans la maison pour ainsi dire. Mon amie qui était assise près de moi m'a dit :

« Mais qu'est-ce qui s'est passé ?

— Qu'est-ce que tu veux dire ?

— C'était si étrange ! »

Je n'avais jamais entendu parler de Mère ni de Sri Aurobindo.

Seulement, en février 1968, il m'était arrivé quelque chose. J'étais partie seule dans le désert. Vous savez, j'étais un peu en avance sur mon temps. Maintenant les gens partent pour ce qu'on appelle une *vision quest* ; je ne savais rien de ce qu'était une vision quest, mais j'étais partie seule dans le désert, avec un sac de riz complet et un paquet de gomasio, pour vivre dans une petite caravane que possédait un ami à moi sur un terrain là-bas. Je n'avais rien emporté d'autre, pas de drogues, pas de cigarettes, rien. Je voulais être tranquille, je ne savais pas où j'en étais de ma vie (quand j'ai découvert ce qui m'arrivait, je l'ai su encore moins!). Donc j'ai passé là huit jours, ne voyant personne, ne parlant à personne. Je ne savais rien de la méditation mais en fait je ne faisais que cela, méditer. La nuit précédant le 28 février, j'ai eu une vision. C'était incroyable. Une des plus belles expériences de ma vie. J'ai cru que c'étaient des extra-terrestres. Différentes sortes de personnes se rassemblant dans une espèce d'amphithéâtre, un espace circulaire, des gens qui participaient à une sorte de cérémonie, mais tous très différents, des couleurs différentes, des formes différentes, des vêtements différents, complètement différents de tout ce que j'avais pu voir en Amérique. J'ai vraiment cru que ça avait à voir avec des gens venus de l'espace. Je ne comprenais pas.

Et puis en avril : « Viens en Inde maintenant ! »

Bien sûr, tous les hippies parlaient de l'Inde et de gourous. Bon, je suis censée aller en Inde. Mais d'abord je devais aller sur la côte Est à cause du mariage de ma sœur. Je suis à New York, et je suis perdue et je ne sais pas quoi faire. Je cherche la liste des ashrams dans l'annuaire de téléphone de New York. Et je tombe sur un « Sri Aurobindo Ashram ». Donc je fais le numéro de l'Ashram Sri Aurobindo à New York :

« Allo, j'aurais besoin de parler au gourou.

— Euh, désolés mais ce n'est pas possible.

— Non mais c'est très sérieux, je vous assure que j'ai besoin de parler au gourou.

— Désolés, on ne peut rien pour vous. »

Voilà.

Alors j'ai fait tous ces voyages, j'ai été en Espagne, au Maroc. Binah est née à Berlin. J'ai voyagé en Grèce puis je suis arrivée en Inde. J'étais là, j'ai passé la frontière Pakistan-Inde et... Bon, quelqu'un m'avait dit : « Viens en Inde maintenant », mais... l'Inde, c'est un grand pays, avec beaucoup de gens ! On ne m'avait donné aucun nom, aucune adresse, juste : « Viens en Inde maintenant ». Je me suis dit que j'étais vraiment stupide et un peu folle. Je suis donc allée au Cachemire. J'ai séjourné dans un ashram là-bas, un gourou très intéressant. Je suis allée à Katmandou, où j'ai rencontré quelqu'un qu'on appelait The Father. Un jour, il fallait que je m'absente un moment, j'ai donc laissé ma fille, Binah, dans la pièce avec ce Father, qui était censé être un maître spirituel, et quand je reviens (je n'étais pas partie depuis cinq minutes), le bébé est sur le sol en train de manger des

Udavi : on reconnaît Jocelyn assise au milieu (lunettes de soleil) et Vijay à droite.

saletés. J'ai disjoncté. Si c'est ça la spiritualité, si c'est ça l'Inde, je n'en veux pas, je n'ai rien vu ici de spirituel que je ne peux pas faire mieux en Amérique, je m'en vais ! J'en ai assez de l'Asie. Et comme je me préparais à partir, Francis N. était assis au rez-de-chaussée. Je lui dis :

« Je m'en vais !

— Où ?

— Ceylan.

— C'est un long voyage. Si tu veux souffler entre Katmandou et Ceylan, arrête-toi à Pondichéry, il y a un ashram là qui est comme un club de vacances.

— C'est sur la plage ?

— Oui, c'est sur la plage.

— Oh, j'adore la plage, je vais m'arrêter là quelques jours, juste pour couper le voyage. »

Je suis partie de Katmandou. A Madras je ne me souvenais plus du nom Pondichéry. Le train venant de Patna était arrivé le matin, et le train à destination de Colombo ne partait que le soir. Dans la salle d'attente il y avait quelques Françaises. Je leur ai demandé : « Il n'y aurait pas un ashram pas loin d'ici sur la plage ? » Elles m'ont dit : « Ah ! Pondichéry ! » J'ai dit que j'allais prendre le train. « Non, prends le bus, c'est seulement quelques heures. » J'ai pris un bus, je suis arrivée à l'arrêt de bus de Pondichéry et j'ai pris un rickshaw pour l'Ashram.

Madhav Pandit était déjà parti pour le déjeuner, donc il a fallu que j'attende… L'endroit était… À cette époque j'avais voyagé beaucoup pendant des années, le Moyen-Orient, Mexico, l'Europe, le Népal, le Maroc. Mais je n'avais jamais vu un endroit pareil, avec cette lumière qu'il y avait à l'Ashram en 1969. L'endroit était lumineux. Il y avait tous ces sadhaks qui étaient assis, qui vous offraient un siège, il y avait des fleurs partout. Les ashrams que j'avais visités n'avaient rien à voir avec ça. Puis ils m'ont logée dans la guesthouse Castelini, où habitait John Kelly.1 John m'a raconté toutes ses expériences miraculeuses avec la Mère et Sri Aurobindo. J'ai trouvé ses histoires formidables. Je n'en croyais pas un mot, mais en tant qu'histoires, elles étaient géniales. Il y avait là aussi Ananta, qui sortait juste de l'asile de Jipmer. Un brahmane américain de Boston qui vivait à l'Ashram depuis 1963. C'est lui qui est Bjorn dans *Le Sannyasin*. Il m'a emmenée dans son île, qui était d'une beauté inimaginable. Et puis John m'a fait rencontrer Maggi Lidchi qui est une personne si remarquable.

Et pendant tout ce temps, je suis bloquée à Pondichéry car j'attends de l'argent.

15 août. Le jour du Darshan. Je vais à l'Ashram à 10 h du matin, avec ma fille dans mes bras pour la méditation, et on m'arrête à la porte : « Non, non, pas d'enfants. » Hein ? Je retourne à la guesthouse, je m'assieds en face d'une photo de Sri Aurobindo et – on ne va pas me croire – il m'a souri. J'étais…

Le lendemain ou le surlendemain, j'ai reçu un message : « Il est temps pour vous de quitter la guesthouse, vous aviez la permission de rester jusqu'au Darshan. Le Darshan est fini. Vous devez vous en aller. » J'ai donc décidé d'aller à Ceylan et, de là, de repartir en Amérique. Mais j'attendais toujours un chèque. Donc je quitte la guesthouse et je prends une chambre à

---

1. John Kelly, soldat américain appartenant à la fameuse Easy Company pendant la seconde guerre mondiale. Pendant les batailles de 44-45, au milieu d'explosions terribles, il fut guidé à chaque pas par une voix et par deux yeux qu'il reconnaîtrait plus tard comme la voix et les yeux de Sri Aurobindo. Maggi Lidchi racontera cette histoire étonnante et vraie dans son livre *The Light that Shone into the Dark Abyss*. (NdE)

l'hôtel Quality dans le parc. Je n'avais dit à personne où j'étais, je n'avais jamais écrit à Mère, je n'avais jamais essayé de l'approcher. Je libère donc ma chambre le matin et je m'installe à l'hôtel Quality.

4h de l'après-midi : Maggi Lidchi vient me voir et me dit : « J'ai un message de Mère pour vous : ne vous inquiétez pas pour l'argent, vous pouvez utiliser tous les services de l'Ashram et d'Auroville, Amour et Bénédictions, Mère »

Je n'avais jamais essayé de communiquer avec elle !

Je l'avais juste vue au Darshan le 15 août : j'étais dans la rue avec des milliers d'autres personnes, et elle était venue me voir, et elle m'avait dit : « Prends soin de Binah », mais j'avais cru que c'était mon imagination... et puis maintenant je recevais ce message : « Vous pouvez utiliser tous les services de l'Ashram et d'Auroville, Amour et Bénédictions, Mère. » C'était bizarre ! Et j'ai dit [comme quelqu'un qui ne croit à rien de tout ça] : « Je vous remercie, Maggi, mais je vais recevoir un chèque dans un jour ou deux et puis je pars à Ceylan. Ravie d'avoir fait votre connaissance. »

Deux ou trois jours plus tard, je suis à la poste de l'Ashram et au moment où je sors je tombe sur Maggi, qui me dit : « Mère vient de me dire qu'elle vous verra à votre retour de Ceylan. » Je n'avais aucune intention de revenir de Ceylan !! Mais bon, au lieu de partir directement de Ceylan pour les Etats-Unis, j'ai décidé de repasser par Pondichéry.

Quelqu'un m'avait dit que Mère recevait les gens le jour de leur anniversaire. Or, vous savez, je suis toujours gourmande. Donc je m'étais dit (puisque je revenais vers le début octobre – et que ma fête est le 13) que peut-être elle pourrait me voir maintenant et une *deuxième* fois le jour de ma fête.

Je reviens de Ceylan. Je vais voir Maggi et je lui dis : « Je suis de retour, quand puis-je voir Mère ? » Elle me répond : « Mère a dit qu'elle vous verrait *le jour de votre anniversaire.* »

Quand je suis allée la voir le jour de mon anniversaire, je pensais encore à m'en aller. Elle m'a regardée et elle m'a dit : « Reviens avec Binah pour son anniversaire. » C'est là que j'ai décidé que je ne partirais pas.

Bien entendu, c'était « impossible » de rester, je n'avais qu'un visa de tourisme, etc. Mais je ne m'inquiétais pas. Il n'y avait pas d'autre réalité dans le monde de Mère que Mère. Tout le reste, c'était seulement des circonstances qu'elle arrangeait comme elle voulait.

Elle était fantastique, super-fantastique. Quand je suis arrivée dans sa chambre la première fois, mon mental s'est arrêté totalement. J'étais si stupéfiée. Mais quand j'en suis ressortie, je ne pouvais pas descendre l'escalier. Je ne voulais pas descendre l'escalier. Je ne voulais jamais avoir à descendre l'escalier. Tout ce que j'avais jamais désiré dans ma vie était là, dans cette chambre. C'était quelque chose de complètement inexplicable. J'avais vu tous les grands gourous, Sai Baba et Babaji et Gurumayi et Anandamayi. Je n'avais jamais rien vu comme Mère. Elle était… Ah! La vibration la plus merveilleuse qu'on puisse imaginer! Vous ne pouvez pas imaginer la vibration. Les gens disent: «Oh, je fais le yoga de Mère.» C'est… mais vous n'avez pas la moindre idée! Ou bien quand des gens utilisent Mère pour faire des dogmes… Mère n'a jamais dit des choses pareilles, elle n'a jamais fait des choses pareilles, elle était Douce Mère, elle était la plus douce, la plus merveilleuse personne que j'aie jamais rencontrée. Excepté peut-être Sri Aurobindo. Mais je ne l'ai jamais rencontré physiquement, je le connais seulement sous une forme subtile.

Et je vous le dis. Il n'y avait qu'une règle quand Mère était à Pondichéry: Bonne volonté envers tous. La bonne volonté est la base de la paix et de l'harmonie. Et sans paix et harmonie, disait-elle, le divin ne peut pas se manifester.

Je suis quelqu'un à qui on a toujours dit: «Va-t-en! Tu ne fais pas partie d'ici, va-t-en!» Si les gens insistaient trop, alors elle intervenait toujours. Toujours. Si souvent! C'en était presque drôle. Parce que j'étais naïve en quelque sorte, je ne suis pas assez maligne pour essayer de voir comment… Mais je n'avais pas à m'inquiéter. Elle était toujours là pour moi, elle était comme un bouclier autour de moi, un bouclier de 360 degrés – mais sans rien de dur, quelque chose de merveilleux.

Une fois je suis allée la voir. J'avais eu un chagrin d'amour. Je me sentais mal et je m'apitoyais sur moi-même. Il y a des gens qui pleurent encore vingt ans après… Je suis allée voir Mère et je portais une robe de soie, de la soie d'occasion, couverte de rubans, c'était monstrueux. Je suis entrée, et elle s'est mise à rire, et je me suis mise à rire avec elle, et nous avons ri et ri et ri…. C'était absolument… Et il y avait toujours cette même chose avec les vêtements. Une fois ma sœur était venue et elle m'avait apporté une robe dans un nouveau tissu, très doux, très joli. Je me suis dit que j'allais porter ça quand j'irais chez Mère, c'était très spécial et sûrement elle n'aurait jamais vu quelque chose comme ça. Je n'avais jamais vu cette sorte de tissu. J'entre chez Mère et… elle portait quelque chose dans ce même tissu ! Le même tissu mais très bien coupé… Elle était toujours cinq pas en avant de moi. Et elle savait exactement où j'allais et où j'avais besoin d'aller.

Comme cet accident l'autre jour, c'était quelque chose dont j'avais besoin, quelque chose dont j'avais besoin pour prendre conscience de certaines choses.

Donc je suis restée ici. Mon père est venu. Il voulait emmener Binah en Amérique et lui trouver une bonne famille là-bas. Je l'ai emmené voir Mère. Quand il est sorti de l'Ashram, il dansait dans la rue avec, sur la tête, un panier qu'elle lui avait donné. Il avait enlevé les cadeaux qui étaient dedans et il avait mis le panier sur sa tête ! Il était tombé amoureux d'elle. Il lui envoyait toujours des présents et toutes sortes de choses. Ensuite ma mère est venue pour Noël 1972. Nous sommes allées voir Mère et ma mère n'a rien vu. Elle n'a vu qu'une vieille femme. Et elle m'a dit : « Mais pourquoi les gens se préoccupent-ils tant d'une vieille femme ? » On ne s'était jamais bien comprises, mais là j'ai pu voir qu'en fait on ne se comprenait pas du tout.

J'ai eu treize darshan avec la Mère, et chacun a été mémorable. En 1972, elle voyait régulièrement les personnes qui étaient responsables des différents départements, alors je lui ai demandé si… À l'époque Auro-creation s'occupait de tous les produits d'Auroville. J'ai demandé si elle pouvait voir deux personnes de Auro-creation chaque mois. Ses assistants lui ont dit : « Non, non, vous avez déjà vu trop de monde. » Et Mère a observé : « Vous voyez, ils me font voir des gens inutiles, mais ils ne me laissent pas voir les gens utiles. » Et ensuite elle m'a fait venir pour chacun des darshan de Auro-creation.

La dernière fois que je suis allée dans sa chambre, c'était en 1973 et à cette époque il y avait des milliers de gens qui étaient là chaque matin pour avoir un darshan. Mère était assise et elle donnait des sachets de bénédictions. Sauf pour le dernier dans la queue : d'habitude à cette personne, elle disait quelque chose. Alors j'étais là [à attendre] sur le balcon. Il y avait Lisa et Jacqueline et son amie Yann, et bien sûr chacun voulait être le dernier. Champaklal nous appelait : « Venez, venez. » Je ne voulais pas embêter Mère et la faire attendre, donc je suis entrée. Elle tendait des paquets de bénédictions, je me suis approchée pour en prendre un… elle a attrapé mon doigt – c'était une vieille dame toute petite, elle devait peser un tiers de ce que je pesais à l'époque, – elle a agrippé deux de mes doigts et elle m'a fait tomber à genoux (*rires*). Elle était si forte, vous ne pouvez pas imaginer, et c'était en 1973, elle avait 95 ans. Oh! ça n'avait aucune importance que vous ne soyez pas la dernière personne dans la queue. Ce n'est pas comme si elle ne savait pas qui vous étiez, elle savait exactement qui vous étiez et pourquoi vous étiez là.

J'étais allée en Amérique en octobre 1973 parce que mon père avait eu une crise cardiaque et il avait besoin de moi. Je voyageais et j'étais à New Mexico quand mon père m'a appelée et m'a dit que George Nakashima l'avait appelé pour lui annoncer que Mère avait quitté son corps. J'ai été transformée en glace. Cela a été le coup le plus terrible que j'ai reçu dans ma vie. Je croyais absolument à la transformation supramentale, et je croyais qu'elle faisait cette transformation supramentale. Aujourd'hui je crois en réalité que la mort est un pas en direction de cette transformation supramentale. Mais à l'époque... Pendant des mois je ne suis pas arrivée à me réchauffer. C'était un choc si terrible, le choc le plus profond. Je suis restée en Amérique quelques années.

Chaque fois que je prenais un coup, je me disais: Oh mon dieu, si Mère était à Pondichéry, elle les jetterait dehors (*rugissement jocelynesque*), elle les rejetterait à la mer!

Un jour j'étais vraiment très contrariée, je n'avais pas d'argent. Je médite régulièrement, donc je méditais dans ma capsule et je disais: «Mère, pourquoi est-ce que tu ne m'aides pas?» Et tout à coup ma capsule s'est remplie de yogis, et elle s'est moquée de moi: «Combien d'aide veux-tu?»

Une fois, peut-être en 1972, j'étais partie en Amérique avec Binah pour Noël, et je suis revenue après m'être absentée cinq semaines. Il faut savoir que j'avais construit entièrement la communauté de Far Beach, ce qui s'appelle Sri Ma maintenant (après avoir quitté ma maison de Silence au Bharat Nivas). J'avais construit toute la communauté, les ateliers, les maisons, la cuisine, tout. Et moi-même je vivais dans une toute petite hutte. Donc je reviens, et je trouve des Français installés dans ma hutte! Je vais dans la grande maison de la communauté et je commence à expliquer... On me répond: «Rien n'appartient à personne en particulier!» Bon! Je vais à Pondichéry et j'envoie une lettre à Mère: «Qu'est-ce qu'il faut que je fasse?» Elle répond: «Trouve ton être psychique... (*explosion de rire homérique*) Essaie, et je t'aiderai. Love and blessings.» Elle ne s'occupait pas de conneries. Elle n'était pas là pour ça. Ce n'était pas: «Oh (*ton soucieux*),

Intérieur d'une hutte avec Jocelyn à gauche et Ravinda Shukla à droite (Center Field).

si elle construisait une autre hutte ici ou là, si elle faisait ci ou ça… » Non ! « Fais ton travail et moi… »

J'ai donc construit la première hutte de Kottakarai, dans laquelle je n'ai jamais habité. En effet, à ce moment-là Roger avait pris la communauté de Silence pour le Bharat Nivas, donc les gens de Silence n'avaient nulle part où aller, alors je leur ai donné la hutte que j'avais construite à Kottakarai et moi j'ai été au Centre, avec John Kelly qui supervisait la construction du Bharat Nivas.

C'était fantastique. C'était merveilleux. De nos jours, si on perd sa maison à Auroville, on s'inquiète, on doit aller voir le Housing Group, il faut demander de l'argent, bla-bla. A l'époque, on ne s'en faisait pas : si on perd sa maison, c'est que Mère veut qu'on habite ailleurs. Et même maintenant, c'est comme ça que je sens les choses. Si je perds ce corps, c'est que Mère a dit que ça suffisait avec celui-là, qu'il était temps d'en avoir un autre. On ne doit s'attacher à rien ici, sauf au Divin. Aussi longtemps qu'on s'accroche aux pieds de Mère, elle vous emmènera encore et encore et encore, partout où on a besoin d'aller. On n'a vraiment pas besoin de s'inquiéter pour soi.

Quand je vois la façon dont Auroville est administrée aujourd'hui, j'ai envie de leur dire : « Écoutez, vous n'avez pas la moindre idée ! Vous ne le voyez pas, vous n'y croyez pas, vous ne savez pas que c'est là. » Ils croient qu'ils font, ils croient qu'ils sont responsables !

[Il y avait un Entry Group] Quelqu'un leur a dit : « Je suis un enfant de Mère, vous êtes un enfant de Mère, pourquoi me harcelez-vous ? » et ils ont répondu : « C'est notre Mandat ! »

Dehors ! Cela m'a pris presque un an pour qu'on s'en débarrasse [de ce groupe] mais je m'en suis débarrassée... Ce n'est pas pour dire que le suivant était mieux...

Ce qui rend fort, c'est la vérité ; ce qui rend faible, c'est l'ego, la peur. La peur est le contraire de l'amour. Chez Mère, il n'y a pas de mort, pas de souffrance, seulement l'amour, l'amour, l'amour. C'était tout ce qu'elle savait. C'était tout ce qu'elle avait. C'était tout ce qu'elle était. C'est le vrai pouvoir, c'est l'amour vrai.

Ce que nous avons ici, c'est « ti-ti-ti-ti-ti » [*comme une voix qui réprimande*].

Je suis scandalisée par la façon dont les gens administrent Auroville. La façon dont certaines personnes ont été traitées... Aujourd'hui ça ne me perturbe plus. Je m'approche maintenant de la fin de ma vie, et la seule chose qui m'intéresse, c'est mon karma yoga, c'est ma relation avec le Divin. Je vois comment les gens agissent : ils frappent quelqu'un, ils le blessent, mais ce qu'ils se font à eux-mêmes est tellement pire... On leur a donné une montagne pour qu'ils se tiennent dessus et ils l'ont transformée en tas de sable. Je ne suis pas inquiète, j'espère seulement qu'à un certain moment, quelque chose d'autre viendra. Je me souviens, Satprem avait dit quelque chose à propos de l'Executive Council, que ça devait être des gens qui avaient quelque chose de... spirituel. Alors M. !!!! (*éclats de rire*) Allons, voyons ! Des gens qui n'ont aucune morale, qui sont des ivrognes, qui essaient d'imposer aux autres une petite morale bourgeoise, des gens qui ont de vieilles valeurs ou pas de valeurs du tout, qui n'ont aucun respect !

Je suis vraiment heureuse que Mère m'ait donné la possibilité de vivre à Auroville complètement en marge, car tous ces gens sont inconsidérés, ils sont méchants. C'est ridicule.

Je ne comprends pas ce qui se passe, mais c'est le problème de Mère, c'est à elle de le régler.

Je vais au Matrimandir. Pour moi cette Chambre, c'est comme la chambre de Mère avec Mère à l'intérieur. C'est vraiment fantastique. C'est aussi proche de la perfection et de la conscience qu'on peut l'espérer de l'espèce humaine. Vous voyez les gens qui sortent de là et puis qui se conduisent comme des idiots. Vous avez envie de leur dire : « Retournez-y, retournez-y ! » (*rires*) Tôt ou tard, il est sûr que cela aura un effet. Je ne sais pas combien d'Auroviliens vont y méditer. J'y allais très souvent et j'étais toujours seule. L'évolution se fera. Quelqu'un a dit trois cents ans.

Mais nous n'avons pas trois cents ans devant nous. Nous n'avons même pas trente ans. Nous sommes dans l'Etat du Tamil Nadu. Savez-vous à combien se montait la population des alentours quand Auroville a commencé ? À peu près vingt-trois mille villageois dans la région. Aujourd'hui il y en a probablement deux ou trois ou cinq cent mille. Et on fait encore comme s'ils n'existaient pas ? Je vous souhaite bien du plaisir !

Il y a des gens ici qui ne savent rien d'Auroville, rien du yoga, rien de Mère ou de Sri Aurobindo ou du concept de yoga. [À la place] On a toutes ces imbécillités New Age. Des imbécillités !!

Une fois, le puits d'Ananta ne marchait plus. Il demande à Mère de l'argent pour réparer la pompe. Elle lui donne de l'argent. La semaine suivante il lui écrit : « J'ai encore besoin d'argent pour réparer cette pompe, j'ai organisé une fête pour Purna et Satprem, et…. » Elle a dit « bon ! » et elle lui a redonné de l'argent (*rires*). La générosité de Mère était simplement scandaleuse.

Elle voulait que les gens s'aiment entre eux, elle voulait que les gens prennent soin les uns des autres.

J'ai adoré l'Ashram. Pour moi, c'était Shangri-la. Tous ces gens merveilleux… on n'entendait jamais une parole dure, les gens se donnaient des fleurs, c'était un endroit absolument stupéfiant. Je me disais : mais comment fait-on ce yoga ? Il y en avait un qui écrivait des livres, un autre qui enseignait à l'école, un autre qui travaillait dans la salle à manger. Cela n'avait aucune importance, vous comprenez ; à l'époque, cela n'avait aucune importance. Car nous étions tous pareils. Mère, elle, était différente, et comme nous l'avions tous rencontrée, nous le savions tous. C'était clair. Donc on ne pensait pas qu'on était mieux ou moins bien qu'un autre en particulier, parce qu'aucun d'entre nous n'était comme elle. Aucun. Et jusqu'au jour d'aujourd'hui je n'ai jamais vu quelqu'un comme elle.

Mais ce serait formidable s'il y avait cinq ou dix personnes comme elle à Auroville. Auroville changerait très vite. Pas des gens qui *disent* qu'ils sont comme elle. Mais des gens… on le verrait.

J'ai un ami, Ravindra, qui était à Auroville jusque dans les années 72-73. Il était de Bombay. Il est venu ici il y a quelques semaines et il m'a dit: «Vous êtes la preuve vivante que le Divin existe!» (*rires*) parce que j'ai dû me débrouiller toute seule, avec seulement le Divin. Je ne peux participer à aucun des jeux auxquels on joue ici.

Sri Aurobindo a dit que la seule chose importante, c'était le progrès spirituel. Ils font toute une histoire de la mort. Lui, il dit que ce n'est pas important: la seule chose importante, c'est le progrès spirituel. Ces gens ne comprennent pas du tout…

— Entretien avec Jocelyn

« *Mère vous interdit de quitter l'armée* »

Un entretien avec Kamla et Krishna Tewari

Krishna :

La façon dont elle nous a attrapés est extraordinaire. C'était au milieu d'une crise majeure. A l'époque je portais l'uniforme. Le Pakistan oriental (ce qui est devenu maintenant le Bangladesh) était en proie à la répression cruelle du dictateur militaire, le général Niazi. En conséquence, une population innombrable venait se réfugier en Inde. Des millions de misérables, affamés, complètement démunis, étaient chassés du Pakistan oriental et se répandaient en Assam et au Bengale occidental, régions déjà surpeuplées. On nous disait au Quartier Général (quartier général de l'Est) que nous allions devoir nous occuper de cela. C'était en 1971. Nous étions donc confrontés à une situation extrêmement difficile alors que notre débâcle lors de l'attaque chinoise de 1962 était encore, pour moi tout au moins, une blessure douloureuse[1]. J'étais extrêmement préoccupé. Fallait-il que nous traversions encore une épreuve ?

Un jour, l'un de mes officiers vient me voir et me dit :

« Sir, vous me semblez bien pensif ces jours-ci.

—Mon ami, vous seriez encore bien plus pensif si vous aviez les problèmes que j'ai en tête. Je ne peux les partager avec vous, car tout cela est top secret, mais il se peut que nous ayons à engager une action militaire.

—Sir, vous avez été mon instructeur et je ne devrais pas vous donner de conseils, mais laissez-moi vous dire : quels que soient vos problèmes, écrivez à la mère. »

Ma réaction immédiate est : « Qui est la mère ? Ma mère n'est plus de ce monde. » Puis j'ai découvert que c'était une dame française. Je portais l'uniforme, nous nous préparions au combat, et j'allais écrire à une dame étrangère ? Je n'avais jamais entendu parler d'elle auparavant. « Elle est à l'ashram, me dit-il, l'ashram Sri Aurobindo. » J'ai mis deux ou trois jours à

---

1. Krishna avait été fait prisonnier des Chinois lors de leur attaque de 1962

me décider. Finalement j'ai écrit juste deux lignes, pour dire qu'on m'avait conseillé de lui demander ses bénédictions, que je ne pouvais pas parler de mes problèmes, que j'étais dans l'armée et que je serais très heureux de recevoir ses bénédictions.

Au bout de quelques jours, elle m'a renvoyé ma lettre sur laquelle elle avait écrit : « Bénédictions, Mirra. »

C'est étonnant comme, à partir de là, les choses se sont clarifiées. Nous avons compris ce que nous pouvions faire, ce que pouvaient faire les Pakistanais, et nous savions que la situation n'échapperait pas à notre contrôle. Ce qui est extraordinaire, c'est que cet « instrument », ce jeune officier qui m'avait parlé, était allé voir tous les officiers les plus gradés de l'armée, y compris mon commandant en chef, le général Jagjit Singh Arora. Je ne le savais pas. Personne d'entre nous n'était au courant.

Un jour le général Narendra Singh et moi voyagions avec le commandant en chef de l'armée dans l'avion des VIP. Narendra avait pris place dans l'appareil. Le commandant en chef nous suivait. Il s'assied à la place réservée pour lui et il s'allonge (nous travaillions près de vingt heures par jour à l'époque). Nous nous saluons. Je l'aimais beaucoup et c'était réciproque. Je lui dis : « Vous êtes bien pensif ce matin ! » (exactement les mêmes mots). Il se redresse immédiatement et me dit :

« Krishen, vous n'avez pas fait votre devoir ce matin !

— Sir, je lui réponds, je vous demande pardon, je n'ai jamais été pris à manquer à mon devoir depuis trente ans que je porte l'uniforme. Où ai-je failli ? »

Il ouvre sa poche et me donne à lire un message qui lui avait été donné par mes propres hommes alors qu'il montait dans l'avion. C'était un message des Russes nous avertissant que les Chinois avaient commencé à se déplacer vers la frontière du nord. Je suis très susceptible en ce qui concerne les Chinois et j'ai tout de suite dit :

« Oh, non ! Sir, nous ne pouvons pas faire face à ça aussi en ce moment ! »

— « Ne vous inquiétez pas, me répond-il, quoi qu'il arrive, ayez les bénédictions de Mère. »

Il ouvre sa poche pour me montrer un sachet de bénédictions. Ma réaction, c'est : « Vous aussi ! »

Extraordinaire ! *Nous avions tous reçu les bénédictions de Mère.* Tous, les uns

Krishna et sa femme, Kamala, avec leur fille aînée, Uma, à Udhampur, juste avant de prendre leur retraite.

après les autres.

Et c'est extraordinaire comme à partir de là les choses se sont clarifiées. Nous avons eu le temps de nous préparer. Et pendant que nous nous préparions, le Pakistan a démarré la guerre sur le front Ouest, par conséquent nous étions désormais libres d'agir comme nous le voulions. Nous étions prêts mentalement. C'est avec une grande confiance que nous avons affronté les Pakistanais, et en l'espace de deux semaines c'était fini. La guerre a commencé le 3 décembre 1971 et le 16 décembre, le commandant en chef du Pakistan oriental, le général Niazi, se rendait officiellement. C'était fini en deux semaines.

Je n'ai pas rencontré ce général Niazi le jour de la reddition. Mais j'y ai été le 17, le lendemain, et dans son mess, nous avons discuté librement de ce qui s'était passé. Après tout, nous nous connaissions d'avant la Partition : un de nos généraux de division et lui appartenaient au même corps d'armée à Bangalore. Au cours de la discussion, nous lui avons demandé : « Que vous est-il arrivé ? Quel officier êtes-vous pour vous rendre avec 93 soldats réguliers complètement armés ? Et nous venons de voir votre dépôt de munitions plein des armes que vous ont données les Américains ! » Il est devenu grave. « Je ne sais pas... Je pensais que c'était sans espoir. » Je pou-

Krishna Tewari, 1971. Il était alors Officier en chef des Transmissions (Armée de l'Est).

vais lire sur son visage qu'il était sincère, que ce n'était pas un lâche. Il n'était pas lâche, c'est certain – c'est pourquoi j'appelle cela une intervention divine. Mère était intervenue. Tout le soutien nécessaire nous avait été donné et les Pakistanais avaient été arrêtés.

J'ai immédiatement décidé que je devais en savoir davantage.

C'était le 17 décembre et nous étions encore en train de régler la situation au Pakistan oriental, de mettre les choses sous contrôle. Au milieu de janvier 1972, j'ai demandé un congé pour aller à Pondichéry. Congé refusé. Au début de février, j'ai répété ma demande. Heureusement mon chef était alors accompagné de son Chef d'état-major Jack Jacob, (qui deviendra plus tard le gouverneur du Punjab). Il s'est tourné vers Jacob :

« Jack, qu'est-ce qu'il a Krishen ? Il est tout le temps à demander un congé.

— Je vais vous dire ce qu'il y a, ai-je dit : je voudrais aller à Pondichéry. »

Au moment où j'ai mentionné Pondichéry, c'était extraordinaire – encore maintenant je revois son visage – son expression a immédiatement changé.

« Vraiment ?

— Je voudrais aller voir qui est cette personne. J'ai entendu parler de Sri Aurobindo, mais je n'avais jamais entendu parler d'elle auparavant. Et je crois que son intervention a été déterminante. »

Alors il a dit :

« Jack, je crois qu'on devrait le laisser partir. »

Et puis il a ajouté :

« Quand voulez-vous partir ?

— Sir, aussi vite que possible. »

Mais je n'ai eu l'autorisation de m'en aller qu'après le 15 du mois, pour que les choses aient eu le temps de se stabiliser un peu.

Je voulais faire cette visite en famille. À l'époque Kamala s'occupait des prisonniers de guerre pakistanais à l'hôpital militaire de Calcutta. Obtenir un congé pour elle était un autre problème, mais finalement en me servant du nom de mon supérieur, j'ai réussi à ce que son supérieur donne son accord. Et, coïncidence étrange, nous sommes arrivés à Pondichéry avec nos trois filles (l'aînée n'était pas avec nous car elle était à l'université de médecine pour être admise dans le corps armé médical) exactement le 20 février. Nous n'avions aucune idée que l'anniversaire de Mère était le 21.

Le 21 au matin, Prem Malik était là, c'était un ancien camarade d'université. On nous annonce que le lendemain à 4h du matin aurait lieu l'inauguration du Matrimandir à Auroville. La première pierre du premier pilier allait être posée. Nous n'avions jamais entendu parler d'Auroville. À 4h, avec Kamala (nous avions laissé les enfants) nous nous sommes retrouvés debout sur un terrain de latérite, couverts de poussière rouge. En face de nous une immense excavation. On joue de la musique et puis on nous donne à chacun un petit caillou à placer. Nous étions tous les deux extrêmement émus. Plus tard nous avons aperçu Mère sur son balcon à Pondichéry et nous avons été au Samadhi, où l'atmosphère était toute chargée d'émotion.

Le 22 février au matin, on nous dit : « Vous allez avoir une audience spéciale, en famille. » Le secrétaire de Mère, Madhav Pandit, devait nous accompagner. Nous pourrions tous les cinq nous asseoir à ses pieds, un par un, la regarder dans les yeux et lui demander tout ce que nous souhaitions. Ce sont les mots utilisés par Roger Anger, que nous avons rencontré juste en dehors de la chambre de Mère. Accent typiquement français : « Général, pensez à tout ce que vous souhaitez. Mère vous le donnera. » Je ne le connaissais pas à l'époque.

Je suis resté assis en face d'elle je ne sais combien de temps, j'avais l'impression que c'était l'éternité. L'un après l'autre, nous nous sommes assis devant elle. Quand je suis sorti je me suis trouvé coupable, je me suis dit que Mère avait dû me trouver très stupide parce que j'avais eu un blanc complet, je n'avais pensé à rien de ce que je désirais. Un blanc total. Mais quand j'ai raconté ça à Madhav Pandit, il m'a dit : « C'est très heureux que vous n'ayez eu aucune pensée. Elle vous donnera ce dont vous avez besoin. »

Voilà, c'est comme cela qu'elle nous a amenés ici.

Kamla :

La guerre avait fait beaucoup de victimes. Des trains arrivaient de l'Assam, des ambulances arrivaient. La guerre avait duré peu de jours, mais les blessés étaient nombreux, principalement des jeunes gens. Nous avions quatre salles d'opérations qui fonctionnaient simultanément. Nous étions débordés, et étions sur la brèche toute la journée. Il n'y avait pas de congé, pas de temps du tout. Je faisais des tournées le soir dans l'hôpital et je me souviens d'un soldat qui pleurait. Je me suis approchée, il avait la jambe blessée et il criait de douleur. Le fémur était fracturé et l'os pressait sur le nerf. Je l'ai envoyé dans la salle d'opérations. Il y avait beaucoup de cas comme cela. Et puis Dacca s'est écroulé et beaucoup de musulmans biharis nous ont été envoyés de l'hôpital parce qu'il n'y avait plus personne pour s'en occuper là-bas. Comme j'avais le grade le plus élevé, on m'avait demandé de m'occuper de tous ces garçons. J'avais tellement de travail que je ne sais vraiment pas comment nous avons obtenu ce congé !

Quand nous sommes arrivés à Pondichéry, nous ne connaissions rien de cet endroit. Nous avons pris un repas à Toucq'il faut (les enfants étaient petits, la plus jeune, Shubha, avait seulement 6 ans). Et puis tôt le matin quand nous sommes allés à Auroville, nous avons été impressionnés par la nudité du lieu... Tout ce qu'on voyait, c'était quelques rares palmiers, et nous étions couverts de poussière rouge.

Au bord du grand trou, il y avait beaucoup de monde. Beaucoup de gens de l'Ashram. On entendait de la musique de Sunil. Je n'avais jamais entendu une aussi belle musique. Et alors que j'écoutais cette musique, dans mon cœur j'ai entendu une voix qui disait : *C'est ta place*. Je me suis dit : cette région désertique, ma place ? (*rires*) Mais je me suis dit : Laisse. Si le Divin dit que c'est ta place, il t'amènera ici un jour.

Je n'ai rien décidé, c'est lui [Krishna] qui a pris la décision de venir ici.

Nous avons placé des cailloux dans le pilier de l'Est, Mahalakshmi et nous sommes revenus à Pondichéry. Nous avons vu Mère au balcon, et puis nous avons eu une méditation au Samadhi. J'avais souvent essayé de méditer, j'avais rencontré beaucoup de sages (j'avais eu la chance depuis mon enfance de visiter beaucoup d'ashrams et de rencontrer beaucoup de gourous), mais je n'avais jamais pu méditer. Et là, au Samadhi, la cloche a sonné 10h, et... je ne sais pas ce qui s'est passé, j'étais en transe, j'ai émergé, 10h30, je me suis dit, qu'est-ce qu'il m'est arrivé, où étais-je ?

Cérémonie du début de la construction du Matrimandir, 21 février 1972.

Cela a été une chose importante.

L'autre chose, cela a été de rencontrer Mère. Tout ce que je me rappelle – je ne me souviens pas du tout de son visage – c'est deux yeux d'un bleu profond. C'est tout. Ils entrent en vous et tout disparaît. On nous avait dit de lui donner des fleurs, et puis elle prend une rose et vous la donne. J'ai eu une fleur jaune, je crois, Krishna une rose rouge et les enfants… je ne me souviens plus. Quand on est sorti, j'étais profondément bouleversée, j'avais envie de pleurer et de pleurer. En fait j'ai pleuré pendant toute la route en bus jusqu'à Chennai. Quelque chose s'était dénoué…

Tous les enfants ont été individuellement marqués par cette rencontre.

Quand avez-vous décidé de revenir ?

Krishna :

Immédiatement. Nous en avons discuté pendant notre voyage de retour vers Calcutta. Je savais que je devais être ici. Je devais être ici pour toujours.

J'arrivais à la fin de mon temps de service dans l'armée. Quelques mois après notre retour de Pondichéry, j'ai demandé à partir en retraite anticipée. C'est quelque chose que l'on peut demander. Après tout nous avions gagné la guerre, et je n'étais plus affecté comme avant par la débâcle de

1962. Tout le monde s'est moqué de moi, parce que je venais d'obtenir une décoration, la deuxième décoration la plus haute de l'armée. Notre chef à l'époque était le maréchal Maneckshaw connu pour la verdeur de son vocabulaire. Il était venu à Calcutta, et quand il a vu ma requête, il m'a dit : « What the bloody hell do you think ? Qu'est-ce que vous croyez ? Que vous pouvez quitter l'armée quand ça vous chante ? » – « Sir, lui ai-je dit, c'est ma décision ». Entre-temps j'avais écrit à Madhav Pandit pour lui annoncer que j'avais décidé de quitter l'armée. Un ou deux jours après réception de ma lettre, il me téléphonait à Calcutta et je me souviens encore de sa voix forte : « MÈRE VOUS INTERDIT DE QUITTER L'ARMÉE. Elle l'a dit quatre fois. Notez s'il vous plaît : il n'a pas à quitter l'armée, il ne doit pas quitter l'armée, il doit continuer à servir. NOUS DÉCIDERONS du moment où il doit quitter l'armée. » Il a fallu que je reprenne ma demande ! On s'est moqué de moi, et on m'a maudit une seconde fois : je faisais perdre du temps à tout le monde !

J'ai été promu, et en 1973 j'ai été en poste au Cachemire, et cela a été une autre expérience, unique, avant la retraite. Après on m'a offert la possibilité d'une extension de deux ans, mais j'ai refusé et à la fin de 1976, quand mon temps était fini, nous avons décidé Kamala et moi de quitter l'armée. Nous sommes partis du Cachemire pour nous rendre directement à Pondichéry. Pour toujours.

Kamla :

J'ai commencé à venir travailler au Health Center une fois par semaine en janvier 1977. J'ai commencé à travailler là et j'ai formé deux jeunes filles. Je faisais des tournées dans la Green Belt en jeep avec ma petite mallette d'homéopathie.

Les autres officiers qui avaient reçu des bénédictions sont venus ici ?

Krishna :

Certains sont venus mais personne ne s'est installé ici.

Elle décide qui est nécessaire et pour faire quoi. Les autres avaient d'autres problèmes dans leur vie. Je me sens très privilégié.

—Entretien avec Kamla et Krishna Tewari

Out of Africa

Un texte de Tim Wrey

Il y a une question qui est fréquemment posée aux Auroviliens : Comment êtes-vous venus à Auroville ? Dans mon cas je suis tenté de répondre en utilisant le titre du fameux livre de Isak Dinesen « Out of Africa ».

Ma femme Susan et moi avions décidé de prendre une année sabbatique avec nos deux enfants Camilla et Marcus âgés de 6 et 3 ans et demi, et de voyager à travers l'Afrique jusqu'à Johannesburg, où vivait le père de Susan, de visiter Capetown, de traverser l'Océan indien de Durban à Bombay et enfin de découvrir certaines régions de l'Inde et du Népal avant de revenir chez nous à Londres par la route.

Dans ce but nous avons acheté une Land-Rover équipée d'une suspension très résistante, et d'un axe arrière renforcé ; nous l'avons aménagée pour que nous puissions tous dormir dedans, et augmenté ses réserves de fuel ce qui nous permettait de couvrir entre 1200 et 1500 kilomètres selon la

condition des routes ; nous avons installé aussi un filtre à eau et de quoi stocker 135 litres d'eau, ajouté une roue de secours supplémentaire, des échelles pour le sable et des klaxons manuels, plus une foule de pièces détachées, d'outils, de cartes, de provisions, etc. Bref, c'était devenu pour nous, littéralement, pour l'année à venir, une maison sur roues presque autonome.

Le voyage à travers l'Afrique a été fantastique. Il n'y a pas de mots pour exprimer pleinement la beauté, la sensation d'espace et de grandeur, pas plus que pour décrire ses peuples pittoresques et attachants. Nous avons mis trois mois pour aller du Maroc à l'Afrique du Sud, passant par les montagnes de l'Atlas, le haut plateau d'Algérie, le Sahara, les jungles du Congo, les parcs à gibier de l'Afrique de l'Est, les chutes de Victoria, les ruines du Zimbabwe et autres merveilles pour finalement nous trouver sur la route de Johannesburg, où nous avions rendez-vous avec le père de ma femme. Quand nous sommes arrivés, il nous a dit : « Tous les gens que je connais prennent un vol pour l'Afrique du Sud, vous n'avez certes pas choisi la facilité ! »

Après avoir passé plusieurs semaines en Afrique du Sud, nous avons atteint Durban, où nous avons pris un bateau italien pour traverser l'Océan indien vers Bombay. Il nous a fallu un jour et demi de bureaucratie cauchemardesque pour faire passer la douane à la Land-Rover mais, finalement, nous avons pu prendre la route.

Sur le bateau nous avions forgé des liens amicaux avec plusieurs couples qui faisaient également le tour du monde en voiture. L'un d'entre eux voulait que nous voyagions avec eux vers le Nord, mais nous avions d'autres plans. Nous avions une lettre d'introduction auprès d'une Canadienne au camp de refugiés tibétains de Mundgod près de Goa. Et un ami de Londres, un artiste italien très proche et perceptif, nous avait dit – avec insistance – que nous devions aller visiter un endroit qu'il appelait « le nouvel et vibrant Auroville ». Lui-même n'avait jamais été en Inde mais sa nature sensible avait clairement perçu quelque chose. Rétrospectivement, on peut voir qu'il fut le premier instrument de Mère, parce que son conseil nous avait touché si fortement que nous avons préféré nous en tenir aux plans originaux ; nous nous sommes séparés de nos amis pour aller dans le sud.

Nous n'avons pas tardé à regretter notre décision parce que sur des centaines de kilomètres tous les ponts étaient en cours d'agrandissement, et nous étions constamment obligés de conduire au travers de lits de ri-

Procession de moines, communauté tibétaine de Mundgod.

vière pleins d'ornières et de prendre toutes sortes de détours compliqués. Après plusieurs douzaines de ces diversions, avec la fatigue et la tension constante que demande la conduite en Inde, la difficulté de traverser les villes surpeuplées sans le moindre panneau indicateur, nous étions tentés de retourner rejoindre ces amis rencontrés sur le bateau, dont nous avions l'itinéraire, mais nous avons décidé de rendre tout d'abord visite à la Canadienne de Mundgod et d'en parler avec elle.

Elle a été sans nul doute le deuxième instrument de Mère. Bien qu'elle n'ait jamais été à Auroville, à peine avions-nous exprimé nos doutes qu'elle les a balayés : « Je vous conseille de continuer. Il faut absolument que vous voyez cet endroit », nous a-t-elle dit avec un enthousiasme communicatif.

Et ainsi, après avoir passé une semaine fascinante au milieu de 4000 tibétains, dont 1000 moines — semaine qui coïncidait avec l'anniversaire de la révolte au Tibet qui a provoqué la fuite du dalaï-lama — nous nous sommes dirigés vers le Sud à nouveau en passant par Bangalore, Kanchipuram et Mahabalipuram pour atteindre Pondichéry le 15 mars 1973.

Depuis Pondichéry on nous avait envoyés sur la route de l'hôpital Jipmer en nous disant de prendre un chemin de terre peu après Morattandi, qui nous mènerait dans la campagne. Nous l'avons trouvé ; ensuite kilomètre après kilomètre de poussière et de chaleur, puis un village (Edayanchavadi), puis encore une maison isolée de belle allure (Auroson's Home), mais pas de signes d'une ville. Plus inquiétant, il commençait à y avoir un drôle de bruit dans le moteur. En fin de compte, nous pensions nous être trompés de chemin : devant nous il n'y avait qu'un chantier à côté d'un arbre de grande taille, et rien d'autre. Alors que nous nous approchions, pensant pouvoir nous renseigner, il y a eu un bruit terrible dans le moteur, et nous avons été obligés de nous arrêter immédiatement sous le soleil de midi.

C'était la première fois en vingt-cinq mille kilomètres de voyage que nous avions une panne. Et cela venait d'arriver dans un coin perdu en rase campagne, à des kilomètres de tout !

Je n'aurais pu imaginer pire situation, mais ce qui est arrivé ensuite a été extraordinaire. Comme je me dirige vers des bâtiments tout proches, la première personne à qui je parle est un occidental, qui se trouve être mécanicien (!) et se présente comme Jack Alexander des Etats-Unis. Cela semblait miraculeux, et j'explique donc que nous avons eu une panne près du banyan :

« Nous cherchons Auroville.

– Vous y êtes !

– Non, je veux dire la ville d'Auroville.

– C'est ici. Ce n'est pas encore construit, mais vous êtes en plein cœur de la ville, cet endroit s'appelle le Matrimandir. »

Après vingt-cinq mille kilomètres de voyage, nous avions la première et unique panne à même pas cent mètres du centre absolu d'Auroville ! Panne avec courroie de ventilateur cassée bloquant l'alternateur, et en plus, fuite sérieuse au réservoir d'essence. Et notre fille qui se déclare malade ! Des forces au delà de notre compréhension nous forçaient à un arrêt total !

Pendant les jours suivants, je me suis démené pour essayer d'obtenir des nouvelles courroies et de réparer la fuite du réservoir. En attendant, nous avons passé pas mal de temps à travailler au Matrimandir, à aider à la cuisine au Centre, et à parler avec les Auroviliens. Ces derniers nous impressionnaient énormément, parce que, pour la première fois, nous nous trouvions avec des gens de diverses nations qui ne se contentaient pas d'imaginer comment le monde devrait être mais qui essayaient réellement d'agir, et vivaient en bonne camaraderie malgré les différences d'âge, de classe sociale, d'origine culturelle et religieuse et de nationalité. Etre avec eux était source d'inspiration.

Où l'on peut voir la Land-Rover de Tim qui, après 25.000 km,
est tombée en panne juste sous le Banyan.

Peut-être parce que nous venions de voyager au travers de seize pays, ayant eu des contacts amicaux avec des gens de nations et cultures différentes, nous étions également intéressés par l'idéal de l'unité humaine dans la diversité, dont ils parlaient. Bref, nous étions mûrs pour Auroville, sa raison d'être et ses promesses. Du coup nous avons décidé de ne pas partir tout de suite et de rester pour en savoir davantage sur le projet.

Nous devenions aussi intéressés par la possibilité de voir la Mère.

Si je jette maintenant un regard en arrière, je suppose que ce qui est arrivé ensuite n'était pas si rare, mais à l'époque nous avons été stupéfaits de voir comment les choses se sont faites. Un Américain, Roger Toll (le troisième instrument de Mère), nous a présentés à Madhav Pandit, un disciple important (le quatrième instrument de Mère), qui nous a demandé d'écrire une lettre à Mère. Ce que nous avons fait, ajoutant nos photos. Le jour d'après, Madhav nous a dit que Mère s'était intéressée à nous et avait accepté de nous voir, avec les enfants. Il nous a alors dit qu'il avait prévu que nous nous joindrions à un groupe qui aurait un darshan le 25 mars (des personnes dont c'était l'anniversaire).

(Ce qui suit est un extrait de mon journal)

Dimanche 25 mars 1973

Le GRAND JOUR ! Je m'étais éveillé à 2h30 du matin, et suis tombé ensuite dans un sommeil si profond que j'ai eu l'impression qu'il ne s'était passé qu'une demi-heure quand je me suis réveillé à nouveau à 6h.

Après le petit déjeuner, nous avons choisi des fleurs pour offrir à Mère. Elles avaient l'air un peu fatigué, on les a donc mis dans l'eau pendant que nous mettions nos plus beaux vêtements. Juste avant de partir, une jeune femme que nous avions rencontrée plus tôt est arrivée et nous a assurés que beaucoup de gens emmenaient leurs enfants voir Mère et que d'amener nos deux enfants ne devait pas nous inquiéter, ce qui de fait nous préoccupait. Je suppose qu'on pourrait dire qu'elle fut le cinquième instrument de Mère, en l'occurrence une messagère rassurante.

Nous sommes arrivés à l'Ashram à 10h juste, et après avoir laissé nos chaussures dans la cour nous avons monté un escalier tapissé de vert. Nous étions à la fois tranquilles et excités. Au premier étage nous avons traversé une pièce avec des peaux de léopard sur les chaises, avons monté un autre escalier, sommes passés devant quelques disciples jusqu'à un homme qui cochait des noms en haut de l'escalier pour arriver finalement à un endroit couvert où d'autres attendaient. En nous asseyant, j'ai remarqué combien les fleurs des autres étaient fraîches et belles et je me suis senti un peu honteux des nôtres.

Nous avions dit à nos enfants qu'ils devaient rester silencieux, mais mon fils ne pouvait s'empêcher de chuchoter que ses fleurs, comme les miennes, étaient assez pitoyables. Assis dans cet endroit dans une atmosphère de concentration, je me sentais extrêmement paisible et tranquille.

Après quelque vingt minutes, nous avons été tous appelés et nous nous sommes mis en ligne pour entrer dans la chambre de Mère, avec nous en dernier puisque ce n'était pas pour un anniversaire.

Par nature, je ne suis pas spécialement sensible, mais j'ai immédiatement remarqué l'atmosphère forte et belle de la chambre. Après un rapide coup d'œil alentour, je me suis concentré sur Mère. Elle était assise dans un grand fauteuil, la tête profondément penchée. Les gens s'agenouillaient devant elle et recevaient un paquet de bénédictions rempli de pétales de roses, chargé de sa force spirituelle.

Je suppose que j'ai été influencé par tout ce que nous avions entendu à propos de Mère, mais j'ai eu le sentiment très net de me trouver devant un être extraordinaire, une personne bien au-delà de l'être humain ordinaire. L'atmosphère était vraiment puissante et soudainement, les enfants qui, jusqu'ici, n'avaient montré aucune hésitation, ne voulaient plus aller à Mère et restaient nerveusement en arrière. Nous n'y pouvions rien, alors Susan est allée d'abord, s'est agenouillée et a reçu son paquet de bénédictions. Puis ce fut mon tour, j'étais comme hébété, je me suis agenouillé en posant la tête sur le tissu de la robe de Mère au bord de son fauteuil. Au même moment j'ai senti la main de Mère me toucher doucement la tête. Du coup j'ai pensé que c'était fini, j'ai pris le sachet de bénédictions argenté qu'elle me tendait, je me suis levé et dirigé vers la porte. Après deux ou trois pas, quelque chose m'a fait regarder à nouveau Mère et j'ai vu qu'elle avait tourné la tête comme pour me suivre des yeux pendant que je m'en allais. Je pense que c'est alors que s'est créé le lien entre elle et moi, parce qu'avant, je ne l'avais pas regardée dans les yeux, contrairement à la plupart des gens.

Puis cela s'est arrêté et les yeux humides d'émotion j'ai passé la porte, ai descendu l'escalier jusqu'à la cour, ressentant une paix très profonde, seulement conscient d'une aspiration croissante pour m'améliorer et devenir digne de Mère et de ce qu'elle venait de me donner. Je me sentais tel un débutant, bien nul par rapport à d'autres, mais il y avait désormais en moi une détermination d'essayer de monter plus haut, et d'être ce que Sri Aurobindo et la Mère voulaient que je sois. Je sentais que Mère m'avait de fait donné la force et la détermination pour suivre le chemin et atteindre le but.

Susan aussi avait été profondément touchée. Elle s'était attendue à en sortir avec un sentiment d'exaltation et de joie mais elle s'était au contraire sentie accablée. Comme elle l'a dit elle-même, c'était comme si Mère lui avait montré toutes les imperfections sur lesquelles il lui faudrait travailler. Elle s'était soudain sentie très indigne et était en pleurs devant ce qu'elle avait vu, pensant même à fuir de Pondichéry.

Nous sommes allés directement de l'Ashram au Centre et nous nous sommes d'abord assis en silence près du Banyan. Puis nous sommes descendus dans l'excavation du Matrimandir et avons marché tout autour avant d'aller à la Nursery où Roger nous a rejoints.

Après le déjeuner, Susan a demandé qu'on la laisse tout à fait seule dans une chambre pour être complètement dans la tranquillité et la paix ; mais à peine s'était-elle installée que la première chose qu'elle a vue en face d'elle était une citation de la Bhagavat Gita à côté d'une photo de Mère :

> Fixe en moi ta pensée, sois mon dévot ; offre-moi ton sacrifice et ton hommage. Ainsi tu viendras à moi. Je te le promets car tu m'es cher.
>
> Abandonne tous les dharma et prends refuge en moi seul. Je te délivrerai de tout péché ; ne t'afflige pas.

Cela l'a achevée ! Il lui a fallu des heures pour se ressaisir et être capable de faire face au monde à nouveau. Je n'éprouvais rien de semblable et sentais au contraire une joie intérieure calme et paisible.

Nous avons appris ensuite que Mère avait arrêté de recevoir début avril, il est donc possible que nous ayons été les derniers – en tout cas presque certainement les derniers occidentaux – à la voir dans sa chambre.

Nous sommes restés sept semaines en tout, jusqu'au Darshan d'avril. Puis, après avoir visité le Népal, nous sommes retournés en Europe en passant par le Pakistan, l'Afghanistan, l'Iran et la Turquie.

Quand nous avons retrouvé notre foyer à Londres nous avions fait plus de quarante mille kilomètres et nos passeports avaient été tamponnés de vingt-cinq visas. Mais le plus important, c'était la marque gravée dans nos cœurs et nos esprits par Mère et Auroville. Quand nous sommes repartis d'Auroville en route pour l'Angleterre, j'ai eu le sentiment de partir de chez moi, un chez moi auquel je voulais revenir.

Avec l'aide de Mère, j'ai pu finalement le faire en 1977, mais cette fois « Out of England ».

—Un texte de Tim Wrey

Où sont-ils, les problèmes ?

Un entretien avec Gloria

Nous voulions retourner en Finlande où nous avions vécu deux ans. En Italie, il y avait trop de corruption, de malhonnêteté, on ne supportait pas. Nous étions en train de nous préparer à partir et à d'en finir avec nos obligations professionnelles quand, par hasard, nous rencontrons chez notre voisine d'appartement un acteur de théâtre qui avait été à Pondichéry. Cet acteur commence à nous parler de l'Ashram, de Mère. Nous étions en 1966/67. Il nous a donné les titres de certains livres de Sri Aurobindo. Nous avons donc commencé à lire la *Synthèse des Yogas*, la *Vie Divine*. Nous, on venait tout à fait de la gauche, politiquement, car dans les milieux d'architecture, n'est-ce pas, on était très conscients des problèmes sociaux. On était aussi tout à fait anti-catholiques. Alors de découvrir qu'il y avait quelque chose d'intérieur, de tellement différent, de tellement profond… c'était très intéressant.

On a commencé à correspondre avec Nata[1], qui faisait la liaison entre l'Ashram et l'Italie et on a su à travers lui qu'il y avait le projet de construire une ville avec des conceptions nouvelles. C'était très intéressant pour nous ! Nous avions une conception de l'architecture comme devant correspondre à quelque chose à l'intérieur, à une recherche intérieure. Quelque chose de très simple, qui intègre à la fois la structure, la solidité, l'économie, toutes ces choses matérielles, avec tout ce qu'un espace peut donner à un être humain. Un espace peut influencer beaucoup. Alors entrevoir cette possibilité qu'on pouvait faire des choses nouvelles, construire des choses nouvelles, sur une base spirituelle, cela nous enthousiasmait : l'union de la matérialisation et de l'esprit. On lisait Sri Aurobindo, on aimait beaucoup ; on lisait les conversations de Mère avec les enfants de l'école, qui nous semblaient un peu simples. Nous avons décidé d'aller à Pondichéry : pourquoi ne pas faire cette expérience en Inde pendant un an avant de retourner en Finlande ? On s'est dit, on y va pour un an. Nous avons écrit à Mère et Elle nous a répondu : « Venez tout de suite. »

---

1. Nata : un disciple italien de l'Ashram.

Nous sommes arrivés à Pondichéry le 12 mars 1968.

Quand Nata nous a amenés voir Mère le 3 avril (c'était l'anniversaire de Piero) nous y sommes allés avec Martha qui avait presque 5 ans. Mère nous a très peu regardés nous ; elle regardait surtout notre fille (*rires*). Mais c'était tellement fort ce qui émanait de Mère, comme un autre monde, qu'après j'ai voulu y retourner très souvent. Et jusqu'à ce que ça ne soit plus possible (en 72 je crois), une fois par mois, j'y allais avec Nata. Je ne voulais pas parler pendant ces entrevues. Au début, j'avais essayé de parler de travail, etc, mais pour cela, pour les choses techniques, il était beaucoup plus facile d'écrire puisqu'elle nous répondait. Et puis je ne voulais pas en parlant gaspiller les moments où j'étais avec elle, quand l'expérience de la regarder dans les yeux en silence pouvait amener dans un état complètement autre !

Une année a passé et on avait trop de choses à apprendre et à faire ici pour penser à partir. Notre deuxième fille, Grazi, est née ici. C'était une telle joie de la faire grandir dans l'atmosphère de Mère pleine d'espoir !

Piero avait eu la chance de lire les retranscriptions des enregistrements faits par Satprem des conversations de Mère sur le Matrimandir avec Paolo et Satprem. Nata les lui avait fait lire. Piero était très touché par cette vision que Mère avait eue. Quand le Matrimandir a démarré, il s'est offert à surveiller la construction. Moi de mon côté, c'était ce contact avec Mère qui me retenait. Nous avons décidé de rester encore un an.

Et après, deux ans, trois ans, et maintenant… ça fait quarante ans ! C'est drôle, non ?

Piero a été engagé dans le travail du Matrimandir pendant vingt ans. Il ne voulait pas laisser les choses à moitié faites. Il voulait finir la Chambre intérieure. L'extérieur ne l'intéressait pas, mais la vision de Mère de la Chambre intérieure, oui, cette vision l'avait beaucoup touché.

Même maintenant, si on fait la comparaison avec le monde extérieur, même avec toutes les erreurs, toutes les difficultés… au moins il y a ici une aspiration, une recherche, quelque chose de différent, de tellement plus profond. C'est beau d'aller à l'extérieur [d'Auroville], on voit de belles choses, mais où trouve-t-on une famille comme Auroville dans laquelle on a ces idéaux en commun ?

À Auroville, pendant les premières années après le départ de Mère, il y avait un espoir incroyable, mais même si nous avions un lien très fort

Matrimandir : Gloria nettoie des colliers de serrage (échafaudages).

entre nous, une vie collective très intense (avec tous les meetings, etc.), tout de même il y avait une division profonde. Maintenant, on n'a plus ce grand espoir d'y arriver, comme on avait à ce moment-là – on est très conscient que ça va être beaucoup plus long parce que c'est beaucoup plus complexe – mais je trouve que beaucoup d'entre nous ont fait des progrès. Extérieurement non, mais intérieurement on a appris le détachement, la patience avec les autres – qu'on n'avait pas avant. Avant, on avait beaucoup d'amour à l'intérieur de notre propre cercle, mais aussi beaucoup de colère pour ceux qui ne partageaient pas notre opinion. Aujourd'hui, ce n'est plus comme cela. On réalise que chacun a son histoire, ses idées ; tout est très complexe et on ne peut pas s'attendre à ce que tout le monde pense de la même façon. On a beaucoup plus de compassion, même envers soi-même. On sait combien c'est difficile de changer, même avec la meilleure bonne volonté. Comment devenir sage, faire le silence mental, préserver les expériences : c'est extrêmement difficile.

On ne se voit pas beaucoup entre Auroviliens – Piero et moi, nous n'avons plus de vie sociale, nous n'avons des rencontres que pour le travail pratique. Mais c'est parce qu'on a compris que les mots, au fond, ne sont pas très utiles. Les discussions, discussions... c'est tellement lié aux formations mentales de chacun de nous. Personnellement je ne me sens pas moins proche ou moins liée aux autres qu'avant. C'est devenu une chose beaucoup plus intériorisée. Je n'ai plus de colère, de ressentiment contre qui que ce soit.

Tu ne crois pas qu'il faudrait être davantage ensemble pour résoudre les problèmes d'Auroville ?

Regarde. À l'époque, souvent j'avais des problèmes, à propos du travail ou à propos de mes enfants. Et j'allais chez Mère en me disant : Ah, aujourd'hui je lui en parle ! Et puis, elle me regardait... elle me regardait – presque avec sévérité –, intense, très intense. Elle rentrait dedans, et après ça devenait... mais d'une douceur ! Une douceur, un amour, une chose large, vaste ! Et je me disais : mais où ils sont, les problèmes ? (*rires*) On ressentait la solution des problèmes dedans, en la regardant, sans qu'elle dise un mot : « Ah, mais c'est simple ! C'est comme ça, ce n'est pas nécessaire de lui demander ! » C'est une chose qui ne m'est jamais arrivée avec quelqu'un d'autre.

Et d'une certaine façon, pour moi c'est comme ça à Auroville. Je vois les problèmes, oui, mais ce n'est pas si important que ça. On donne une importance énorme à notre propre vérité, à notre propre opinion. Au fond, je ne crois plus qu'il y ait une seule Vérité, compréhensible par nous. Je n'y crois plus. Où est la vérité ? La vérité est formée d'un million de vérités toutes ensemble. On ne peut pas avec notre mental voir l'ensemble.

Les problèmes d'Auroville, c'est comme ça. On cherche une solution et on n'y arrive pas. Mais si on fait un travail intérieur et si on arrive à passer au-dessus, on peut accepter que les difficultés font partie d'un travail évolutif complexe.

Quand Mère est partie, les premiers moments ont été très bouleversants. Surtout il y a une chose qui m'a touchée. Nous habitions encore à Promesse ; dans la nuit ils sont venus de l'Ashram nous annoncer que Mère avait quitté son corps. Elle avait quitté son corps à 7h25. Or quand on finissait le *concreting* [bétonnage], on marquait toujours l'heure ; eh bien au moment exact où Mère avait quitté son corps, on avait fini les quatre piliers du Matrimandir. C'était symbolique pour nous. Comme si Mère avait attendu qu'on ait mis les bases – les bases d'Auroville avant de partir. Très bouleversés, nous sommes tout de suite partis à l'Ashram. Le corps de Mère était là ; on ne pouvait presque pas la reconnaître, c'était sérieux,

Gloria avec sa deuxième fille, Grazi.

dur. Mais soudain on a senti comme si Mère était partout, tout autour de nous. Elle n'était pas dans son corps, mais sa présence était tellement forte, tellement forte. C'est comme si elle disait : Je suis dans un autre lieu, mais je suis partout! Cela, Satprem l'a très bien exprimé quand il a parlé de son expérience : « Pas d'obstacle, rien n'empêche ». C'était dans l'air, c'est quelque chose que beaucoup d'entre nous ont ressenti. C'était comme si elle disait : Mes enfants, je vous ai donné ça à faire, faites-le.

Toujours avant les *concreting*, on écrivait un mot à Mère, parce qu'elle nous donnait ses bénédictions. Une fois on lui avait dit, au moment de la mousson : s'il pleut, tout le ciment sera perdu, alors Mère, prie pour nous. Jamais, JAMAIS il n'a plu pendant un concreting. Souvent il a plu deux ou trois heures après, quand l'arrosage devient nécessaire et c'était très bien. Alors on avait cette impression, irrationnelle, que Mère avait un pouvoir sur les nuages, sur le temps – qu'elle protégeait. Pour Piero et moi, c'était très drôle, parce qu'on avait une formation très scientifique et pas du tout mystique. Rationnellement, on ne pouvait pas croire à ces choses-là, mais quand les choses se répètent, se répètent, comment fais-tu pour ne pas croire ? (*rires*)

Cette protection, elle est toujours là ?

Oui.

D'abord, souvent j'ai eu des expériences personnelles de protection.

Ensuite, si tu penses à toutes les communautés qui sont nées dans le monde dans les années 60, où sont-elles aujourd'hui ? Auroville est encore là. Auroville est toujours là. Evidemment parfois cela semble impossible, parce qu'il y a tellement de problèmes, la spéculation, le développement de Pondichéry, la dilution du caractère international, etc. Comment résoudre tout ça ? D'un point de vue pratique, humain, c'est impossible.

Mais, pour moi, même si Auroville, à un certain moment, devenait comme Shantiniketan1 [bureaucratie gouvernementale, perte du caractère international] comme c'est probable, eh bien : ce n'est pas à nous de décider. Nous, on fait de notre mieux et après ça devient ce que ça devient. Notre aspiration aura eu quand même une importance. Dans l'histoire, cela aura eu une importance. Et peut-être que c'est ce que voulait le Divin (l'Energie évolutive : notre travail pour devenir conscient). L'histoire du monde, c'est la même chose. Les civilisations naissent, se développent et disparaissent. Cela ne veut pas dire qu'elles n'ont pas eu leur importance. Si tu penses à la civilisation égyptienne ancienne, ou celle de la Grèce antique, elles ont disparu. Mais ce qu'elles ont donné au monde est encore vivant, est encore très important. Alors ça valait la peine…

Sinon on serait désespérés…

Le karma yoga, c'est ce que Mère a donné à Auroville comme base : on fait le travail le mieux possible, mais on ne s'attache pas au résultat. Le résultat n'est pas dans nos mains… Cela me donne une certaine paix, et l'envie de travailler pour Auroville jusqu'au bout. Tant pis si ça ne se développe pas, mais ce qu'on fait, je l'espère, a toujours une valeur.

—Entretien avec Gloria

---

1. Shantiniketan : université internationale créée par Rabindranath Tagore près de Calcutta dans les années 1920. Tagore l'avait conçue comm une « université dans la forêt ». Shantiniketan fut un centre intellectuel et artistique extrêmement vivant et créatif, attirant les plus grands talents indiens et étrangers. En 1951 une loi du Parlement fit de Shantiniketan une université « centrale » dépendant du gouvernement de New Delhi. Shantiniketan est devenue maintenant une institution avec peu d'influence et de participation en dehors du Bengale. (NdE)

Construire la vraie chose

Un entretien avec Piero

En 1962 Gloria et moi revenons en Italie, après deux ans passés en Finlande, sur une vague d'optimisme qui tenait à… pas mal de choses ! Kennedy était président, c'était une ouverture qui inspirait tout le monde – comme aujourd'hui avec Obama, c'était un grand changement. Il y avait ce nouveau pape, Jean XXIII, presque un révolutionnaire ! L'économie italienne était florissante, avec un vrai boom de constructions nouvelles. Et puis en quelques années tout s'est obscurci, Kennedy et son frère ont été tués, le pape est mort. Pas de vrai changement. L'espoir sonnait creux. En 1966 nous pensions sérieusement à repartir en Finlande, même si pour moi c'était une phase qui était finie. L'idée d'y retourner était bien sûr tentante, nous y avions eu de belles expériences, mais en fin de compte je n'y ai jamais cru. C'est alors que nous avons décidé de plonger et de venir ici. C'était comme se libérer de toutes les conventions ! J'avais confiance, j'étais sans peur. J'étais sûr que nous avions pris la bonne décision, je n'avais pas de doutes. C'est d'ailleurs moi qui ai proposé que nous partions. Autant que je me souvienne, il n'y avait pas en Italie à cette époque de traductions de Sri Aurobindo et de Mère. Nata nous envoyait de l'Ashram des choses comme des extraits et un bulletin qu'il avait commencé à ronéoter, appelé « Domani ». Comme l'a dit Gloria, de cette façon nous avons pu lire quelque pages de la *Vie Divine*. Mais pas plus.

Nous avions projeté d'arriver pour l'inauguration de 1968 mais les formalités pour nos visas à Rome ont pris du temps et donc nous avons seulement pu arriver une semaine plus tard, début mars.

Nous sommes arrivés à Pondichéry et les Ashramites que nous avons rencontrés se sont montrés remarquablement bienveillants et aimables. Au bout de quatre jours nous sommes allés à Promesse où Nata nous avait préparé une maison. Nous nous sommes immédiatement trouvés engagés dans quelques petits travaux. J'étais très pris, des constructions ici et là.

Chaque personne a sa propre histoire. La mienne a probablement des ramifications dans l'enfance. J'étais enfant pendant la seconde guerre mondiale et ma mère était allemande. Allemande mais pas nazie ou en faveur de la guerre. Elle était sous pression pendant la guerre du fait de la situation et du fait des gens au milieu de qui nous vivions à Florence. Par exemple il y a eu une nuit dramatique pendant laquelle nous étions dans une cave avec beaucoup d'autres gens ; on entendait des explosions à l'extérieur. Des soldats allemands ont frappé très fort à la porte, ils faisaient des recherches. Les gens ont commencé à paniquer et ils voulaient que ma mère aille ouvrir et leur parler. Elle a refusé, elle avait peur d'être emmenée. Ce moment dramatique a duré pendant des heures, que je ne peux pas oublier. Il y a eu d'autres difficultés après la guerre. J'étais un enfant blond timide que des bandes de garçons harcelaient sur le chemin de l'école, en criant « Allemand, Allemand ! » Le mot était devenu dangereux. Avant la guerre j'étais allé pendant trois ans dans une école allemande, avec des professeurs allemands, pour apprendre l'allemand : j'avais donc eu une idée des bons côtés de l'Allemagne : tout cela maintenant était nouveau et effrayant.

Pendant que nous étions en Finlande, j'ai lu un livre sur Auschwitz. J'ai été très profondément choqué. Comment était-ce possible ? Des musiciens, des écrivains, des poètes – comment avaient-ils pu ? J'ai été envahi par une vague d'émotion profonde. Je peignais et soudain j'ai commencé à voir différemment les visages des gens et à les peindre ainsi. J'ai toute une collection de dessins de cette époque. Sans connaître le moins du monde cette philosophie, j'ai appelé cette manière de voir « l'œil du Bouddha », parce que pour moi c'était comme si je découvrais comment Bouddha voyait les gens : avec compassion, compréhension, lucidité.

Quelques années plus tard, cette vague connexion avec la philosophie orientale devenait soudain une raison d'aller en Inde, la force intérieure qui me poussait à partir pour l'Inde.

Quand nous sommes arrivés, l'Inde était assez différente de ce qu'elle est aujourd'hui, mais pour moi quelque chose cliquait, il y avait une correspondance intérieure, très personnelle.

Nous avons commencé à travailler sur quelques projets. A la fin de 1969, même pas deux ans après notre arrivée, on nous a parlé de ce projet encore mystérieux, le Matrimandir. À cette occasion nous avons forgé des liens solides avec Paolo Tommasi qui était engagé dans ce projet depuis le début.

À cette époque tu avais déjà vu Mère?

Oui, oui, mais en dehors de la relation personnelle, très forte, dont on a l'expérience, autour d'elle c'était étrange : « ne faites pas ci, ne faites pas ça », on sentait comme de la jalousie entre ceux qui l'entouraient.

Quelque jours après que Mère lui a parlé du Matrimandir, Satprem a dactylographié la conversation et a envoyé des copies à Paolo et Roger. Ce texte était un peu plus court que celui qui est paru dans l'Agenda, mais à propos du Matrimandir, tout y était. Pour des raisons que j'ignore, Nata semble avoir reçu la copie destinée à Roger. Nata me l'a passée en disant : « Écoute, c'est quelque chose d'important, lis-le, mais ne le montre à personne et rapporte-le moi demain. » Je l'ai lu. J'en ai parlé à Paolo qui m'a donné quelques informations supplémentaires et j'ai été immédiatement très profondément impressionné.

Au milieu de l'année 1971, les Auroviliens ont commencé à poser des questions sur l'évolution du projet. À l'époque Roger avait présenté sa maquette. Déjà un petit groupe avait commencé à creuser un peu sur le site. On me posait des questions techniques pour savoir comment on pouvait démarrer de façon correcte. J'ai vu quelques plans et Chamanlal Gupta m'a emmené à Madras pour rencontrer un jeune ingénieur, Sathanam, qui était prêt à préparer les plans structurels pour les piliers et les fondations. Sur cette base, plus quelques autres informations, j'ai préparé un plan général pour l'excavation et la construction des piliers. C'est allé à Mère qui a dit : « Oui, c'est comme cela qu'il faut faire, commencez ! » – une très jolie note. C'était seulement pour l'excavation, les fondations et les piliers. Dans l'Auroville de 1972, c'était déjà un effort gigantesque, mais j'étais heureux et plein de confiance.

Nous avions ces bétonnages de nuit pour lesquels des gens enthousiastes venaient de Pondichéry. Des dames en sari blanc qui portaient les pierres et le sable à la bétonnière ou qui faisaient partie de longues chaînes se passant le béton dans des paniers (*rires*), tout était possible ! C'était sympathique, et complètement inattendu puisque l'idée, c'était que nous voulions que ce soit les Auroviliens qui construisent le Matrimandir, et soudain il y avait ces Ashramites qui venaient et qui demandaient quand aurait lieu le prochain bétonnage : « Je veux y participer, s'il vous plaît, prévenez-moi ! »

Quand nous avons fini les piliers, j'ai dit à Shyamsunder – qui était surtout impliqué dans le financement du Matrimandir (qu'il voulait gar-

Première partie : retournements

Piero au Matrimandir.

der séparé de la Société1, je crois) – qu'ayant fini les piliers nous devions soit acheter beaucoup de matériaux, échafaudages, etc., soit engager un entrepreneur comme prévu. Je pense qu'il a dû prendre en compte deux aspects : d'abord la grosse somme d'argent nécessaire pour bénéficier des services d'un entrepreneur. Ensuite l'enthousiasme des Auroviliens et des Ashramites. Je crois que Shyamsunder était lui-même porté sur la crête de cette vague d'enthousiasme, si je puis dire. Il était donc en faveur de continuer de la même manière. Il m'a dit : « Vous devez écrire à Mère et lui demander. » J'ai donc posé à Mère cette question : « Devons-nous prendre un entrepreneur ou continuer comme maintenant ? » et elle a répondu que ça devait continuer de la même manière, avec les Auroviliens, les Ashramites, les volontaires et quelques employés comme des menuisiers, etc.

Je regrette de ne pas avoir écrit de façon plus personnelle. Je n'ai jamais reçu de message plus personnel de Mère. Cela aurait été pour moi un grand encouragement de recevoir le genre de message personnel qu'elle envoyait, ces phrases brèves qu'elle écrivait. Je sentais que c'était un engagement à long terme pour moi, un engagement pour la vie. Mais bon… le moment a passé. Peut-être déjà à cette époque (en 1972) n'était-il plus possible de communiquer directement avec Mère. Malgré tout, j'aurais

---

1. Société : la Sri Aurobindo Society, entité légale chargée par Mère d'acheter les terrains pour Auroville. Après le départ de Mère, cette société a voulu s'imposer comme habilitée à diriger Auroville, ce qui a mené à un long conflit entre les Auroviliens et ces gens, dont la plupart vivaient à Pondichéry. Shyamsunder était Secrétaire général de cette société. (NdE)

aimé savoir : était-ce ma vraie destinée ? Pour qui est-ce que je faisais tout cela ? Pour Roger ? Ou pour toi, Mère ? Pour le Divin ? Éclaire-moi. Probablement Roger avait compris que je travaillais pour lui. Moi, j'avais compris que je travaillais pour Auroville.

D'après Gloria, tu as été très touché par la vision de Mère de la Chambre intérieure. C'est la copie dactylographiée prêtée par Nata qui t'a révélé cette vision ?

Oui. Après la décision de continuer comme avant, j'ai commencé à préparer les dessins compliqués pour la partie supérieure du Matrimandir. Et j'ai pensé que ce serait bien d'avoir avec moi cette conversation de Mère où elle parle du rayon, du globe en cristal et des autres choses. Cela ferait vraiment partie du dessin. À l'époque, je n'avais bien sûr pas fait de copie, d'ailleurs il n'y avait même pas de photocopieuses (*rires*). Là, j'ai eu une étrange expérience. J'ai d'abord demandé à Paolo. Il était hésitant : « Oh, tu sais, Satprem me l'a donnée en secret, ça doit rester confidentiel. » En plus il n'était pas trop sûr par rapport à Roger, qui, jusqu'ici, n'en avait jamais fait mention. Alors j'ai demandé directement à Satprem. Il a répondu froidement qu'il l'avait donnée à Roger et que je n'avais qu'à la lui demander. Bon, j'ai demandé à Roger (*rires*), qui est tombé des nues : « Quelle note ? » Et il a dit qu'il regarderait dans ses dossiers à Paris quand il rentrerait. Note bien que Paolo était à Rome, Roger à Paris, donc à chaque fois il se passait quatre ou cinq mois entre ces conversations (*rires*). Bien entendu, je suis retourné voir Nata :

« Nata, ne pourrais-tu me donner à nouveau cette note que tu m'as montrée il y a un an ?

– Quelle note ? Je ne me rappelle pas t'avoir donné quelque note que ce soit ! »

Ça, c'était la meilleure ! Et puis Roger est revenu.

« Est-ce que tu as regardé dans tes dossiers à Paris ?

– Oui, oui, j'ai trouvé ça », mais c'était un vieux truc d'André Morisset, qui n'avait rien à voir avec ce dont je me souvenais.

« Eh bien alors je ne l'ai pas ! »

Ça devenait de plus en plus étrange. Le seul qui aurait pu résoudre le problème, c'était Satprem mais il n'était évidemment pas d'humeur à aider. Et puis une autre chose est arrivée, typique des histoires autour du Matrimandir: Huta s'est manifestée et a dit: «Non, non, ton concept n'est pas juste, ce n'est pas le Matrimandir comme Mère le voulait, moi je sais ce que voulait Mère.» Elle a même écrit une brochure où elle décrit ce que Mère lui a dit, et c'est comme ceci et c'est comme cela (*rires*). Donc moi je m'accrochais à cette chose avec la sphère en cristal et le rayon, mais personne n'avait l'air d'y croire! (*rires*) Tu comprends, avec Roger, on ne sait jamais exactement ce que Mère a dit et puis ce que Roger a ajouté, même si c'est avec son accord. Puisqu'on savait que Mère avait parlé spécifiquement de la Chambre, c'était important de pouvoir lire ses mots exacts.

J'ai écrit une lettre pour Mère à ce moment-là, mais la lettre devait passer par André Morisset, lequel ne la lui a même pas montrée. Il m'a seulement dit: «Écoute, Roger sait ce qu'il faut faire.» L'entourage de Mère filtrait et décidait: vous pouvez y aller, vous pouvez demander ci, vous ne pouvez pas demander ça, etc. C'était comme cela.

Quand Huta a sorti sa brochure en 73-74, Paolo a finalement décidé d'apporter de Rome le fameux papier, disant qu'en tout cas pour moi et pour les gens qui travaillaient, il était important de savoir que nous construisions la vraie chose.

Le 3 avril 1973, le jour de mon anniversaire, j'avais rendez-vous avec Mère et, malgré les difficultés de communication j'avais un très fort désir d'obtenir des clarifications à propos du Matrimandir!

J'y suis allé et j'ai attendu longtemps sur la terrasse, mais elle n'a reçu personne. Elle n'était pas bien et depuis la veille elle avait arrêté de recevoir les gens. Je n'ai donc jamais pu lui parler directement du Matrimandir.

Il y avait des lettres d'elle à propos des concreting, des paquets de bénédictions pour différentes circonstances; elle envoyait des messages et des fleurs pour les grands concreting. Bien sûr pendant ces années l'énergie était très forte, très intense. Ce que je raconte maintenant, c'est le contexte, le contexte misérable des êtres humains qui se soupçonnent mutuellement. En fait, beaucoup plus tard, un jour où Nata était à Auroville et comme il était de bonne humeur, je lui ai demandé: «Pourquoi ne m'as-tu pas donné cette note? Tu te rappelles?» Il était assez embarrassé. Il m'a fait une réponse surprenante: «Tu sais, à l'époque, je pensais que le Matrimandir devait demeurer essentiellement sous notre responsabilité à l'Ashram.»

En tous cas, c'était formidable de pouvoir enfin avoir ces documents et

Piero au travail au Matrimandir, fin des années 70.

de voir que nous faisions la chose juste. Mais subitement l'horizon s'est à nouveau obscurci. À l'époque, le plan de Roger pour la Chambre n'était pas conforme à la description de Mère ; les mesures étaient correctes mais il n'y avait pas de colonnes, il y avait quatre entrées, le sol était flottant, et il y avait un gros trou au milieu avec les symboles en plexiglas. Patrizia Norelli[1], après avoir lu les conversations de Mère sur le Matrimandir, a découvert quelque chose dans les mesures et elle a élaboré quelque chose, une grosse histoire sur la base de ses connaissances en numérologie et philosophie.

C'est à cette époque que William Netter a réalisé une grande maquette fidèle à la description de la Chambre intérieure par Mère. Ce modèle a contribué à renforcer mon sentiment que nous devions faire comme le voulait Mère. Ce n'était pas quelque chose qu'on pouvait ignorer ou interpréter à notre guise. Mère n'était pas un « client », nous ne pouvions pas ajouter nos fantaisies d'architectes. Nous devions nous efforcer de faire ce qu'Elle voulait ! Les décisions étaient très importantes parce que nous étions en train de travailler sur la structure principale mais il fallait que ce que nous faisions colle plus tard avec l'intérieur. Il n'était pas possible de dire : « Oh, pour ça on verra plus tard ! » C'était aussi l'avis de Paolo. Tout avait l'air de se mettre en place et j'avais le sentiment que ce que nous faisions était correct. Mais soudainement et de façon tout à fait inattendue,

---

1. Patrizia Norelli-Bachelet vivait à l'époque à l'Ashram avec son fils. Elle a fini par publier un livre sur le Matrimandir. (NdE)

Patrizia a commencé à nous bombarder, disant que certaines mesures était incorrectes, et ci et ça, et elle s'est mise à écrire des lettres publiques adressées à Indira Gandhi, demandant à ce que nous refassions complètement certains éléments de la structure principale.

Je ne sais pas ce qu'en pensait Roger puisqu'à l'époque il n'était pas là. Il n'est revenu que quelques années plus tard. Mais quand Roger est revenu et s'est remis au Matrimandir, il m'a offert de faire les plans de la Chambre intérieure. C'est quelque chose que j'ai beaucoup apprécié. Parce qu'il lui aurait été facile d'imposer ses plans d'avant. C'était le bon moment pour le faire. Mais il a respecté mes choix et notre travail et il a compris qu'il lui aurait été difficile de défendre ses choix architecturaux. L'extérieur était une chose, de même que la partie inférieure de la sphère. Mais pour la Chambre intérieure, Mère en avait trop dit et il n'était pas possible de changer.

Qu'est-ce que c'est, pour toi, la Chambre intérieure ?

Je trouve absolument stupéfiante l'extraordinaire invention du rayon de soleil. Comment est-ce que Mère a pu voir ça ? D'où est-ce que cela vient ? Dans un sens c'est un coup de génie. Un symbole qui n'est pas seulement quelque chose de physique mais quelque chose fait de lumière. Je ne sais pas si on se rend compte. On va dans les temples, dans les églises, on trouve toujours un autel, mais c'est mort, c'est seulement une chose matérielle faite d'or ou de marbre. Le rayon, lui, est vivant. Elle a dit : « Je ne sais pas exactement sur quoi tombe le rayon », et puis : « J'ai vu, j'ai vu, c'est un globe. » Elle a formulé cela en quinze jours. Cela a toujours provoqué en moi une immense curiosité et beaucoup d'énergie : comment faire ce rayon, quels sont les moyens de le réaliser ? C'est quelque chose qui n'est pas de ce monde, qui n'est pas d'ici ! Encore maintenant je trouve cela si mystérieux, – même maintenant. Ce symbole n'est pas défini, c'est un rayon, le globe est transparent. Le symbole n'existe que si le rayon est là.

D'après toi, la Chambre intérieure fait-elle son travail de transformation à Auroville ?

Je ne sais pas, ce n'est pas à moi de dire pourquoi les gens vont au Matrimandir. Peut-être que je ne suis pas prêt… La vérité, c'est que c'est encore difficile pour moi d'aller au Matrimandir parce que tout est si connecté à l'engineering que les gens ne cessent de me demander : « Dis donc, est-ce que tu te souviens pourquoi on a mis ça là ? Etc. » Je ne peux donc pas y aller comme n'importe quel Aurovilien. Et en plus, si j'y vais, tout à coup je me dis : « Mais le rayon n'est pas centré ! » ou des choses de ce genre... Peut-être faut-il que lentement, lentement j'apprenne à oublier. Mais j'aime bien aller dans le jardin, m'asseoir sous le Banyan ou tout près, dans le vent frais et l'immensité, j'aime ça. Je ne sais pas, je ne déteste même pas les disques, les fameux disques.... Ça s'est bien fini, je dirais, ce fut une bonne fin de toute l'histoire.

À mon avis, Roger a beaucoup changé les dernières années. Je ne travaillais pas avec lui au Matrimandir. Au contraire, j'étais plein de doutes quand la peau en ferrociment a commencé à craquer et avait l'air si pitoyable, si fragile et improvisée et qu'il y avait des fuites partout quand il pleuvait. C'est seulement quand Michael Bonke, cette personnalité contestée de l'époque de la Société, est intervenu, trouvant le moyen de réinventer les tuiles en or et les disques en acier inoxydable, que les choses ont commencé à prendre bonne tournure. Et Roger lui-même a commencé à venir plus souvent et à prendre soin des détails pour les rampes, le marbre, etc. Il a trouvé des bons éléments pour l'aider, c'était intéressant de voir le changement. Finalement il a fini par comprendre que s'il n'était pas là, rien ne pouvait se faire correctement. J'ai beaucoup apprécié cela. Et j'aime ce qui a été fait en dessous et sous la Chambre, c'est un travail fantastique ! J'apprécie énormément aussi que la peau intérieure ait été faite suivant le dessin des poutres en triangle, qui naturellement, à l'extérieur, est caché sous la peau et les disques mais à l'intérieur est visible et est devenu un élément architectural proche de la perfection (ceci avec l'aide de Joël, un Français qui habite Bangalore). Tout cela est venu au cours des dernières années, c'est fantastique. J'apprécie énormément et je vais là-bas avec beaucoup de plaisir, contemplant cet espace intérieur. En fait ça me rappelle quelque chose des premiers temps : quand j'ai pris en main les plans du Matrimandir pour les réaliser, il y avait quatre rampes et c'était très difficile et j'ai proposé à Roger de n'en faire que deux, sans savoir quelle serait sa réaction. Il a dit : « Oui, pourquoi pas ? D'accord, deux. » Il y avait aussi les murs de la chambre qui descendaient jusqu'au premier niveau, et ça cachait l'espace en quelque sorte. J'ai proposé à Roger de couper les murs, de façon à ce qu'on puisse voir la courbe douce de la sphère montant vers le haut et il a accepté cela aussi. C'était étonnant à l'époque combien les choses allaient vite et je crois qu'il n'a jamais regretté ces changements. De l'intérieur, c'est beaucoup plus intéressant de voir la sphère que de voir des murs en béton. Bon, c'est une longue histoire....

Qu'est-ce qui t'a donné l'endurance de continuer envers et contre tout ?

Le Matrimandir a créé une situation très étrange puisque j'avais le sentiment qu'en quelque sorte (s'il te plaît, ne ris pas !) je protégeais la vision de Mère – comme si c'était une pauvre femme assise là-bas qui n'avait pas les moyens de voir ce qui se passait ! Je l'aidais à réaliser sa vision comme elle l'avait vue, contre les forces matérialistes des autres. Étrange, n'est-ce pas ? C'est moi qui aurais dû lui demander protection et pourtant je sentais que *je la protégeais* ! Comme si c'était mon devoir, n'est-ce pas : ce rayon est une chose extraordinaire, unique, il faut qu'on y arrive !

En fait, l'expérience physique d'aller voir Mère n'était pas pour moi l'élément le plus fort. Une fois, j'ai essayé de lui montrer mes plans, je les ai posés sur ses genoux, mais j'ai alors réalisé qu'elle ne pouvait pas voir. Roger m'a dit une fois : « Quand tu as fait un projet, demande à Mère ses bénédictions. Une fois que tu as les bénédictions, personne ne peut plus rien te dire, c'est comme le sceau officiel. » (*rires*) Alors quand nous avons fait les plans pour le Health Center, je suis allé la voir et j'ai demandé ses bénédictions pour ce projet. Je lui ai donné les plans et elle a demandé : « Où est le Nord ? » Elle a tourné le plan de façon à ce que le Nord soit en haut. Puis elle a dit : « Tu veux mes bénédictions ? » (*clin d'œil malicieux*) avec un air de complicité. (*rires*)

J'aurais aimé avoir une relation plus intime avec Mère mais ça ne s'est jamais fait. Et après tout elle n'avait cela qu'avec un petit groupe de gens choisis. Mais ce sentiment de la protéger était beaucoup plus fort que le reste, beaucoup plus fort…

— Entretien avec Piero

Un groupe de musique tribale

Un entretien avec Johnny

Pour être tout à fait franc, je suis venu ici à la recherche de Jan, qui était alors ma femme, et de Jonas, notre premier enfant.

Notre vie à Sydney avait été plutôt agitée. J'avais fait des études d'architecture à l'université mais j'avais abandonné. Je conduisais un taxi et nous vivions au jour le jour, quelquefois en nous passant de repas. C'étaient les années 60, un contexte social très agité, mais finalement Jan a décidé que j'étais un bon à rien et elle est partie avec Jonas.

Elle avait entendu parler de Pondichéry à la Société théosophique. Il y avait là une Hongroise, Georgette, qui était à l'Ashram, et qui venait travailler trois mois par an pour la Société théosophique de Sydney. Elle nous a parlé de l'Ashram. La Société théosophique était le seul endroit à Sydney où l'on pouvait trouver les œuvres de Mère et Sri Aurobindo. On ne les trouvait même pas dans les librairies publiques. C'était l'époque de la nouvelle vague du cinéma français, Truffaut, Godard, etc., et il n'y avait qu'un seul petit cinéma qui affichait leurs films. Partout ailleurs, c'étaient des films américains. Dans cette petite salle on pouvait voir les films de la nouvelle vague, et à l'étage d'en dessous, il y avait la librairie théosophique. Il y flottait une odeur d'encens et on y trouvait toutes les œuvres de Sri Aurobindo. Dans cet endroit on pouvait prendre un coussin, s'asseoir par terre et lire. Les gens au comptoir suggéraient de lire telle ou telle chose. Ce n'était pas une simple librairie.

Quand Jan a perdu patience et est partie en Inde, elle est allée vivre à l'Ashram, au Parc-à-Charbon. Notre fils aîné Jonas qui était en classe 3 allait à l'école de l'Ashram. Puis il s'est joint à ce qu'on appelait Equals One (= 1) avec Medhananda et Yvonne Artaud[1].

Donc Jan était là-bas et moi j'étais en Australie. À ce moment-là, je lisais des livres de spiritualité et je savais qui étaient Mère et Sri Aurobindo, mais quand Jan m'a écrit, elle m'a décrit Auroville comme « un groupe de musique tribale ». Elle devait penser que ça m'attirerait.

---

1. *Equals One* : une des premières expériences d'éducation à Auroville.

Je réalise que beaucoup des premiers Auroviliens ont eu une expérience similaire : à un certain moment dans leur vie, d'une manière ou d'une autre, ils ont eu un contact avec Mère. Moi-même j'ai eu une expérience intéressante. J'étais tout en haut du Nord de l'Australie où il y a des forêts tropicales très denses. C'était le jour de mon anniversaire, le 2 février 1970. Je marchais dans une forêt où il n'y avait pas de chemin. J'étais complètement perdu, perdu à ce point que j'ai jeté la boussole tellement elle me paraissait déglinguée. Je suis monté en haut d'une colline pour essayer de repérer où je me trouvais. Et vraiment j'en étais arrivé à être si désespéré que je me suis assis, la tête dans les mains, à me demander ce qui se passait. Et puis je me suis levé et quand je me suis tourné, il y avait une porte – une porte. J'ai ouvert la porte, et il y avait un chemin. Et le chemin menait à une route, qui m'a conduit à une rivière, où j'ai trouvé des aborigènes qui m'ont guidé. Cela se passait vers 2h de l'après-midi, et c'est le moment exact où Jan montrait ma photo à Mère. Pour moi, cela a été une puissante expérience de connexion. Plus tard j'ai découvert un tableau de Mère intitulé Ascension vers la Vérité ou quelque chose comme ça, et cela m'a rappelé cette colline.

Quand je suis arrivé ici, Jan avait déjà une maison sur la plage. Ce n'était pas sur un terrain d'Auroville. Jan était très proche d'Austin Delaney, ce psychologue irlando-canadien qui travaillait avec des boîtes de sable[1]. Une personne très intéressante. Mais très traumatisé : ses jambes étaient pleines de blessures d'éclats d'obus reçues pendant la seconde guerre mondiale. Il travaillait avec les gens d'Equals One, vivait dans une très grande maison construite sur la plage et ne s'habillait qu'en blanc. Il était sujet à de très longues dépressions qui pouvaient durer trois mois, au cours desquelles il ne faisait que boire et écouter des disques sur un phonographe à remontoir mécanique. Quand il en émergeait, il était tout à fait de bonne compagnie. Il avait une très grande cabane avec des bacs remplis de sable, et une grande quantité de petits objets. Il était épatant avec les enfants, et il s'intéressait particulièrement aux enfants d'Equals One, parmi lesquels Jonas, Chali et beaucoup d'autres enfants. Quand il s'était installé – là où se trouve maintenant Quiet – Jan avait alors construit une petite maison juste à côté, et Jonas a passé beaucoup de temps avec Austin.

Et puis je suis arrivé. En fait j'étais venu pour une semaine, juste pour voir,

---

1. Boîtes à sable (ou Jeu de sable) : technique pédagogique qui consiste à encourager l'enfant à construire un univers dans des bacs à sable en utilisant toutes sortes d'objets ou figurines mis à sa disposition. (NdE)

Johnny et son équipe.

avec l'intention de repartir si je n'étais pas le bienvenu. Mais à mon arrivée tout le monde semblait content de me voir, je suis donc resté. Et puis, comme j'avais acquis en Australie une certaine expérience de construction de maisons genre keet [feuilles de palme] (et Vijay était en train de construire à Udavi), j'ai commencé à travailler avec un petit groupe de villageois, en particulier Ramu de Boomapalayam. Ils venaient chez moi le matin – je dois dire qu'à peine arrivé en Inde, je me suis senti chez moi. Dès le début, quand je voyageais en train, l'Inde me semblait être beaucoup plus mon pays, un pays de connaissance, que l'Australie (et l'Australie ressemble pas mal à l'Inde quand il y fait sec et chaud). Je me sens à l'aise avec un longi et une grande barbe. Ramu et les autres venaient régulièrement le matin, avec leurs *longi*, leurs *tundu*1 et *tiffin* et nous construisions. Quand on a étudié l'architecture, on a beaucoup d'idées et pas trop d'occasions de les mettre en pratique. Mais avec des bambous, des casuarinas, du keet et des cordes, on peut tout faire ; les erreurs n'ont pas d'importance puisque ce n'est pas du béton. Ce fut donc pour moi une très joyeuse manière de m'exprimer que d'être capable de faire ce genre de choses ici avec ces hommes.

Mais malgré tout, nous n'étions pas vraiment à Auroville.

Les Auroviliens avaient l'habitude d'aller à la plage lors de la pleine lune et de jouer de la musique, d'où le « groupe de musique tribale ». C'est comme

---

1. *Tundu* : serviette portée sur l'épaule. (NdE)

ça que nous avons connu des Auroviliens.

À Pondichéry, il y avait ce qu'on appellerait maintenant l'Entry group [Groupe des admissions] et ça incluait Shyamsunder et peut-être Navajata1 (c'était la Sri Aurobindo Society, le groupe avec qui nous avons eu des difficultés plus tard). Nous avons été voir cet Entry group parce que Jan tenait beaucoup à ce que nous intégrions Auroville. Ils nous ont demandé nos curriculums. J'ai mentionné entre autres choses que j'avais étudié et pratiqué l'architecture en Australie.

« Oh, nous avons un poste pour vous dans le bureau de Roger à Pondichéry ! » (qui se trouvait au dessus du restaurant Toutcqu'il faut2).

Cela ressemblait davantage au monde d'où je venais qu'à celui où je voulais aller.

« Ah, si vous n'êtes pas prêt à faire ce qu'on vous dit de faire, il n'y a pas de place pour vous à Auroville. »

Je me disais : « Bon. Pas de problème ! Je ne connais pas ces gens-là, moi, et je peux vivre n'importe où ! » Mais Jan était tout à fait contrariée. Et puis il s'est trouvé que le terrain sur lequel nous vivions, que Jan avait loué, a fait l'objet d'une dispute, ce qui nous a obligés à partir. À l'époque j'avais déjà commencé à travailler avec Boris et Namas, qui avaient décidé de créer ici, à Fertile, le premier camp forestier. Aruna était là aussi. J'avais aidé à construire une petite hutte. Alors quand nous avons dû quitter la plage, ils nous ont dit :

« Pourquoi ne venez-vous pas vivre avec nous ?

— Mais nous ne sommes pas officiellement auroviliens !

— Allez voir Shyamsunder et demandez-lui de donner une lettre à Mère. »

Shyamsunder avait un petit bureau à Pondichéry, le Beach Office. Il avait une position très officielle. On descendait le matin pour aller le voir et autour de lui étaient assis tous ces Auroviliens dépenaillés en longis. À cette époque il y avait tant de besoins : on avait besoin d'un puits, de tuyaux, d'un char à bœuf, etc., et c'est à lui qu'on demandait tout cela. Je suis allé le voir et j'ai demandé officiellement à Mère si Jan, Jonas et moi-même

---

1. Shyamsunder était le Secrétaire général de la Sri Aurobindo Society et le secrétaire de Mère pour les affaires d'Auroville. Navajata était le Président de la Sri Aurobindo Society. (NdE)
2. Un restaurant dirigé par Pourna, la petite-fille de Mère, où l'on trouvait une nourriture plus variée que dans le Dining-hall de l'Ashram. (NdE)

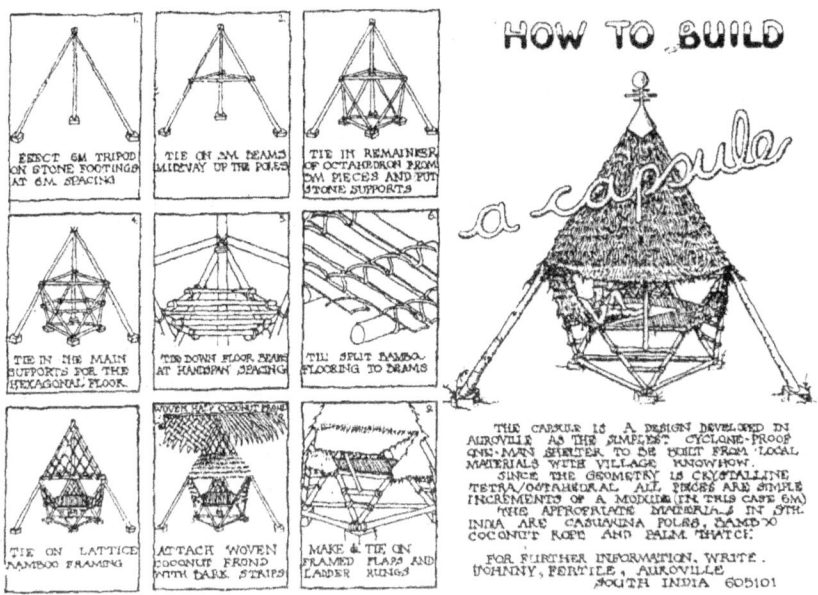

How to build a capsule
Mode d'emploi pour construire soi-même sa capsule.

pouvions devenir Auroviliens. Le même jour nous avons reçu une petite note qui approuvait. C'est ainsi que nous avons évité « l'Entry Group ». Mais ce groupe était tout à fait pondichérien et il y avait déjà ce sentiment de deux pôles [ceux qui vivaient à Auroville et ceux qui vivaient à Pondichéry]. Ce qui en émanait n'était pas particulièrement amical.

Peu après, à la naissance de ma fille Jina, Jan a pris une maison à Pondichéry pendant environ trois mois, le temps que Jina grandisse un peu, parce que vraiment, là où nous vivions, il n'y avait rien. On a du mal à s'en souvenir, mais, ici [à Fertile], on pouvait s'asseoir et regarder droit devant et il n'y avait rien, absolument que du sable jusqu'à l'horizon. Les femmes des pêcheurs avaient l'habitude de marcher sur le sable chaud avec des morceaux de tissus attachés à leurs pieds, elles n'avaient même pas de *chappal* [sandales]. Avec leur panier de poisson sur la tête elles venaient en courant à travers champs et s'asseyaient sous le banyan qui est ici, buvaient de l'eau, et ensuite le prochain arbre était à un kilomètre ! Il y avait un énorme manque de combustible dans les villages à cette époque. Du coup les villageois coupaient les premiers arbres que nous plantions et les emmenaient comme bois pour le feu. Ce fut une bataille épique au début : dès qu'un arbre atteignait une certaine taille, il fallait le protéger. Nous avons dû passer pas mal de temps à nous battre physiquement avec les villageois. Les terrains ici avaient été achetés cinq ou dix ans avant notre arrivée, et il se trouvait qu'un villageois avait pris l'habitude d'y faire paître ses vaches tous les jours, sur le petit peu d'herbe qu'il y avait. Nous devions tout le temps chasser ses vaches, et il accourait avec un bâton: «Tu n'as pas le droit, tu n'es même pas tamoul, de quel droit es-tu ici?» Un jour, un type m'a donné un coup dans le dos avec son fouet: il avait coupé un petit margousier, je tirais l'arbre vers moi, il tirait vers lui... Nous avons réellement dû nous battre pour la terre au début.

J'ai vu Mère pour la première fois le jour de mon anniversaire en 1972. Le spectacle autour de Mère dans cette petite chambre était invraisemblable: il y avait constamment une longue queue de gens qui attendaient de la voir, assis sur toutes les marches, du bas en haut de l'escalier. Vous étiez censé lui offrir une fleur. Certains Ashramites étaient malins, ils prenaient une très belle fleur, l'enveloppaient dans un sac en plastique et la mettaient au frigo pour la nuit – parce qu'une fois Mère avait dit que les fleurs restaient fraîches dans les mains de ceux qui avaient la réalisation spirituelle! (*rires*) Mais les pauvres Auroviliens qui descendaient à Pondi: «Oh, il me faut une fleur», et sur la route de Pondi il y a ces fleurs appelées *datura*, une très belle fleur, «tapasya», mais quand tu la prends, elle se répand autour de ta main comme une glace qui fond (*rires*). Je me rappelle donc cette première fois où j'ai été voir Mère (on se sent si sale dans ce milieu, même après s'être lavé et avoir mis longi, chemises propres et tundu), j'avais cette chose comme un cornet de glace fondue à la main.

Quand vient ton tour, tu entres et Mère est assise dans un grand fauteuil, et debout à côté d'elle il y a Champaklal, qu'elle appelait son lion, un homme petit mais large avec une immense barbe blanche. L'anniversaire de Champaklal était le même que le mien. J'avais à l'époque cette idée géométrique que le symbole de Sri Aurobindo était à trois dimensions. J'en avais sculpté un dans le bois et je l'avais apporté à Mère. Tu es assis là et tu lèves lentement les yeux et il y a ces incroyables yeux, noirs de kohl, qui te regardent et... «Oui, Mère», immédiatement je pense: «Oh! je suis un mauvais type». Je lui offre le symbole, elle le prend, elle a un petit rire et puis elle le donne à Champaklal pour son anniversaire, «Bonne fête à Champaklal!» Et elle me sourit...

En fait, après que nous nous sommes établis ici, elle nous a fait venir un dimanche après-midi, Boris, Namas, Aruna et moi. C'était un dimanche

après-midi. Pas de protocole, personne, on est entré directement, comme si on allait voir sa grand-mère. Elle nous a seulement parlé en français, ce qui m'a un peu handicapé. Elle nous a donné le panneau « Fertile », mais aussi une plante à mettre en terre. C'était la plante qu'elle avait appelée « Nouveau monde », une petite cosse avec des graines oranges.

J'ai vu Mère deux fois lors de deux anniversaires. Et puis aux Darshan. Ces derniers étaient incroyables, ils attiraient des gens de partout dans le monde, de très grandes foules, des gens qui venaient en avion pour cette occasion. Toute l'affaire se passait dans un silence total. Mère n'apparaissait guère que cinq minutes. Elle dépassait à peine du parapet. Un silence très puissant. C'était très émouvant.

Avec Mère, j'ai eu dès le début le sentiment qu'elle me connaissait, qu'elle me reconnaissait. J'avais une grand-mère qui avait une très forte personnalité ; elle ressemblait un peu à Mère et j'ai toujours senti que, parmi tous ses petits-enfants, elle avait une préférence pour moi. J'avais un lien très fort avec ma grand-mère. Et c'était la même chose avec Mère (à ce moment-là, ma grand-mère était morte). J'avais le même sentiment qu'elle me connaissait, qu'elle me soutenait.

Je me rappelle le jour où elle est morte. Pendant toute la journée j'avais eu une forte fièvre avec l'impression que j'étais vraiment en train de mourir. J'étais allongé dans cette maison et j'étais couvert de sueur. Bernard Borg est passé à cheval et m'a donné la nouvelle.

Je n'ai jamais senti de quitter Auroville. Il y a eu un moment en 1989 où un ami d'Australie est mort et nous a légué une petite cabane en forêt. J'ai décidé de partir et d'essayer de vivre là-bas en ermite. Je me suis toujours imaginé que la vie idéale est celle de l'ermite. On vit seul et on peut décider à tout moment de ce qu'on va faire. Bon, en fait j'ai découvert que la vie d'ermite n'est pas pour moi. Mais c'était à un moment où j'avais une connexion très puissante avec Sri Aurobindo. C'est la première fois de ma vie que j'ai connu ce que j'appellerais l'angoisse spirituelle. J'avais le sentiment de devenir fou et j'avais besoin d'aide spirituelle, et la seule chose que je lisais était *la Vie Divine*. Je me levais le matin et je lisais parfois juste un paragraphe qui suffisait pour toute la journée. Et maintenant je regarde ces paragraphes, ces cahiers, et je ne sais plus ce que je pensais à l'époque. C'est comme cela que je comprends les écrits spirituels. Ils parlent toujours en réponse à un besoin. S'il n'y a pas de besoin, alors… Ils ne répondent pas à la simple curiosité.

J'ai donc été là-bas pendant un an dans cette cabane en Australie. Jan et Jina sont venues me rejoindre et pour la première fois toute la famille était en Australie. Puis il s'est trouvé que nous avons retrouvé un moulin construit au bord d'une rivière par l'arrière-grand-père de Jan, un immigrant irlandais. Il était en ruines. Soudainement il m'est apparu que je pourrais le reconstruire, utiliser la roue pour faire de l'électricité, et toute la famille pourrait y vivre. Mais le propriétaire ne voulait pas le vendre et j'ai reçu des nouvelles d'Auroville : il y avait à Fertile une dispute entre ceux qui y habitaient. On me disait qu'il fallait que je rentre. C'était en 1990, un moment critique, parce que moi, je suis rentré et Jan, elle, a décidé de rester quelque temps pour voir si elle allait revenir. Je suis rentré et quand je suis arrivé, il n'y avait pas de querelle. Je me suis trouvé de retour ici, seul.

Jesse, mon deuxième fils and sa femme Jyotis vivent solidement ici depuis près de dix ans. Il a eu de la chance de se marier avec une fille d'ici. Mais maintenant mon fils aîné Jonas est revenu (il avait seize ans quand il est parti en Australie où il a obtenu un diplôme en dessin industriel et est devenu artiste graphique ; il a eu du succès, a monté une bonne entreprise, est devenu assez riche, et puis tout s'est écroulé, entreprise et famille. Pendant trois ans il a travaillé pour payer ses dettes. Il y a environ six mois, il en a eu assez, il est allé suivre une session de méditation Vipassana. Et là, il a eu cette révélation qu'il lui fallait se débarrasser de tout, maison, voiture et travail. Il a fait ses valises et aujourd'hui il vit ici avec moi et ses deux enfants qui vont à l'école de Deepanam. Même sa femme, dont il était séparé, est aussi venue.)

Il y a une histoire derrière chacune de ces choses. L'histoire du reboisement à Auroville, c'est vraiment une histoire tout à fait intéressante. Au début, on n'y connaissait rien, on avait juste besoin d'ombre. C'était l'époque où *on plantait sur carte*.

Planter sur carte ??

Tous les arbres d'Auroville devaient être en spirale (!). On était censé planter tous les arbres selon la spirale, la galaxie. Et le dimanche, des autocars amenaient des Ashramites qui venaient nous aider à planter des arbres. Mais c'était à nous de faire en sorte que les trous soient creusés, qu'il y ait de l'engrais, les plants, de l'eau, et tout ça et finalement…. On a laissé tomber la spirale ! (*rires*) Peu à peu nous avons appris. Aujourd'hui il y a dans la communauté peut-être cinq ou six botanistes réellement professionnels. Ils connaissent les arbres, comment ils poussent, ce qui peut pousser à côté d'eux, les forêts indigènes et les plantes médicinales : c'est une connaissance considérable ! Et tout cela s'est développé seulement par l'enthousiasme. Ça n'a jamais été une affaire d'argent. Ce sont des gens qui travaillent avec l'amour de ce qu'ils font. Et c'est pour ça que le projet de la forêt réussit. Les gens qui travaillent dans la forêt aiment la forêt. Mais c'est pour un autre livre [à écrire].

Auroville est un endroit merveilleux pour un anthropologue. Ici nous avons une communauté bien délimitée, comme une île. Elle a élaboré des lois très rudimentaires pour essayer de se gouverner. Quand on pense à toutes les différentes tentatives pour coordonner, les différents types de réunions, la réunion des enveloppes, etc. ! Quand nous venions juste d'arriver, une fois par semaine on apportait un panier plein de nourriture dans la grande hutte du Matrimandir, on le posait là et on mangeait tous ensemble en partageant tout et on rentrait chez soi. Et à chaque pleine lune, toute la Green Belt venait ici ou à Forecomers ou à Kottakarai, on s'asseyait pour un grand pique-nique et on jouait du tambour, avec les enfants qui couraient un peu partout.

Ce qui me trouble, c'est la vie des enfants aujourd'hui comparée à la vie que nos enfants avaient, quand ils se promenaient à cheval, avec des arcs et des flèches. Même si quelquefois ils ne rentraient pas la nuit, ce n'était pas un problème. Mais maintenant avec les motos et tout le reste, la qualité de vie des enfants n'est pas… à mon goût en tout cas. Trop de technologie et pas assez d'aventure.

C'est bien quand les enfants qui ont été élevés à Auroville reviennent ici.

Je pense que c'est bien s'ils reviennent pour les mêmes raisons qui nous ont fait venir. Qu'ils ne soient pas juste là sans savoir pourquoi. J'ai toujours dit que les enfants doivent s'en aller et ensuite décider. Ceux qui sont les plus désorientés, il me semble, sont ceux qui sont là sans être jamais partis. Ils ne savent pas ce qu'est l'argent, par exemple, ou le travail. J'ai toujours tendance à les pousser à faire une expérience en dehors d'Auroville.

Est-ce que le développement sauvage dans la Ceinture verte te préoccupe beaucoup ?

Ou bien on prend une position défensive, on s'enferme dans nos murs et on devient une présence hostile au développement ou bien...

Je me souviens d'une époque où la plupart des gens marchaient. Les villageois se déplaçaient à pied de village en village et on rencontrait des familles entières sur la route. La nuit, il arrivait qu'on entende un petit char à bœuf aux roues en bois monter la route, comme ces chars à bœuf qui emmenaient le bois à brûler à Pondichéry ; le bonhomme est un peu saoul et il est allongé à l'arrière de son char et chante « Oooooh aah ! » (*voix éraillée*)... et d'être allongé ici, la nuit, dans cet environnement, c'était tout à fait magique. Peu à peu, lentement, le premier tracteur et le premier camion... Au début quand le premier tracteur est venu dans la forêt, je me suis jeté par terre devant lui : « Pas ici ! » Mais la fois suivante, je suis juste resté derrière un arbre. Je n'allais pas passer le reste de ma vie à me battre contre les tracteurs.

Je crois encore à la magie d'Auroville. Je crois qu'Auroville a une destinée qui nous dépasse. Et bien sûr, avec la population qui augmente, il va y avoir toutes sortes de choses qu'on n'aime pas trop. Au début il y avait Aspiration et ici [Fertile] : trois kilomètres entre les deux. Ceux qui sont venus ensuite, c'est Jean et Colleen [Two Banyans], à environ un kilomètre. Et puis Patrick et Heidi encore plus près, et puis Charlie et Suzie. Nous avions tous nos petites bulles, mais il y avait des vides entre les bulles, et progressivement Turiya et d'autres sont venus. Et toutes ces bulles ont commencé à se toucher et, souvent on se retrouve trop près du voisin à son gré. Mais c'est l'essence d'Auroville, de s'entendre avec ses voisins, quels qu'ils puissent être.

Au début, quand ces gens viennent, on se montre hostile, parce que c'est difficile de les accepter. Et on doit accueillir tout le temps des gens qui viennent. Chaque dimanche nous avons une journée ouverte pour quiconque veut venir ; il y a beaucoup de monde, et quelquefois des gens que je n'aime pas du tout à première vue ; mais on finit par se rendre compte que, fondamentalement, tous sont ok. C'est ce que je sens. Alors ce type [qui a acheté un terrain pour en faire un Spa], il ne sait pas vraiment ce qu'il fait, mais il essaie à sa manière de contribuer. Et ce politicien de Madras [qui a acquis aussi un terrain dans la Ceinture verte], c'est la même chose. Quand vous allez le voir : « Non, non, je veux planter une forêt ici, je veux faire ce que vous faites ! » *(rires)*

Des villageois avaient démarré un grand poulailler dans la forêt et c'était une vraie menace pour nous. Le type était tout le temps ivre, il coupait des arbres, ça puait à la mousson et il jetait des poulets morts un peu partout. Maintenant c'est une petite famille de Bangalore qui a racheté ce terrain et qui veut planter un parc naturel. Le développement n'est pas toujours absurde.

Alors tu regardes et tu penses : bon, c'est en train de se faire. Ça ne se fait pas comme nous pensions que ça allait se faire mais c'est en train de se faire. Bien sûr, j'aimais quand c'était absolument silencieux la nuit, mais on s'y habitue un peu plus chaque jour. Je continue d'apprécier immensément le cadeau qui nous a été fait.

—Entretien avec Johnny

Et le silence mental, vous en êtes où ?

Un entretien avec Gérard Maréchal

Je ne sais pas quel âge j'avais, peut-être 9 ou 10 ans. C'était à midi je crois. Je devais repartir à l'école. Mon père regardait la télévision. On voyait une foule et quelqu'un sur un balcon. Je me souviendrai toujours, je demande à mon père : « Mais qui c'est ? Qui c'est ? C'est le pape ? » – « Non, non, c'est pas le pape », comme s'il ne comprenait pas très bien lui non plus. « Mais qui c'est ? » Je restais comme ça debout à regarder l'écran. Je revois la scène avec mon père assis dans son fauteuil et moi debout à côté de lui à le questionner. « Qui c'est ? Qui c'est ? » Il ne savait pas quoi me dire. Ça m'est toujours resté. Ça devait être un Darshan de Mère. Comment et pourquoi j'ai gardé le souvenir de cet instant, c'est ce qui m'a étonné. Je me revois : « Qui c'est ? C'est le pape ? »

Depuis l'âge de 14 ans je sentais qu'il fallait que je parte. Mais mon père me disait qu'il ne me laisserait pas partir avant que je sois majeur. J'attendais donc 21 ans.

Je n'avais jamais entendu parler de Mère ou de Sri Aurobindo. Un jour, début 68, je n'avais pas encore 21 ans, j'étais place St Michel assis dans un troquet en face de la fontaine, à boire une bière et fumer une cigarette. J'attendais une copine. Et d'un seul coup j'entends une voix qui me dit : « Dans un an tu seras parti. » Une voix forte ! Je me dis : j'entends des voix comme Jeanne d'Arc ! C'était très clair et très net : Dans un an tu seras parti. Et puis ma copine est arrivée, j'ai oublié…

À partir de ce moment-là, tout s'est mis en place. Ça a été très vite. J'avais un ami qui habitait un immeuble près du mien à Pré St Gervais à Paris, dont les parents faisaient du théâtre. Je faisais des petits films à l'époque, de la figuration dans des films pour la Croix rouge, etc. Les parents de cet ami avaient entendu parler de Mère et de Sri Aurobindo. Ils avaient une brochure sur Auroville : une ville sans armée, sans police… Je me suis dit : C'est ça ! J'ai tout de suite senti que c'était ça.

Cet ami, cette brochure : tout s'est mis en place. De la brochure, je suis arrivé à l'Association pour Auroville. On m'a dit qu'il y avait une caravane qui partait pour l'Inde. J'ai dit : je pars. Ma famille était tout à fait contre. Malgré cela tout s'est mis en place. J'ai vendu les appareils photo que j'avais pour me faire un peu d'argent. C'était magique, je me sentais comme tiré et je me suis retrouvé place des Invalides le 15 août 1969, je suis monté dans la caravane et puis on est parti.

Je ne savais pas ce qu'il y avait au bout.

On est arrivé le 4 octobre 1969, et le 14 octobre, c'était mon anniversaire, je voyais Mère. On m'avait dit : tu peux voir Mère parce que c'est ton anniversaire. Je disais : « Mais Mère, je ne la connais pas. » J'étais un peu timide :

« Qu'est-ce qu'elle va me dire, qu'est-ce que je vais lui dire ? Elle est âgée...

—Vas-y, vas-y quand même. » Donc j'y ai été.

J'attends, je monte l'escalier et je vois une vieille femme, le dos cassé. J'étais un peu impressionné. J'arrive devant elle. En arrivant dans cette chambre, on se trouve dans un autre espace, cette chambre paraît vaste, si vaste, et je me retrouve assis devant Mère. Là, tu regardes Mère et tout est bouleversé. J'étais bouleversé. J'avais juste 22 ans. Ça s'est passé très vite. J'ai compris pourquoi j'étais arrivé là, j'étais arrivé devant ce que je cherchais, c'était une reconnaissance. Ce qui m'a sauté aux yeux tout de suite, c'était la puissance. Elle dégageait une force extraordinaire, que je n'avais jamais vue. J'étais étonné parce que c'était une vieille femme et pourtant il y avait cette force extraordinaire qui émanait d'elle. Mais pas une force agressive, une espèce de force tranquille. Et puis aussi, une présence : c'était la première fois que je voyais quelqu'un de présent, quelqu'un qui était là. Je prenais conscience de ce que voulait dire la PRÉSENCE de quelqu'un. Tu es complètement abasourdi. C'est quelque chose de très puissant. Mère te regarde, elle est sérieuse, elle te traverse, tu es complètement bouleversé, il n'y a pas de mot pour ça... (*silence*) Et puis elle sourit et c'est un sourire... tu bascules dans l'amour, dans quelque chose de tellement vaste, de tellement vaste... Et là, ce qui est venu spontanément, intérieurement, c'est : « Je veux aller où tu es. » Voilà. Et puis tu sors, tu es atomisé.

Oui. C'est toujours là...

J'ai été deux trois-fois voir Mère avec le groupe d'Aspiration. On était assis autour d'elle. Un jour elle nous demande : « Alors, le silence mental, où en êtes-vous, est-ce que vous réussissez ? » Nous on était bouche bée (*rires*). Elle a ri. Mais pour elle, c'était comme si on devait être des êtres qui déjà allaient loin. Devant elle, j'étais sur une autre planète, il n'y avait pas de… Très difficile de poser des questions, c'était très puissant. J'ai dû y aller deux-trois fois. C'était comme si le temps s'arrêtait. Je ressortais groggy.

Je suis resté treize ans sans partir. J'ai essayé de m'enfuir. C'était trop. Trop quoi, on ne sait pas mais je suis revenu. Je suis allé à Katmandou et puis je suis revenu en courant.

J'avais un copain, Jean-Christophe, qui devait aller au Canada et je suis allé le rejoindre à Katmandou. Je suis parti avec très peu d'argent. Arrivé là-bas, ma première impression c'est que je me retrouvais à St Michel, avec les hippies, les types qui fumaient, etc. Je me dis : Je ne vais pas au Canada. Je m'assois sur les marches du consulat, j'attends mon copain ; il arrive :

— Bon, Gérard, tu viens ? J'ai ton billet pour le Canada.

— Non, je ne pars plus.

Mon ami se fait rembourser mon billet et me paye un billet d'avion pour Calcutta. Je pars sans visa, sans argent. À Calcutta on me demande : « Où est votre visa pour l'Inde ? » Pour moi Katmandou, Calcutta, c'était la même chose (*rires*). Ils prennent mon passeport, c'était la catastrophe. Je me retrouve à Calcutta complètement paumé. Il faut dire que je n'ai aucun sens de l'orientation. Je devais aller au ministère des Affaires étrangères pour récupérer un visa. Bon, je prends un bus, sans savoir où je dois descendre. J'étais tellement paumé que j'ai ouvert les mains : c'est fini, terminé, je ne vais pas arriver à m'en sortir. Et là, j'ai eu une très belle expérience. Je suis passé dans autre chose et tout s'est mis en place. Quelqu'un m'a dit : « descends ». Je suis descendu. Je suis arrivé dans ce ministère. J'étais en dhoti avec un sac. On m'a dit : il faut voir monsieur Machin. Il était en conférence : « Ce n'est pas possible de le voir, et puis habillé comme ça vous ne pouvez pas y aller », mais moi je continue, je vais ailleurs, je passe devant tous les gardiens, les secrétaires et j'arrive dans un grand bureau avec un bonhomme assis avec un calot blanc à la Nehru. Il me regarde : « Qu'est-ce que vous faites là ? » Je traverse les cinq mètres du bureau et je lui raconte mon histoire en deux mots avec mon mauvais anglais.

« Asseyez-vous. Vous allez où ?

— À Pondichéry–Auroville, l'ashram de Mère…

— Je suis un disciple de Mère. »

Incroyable ! Il sonne. On m'apporte mon visa.

Travail lors d'un concreting au Matrimandir. Gérard est à droite et Alain Monnier à gauche.

Je repars à Auroville. Le lendemain de mon arrivée, on me dit : « Tu es convoqué par André Morisset. » Bon.

« André Morisset, bonsoir. »

C'était juste en dessous de la chambre de Mère.

« Gérard Maréchal ?

— Oui.

— Vous fumez trop, vous vous droguez, vous ne travaillez pas, vous allez à Katmandou, vous faites ci, vous faites ça, Mère ne veut plus de vous, vous devez quitter Auroville. »

Tu es là, ton cœur s'arrête, tu es encore plus cassé. Cassé de chez cassé. Je sors de l'Ashram, je m'assois sur le trottoir d'en face, j'étais dans le caniveau, quoi. C'était fini : Mère ne veut plus de toi, tu es rejeté.

Il y a Satprem qui arrive, qui sort de l'Ashram. Il me voit, il me dit :

« Qu'est-ce que tu fais là ?

— Je suis viré ! » *(rires)*

Je lui explique ce que m'a dit André Morisset. Satprem me regarde :

« Gérard, André Morisset c'est un ad-mi-nis-tra-teur. Il n'a rien à voir avec ta destinée spirituelle. Va voir Mère. Écris-lui. »

Ça avait touché quelque chose.

Il y avait un gars qui s'appelait Austin, qui faisait de la psychologie. Il m'aimait beaucoup et il voulait que je travaille avec lui, sur la plage, avec ses boîtes à sable. J'ai écrit à Mère en lui disant que j'allais travailler avec Austin sur la plage et je lui demandais ses bénédictions. Mère me répond : « Si tu vas travailler sur la plage, tu ne pourras plus rentrer à Auroville. » J'ai pris mes cliques et mes claques et je suis reparti à Auroville ! J'ai senti que c'était sa réponse.

J'ai travaillé à l'école à Aspiration. André Morisset est venu couper le ruban le jour de l'l'inauguration. Je lui ai fait signe, il avait oublié. Après quelque temps j'ai demandé à Mère d'aller au Matrimandir et elle m'a donné ses bénédictions.

Il faut dire qu'à Aspiration, on tournait en rond. On n'avait pas grand-chose à faire. On plantait des arbres, on faisait la cuisine, le matin, à midi, le soir. Mais on ne savait pas quoi faire, il n'y avait pas d'argent, il n'y avait rien. On bricolait. À un moment il y a eu un besoin de faire quelque chose. Je crois que c'est Rod qui a exprimé cela : qu'est-ce qu'on peut faire pour se retrouver ? (parce qu'on était disséminé un peu partout) Pour qu'il y ait une sorte d'unité ? Elle a dit : il faut construire le Matrimandir. Elle préparait.

J'ai relu les conversations dans les *Agendas*. C'était un moment où on lui rapportait que les Auroviliens fumaient, les Auroviliens par ci, les Auroviliens par là, et Mère les défendait toujours. On lui racontait : « Les Auroviliens, c'est des paresseux, ils ne font rien, il faut que ce soit l'Ashram qui aille leur montrer le chemin. » Et Mère : « L'Ashram, ils sont trop vieux ! » Mais elle explique à un moment qu'elle est en train de préparer, de décanter : « Je suis en train de travailler-travailler pour rassembler les énergies qui peuvent faire. » Elle leur dit : « Vous ne savez pas. Il n'y en a aucun qui voit réellement ce qui se passe. » Nata disait : « J'ai été à Auroville, ils sont incapables, c'est comme une nécropole. » Et Satprem rapportait ça à Mère : « Il faut envoyer l'Ashram. » – « Non, dit Mère, vous ne voyez rien, IL N'Y A PERSONNE QUI VOIE. » Elle nous aime beaucoup. On racontait plein de choses sur nous. On voit bien dans *l'Agenda* que les Auroviliens se prennent de drôles de baffes. Mais on sent que Mère : « Non, vous n'avez pas la vision. » Elle était avec nous. Elle est toujours avec nous.

Matrimandir, moment de détente. De gauche à droite, Gérard, Piero, Roger Toll, Klara, Claudine, Bhaga – début 1973.

Donc il y a eu cette énergie pour le Matrimandir. J'ai quitté Aspiration et je suis allé y travailler en 1970. Quand Mère était dans son physique, il y avait une telle énergie, une telle force, on sentait que rien ne pouvait arrêter. C'était ça le Matrimandir, cet espèce de bateau qui avançait, avec des câbles, des filins. On vivait sur la lune, il n'y avait rien, c'était le Far West, mais il y avait cette force extraordinaire. On n'avait pas de ronds, il faisait chaud, mais ça ne faisait rien, on ne sentait rien, on n'avait besoin de rien, on était les rois. C'était la force de Mère. Mais en même temps on ne sentait pas tellement le besoin de la voir. On savait qu'elle était très prise, et puis au Matrimandir on la sentait tellement proche! On travaillait avec elle, on travaillait ensemble, elle était là, c'était pas la peine de la voir pour lui raconter nos misères.

Quand Elle est partie, ça a été un choc, c'était la nuit où on a fini le bétonnage des piliers. C'est vrai, pour nous Mère était immortelle. Mais ce qui m'a beaucoup aidé, ça a été le Matrimandir. Il y avait une continuité : même elle partie, on sentait toujours cette même énergie, il n'y a pas eu de coupure.

Tu es parti d'Auroville pendant des années, et puis ?

À un moment donné, pour des raisons personnelles je tournais en rond, et comme j'ai eu la possibilité de partir, je l'ai fait pour en sortir. Je suis revenu, je suis reparti. J'allais de contrat en contrat, et à un moment donné j'allais revenir quand j'ai entendu dire que les Agendas étaient partis d'Auroville[1], donc je ne suis pas revenu pendant longtemps.

Pour revenir il faut casser tellement de choses que tu as construites ! Tu as formé un cercle, tu as une situation, des amis, une maison, et quitter ce monde... on se dit : mais pourquoi ? Il y a un côté de soi qui ne veut pas quitter ce monde. C'était très douloureux. J'avais une maison superbe avec des grands arbres, on aimait beaucoup cet endroit. C'est pas facile de dire : on lâche tout et on revient. Mais en même temps, c'était tellement fort [le besoin] de revenir. Et il y avait l'énergie pour le faire. Elle nous tirait, autrement on n'aurait jamais pu.

Quand je suis revenu, nous avons eu un sentiment de gratitude pour les gens qui étaient restés quand beaucoup de monde était parti (il y avait eu un grand exode). Une gratitude pour les gens qui avaient continué et qui avaient réussi à traverser des années assez difficiles.

De revenir [à Auroville], c'est comme un changement de vie, presque une renaissance : on renaît à quelque chose, une nouvelle vie, physiquement. Et c'est la même attraction sous une forme différente. Et pourtant c'était pas facile, parce qu'on retrouvait un Auroville qui avait tellement changé ! Mais en même temps on y a retrouvé cette présence, cette force de Mère, cette conscience qui est là malgré tout, qui est là. Et on est resté pour ça. Bien sûr, c'est partout sur terre, mais à Auroville il y a une intensité, Mère l'a mis là, donc on retrouve ça, on est repris par ça. Quand j'étais parti [loin d'Auroville], Mère était toujours présente, j'étais toujours connecté, je ne l'avais pas oubliée, mais ici on retrouve cette chose et c'est beaucoup plus fort que tous les crève-cœur que tu peux rencontrer à Auroville.

C'est toujours la même force, le même besoin, la même aspiration : la création d'Auroville, mais ça prend d'autres formes. Plus ça va, plus on doit le tirer de l'intérieur. On arrive au bout de beaucoup de choses, parce qu'on a fait tout un tas d'expériences – qui ont encore un sens pour certaines personnes sûrement, mais pour nous on est arrivé au bout ; on est obligé de puiser davantage à l'intérieur pour participer. Plus tu lâches, moins tu as d'ambition, et plus tu deviens presque incompétent, parce qu'il y a des manières de fonctionner qui ne correspondent plus du tout. Il faut que les

---

1. En 1989 Mira Aditi qui distribuait les livres de Satprem a quitté Auroville. Les Agendas sont toujours à Auroville.

Auroviliens trouvent une autre manière de fonctionner pour faire face à ce qui se passe. Autrement on a toujours l'impression d'améliorer quelque chose, d'améliorer un système. Il arrive un moment où tu n'as plus envie d'améliorer, parce que tu sais qu'une amélioration, ça ne change rien. On doit passer à autre chose pour exister, pour devenir.

Il y a deux jours, je sentais que je redécouvrais Auroville – tout ce qui nous a fait aimer Auroville, ce qui nous a tirés vers Auroville. J'ai senti que tout était possible, possible, possible, que ça dépendait de notre regard. Quand on dit changer de regard, c'est pas de la poésie, c'est matériel, et parfois tu as la chance pendant quelques secondes de sentir et de voir cet Auroville – qui est là et qui prendra le temps qu'il faudra. Et on sent qu'il y a des êtres ici, des Auroviliens, qui vont vers ça. Et la présence de Mère qui est toujours là. Ces quarante ans d'Auroville m'amènent à ça. Je crois que Mère et Sri Aurobindo ont fait un gros travail pour que ce soit plus simple, plus facile pour être avec eux.

Parfois, les problèmes d'Auroville, c'est vrai, ça semble insoluble, irrévocable – *Il n'y a rien d'irrévocable*, Elle dit. Rien. Ça dépend vraiment de plus en plus de la façon dont on regarde, de ce qu'on appelle. Il y a une réalité d'Auroville, oui, mais ce n'est pas la seule réalité, il y en a une autre qui se met en place, comme cette nouvelle conscience, qui est là et qui travaille petit à petit, qui se glisse. On ne voit pas. Parfois on sent un peu. Ce nouveau monde, on ne le voit pas mais il est là.

Longtemps après, tu regardes [ta vie], et tu vois la magie du point de départ : comme elle a tout mis en place, comment tes échecs ont été des succès (parce que tu aurais eu des succès universitaires, tu ne serais peut-être pas parti). C'est comme si tout te préparait à aller près d'elle. J'étais coincé, coincé par la famille, coincé… Et ce chemin, c'est comme un fil, parce qu'on n'était pas conscient ! On avait quelque chose dedans, mais on ne savait pas ce que c'était ! On avait envie, besoin d'autre chose, en 68 c'était présent dans tellement de jeunes. Mais un gamin à Paris : comment elle te tire, comment elle t'amène là ! Toi tu comprends rien. Tu n'es pas conscient mais c'est là que tu te rends compte que Mère travaille en toi, Sri Aurobindo travaille en toi, même quand tu n'es pas conscient de ce qui se passe. C'était une grâce de se retrouver en face d'elle. Et tu sens que ça continue.

Qu'est-ce que j'étais bouché avec Mère ! Inconscient. Même devant Mère. Tu pouvais pas parler, tu pouvais pas poser de questions, elle était tellement immense et tu te disais : c'est tellement con les questions que je vais poser. Et toutes ces années à Auroville ou ailleurs, combien il faut d'années de nettoyage, de préparation, de baffes pour arriver à une espèce de *surrender* [abandon]. Tu regardes, tu te dis : ça fait quarante ans ! Il faut combien d'années…

Et en même temps : *Elle a été nous chercher.*

Au moment où elle va te chercher, où Elle te prend, tu es tout jeune, tu ne comprends rien, il y a juste quelque chose qui frémit en toi, et puis des années après…

— Entretien avec Gérard

Comme si on était arrivé chez soi

Un entretien avec Judith

Quand j'étais jeune, j'étais très conventionnelle (rires), très sociable, et en même temps j'avais cette impression que je n'étais jamais à ma place et que je ne faisais jamais ce qu'il fallait faire au moment où il le fallait. Une fois que j'en ai eu fini avec tout ce qu'on attendait de moi, c'est-à-dire après avoir passé mes examens, été à l'université, obtenu des diplômes, suivi une formation de professeur, je suis partie pour Londres. À cette époque, ma sœur, qui était une révoltée depuis qu'elle était entrée à l'université, vivait avec son mari dans des conditions assez déplorables dans un appartement de trois pièces où vivaient dix-sept personnes. Je les ai rejoints là. Ce n'était pas un squat, on payait un loyer, mais c'était tout à fait une vie de hippies ; pas vraiment de drogues dures mais beaucoup de cannabis, du hash, du lsd. On vivait dans la ferme conviction que c'était le nouveau monde, le nouvel âge. Donc j'étais cette personne très conventionnelle qui pénétrait dans un monde de hippies. C'était très idéaliste mais j'étais là juste parce que je ne savais pas où aller. J'avais trouvé un emploi de professeur dans un établissement polyvalent. Mais quand j'ai commencé à y enseigner, j'ai réalisé que je n'avais quitté l'école que pour m'y retrouver de nouveau. J'ai détesté chaque minute de ce travail et au bout de trois mois je l'ai abandonné. J'ai alors survécu en prenant de petits boulots, des ménages, du travail dans des hôtels, des choses comme ça.

C'est à cette époque que ma sœur a rencontré dans un pub appelé « La Fin du Monde » (*rires*) un Allemand dénommé Jobst qui était allé à l'ashram de Pondichéry. C'était lui aussi un garçon très conventionnel mais il avait été séduit par Sri Aurobindo et il écrivait un livre sur sa vision de la philosophie. Comme il vivait tout près de chez nous, il venait souvent le soir et lisait des pages de son livre à notre groupe d'excentriques. Bien entendu nous étions tous défoncés, mais cela nous allait droit dans le cœur, même si ce garçon était l'ambassadeur le plus bizarre qu'on puisse imaginer ; non, ce n'était pas du tout une personne qui respirait la spiritualité ! Et puis il nous a parlé d'Auroville en nous disant que cela avait commencé. Pour tout le groupe il est alors devenu évident que c'était là où nous allions aller : à Auroville ! C'était évidemment l'endroit où nous devions être ! Mais comme il fallait s'y attendre, les choses ont dégénéré et le groupe s'est complètement désintégré. Alors le côté plus conventionnel de ma personnalité s'est réaffirmé, je me suis reprise, j'ai trouvé un vrai emploi comme statisticienne dans une grosse entreprise – avec le but d'aller à Auroville et de gagner assez d'argent pour le voyage et pour subvenir à mes besoins pendant un an. Je me suis débrouillée pour partager un appartement avec d'autres filles et nous vivions de façon très conventionnelle.

Je dois mentionner ici que notre père était un pasteur de l'Eglise congrégationaliste. Je venais donc d'un milieu religieux, je dirais même spirituel. Mon père n'était pas seulement quelqu'un de religieux, il était spirituel. J'avais été élevée dans ce milieu mais j'avais jeté tout cela aux orties quand j'étais entrée à l'université. J'étais tout à fait contre la religion et je me révoltais contre la moralité. Nous avions eu une éducation relativement sévère, bien que je ne considère pas mes parents comme des parents très sévères, mais on ne plaisantait pas avec certaines choses comme la franchise, le mariage, etc., c'étaient des principes absolument sacrés. Cela dit, il y avait davantage que cela. On attendait de nous que nous établissions une relation avec Dieu, ce n'était pas juste une question de religion.

Même dans mes périodes les plus sombres, j'ai toujours eu Mère devant les yeux. En fait, avant que ce groupe de hippies ne se désintègre, j'avais eu une réelle expérience avec Mère et Sri Aurobindo dans cet appartement. J'étais très frustrée parce que, comme j'étais quelqu'un qui aimait que les choses soient propres et ordonnées et que cet appartement était dans un état de désordre épouvantable, j'étais celle qui essayait tout le temps de maintenir un peu d'ordre. Un jour quelque chose en moi a dit : « Bon, eh bien si tu ne peux pas t'en arranger, fais comme eux ! » Quelqu'un m'a offert du LSD et je l'ai pris. Sur ce, mon beau-frère me donne la photo de Sri Aurobindo prise par Cartier-Bresson et me dit : « C'est le visage de Dieu ». J'ai donc vécu tout ce trip avec la photo de Sri Aurobindo et je me suis perdue des heures et des heures dans ce visage qui était le visage de dieu (*rires*). Et d'une certaine manière, cela a gravé quelque chose en moi pour la vie. En fait, cette expérience a été un point de non-retour. Mais curieusement je me suis sentie toujours plus attirée par la Mère. À l'époque, pendant que je travaillais, j'avais sa photo dans ma chambre sur le mur en face de mon lit. Je ne pouvais pas comprendre cette photo parce que si on n'a jamais rencontré Mère, on a l'impression d'un être

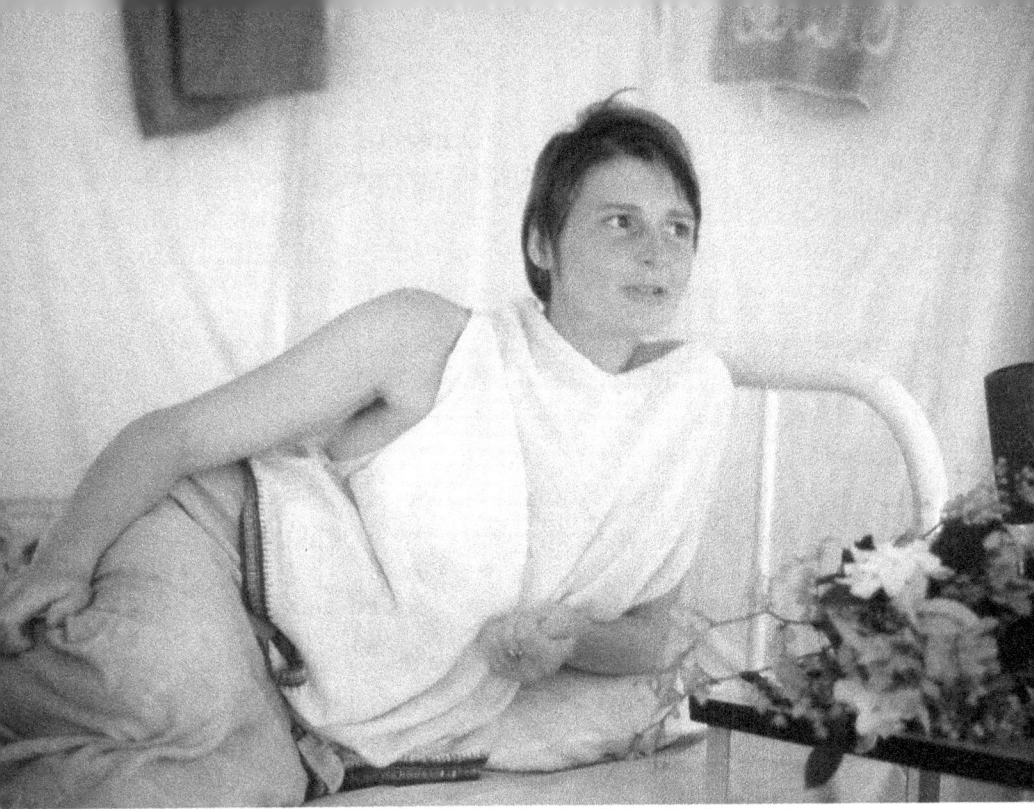
Judith, 1975, au Health Center après la naissance de sa fille Angiras.

androgyne sur les photos de cette époque. On ne peut pas dire si c'est un homme ou une femme. C'était un visage très étrange et qui me fascinait totalement. J'avais toujours cette photo en face de mon lit, quelles que soient les circonstances – qui étaient plutôt chaotiques – et aussi lorsque j'avais ce sentiment de ne pas être moi-même.

Donc je travaillais et j'économisais de l'argent. Mais voilà qu'un jour l'entreprise où je travaillais, comme d'autres industries, a été forcée par le Gouvernement de quitter le centre de Londres et de s'installer près de Heathrow. Le personnel avait le choix soit de suivre soit de démissionner. Si on démissionnait, on avait droit à un gros paquet (*rires*). Cela a été une grâce. J'ai touché une grosse somme avec laquelle j'ai pu acheter un billet sur l'autocar le moins cher entre Londres et Delhi.

Vers le milieu du mois de juin 1971, je suis montée dans cet autocar tout à fait déglingué. C'était la façon la plus économique de voyager jusqu'en Inde. En réalité, au départ du centre de Londres, on nous a installés dans un bus luxueux et puis arrivés à Croydon, on nous a fait changer et monter dans un autocar défoncé qui ressemblait aux bus qui circulent ici entre les villages. Europe centrale, Istanbul, Turquie, Iran, Afghanistan, et puis la

Khyber Pass, le Pakistan et finalement Delhi : cela nous a pris un mois. De Delhi j'ai pris un train et je suis arrivée à Madras le 15 août. L'après-midi de ce jour, je débarquais d'un bus à Pondi où le rickshaw m'emmenait droit à l'Ashram sans même me demander où je voulais aller (*rires*). Bien sûr, c'était le Darshan et il y avait Mère au balcon.

Il se trouve que ma sœur, qui était encore en Angleterre au moment de mon départ, entre-temps avait reçu un billet d'avion, et elle était donc ici ! Elle vivait avec quelques-uns de ceux qui avaient partagé l'appartement de Londres, dans un endroit à Colas Nagar, où j'ai pu loger. Ce même jour je rencontrais Jocelyn, Rod, et même big Piete, car ils étaient tous venus à Pondi pour le Darshan. Je les ai tous rencontrés sous le balcon de Mère.

Est-ce que tu as reconnu la personne que tu avais vue en photo ?

Oui. En vérité, l'atmosphère de Mère était si puissante que lorsque je m'approchais dans le bus, je la sentais si fortement, si fortement. J'avais tout le temps ce sentiment que j'allais vers la lumière, que j'entrais dans cette lumière. A Jipmer je voulais même descendre parce que j'étais certaine d'être arrivée ! Le conducteur avait dû me retenir : « Non, attendez, pas encore ! » Je ne pouvais pas croire que cela pouvait devenir plus intense. Quand je suis arrivée ici, j'ai été totalement renversée, totalement – je n'avais jamais été dans un tel état. Après le Darshan nous sommes tous revenus dans cette petite maison de Colas Nagar (derrière la gare). Bien entendu, dès que nous sommes arrivés, les joints ont commencé à circuler, tout le monde s'est mis à fumer, et j'ai eu l'expérience terrible de redescendre de ce sommet pour être précipitée dans un autre monde complètement différent. Assise dans un coin je regrettais amèrement d'être défoncée ! C'est ainsi que, à l'exception d'une petite expérience quelques années plus tard qui était comme une preuve par 9, j'en ai fini avec tout cela. Le « pas de drogues » n'a jamais été un problème pour moi, cela a été une évidence et je n'ai pas eu à faire d'efforts comme d'autres ont eu à le faire. Ce que Mère a mis ici est tellement plus extraordinaire que n'importe quelle drogue.

Ensuite bien sûr, j'ai dû faire ma demande pour aller à Auroville. Laissez-moi dire aux gens qui se plaignent aujourd'hui de l'Entry Group, qu'ils auraient dû voir celui que j'ai eu ! Il y avait là Roger, André Morisset, Prem Malik, Shyamsunder. La seule femme présente était Wim, qui était la secrétaire, mais elle n'avait pas voix au chapitre. Peut-être y avait-il aussi Navajata. Roger m'a regardé et a déclaré : « Vous n'êtes là que parce que votre sœur est là. » J'avais presque 25 ans mais j'étais très jeune pour mon âge et ils ont réussi à m'intimider terriblement. J'étais terrifiée. Je me rappelle que je priais : « S'il te plaît, Mère, permets-moi de rester, permets-moi de rester, s'il te plaît ! » Puis il a fallu que j'envoie une photo. Mère a dit oui. Oh, joie, joie, joie...

Je suis allée vivre avec ma sœur à Aspiration. Puis est arrivé mon anniversaire et je suis allée voir Mère. Je ne comprenais rien à cet ashram, comment tout cela fonctionnait, et qui étaient tous ces vieux Indiens à l'air sévère qui vous donnaient des ordres. Je me sentais comme une enfant. Mais c'était mon anniversaire, alors finalement après m'avoir rudoyée, on m'a quand même laissée monter l'escalier jusqu'à cette véranda où nous devions attendre longtemps avant de pouvoir entrer. Et là bien sûr, l'apparence de Mère était très étonnante pour moi ; elle était si petite et si courbée avec ses cheveux en chignon. Nous nous sommes approchés, chacun de nous a donné quelques fleurs et nous nous sommes agenouillés – de m'agenouiller ne me posait aucun problème, je savais, de par ce lien que j'avais avec elle, que je pouvais m'agenouiller devant cet être. Et (oh, mon dieu !) elle m'a regardée dans les yeux... Je ne sais pas, elle m'a complètement bouleversée. Elle m'a regardée avec un regard qui allait si loin et si profond dans mon être que lorsque je suis sortie, je ne savais plus qui j'étais. J'étais perdue, complètement, complètement. J'étais démantelée, pour ainsi dire. Cela a été assez difficile après coup, car soudain...

Tu comprends, j'avais un mental assez actif, j'avais beaucoup de théories sur beaucoup de choses, après tout j'avais fait des études d'économie, de politique, de sociologie, donc je peux dire que chez moi le mental dominait pas mal, or c'était comme si elle avait pris juste un chiffon et pffit, tout essuyé ! Il ne restait plus rien et mon esprit était devenu un blanc total. Et comme malheureusement, je n'avais pas fait le travail sur soi qu'il faut faire, mon vital est devenu complètement délirant. C'était un état totalement flottant dans lequel on devait faire face au vital, et en faire l'expérience car il n'y avait plus d'imposition : l'élément mental n'était plus là.

Je vivais à Aspiration mais je ne m'y sentais pas à l'aise. D'abord je n'avais pas trouvé de travail qui me convenait ; je ne voulais pas revenir à une activité d'enseignement. Ma sœur travaillait à l'école et elle était très proche de Rod Hemsell qui passait des heures dans sa petite hutte à lire *Savitri* de la façon la plus étonnante qui soit, tout à fait comme s'il récitait des mantras. Je ne me sentais pas du tout à la hauteur, cela devenait trop intense, j'étais dans un état de grande agitation, tout m'énervait. C'était comme trop de spiritualité pour moi. Ma sœur m'a alors suggéré de voir si je pouvais trouver un endroit où vivre au Centre ; là il serait possible que j'aie un travail manuel, au Matrimandir ou à la Nursery.

J'ai d'abord trouvé un endroit à Sincérité et puis j'ai finalement convaincu Shyamsunder de me laisser m'installer dans le Camp des travailleurs du Matrimandir[1] quand il ouvrirait. Quand je me suis installée là, c'est comme si je commençais à vivre un rêve que j'avais eu. Les bambous et les moustiquaires étaient à mes yeux comme les objets précieux de la princesse dans les contes de fée. Je me sentais si bien dans cette petite chambre que j'occupais dans le camp ! Je me suis mise au travail avec les autres pour creuser le trou. Nous les femmes, nous mettions dans des brouettes ce que les hommes avaient creusé avec leurs barres à mine, et puis les hommes les emportaient vers le haut sur les rampes. Il faisait si chaud qu'ensuite nous allions à la Nursery et nous aidions Narad avec les plantes et passions l'après-midi à arroser avec de grands seaux qui étaient très lourds. Mais nous vivions ensemble dans cet espace et la relation entre tous nous tous qui vivions au Centre était comme si nous nous connaissions depuis des milliers d'années. C'était comme si on était arrivé chez soi, et on avait retrouvé toute sa famille et tous ses amis.

En dépit du fait que nous étions des êtres humains un peu paumés, nous vivions dans une atmosphère incroyable et étions pris dans ce rêve que nous étions en train de créer… Je n'ai jamais vécu rien qui ressemble même de loin à cela. Les conditions de vie étaient assez déplorables, il n'y avait rien pour ainsi dire aucun confort, pas de toilettes décentes, etc., mais ça n'avait aucune importance. Ce manque de confort dans la vie de tous les jours était comme un charme de plus. Ça faisait partie de ce tout. Nous vivions de façon très collective, même si à cette époque nous devions descendre une fois par mois à Pondi pour recevoir notre allocation de cent roupies. Nous mettions tout cela dans un pot commun. On se débrouillait, mais c'était quand même assez difficile. Quand j'étais arrivée à Auroville, j'étais une fille solidement bâtie mais après une année de cette nourriture et tout ce travail, j'étais devenue très maigre et je n'appréciais pas cela alors comme j'aurais sans doute dû le faire (*rires*). Rétrospectivement je réalise que tout le travail était fait pour moi, mais à l'époque je me disais : « Mon dieu, il n'y a pas assez à manger, je maigris, je m'affaiblis. » Mais jamais, au grand jamais, je n'ai pensé à m'en aller. La question ne se posait pas.

---

1. Le Camp : l'endroit près du Matrimandir où pendant longemps ont habité ceux qui travaillaient toute la journée au Matrimandir. (NdE)

Te souviens-tu à l'époque d'avoir posé à Mère une question à propos d'un problème personnel ?

Une fois. J'ai eu une dispute terrible avec Narad à un certain moment. Je ne me souviens plus si je lui ai écrit ou si je lui ai demandé dans mon cœur ; peut-être lui ai-je juste posé la question comme cela, car je demandais beaucoup de choses à Mère à travers le cœur et cela marchait très bien.

Je ne suis pas restée au Camp. Une règle a été imposée comme quoi il ne devait pas y avoir de relations sexuelles à l'intérieur du Camp. Je n'étais pas prête pour cette restriction victorienne à notre liberté (liberté toute nouvelle pour moi, qui sortais d'un milieu très moralisant). Je n'allais pas désobéir mais je n'allais pas rester, donc j'ai trouvé une petite hutte dans les arbres à l'endroit où est maintenant le Kindergarten et je suis restée là quelque temps.

Ça peut paraître ridicule mais le lieu était hanté. Un villageois avait dû se suicider à cet endroit des années auparavant et son esprit devait être retenu dans ces bois. C'était la première fois que j'entrais en contact avec un esprit ; pendant que je dormais il est venu à moi et a tenté de s'imposer. J'ai dû appeler Mère. Evidemment elle est venue et les choses se sont arrangées, mais après cela je n'avais plus trop envie de rester là.

J'ai donc déménagé à Pump House – endroit qui avait besoin d'attention car Arindam et Dawn venaient d'en partir. Il y avait aussi là un autre jeune Américain et puis aussi Kireet [Gaia's garden]. Nous avons retapé la Pump House ensemble, mais ensuite ils sont tous les deux partis et je suis restée seule à me débrouiller face à tous les gamins du village de Kottakarai. À chaque fois que je m'en allais, ils venaient, volaient le peu de nourriture qu'il y avait dans mon garde-à-manger et coupaient toutes les branches des arbres ; c'était difficile. Au début de 1973, je me souviens, j'étais assise à ma petite table, méditant devant la photo de Mère, et je lui ai demandé : « Est-ce que vraiment, vraiment, vraiment, je dois en passer par là ? » C'est alors qu'un cyclone incroyable s'est abattu en hurlant sur nous et a complètement balayé Pump House. Tout s'est écroulé. Au milieu de la nuit, je me suis traînée à quatre pattes jusqu'à la maison de Roy, qui était la première dans la Nursery, et nous sommes restés ensemble blottis l'un contre l'autre car nous n'étions pas sûrs que le toit n'allait pas s'envoler. La Pump House était détruite mais comme le matin il a fallu que nous allions travailler tout de suite pour sauver les plantes de la Nursery, je n'y suis même pas repassée. Toute la journée je suis restée à la Nursery, essayant de mettre des tuteurs aux plantes et de sauver ce qui pouvait être sauvé. Quand je suis rentrée finalement, épuisée, le village était passé par là et avait tout emporté. Il n'y avait plus rien qui restait, sauf ma petite table avec la photo de Mère ; je suis allée vers elle et lui ai dit : « Bon, ça va, tu n'as pas besoin d'élever la voix ! » (*rires*)

Je suis allée vivre à Kottakarai. Daniel avait essayé de monter une poterie dans une hutte en terre mais le projet ne s'étant jamais matérialisé, il m'a offert de m'y installer. J'ai donc vécu dans cette petite hutte sans fenêtre, au toit de feuilles de palme, assez longtemps, au moins deux ans, et petit à petit j'ai travaillé de moins en moins à la Nursery et au Matrimandir et me suis engagée de plus en plus dans le travail à Kottakarai même. Nous avions notre pépinière, on travaillait avec le village, on avait une clinique et un programme de nutrition pour les enfants. En effet, lorsque des Auroviliens avaient demandé à Mère s'ils pouvaient vivre à Kottakarai, Mère avait dit : « Oui, mais seulement si vous travaillez avec le village. » Mon occupation principale était le projet de nutrition pour les enfants. C'était avant l'époque du gouvernement de MGR[1] qui a instauré les repas gratuits pour tous les enfants à l'école. Nous ne nous contentions pas de leur donner de la nourriture, nous faisions la cuisine avec les femmes du village et servions les déjeuners. Cela nous prenait pratiquement toute la matinée. Et puis un beau jour, Shyamsunder a déclaré que nous devions subvenir à nos besoins, donc il a fallu que nous commencions des potagers (*rires*).

Big Piete était à Kottakarai aussi, et nous avons commencé une famille : on a eu trois enfants et cela a été l'époque la plus éprouvante d'une certaine manière.

---

1. M. G. Ramachandran, Ministre en chef de l'Etat du Tamil Nadu de 1977 à 1987. (NdE)

Pour revenir un peu en arrière : à la fin de 1973, en octobre mon père est décédé. Il a donc fallu que soudain ma sœur et moi rentrions en Europe. Nous étions arrivées ici en 1971. De 71 à 73, l'intervalle ne paraît pas très long et pourtant c'était comme un million d'années. Nous n'avions pas de chaussures, rien à nous mettre sur le dos, pas d'argent, tant et si bien que nous avons dû attendre à l'aéroport de Londres que ma mère nous envoie des fonds pour que nous puissions faire un pas au dehors. On était pieds-nus en octobre ! J'avais une jupe longue et une longue blouse, et ma sœur un ensemble pyjama-tunique, tout ça était assez joli mais pour le mois d'octobre à Heathrow, c'était fou ! C'était comme si on ne savait pas ce qu'on faisait dans ce monde-là. On s'est débrouillées tout de même. Il a fallu affronter le fait que notre mère était très malheureuse elle-même et il y avait beaucoup à faire. Mais à la fin du mois, nous avons réalisé que nous devions repartir, cela n'avait aucun sens de rester. Nous avons donc pris des billets d'avion pour le 18 novembre. Nous sommes allés alors à Londres chez Margaret Fletcher qui était un des piliers du groupe Sri Aurobindo/Auroville à Londres, une dame merveilleuse qui vivait à Queensgate dans le centre de Londres. Elle avait invité Joy et Edith pour une soirée et nous étions assises là, et commencions à nous sentir beaucoup mieux car enfin entourées de personnes connectées à Auroville. Le téléphone a sonné et c'était pour annoncer que Mère avait quitté son corps. Tout le monde a plongé dans une profonde méditation silencieuse. J'ai eu cette étonnante expérience d'une lumière dorée qui envahissait tout ; c'était comme une assurance totale qu'on me donnait, absolument incroyable.

Nous nous sommes retrouvées dans l'avion, et c'était surprenant le nombre de gens qui s'étaient débrouillés pour prendre cet avion pour se rendre à Pondichéry. Ma sœur voulait aller à l'Ashram mais je savais que je devais me rendre directement à Auroville. C'était clair, très clair, je n'avais pas besoin de passer par l'Ashram. Je suis donc arrivée vers le Centre, et je me souviendrai toujours qu'en marchant dans les champs du Centre à Kottakarai, j'ai aperçu un veau qui venait de naître. J'ai trouvé cela profondément symbolique : une vache sacrée qui donnait naissance en ce moment de deuil apparent, juste en plein centre d'Auroville. D'une certaine façon j'étais dans cet état où cela prenait une grande signification.

Mais il est vrai qu'au fur et à mesure que le temps passait après le départ de Mère, il est devenu de plus en plus difficile de vivre dans ce monde intérieur où nous avions vécu. D'une certaine façon, celui-ci s'est estompé et nous nous sommes retrouvés laissés à nous-mêmes. C'est devenu de plus en plus une question de foi – alors que ça n'avait jamais été une question de foi jusqu'alors. Cela avait été une réalité vivante.

Mais cette foi ne m'a jamais quittée, et bien des choses se sont passées au cours des années pour réaffirmer que c'est toujours là, qu'il n'y a pas à s'inquiéter, que tout est vraiment entre Ses mains. Nous sommes tous dans ses mains et il y a une inévitabilité de la lumière. Je ne sais pas comment expliquer… La vie parfois est très difficile et puis alors quelque chose survient qui vous montre que même les situations les plus dures ont des conséquences très positives. Cela a été toujours mon expérience. J'ai eu un moment où je suis passée par une phase extrêmement difficile et j'ai alors adopté une attitude très bouddhiste, je ne voulais pas de l'aspect personnel du divin, mais après quelques années j'ai réalisé que j'avais besoin de ma Mère, de ma Mère divine (*rires*).

Ces dernières années, les choses étaient devenues tout à fait contraires à ce que je pense qu'elles devraient être dans mon domaine de travail [finances collectives d'Auroville] et j'avais l'impression qu'on ne me donnait aucun moyen, que je ne disposais d'aucun instrument pour rectifier les choses comme je l'envisageais. J'étais juste laissée à mes propres moyens. Et si je n'ai pas ce sentiment que «Mère travaille à travers moi», je ne peux rien faire. J'ai donc arrêté de travailler au service financier et au FAMC. J'étais convaincue qu'Elle trouverait d'autres personnes qui se sentiraient plus à l'aise dans ces nouvelles circonstances et qui auraient davantage d'énergie. Je me suis retrouvée ne sachant pas ce que j'allais faire.

Un jour j'étais assise dans notre bateau à Corfou [le bateau de Gilles et de Judith], un jour très beau et très tranquille, et je réfléchissais : « Si tu te demandais à toi-même ce que tu aimerais faire, si tu te le demandais réellement (car toutes ces années j'ai fait ce que je sentais qu'on me demandait de faire) – qu'est-ce que tu aimerais faire réellement ? »

— Je voudrais retourner au Matrimandir, je ne veux pas travailler dans un bureau, j'aime bien faire des travaux ménagers, j'aimerais faire des travaux ménagers au Matrimandir.

Quand je suis revenue à Auroville, la première chose que j'ai vue, c'est un message de Srimoyi dans les News qui demandait des Auroviliens pour venir faire des travaux de nettoyage au Matrimandir. Ah, parfait ! J'ai senti que c'était une grâce, une grâce pure : le Centre puis Kottakarai, ensuite Sri Ma[1] à l'autre bout (le tsunami a été une grâce car je n'en ai pas souffert,

---

1. Sri Ma, anciennement Far Beach, une communauté au bord de la mer où habitait

n'étant pas présente ces jours-là, et il m'a obligée à quitter Sri Ma), puis Grâce[1], et de Grâce je suis revenue au Matrimandir où j'ai recommencé à travailler avec mes mains. C'est comme un grand cercle ou au moins une sorte de spirale, et c'est un sentiment très agréable de comprendre ce qu'il y avait à la racine de tout ce qui vous a guidé toutes ces années – oui, d'y revenir. Et dans la Chambre intérieure on trouve cela.

Bien sûr c'est étrange, car quand on regarde ce qui se passe à Auroville et surtout autour d'Auroville, on se demande : Comment Auroville peut-elle se manifester ? Comment ? Mais cette chose qui l'a fait naître et se développer au début, est toujours là, puissamment. Mère a dit : c'est un rêve du divin, cela ne dépend pas des êtres humains, c'est pourquoi on peut rire… Oui, ça va bien, en fait. Tout ira bien, nous ne savons pas comment mais ça ira.

Il y a des choses qui ont été importantes dans ma vie dès le premier moment. Cela remonte au moment où on m'a donné la photo de Sri Aurobindo et de Mère et qu'on m'a dit : c'est la face de Dieu. À cause de ce que Mère a fait à ma tête, je n'ai jamais été capable de lire beaucoup de Sri Aurobindo, mais c'est comme si je comprenais exactement ce qu'il a fait. On ne sait pas comment cela va arriver mais cela va arriver. Et la seule chose qui est importante, c'est de s'aligner avec ça, de ne pas œuvrer contre ou de ne pas l'ignorer. Nous ne pouvons pas faire tellement…

Il est clair que la force qui a toujours été au centre du Matrimandir est toujours puissamment présente et maintenant ce cristal la contient de façon très tangible. J'avais eu une expérience très forte avec Roy tout à fait au début quand on creusait encore le trou. Je pense que les villageois avaient juste fini de creuser le trou de base et nous nous trouvions là un jour tôt le matin, c'était peut-être le 21 février 1972, en tous cas c'était une date spéciale. Il devait y voir une cérémonie plus tard, mais nous étions là très tôt, debout au bord de l'excavation et soudain c'était comme si toutes les molécules du sol, de cette terre rouge, vibraient fortement. C'était incroyable, comme dans un mirage, le trou était vivant ! Je me suis dit que je délirais et que c'était ridicule, alors j'ai demandé à Roy et à son ami Alan : « Vous voyez ça ? » – « Oui, ont-ils répondu, absolument stupéfiant ! » Nous avions le sentiment qu'il y avait comme des colonnes d'énergie qui pénétraient dans la terre à cet endroit exact.

Judith et qui a été dévastée par le tsunami de 2006. (NdE)
1. Grâce, une communauté dans le centre d'Auroville. (NdE)

Le jour où le cristal a été installé dans la Chambre intérieure, après toutes ces années, après toutes ces histoires, ces difficultés, ces querelles, nous entrons dans la chambre et enfin le cristal est là au centre, et de voir que cette force était encore là, toujours complètement centrée (au lieu de la terre rouge, c'était cette étonnante boule), j'ai senti… Oh! Oui, il y a eu de ces moments dans ma vie à Auroville. On voit que ça va toujours dans la même direction. On croyait que cela avait disparu mais c'est toujours là. Deux merveilleuses expériences.

Il est parfois difficile de comprendre ce qui se passe aujourd'hui, avec tous ces problèmes auxquels Auroville est confrontée.

Oui, oui, quand on regarde tout cela, on se dit: comment est-ce possible? Mais il faut se rappeler que les choses sont impermanentes, que ce qui apparaît comme fixé une fois pour toutes n'est pas du tout fixé. Dans notre vie nous avons assisté à des choses incroyables: un beau jour le mur de Berlin est tombé, l'apartheid a disparu de l'Afrique du Sud. Les choses peuvent en un instant se retourner. Aussi longtemps que ce pouvoir et ce rêve et cette énergie… En ce moment il y a beaucoup de jeunes qui arrivent brûlants de cette énergie, ça me frappe beaucoup. J'en ai rencontré quelques-uns qui travaillent au Matrimandir. Cela fait longtemps que je n'avais pas senti ça. C'est vraiment bien, quelque chose se passe vraiment. Une autre génération qui se sent totalement inspirée: cela donne plus d'espoir que tout le reste.

Quant aux choses qui m'avaient perturbée dans mon travail au Town Hall, j'ai réalisé que lorsque nous avons placé ce bâtiment directement dans l'axe de Kali [du Matrimandir], c'est-à-dire l'aspect terrible de la Mère (c'est comme cela que je vois Kali, l'aspect terrible de la Mère, celui qui veut secouer les choses), lorsque nous avons placé toute notre organisation, notre administration, notre argent, exactement dans l'axe du pilier de Kali, il fallait s'y attendre!

—Entretien avec Judith

Je ne peux faire un pas sans Toi

Un entretien avec Thomas

Qu'Elle ait fait quelque chose, c'est clair. Qu'Elle m'ait attrapé, c'est clair. Que j'aie voulu être attrapé, c'est également très clair. Ce n'est pas simplement le fait de la rencontrer. Cela a commencé trente ans avant que je la rencontre. La Mère pour moi ne commence pas à Pondichéry. Et si je suis encore là (*rires*), c'est dû à mes rencontres quotidiennes avec elle.

En allemand nous avons l'expression *Stunde null*, l'heure zéro. Quand je l'ai rencontrée, c'était l'heure zéro. Il y a avant et après. Il me faut préserver ce moment. J'aimerais vous en parler mais je ne sais pas jusqu'où je peux aller sans risquer de perdre le trésor de ce moment.

Ce qui est intéressant [s'adressant à Christine et Hervé], c'est que je vous considère comme des fondamentalistes. Et moi aussi, j'étais un fondamentaliste. J'ignorais le relatif: j'avais besoin de la Mère, j'ai eu la Mère et j'ai dit: «C'est la Mère!». Pas de doutes sur quoi que ce soit. Vous êtes connus pour vos convictions (*rires*) et j'ai beaucoup souffert du fait de mes convictions. J'ai envie d'avoir cette conversation avec vous, et en même temps je ne veux pas que ce soit comme une justification ou quelque chose de plat. Il faut que ce soit spontané, il faut que ce soit nouveau. Parce que c'est sans fin, ça ne s'arrête jamais. L'expérience de la rencontrer est une chose. La promesse [qu'Elle vous fait] est autre chose. Et la façon dont elle prend soin de vous est encore une autre chose. Bien que je ne comprenne rien à rien, elle prend grand soin de moi, et ce n'est pas parce que je le mérite. Mais c'est vrai que je crois. J'essaie de me donner à elle. Je la prie, et je lui demande: «Qui es-Tu?» Parce qu'au bout du compte, ça n'a pas d'importance à qui nous adressons nos prières. Nous nous sommes fabriqué une idéologie qui remplace la foi.

Si vous voulez réellement écouter ce que j'ai à dire au sujet de Mère, il faut que je vous raconte l'histoire qui conduit à ce moment, et comment tout a été préparé pour je puisse capituler – capituler n'est pas le mot juste, je me suis écroulé.

Trente années de choses intéressantes, mon éducation, ma profession, la politique et ma propre recherche m'ont conduit à elle.

J'étais acteur et je commençais à avoir une sorte de carrière mais rien n'était réellement satisfaisant. Je savais que je pouvais faire plus. Ma carrière marchait bien, j'avais de l'argent mais ce n'était pas profondément gratifiant. C'était dans les années soixante. Je me suis engagé dans les barricades. Tout le temps en train de jongler entre ma carrière et les barricades. Il y a eu des arrestations. J'ai pas mal connu l'arrière-plan de cette période, avec des nuits passées dans des écoles, des cours et des gymnasiums. C'était satisfaisant en apparence et on pouvait dire qu'on avait fait quelque chose. Mais un jour je me suis trouvé dans une manifestation sur le Vietnam dans le boulevard principal de Berlin ; nous marchions en criant Ho-ho-ho-Chi Minh. Je portais ma fille sur les épaules et nous marchions, nous chantions. J'ai vu le visage de quelqu'un qui nous regardait d'un balcon ; il avait l'air tout à fait consterné par ce qui se passait. J'ai réalisé que j'étais vide et que je ne savais rien de rien. Pour la première fois, l'énergie que je sentais pour cette soi-disant révolution fut ébranlée. Et j'ai regardé les gens autour de moi, ceux avec qui j'étais engagé, et j'ai vu la même humanité, partout.

J'étais en Amérique pendant la marche sur Washington, les manifestations contre la guerre du Vietnam. J'étais allé en Amérique pour ma carrière. Le Living Theatre[1] me paraissait prometteur alors je les ai suivis, d'abord en Europe et puis en Amérique. C'était une communauté. La plupart de leurs activités étaient du théâtre de rue ou des provocations, etc. On pouvait donc faire partie du Living Theatre quand on le voulait. Le Living Theater, c'était Julian et Judith, lui et elle. À New York, ils jouaient une pièce appelée *Mystère et plus petits Morceaux*. Julian était assis sur la scène et ne faisait que répéter, comme un mantra : « Changez votre façon de penser, changez votre façon de penser. » Pour moi, c'était intéressant parce que j'étais en train d'essayer quelque chose de ce genre. Je l'ai questionné : « Qu'est-ce que tu veux dire ? » Julian m'a dit de demander à Judith, qu'elle m'expliquerait – mais elle n'avait rien à dire ! C'était une artiste, une actrice, elle était honnête, elle vendait un spectacle, c'est tout. Je me sentais choqué et rejeté. Je voulais faire partie de leur famille. Mais elle m'a sauvé la vie en me rejetant.

---

1. Living Theater : compagnie théâtrale américaine fondée en 1947 par Julian Beck et Judith Malina. Très influencés par les textes d'Antonin Artaud, ils voulaient un théâtre plus participatif. La troupe était en Europe dans les années 60 et transmettait un message anarchiste et pacifiste. (NdE)

Je suis tombé amoureux d'une noire. Je voulais la suivre en Italie mais heureusement elle a changé d'avis. Et puis j'ai eu une autre expérience avec une juive, avec qui je me promenais sur le Brooklyn Bridge et qui m'a fait découvrir la Chinese Bakery, mais elle aussi m'a laissé tomber, comme ça. Une chance encore, sinon je me serais trouvé coincé dans une petite communauté du Connecticut. J'ai toujours eu cette expérience d'être rejeté. C'est quelque chose de constant dans ma vie. Mais à la vérité je ne me sens pas rejeté, je me sens porté puisque Mère m'a accepté. C'est pour cela que ça a marché. Et il n'y avait pas de fausses promesses – il y avait des promesses mais leur réalisation dépendait de vous. Elle offrait, et c'était à vous de vous y investir. Le terrain de jeu, cette merveille romantique de la nature désertique d'Auroville, vous était donné.

En Amérique, quand j'exprimais mes doutes, mes déceptions, on me disait : « Allez en Californie », mais je sentais que si j'allais en Californie, je m'y perdrais parce qu'il y avait des possibilités formidables qui seraient suivies d'une dégringolade non moins formidable, je le sentais. J'avais peur d'aller en Californie et j'ai pensé : « Je préfère aller en Inde. Si je vais en Californie, je n'irai jamais en Inde. » C'était très net.

Pourquoi l'Inde ?

L'Inde était une sorte de rêve romantique. Vous devriez connaître les Allemands. Vous devriez lire Herman Hesse.

J'ai donc voyagé de pays en pays en auto-stop, rencontrant des personnalités spirituelles. C'était vraiment ma quête. Je n'ai rencontré que de soi-disant saintes personnes, des gens qui cherchaient à m'attraper, à m'embobiner. Je cherchais la Mère. Même pendant les deux ou trois dernières années en Allemagne, en ma femme comme en ma belle-mère, même dans l'eau qui coulait et formait des vortex, je voyais la Mère. Je savais que l'Inde me permettrait de manifester la Mère.

Avant l'Inde, j'ai séjourné dans un tas d'endroits – des endroits extrêmement beaux. En Autriche, j'étais avec des chrétiens orthodoxes. Ils savaient que je cherchais Dieu. Je les intéressais. Et comme ça tout le temps. J'ai été influencé par le bouddhisme. Mais j'avais besoin de voir la Mère. J'ai aussi lu le Livre des Morts tibétain dont la dernière phrase parle de la mère divine. Du coup pour moi le Livre des Morts tibétain avait un sens.

J'ai même eu des expériences avec des bouddhistes en Angleterre, mais il y avait toujours quelque chose qui me repoussait ou me rejetait ; et, en fin de compte, ça exprimait la vérité : *ce n'est pas ta place*. Je l'acceptais.

En tant qu'Européen, je n'avais jamais eu le courage de me prosterner, mais j'en avais envie, c'était un besoin en moi. En Afghanistan, je me suis trouvé devant ces immenses statues du Bouddha (qui ont été démolies depuis), et au moment où je me suis décidé à aller lui baiser les pieds, il n'y avait personne autour, alors que normalement il y a des milliers de gens. J'avais un peu peur mais j'ai bien regardé à droite et à gauche : personne. Je me suis avancé vers ce Bouddha. Naturellement, mon désir, c'était de m'allonger, d'être à plat sur le sol. Mais ses pieds était à un mètre du sol et même en me haussant sur la pointe des pieds, j'arrivais à peine à toucher le bout de son orteil (*rires*). Ce fut une expérience embarrassante et, après coup, j'ai pu voir qu'elle était très significative.

Il fallait que je continue. Je suis allé au Pakistan, en Iran aussi. J'ai eu en Iran des expériences tout à fait intéressantes avec les soufis, des histoires réellement mystérieuses et pour moi encore inexplicables. Inexplicables. Mais j'étais particulièrement attiré par un homme (à Meshed). J'avais mes préjugés contre l'islam comme tout un chacun. Je ne m'en suis pas caché et j'ai demandé : Où sont vos femmes ? Et cet homme, je crois qu'il était à la tête de la mosquée d'or à Meshed, m'a emmené, a ouvert une porte qui donnait sur une cour intérieure où j'ai vu deux femmes musulmanes qui fumaient le narguilé. Je les avais mésestimées. J'ai compris alors qu'ils protégeaient leurs femmes et qu'elles étaient plus libres que je ne le croyais. Ces femmes étaient des séductrices.

Je me dirigeais vers la Mère mais là, à Meshed, j'ai failli me faire attraper. Les gens là-bas me faisaient confiance et on m'a permis d'entrer dans cette mosquée bien que je sois un incroyant, un infidèle. On me permettait même d'aller jusqu'au saint des saints de ce sanctuaire, mais là j'ai été terrifié. Je me suis dit : c'est juste de la curiosité. Ça m'a retenu. Je ne voulais pas entrer juste par curiosité. Je voulais tout ou rien. Je savais que si je les laissais ouvrir cette porte, je restais là pour de bon. À ce moment-là, je me suis souvenu du Bouddha et je me suis dit : n'était-ce pas Bouddha ton vrai guide ? Ensuite le plus difficile a été de sortir de cette mosquée. J'ai abandonné mes sandales et je me suis enfui dans le bazar. Là mes amis musulmans m'ont dit : « Tu ne peux pas vraiment pénétrer à l'intérieur. » Ils ont dit : « Il ira en Inde. »

À Sarnath, j'ai rencontré deux Australiens qui venaient de Pondichéry. J'étais à la recherche de cette Mère et là, pour la première fois, ils ont parlé de la Mère – en la dénigrant. Je me disais : « Qu'ils parlent encore ! Quoi ? Quoi ? Qu'est-ce qu'ils disent ? » Je voulais qu'ils continuent parce que j'étais en train de découvrir : « Elle est dans un corps ! » Ils pouvaient dire ce qu'ils voulaient, que l'endroit était épouvantable, etc., etc., tout ce que je comprenais, c'était : « Elle est dans un corps ! »

J'ai rencontré des jésuites à Calcutta. Ils voulaient aussi que je reste avec eux.

Cette Inde est si révoltante quand on voyage ! On ne vous laisse pas tranquille : « Where are you coming from ? D'où venez-vous, où allez-vous ? » On vous escroque dans les trains, dans les hôtels. La seule exception, c'est quand j'ai pris un bain dans le Gange ; alors, après, au sortir de l'eau, ils m'ont laissé tranquille. Et je me sentais très bien.

Je suis arrivé finalement à Pondichéry. Je n'avais plus de temps à perdre.

Quand je suis arrivé ici (c'était en 1970), on m'a dit : « Tu peux voir la Mère pour ton anniversaire. Essaie, elle reçoit encore des gens pour leur anniversaire. » J'ai essayé, et ce jour-là, ça n'a pas marché. Le jour d'après, à six heures et demie du matin, on cogne à la porte : « La Mère veut te voir!» (*rires*)

Je me suis alors souvenu de la bonne éducation que m'avait inculquée ma mère (bonnes manières que j'avais essayé d'abandonner parce que je ne voulais jamais être conforme), j'ai mis des habits neufs, des sandales neuves et je suis allé voir Mère.

Avant même de me tenir devant elle, quand j'ai lu le panneau «Accroche-toi à la vérité», je me suis dit: «Qu'est-ce que ça veut dire? Qui me dit de m'accrocher à la vérité, comme si je ne savais pas?» J'étais tout à fait irrité. J'étais si fier, plein de moi-même. J'étais même en train de penser: «Elle devrait être contente que je vienne. Après tout je ne suis pas n'importe qui.»

Je suis entré et tout était fini, tout était accompli; de moi, ne restait plus rien. Je me suis retrouvé allongé sur le sol immédiatement. Ce que j'avais désiré toute ma vie était finalement arrivé. Avant d'aller la voir, j'avais observé des gens au Samadhi qui avaient ces gestes, prosternés de tout leur long. À chaque fois je pensais: «Oh, que c'est beau! J'aimerais pouvoir en faire autant!» Mais devant elle, je me suis écroulé. Je ne sais pas combien de temps ça a duré; naturellement je suis sûr que ça n'a duré que quelques secondes. Toute ma vie a défilé; j'ai pris conscience de ma petitesse. Je suis resté dans cet état pendant un certain temps, du moins il m'a semblé. Et puis j'ai entendu une voix qui disait (avec insistance): «Elle veut vos mains». Plus tard j'ai compris que c'était la voix de Champaklal. J'ai donné mes mains. Je me suis tendu vers elle pour donner mes mains, et c'est alors qu'est venu ce beau sourire. J'ai entendu une voix: «Je suis là». J'ai vu le sourire. Je pouvais donc me lever – comme si: «Tu peux aller, je suis là.»

Je me souviens de chants à l'église: «Je ne peux faire un pas sans Toi. Je ne peux même pas marcher si Tu ne me tiens pas la main.» C'est exactement ce que je sentais: sans elle, je ne peux plus faire un pas.

J'ai reçu d'elle une carte d'anniversaire datée du 18 novembre. Mon anniversaire est le 17 novembre. Maintenant j'avais le choix [entre deux dates]!

Les doutes sont venus rapidement après: qu'est-ce que ça veut dire?

Le lendemain matin, j'étais au Parc-à-Charbon. Avant de me réveiller, j'ai eu l'expérience de la présence physique de Mère à l'intérieur de moi. C'était étrange, c'était la Mère, qui tournait en moi comme une roue. Dans ma poitrine ou dans mon cœur. J'ai éclaté en sanglots à nouveau,

Assis à gauche, Thomas à la cafeteria d'Aspiration.

j'ai pleuré, pleuré…

Et depuis ce jour-là, je n'ai pas eu d'autre expérience – pas une. Je suis suspendu en l'air depuis ce jour. Tout le reste, Elle me l'a donné. Et je pense que c'est bien ainsi puisqu'elle est là quand on s'assoit devant elle, quand on l'adore, quand on la prie: «Je suis là». On n'est même pas censé demander: «Donne-moi une expérience». Je sais ce qu'elle me donne chaque jour, je prends soin de cet endroit [Gratitude]. Je touche la terre chaque jour, je sais que c'est une terre sacrée, que c'est la terre de Mère. Dans la mesure de mes possibilités, je m'efforce d'en prendre soin. C'est d'elle que je tire toute ma subsistance.

Un Ashramite allemand m'a dit:

«Pourquoi tu ne vas pas à Auroville? Ces hippies sont jeunes et ils s'amusent bien.»

J'y ai été et j'ai trouvé cela horrible. Il m'a demandé:

«Comment as-tu trouvé?

—Sh—!»".

Mais ça a été la dernière fois que j'ai utilisé ce mot, je ne l'ai jamais plus utilisé ensuite. Je me suis repris : «Tu n'as plus le droit d'accuser. Tu dois agir. Tu as passé ton temps à tourner en rond et à critiquer : «c'est comme ci, c'est comme ça», de façon à pouvoir te dégager. Tu n'as qu'à faire mieux!»

Mais je n'étais pas décidé à rester. Il me semblait que je devais encore réaliser certaines promesses de mon ancien monde. J'ai donc pensé que j'allais rentrer pour essayer la vie d'avant. Je suis rentré [en Europe] plein de doutes : Auroville sera plus difficile, mais l'autre vie, je la connais mieux. Mais je n'ai pas été accepté. Je me suis dit : «Parfait». En plus ma fille voulait venir avec moi.

J'ai vu Mère quatre fois. La seconde fois, je l'ai vue avec ma fille, et je ne crois pas que ma fille se soit sentie à l'aise. Mère pouvait avoir l'air terriblement sévère. Je l'ai vue encore une fois avec les professeurs de l'école. Je suis allé deux fois avec une fleur. La première fois, j'ai apporté une fleur que j'avais cueillie près de ma hutte à Aspiration. J'étais naturellement très excité de l'offrir à Mère. Elle a regardé cette fleur et est tombée en contemplation devant. Tout s'est arrêté. Il n'y avait plus que cet hibiscus. Je me suis demandé ce qui était en train de se passer. Était-ce quelque chose qu'elle sentait à propos d'Aspiration ? Quand je suis retourné la voir, quelque six mois plus tard, encore avec les professeurs, j'ai décidé d'apporter la même fleur. Quand ce fut mon tour, je lui ai offert l'hibiscus et… elle l'a jeté par terre. Je me suis dit : «Mais voilà, tu étais seulement curieux!» C'était la même attitude que j'avais eue dans le sanctuaire sacré des soufis. «Tu étais seulement curieux. Qu'est-ce que c'est que cette attitude?»

Quand je suis revenu en Inde avec ma fille, j'ai demandé la permission de vivre à Auroville. Je suis allé à Aspiration. Immédiatement j'ai trouvé cela impossible.

Alors pourquoi y es-tu resté?

J'ai appris tout au long de cette expérience d'Auroville, je l'espère, à me détacher complètement, à juste lâcher prise. Dès que je lâche prise, je suis libre. Dès que je lâche prise, je peux ressentir de la compassion. Si j'essaie de m'accrocher à l'idée : «J'ai raison. Ça ne devrait pas être comme ça», ça disparaît.

Je suis resté seulement à cause de Mère. Je suis passé sur tout : je n'aimais pas les gens, il n'y avait personne de compétent, il n'y avait pas de qualité, c'était sale. J'étais prêt à passer sur tout parce que Mère était là. Elle avait décidé. Je me suis dit : « Toute ta vie tu as choisi en fonction de ce que tu aimais. Maintenant Mère te dit de ne pas suivre tes goûts, tu dois prendre les choses comme elles sont, et non pas selon que tu aimes ou non. »

C'est difficile, maintenant j'ai confiance dans ce que j'aime.

Cela a dû être une lutte intérieure, alors ?

J'étais prêt pour une lutte. J'étais prêt à tout. Mère était là. C'était pareil pour tout le monde. Nous allions aux Darshan en autocar. Chacun à part soi pensait : ce Navajata, ce Shyamsunder, ce X., ce Y., ce désordre, ceci, cela… Mais ça ne faisait rien, parce qu'Elle mettait tout le monde au même niveau, elle mettait tout à sa place. Elle était là.

Je crevais de faim. Je travaillais 24 heures sur 24 pour les enfants à Last School, puisque Mère avait dit que le yoga, c'est 24 heures sur 24. Je travaillais jour et nuit, je m'occupais des enfants tamouls, je les torchais, je les nourrissais, je leur donnais du papier pour leurs dessins. J'ai fait ça pendant deux ou trois ans. Je suis arrivé au bord de la dépression tellement j'étais fatigué. Et je mourais de faim. Alors j'ai arrêté et j'ai été à la Boulangerie parce que, là, au moins, je pouvais manger (*rires*). Je travaillais et je prenais en charge quatre Auroviliens, ce dont j'étais très fier – et puis d'autres venaient puiser de l'argent dans la caisse pour nourrir leurs enfants ! J'allais à Pondi avec un sac à dos et des biscuits que je fabriquais, que Mère avait appelés Biscuits d'Aspiration. Je me démenais pour les vendre.

Plus tard j'ai confié les biscuits d'Aspiration à quelqu'un et j'ai quitté Aspiration. Il a fallu que je demande à Roger une permission (pour avoir un morceau de terrain) et j'ai dû exposer ma requête devant Roger, M. André, Navajata, et peut-être Shyamsunder. J'ai demandé si je pouvais quitter Aspiration pour aller à Auroson's Home [Certitude]. Roger a objecté, il voulait qu'on mette toute l'énergie disponible dans Auromodèle. J'ai discuté avec Roger ensuite et ça a été l'occasion de ma seule vraie rencontre avec lui. J'ai senti qu'il me comprenait, pleinement, qu'il m'appréciait même – et pourtant il a refusé. Je suis parti à Auroson's Home quand même.

J'étais un fanatique. Je pensais que si les gens ne comprenaient pas ce que représentent Mère et Sri Aurobindo, ils ne valaient rien. Ça, ça a changé, ça a changé et tout d'un coup je suis capable d'aimer les gens comme ils sont. Et je suis reconnaissant. Je sens quelque chose de très positif. C'est une chose que d'avoir un gourou et c'en est une autre que de s'en débarrasser, m'a dit un Français que j'ai rencontré tout à fait par hasard (j'étais au Consulat en train de vendre du beurre et du fromage). Je pense que cette remarque aurait pu venir de Sri Aurobindo lui-même.

Je me suis battu avec vous autrefois, seulement parce que j'avais une croyance fondamentale – fondamentale – dans les mots mêmes de la Mère, dans le texte, dans les mots; je croyais à la lettre et pas à l'esprit. Ça m'a aidé en ce sens que ça me donnait la liberté de me battre – je suis lâche par nature, je veux éviter les conflits – mais à l'époque je me suis dit: «Mère a dit, je prends sa force, je fais et je vais jusqu'au bout.» C'était bien parce que j'ai dû faire face à toutes sortes de problèmes que je n'aurais pas connus si j'avais mené une vie ordinaire.

Quand Elle est partie, c'était le jour de mon anniversaire. J'étais au Matrimandir pour le dernier bétonnage des piliers. Je me suis précipité chez Sunil quand j'ai appris. Je l'ai confronté: «Qu'est-ce que ça veut dire? Elle nous avait promis la transformation!» Étant indien, naturellement il avait sa tradition et sa culture, et il m'a répondu: «Je n'ai jamais été intéressé par la transformation, c'est *leur* yoga.» Mère lui a manqué affreusement, terriblement au fil des ans, mais à ce moment-là il m'a dit: «Tu prends ta Mère, tu vis TA RELATION avec la Mère à ta façon, cela tu peux le faire, il n'y a aucune loi qui dit que ce doit être d'une manière ou d'une autre.» Cela m'a aidé.

[Après son départ] j'avais encore cette impression routinière, «Oh, la Mère est là», comme on dit en allemand à propos de Dieu, *de liebe gott, der*... la même manière de mouliner. Jusqu'au moment où j'ai vu que systématiquement rien n'était comme le voulait Mère, rien! Et on continue à marmonner *der liebe gott, der liebe gott,* elle va faire! C'est tragique.

Quand on commence à vivre à Auroville, après quelque temps, on répète le nom de Mère et de Sri Aurobindo, le nom tout le temps, et maintenant si je veux changer ce nom, ça reviendra toujours comme Mère et Sri Aurobindo. C'est seulement un nom. Moi je dis: même si je ne le dis pas comme il faut, je vous en prie, acceptez-moi, car je crois que vous êtes, qui que vous soyez.

Nulle part ailleurs il n'y a une vie différente. C'est la même vie partout. Ici, c'est beau, c'est vert et on essaie de faire de notre mieux. En même temps je ne sais pas combien de temps on va pouvoir tenir... Après quarante ans, je dois encore demander un visa de résident et je suis à la merci de... Impensable ! La cité du futur, la cité de l'unité humaine !

Je n'ai pas à m'adapter à la Mère. Au monde entier, il faut que je m'adapte.

Les gens de l'extérieur voient bien ce qui se passe ici, ils voient la bureaucratie, etc. Le problème d'Auroville, c'est que c'est un succès. Ce sera un succès. Du temps où il n'avait pas de succès, le Living Theatre était vivant, en quête de quelque chose – du jour où il a atteint Broadway, il s'est perdu.

Elle m'a fait une promesse, et elle a ensuite éloigné la chose loin de moi, mais je n'ai pas de regrets.

C'est une chose de rêver et c'en est une autre que de se réveiller. Et nous devons tous nous réveiller. Le phare a été allumé, le feu brûle. Mère a fait son travail.

— Entretien avec Thomas

Un sourire qui venait de mon cœur

Un entretien avec André Hababou

Il faut dire que très jeune je n'étais pas bien dans ma peau. En fait ma vie a commencé avec une faute d'impression dans le faire-part du journal. On y lisait : « C'est avec *un grand chagrin* que nous vous annonçons la naissance de notre fils, etc. »

Je suis né en Tunisie pendant la guerre, et je suis d'origine israélite. J'ai l'impression d'avoir subi un peu les angoisses de mes parents parce que je suis né pendant la guerre. J'ai le même anniversaire qu'Hitler – pour un juif, c'est un peu bizarre, non ? Le 20 avril 1942 il y avait une grande fête à Berlin, les nazis n'avaient pas encore connu de défaite. Eh bien, c'est ce jour-là que je suis né. Je crois que mes parents m'ont communiqué leur angoisse, bien qu'ils n'aient pas vraiment su ce qui se passait. Je me rappelle, tout petit en 1945, j'étais assis à côté de ma mère, elle repassait en écoutant la radio et quand elle a entendu ce qui s'était passé dans les camps, elle a été horrifiée. J'ai été marqué par ça très fortement, par le racisme aussi.

Tout de même, la Tunisie, c'était l'Orient, c'était une douceur. De rentrer en France a été un choc. Le climat était dur. J'étais mauvais élève tout le temps. C'est seulement à l'École des Beaux-arts en France que j'ai commencé à bien réussir parce que j'aimais l'art. Et encore, j'avais un tel blocage, je me suis débrouillé pour échouer quand même, et pourtant j'étais parmi les deux premiers. Puis j'ai commencé à travailler mais la société ne m'offrait pas ce que je voulais. Je sentais qu'il y avait une vérité plus grande. Je voyais mes amis qui pensaient à la retraite, à acheter des appareils ménagers, etc. Ça ne m'intéressait pas, je sentais qu'il y avait quelque chose de beaucoup plus important dans la vie qu'il fallait découvrir. Je me sentais toujours à part, même parmi mes amis. Je cherchais quelque chose, mais il n'y avait personne pour me guider.

J'habitais Marseille. À l'époque il y avait des gens qui faisaient des dessins à la craie sur le quai du Vieux port. Un type qui avait un charisme incroyable faisait des dessins très beaux. Il exposait aussi ses tableaux. J'ai eu comme une attraction vers ce type. Au début je regardais, sans parler. Et puis un jour, on a lié conversation. Il m'a parlé de spiritualité. Je l'écoutais, je ne comprenais rien du tout à ce qu'il me disait, mais ça me satisfaisait. Ça m'enrichissait sans que je comprenne. Un jour il m'a donné des livres de spiritualité de l'Inde, c'était des livres sur Ramakrishna, Vivekananda. Quand j'ai lu ces livres, j'étais comme étonné. Ça m'a fait comme une illumination. C'étaient des maîtres de l'Inde qui parlaient très simplement et expliquaient comment trouver le divin. Moi je ne savais pas qu'on pouvait trouver le divin. Je pensais que c'était juste pour le Christ ou Moïse ou… Je ne savais pas qu'il était possible pour l'être humain de trouver le divin. Tout de suite je me suis dit : mais c'est ça que je cherche ! J'ai senti que ma vie allait changer.

Un jour je rentre chez moi et à la télévision on parle de Pondichéry. C'était une émission sur l'Ashram. On montrait un portrait de la Mère. Quand je l'ai vu, il y a eu comme un sourire qui venait de mon cœur – sans rien comprendre.

J'ai continué à lire ces livres sur Ramakrishna, Vivekananda, et aussi *Autobiographie d'un Yogi* de Paramahansa Yogananda. J'ai trouvé ce livre fantastique. J'étais devenu ami avec le garçon qui faisait des craies sur le Vieux port, Topten. À ce moment-là, je crois, il avait eu une réalisation intérieure. Je sentais son charisme. Il faisait du hatha-yoga, et il m'avait parlé de son expérience de la *kundalini* et comment il était en unité avec tout (plus tard il a perdu ça). Mais il nous semblait qu'il fallait trouver une action, faire quelque chose, on ne voulait pas de cette vie comme elle était.

On a décidé d'aller en Corse. Avant d'y partir pour un séjour indéterminé (on voulait y faire de l'artisanat) on est allé dans une librairie où ils vendaient des livres spirituels, et on a vu le livre *l'Aventure de la Conscience*. Je crois qu'il venait juste de sortir. On l'a pris et emmené en Corse. J'essayais de méditer, de trouver mon être intérieur, mais j'étais un peu maladroit, je crois.

Topten lisait *l'Aventure* et me disait : « Ce que je lis, c'est extraordinaire. Ça dépasse tous les livres que tu as entre les mains. » Je lui ai dit : « Mais comment c'est possible, qu'est-ce qu'il peut y avoir de plus extraordinaire que de trouver le divin ? » Je n'étais pas convaincu de ce qu'il me disait.

Comme je me sentais un peu oppressé en Corse, je suis rentré à Marseille. Avant que je parte, il m'a dit : « Prends ce livre avec toi. » Je l'ai lu un mois ou deux après être rentré à Marseille. Quand j'ai fini de le lire, j'étais stupéfait. J'ai senti que j'étais devenu un disciple de Mère et de Sri Aurobindo. C'était une grande joie. Mais pour moi, ce qui était important, c'était de mettre en pratique. Ça n'avait pas de sens de lire seulement, il fallait que je pratique ; j'ai essayé de pratiquer mais je n'ai eu aucune expérience. J'ai essayé de dire à ma mère que j'avais découvert quelque chose d'extraordinaire mais elle ne comprenait pas du tout, elle ouvrait de grands yeux, comme beaucoup d'autres.

J'ai tourné en rond pendant des mois. Un jour une amie me dit : « Pourquoi tu n'écris pas une lettre à l'ashram de Sri Aurobindo ? » Dans *l'Aventure de la Conscience*, il y avait l'adresse de l'Ashram. J'ai donc écrit (ça devait être février 1968) en expliquant que j'avais des difficultés à vivre ce yoga et que je voulais venir passer quelque temps à l'Ashram. Pavitra me répond : « Dans le yoga de Sri Aurobindo c'est la difficulté qui est le levier. Néanmoins vous pouvez venir faire un séjour ici. » En même temps, il m'envoie une brochure sur Auroville qui venait juste d'être imprimée. Quand je l'ai vue, ça a été comme une révélation. Une joie incroyable. Je me suis dit : mais c'est là que je dois vivre ! Il y avait en première page la galaxie, et puis la Charte d'Auroville, le Rêve, la photo de Mère. Ça a été un moment très fort de ma vie. Je suis sorti tout de suite pour voir Topten, et lui communiquer cette nouvelle extraordinaire, mais j'ai été très étonné car ça n'a pas suscité en lui le même enthousiasme.

J'ai tout de suite décidé : c'est là que je dois vivre, je dois partir le plus vite possible. A cette époque je peignais, donc j'ai bradé mes tableaux pour me faire un peu d'argent. Je n'ai même pas songé à prendre l'avion. Je suis parti par la route avec des amis hippies. Avec un peu d'argent et mon passeport tunisien.

En Afghanistan, quand je suis allé demander un visa à l'ambassade de l'Inde, le consul m'a demandé : « Combien de temps voulez-vous rester en Inde ? » Moi comme un imbécile :

« Toute ma vie ! »

— Ah, dans ce cas je ne peux pas vous donner de visa.

— Bon, d'accord, alors trois mois ?

— Non, ça ne suffit pas, vous allez payer pour un aérogramme qu'on va envoyer à l'Ashram de Pondi et ils vont confirmer que vous venez pour trois mois. »

Je donne de l'argent pour un aérogramme. On me dit : « Revenez dans

André dans les années 70.

quelque temps. » Je reviens, on me dit : « Pas de réponse. » Deux ou trois fois. Toujours : pas de réponse.

À cette époque tout le monde fumait. Moi aussi. Mais le hashish me donnait des angoisses terribles. Un jour, il y avait une grande fête à Kabul, une course avec des chevaux, des gens du monde entier qui venaient, le roi de l'Afghanistan qui était présent. Un ami canadien avec qui je voyageais insistait pour que je vienne. J'ai refusé. L'hôtel était vide, tout le monde était sorti pour cette fête. J'ai allumé un joint dans ma chambre. Je ne comprends pas ce qui m'a pris de prendre une si grosse dose : des angoisses comme jamais je n'en ai connues ! Un état misérable. Accroché à mon passeport, à mes quelques dollars, tout recroquevillé, les nerfs tendus, le corps crispé. Au moment où je sentais que j'allais avoir une dépression nerveuse, quelque chose s'est abandonné, tous les nerfs se sont détendus d'un coup. J'ai eu comme une joie : je voyais que le choix que j'avais fait était le bon, que je n'aurais aucun problème, que j'aurais mon visa, et que je n'avais pas à m'inquiéter. J'étais dans un état tellement éthéré que j'ai cru que j'allais me dissoudre.

Le lendemain j'arrêtais de fumer pour toujours, mais j'étais toujours dans le même état et cela a duré quinze ou vingt jours. Un jour je vais au consulat avec mon copain canadien. On me dit : « Oui, vous avez une réponse. » Le consul vient vers moi et me dit :

« Mais dites-moi, combien de temps exactement allez-vous rester en Inde ? »

J'étais dans un tel état d'exaltation que je ne pouvais pas mentir. J'allais lui répondre « Toute ma vie » quand mon ami m'a bousculé et a répondu à ma place : « Trois mois ». J'ai réalisé que malgré ma maladresse j'étais protégé et qu'on m'avait empêché de faire une gaffe peut-être irrémédiable.

Je suis arrivé en Inde. Dans aucun des pays que j'avais traversés, je ne me sentais complètement en sécurité. Ici, je me sentais chez moi. À ma vraie place. C'était le soir. On est passé dans une allée bordée de banyans, tous les perroquets chantaient. J'ai été envahi de gratitude, de joie. Je sentais que j'étais arrivé où je devais arriver. Tu comprends, par nature je n'ai pas l'esprit d'aventure. Par moi-même je n'aurais pas entrepris ce voyage. Mais là, j'ai senti que quelque chose m'a projeté qui me dépassait complètement ; ce n'est pas moi, c'est mon âme qui m'a poussé.

Quand je suis arrivé à Pondichéry, un rickshaw m'a emmené à la porte de l'Ashram. Les Ashramites m'ont repoussé (je crois qu'ils en avaient assez des hippies). Ça m'a donné un choc. J'ai demandé à voir Pavitra[1]. Je vais le voir, il était pâle, l'air très fatigué : « Je vous reçois mais je suis très fatigué. » Je lui ai demandé des nouvelles de la transformation du corps. Il m'a regardé… avec une expression de grande compassion, comme s'il me disait : « Tu ne sais pas ce qui t'attend. » Je lui ai dit que j'avais lu sa brochure et que je voulais vivre à Auroville. Il m'a dit – et cela m'a beaucoup surpris – :

« Est-ce que vous avez de l'argent ?

— Oui, j'en ai un peu, mais je veux vivre et travailler à Auroville, je ne suis pas un mendiant. Vous voulez faire une ville, j'ai un métier qui correspond. Je peux faire de l'architecture. » Il avait l'air étonné. Il me dit : « Est-ce que vous avez une photo de vous ? » Je lui ai donné une photo d'identité. « Revenez dans deux-trois jours, je vais montrer votre photo à Mère. » J'étais sûr que Mère allait m'accepter. Trois jours après :

« Mère vous accepte. C'est une grande aspiration qui vous a fait venir. »

À partir du moment où j'ai été accepté, c'était incroyable, on ne me demandait plus un sou, j'étais dans une maison d'hôte, logé, blanchi, nourri. Et on ne nous demandait même pas de travailler !

C'était en novembre 1968. Pavitra m'avait dit de venir pour le Darshan [du 24 novembre]. Je ne savais même pas ce que c'était qu'un darshan.

Je me promenais dans les rues de la ville coloniale, pleines de bougainvilliers. J'avais l'impression d'être au paradis. Je me disais : mais c'est un

---

1. Philippe Barbier Saint-Hilaire (1894-1969), ancien élève de l'école Polytechnique de Paris, a étudié le bouddhisme et le tantrisme au Japon et en Mongolie, avant de devenir un disciple de Sri Aurobindo. Il prendra le nom de Pavitra [le pur] et sera le Secrétaire général de l'Ashram de Sri Aurobindo (NdE)

rêve, je n'y crois pas! Je me revois en train de marcher un soir avec un ami le long de la mer en regardant les étoiles: on volait à travers le ciel! Il y avait là une atmosphère qui peut-être ne se trouve sur terre que tous les cinq mille ans. Une telle joie! Une telle sérénité! Et ce sens incroyable de la présence divine – presque palpable. Je ne m'étais jamais senti si protégé.

Je suis allé dans la bibliothèque et j'ai découvert les livres de Mère. Je me suis mis à lire les Entretiens, ça coulait en moi. J'étais très reconnaissant à Mère de m'avoir accepté. On se sentait les invités de Mère, c'était un truc exceptionnel!

Quand je suis arrivé, j'ai eu des tas d'expériences. J'étais d'un enthousiasme! Je voulais me donner au divin. Je crois que c'était l'atmosphère de Mère, j'avais des perceptions que je n'avais jamais eues avant. J'avais une grand sentiment de gratitude envers Mère et je trouvais que le meilleur moyen de lui rendre, c'était de vivre ce que je lisais dans les *Entretiens*. C'était comme un feu qui commençait à brûler dans ma poitrine.

Au bout d'un mois, j'étais au Park Guesthouse, j'étais sur l'herbe et d'un seul coup j'ai eu l'expérience de l'être psychique. Comme une balle qui se retourne. J'étais comme dans un état de connaissance, de joie. Quand on a cette expérience, on a l'impression qu'on n'est pas né pour autre chose que ça. Alors que dans le monde ordinaire, tout est plat, là tout devient comme un symbole vivant. On est dans la réalité à la seconde la seconde, sans que le mental fonctionne. J'ai senti que j'avais toujours vécu et que je vivrais toujours. Je me suis approché de la mer et j'ai senti que c'était une entité. Je voyais les vagues se soulever et retomber, il y avait le mouvement mais pas de temps. De temps en temps je sentais une profonde tristesse, je regardais à l'intérieur de moi et je voyais que c'était mon ego. Le fait de percevoir mon ego faisait revenir la connaissance. J'ai passé toute l'après-midi dans cette alternance entre l'être psychique et l'ego qui revenait.

L'expérience avait disparu le lendemain. Elle avait duré un après-midi mais elle a laissé en moi une empreinte pour toute la vie.

Je réalise maintenant que mon ego s'est emparé de l'expérience. Ces choses-là sont si intenses qu'on se prend vite pour un grand yogi. Quand j'y pense, j'ai honte de voir comment l'ego peut prendre pour lui des choses si belles.

Pavitra avait demandé à quelqu'un de m'emmener à Auroville. C'est seulement à cet instant que j'ai découvert qu'il n'y avait rien sur ces terrains! Je me souviens de m'être dit: «Bon, eh bien il va falloir que nous nous y mettions!» Il y avait là un Aurovilien qui travaillait à placer des briques autour de l'urne. On m'a présenté en indiquant que j'étais architecte. L'Aurovilien a jeté sèchement: «On n'est pas là pour dessiner, on est là pour travailler.» (*rires*)

J'avais écrit une lettre à Mère dans laquelle je lui racontais ma vie; je crois que c'était confus, je lui parlais des déboires que j'avais eus dans ma vie en France. Je lui disais que je ne savais plus si je devais rester à l'Ashram ou aller à Auroville, etc. Une très longue lettre. Elle me répond: «Va travailler avec Roger.» Je m'attendais à ce qu'elle me réponde quelque chose de plus long! (*rires*) Pas de baratin!

Je rencontre donc Roger. J'ai été le premier dessinateur à travailler avec lui. J'ai été surpris parce que je croyais trouver ici des gens un peu ascétiques qui avaient une recherche intérieure, et je m'aperçois que c'est un bourgeois (avec un grand charisme) qui avait réussi en France. Au début je n'ai pas eu particulièrement d'atomes crochus avec lui. Mais cela m'a surpris d'observer son sens de la perfection. J'avais travaillé dans des bureaux d'étude en France, et ce n'était pas si créatif et si poussé dans la perfection. Je voyais que qu'il y avait quelque chose de spécial chez Roger. J'étais fasciné.

Un jour Roger me dit: «Tu ne veux pas aller voir Mère?» Je dois dire que j'essayais de retarder la visite. Je ne voulais pas me montrer sous un jour défavorable. J'aurais aimé retrouver l'état dans lequel j'avais été, mais bien entendu je n'y arrivais pas car on ne peut pas forcer ces choses-là.

Je vais avec Roger voir Mère. La vibration était très forte sur la terrasse où on attendait. Je vois Mère qui était de trois-quarts de dos, j'étais étonné. Je fais le tour et je m'approche d'elle. Je la vois, les yeux fermés, le dos courbé: j'ai eu le sentiment d'une vieillesse extrême. Je n'ai pas pu m'empêcher de penser que des gens comme ça étaient généralement séniles. Je passe donc devant cette personne qui avait les yeux complètement fermés, en me disant: «Je vais lui donner la rose et m'en aller. Rien ne peut se passer, et j'espère qu'il y a des gens ici prêts à prendre la relève.»

J'allais lui tendre la rose, quand d'un seul coup ses yeux deviennent énormes.

J'avais le sentiment qu'elle voulait me connaître, savoir qui j'étais. Mais je

Transport d'éolienne, 1979.

ne voulais pas me montrer (tout ça bien sûr se passait dans une transmission silencieuse).

Elle me regarde et je ne veux pas être vu. J'essaie de l'éviter et je n'y arrive pas. C'est comme une bataille, si tendue que je crois m'évanouir. Il me vient alors toutes sortes de pensées négatives. Je ne veux pas donner de détails mais c'était horrible, j'avais perdu tout contrôle. Ça sort de moi comme un nuage noir et ça n'en finit pas. Finalement je la regarde : « Bon, ça va, tu es au courant maintenant [de ce que j'ai à l'intérieur]. » À ce moment-là son visage est devenu le visage d'une petite fille de 14 ans, avec un sourire incroyable. L'atmosphère avait complètement changé, et je me suis aperçu que ce sourire était le même que celui qui était à l'intérieur de moi. Un sourire qui était le même. Je baigne dans cette lumière blanche immobile.

De nouveau une vibration négative me vient. J'étais désolé. Je voulais demander à Roger (on nous avait dit de ne pas parler à Mère, de passer à travers la personne qui nous accompagnait) de lui faire mes excuses. À ce moment-là, Mère intervient avec une expression d'un amour incroyable, qui me dit : « Ne t'inquiète pas, ce n'est pas grave. » Elle me parlait comme si elle comprenait tout. Qu'elle puisse communiquer comme ça sans que j'aie besoin de parler, de m'expliquer… Elle était devenue moi. Je me dis : Mais c'est le Divin ! Je lève la tête et je vois qu'elle a perçu que je l'avais reconnue comme le Divin. Elle me regarde en souriant. Elle s'amuse. Quelque chose alors en moi s'est ouvert totalement. Elle devient plus grave et je sens comme un rayon qui vient sur moi et je reste à recevoir cette lumière. De nouveau une vibration me vient qui dit : « Qu'est-ce que tu fais là devant cette vieille dame, tu dérailles complètement ! » Ça a coupé le rayon. Je baisse la tête tout penaud de voir que mes limitations ont coupé la beauté.

Quand je la relève, je vois que Mère m'offre une grosse rose rouge. J'ai l'impression que la rose jaillit de l'intérieur de moi. Je sens que c'est la fin de l'entretien mais je n'ai pas envie de partir. Je réalise que Roger est là et qu'il me regarde. Je commence à faire des reproches à Mère : « Mais comment est-ce que tu as pu me découvrir devant cette personne ? » — cette personne que je trouvais un peu… épaisse, comme j'ai dit tout à l'heure. Je regarde Mère et je vois qu'elle est comme une balance, complètement impersonnelle, et que ce que je venais d'exprimer, c'était mon problème. Elle ne me jugeait pas mais c'était mon problème. Je suis parti, et je suis parti avec mon ego, car elle a coupé le contact avec moi pour parler avec Roger.

Tout l'entretien a peut-être duré quatre minutes. C'était comme une initiation en quatre minutes qu'on n'oublie jamais.

En partant j'ai entendu Mère qui demandait à Roger : « Qui c'est ? » J'ai trouvé ça si étrange : comment peut-elle demander qui je suis, alors qu'elle me connaît entièrement ?

Plus tard j'ai mieux connu Roger et j'ai senti que c'était comme un frère, un ami. Il m'invitait tous les soirs chez lui et il me racontait ce que Mère lui disait. Pour moi, c'était d'une grande richesse, parce que j'avais une approche plutôt mystique, en dehors de la vie, et elle, elle lui parlait de ports de plaisance, d'industries, etc. ! Cela a complètement changé ma vision, et je lui en suis reconnaissant.

Immédiatement après ces expériences, on ne réalise pas vraiment ce qui est arrivé. On part dans toutes sortes de fausses directions. Au niveau personnel et collectif, nous sommes passés par des moments qui étaient assez… glauques. Moi-même j'ai traversé une période de dévastation (ce qui est quelque chose d'inexplicable si on considère les expériences que j'avais eues).

Et le temps passe. Les mois passent. Les années passent. On peine, on patauge, et puis le souvenir revient, très fort. Le souvenir de ce qu'on devrait se rappeler à chaque seconde. Cela devient de plus en plus intense. Et maintenant si on me demande de raconter ces souvenirs, comme tu me l'as demandé, je le fais. Cela m'aide et je crois que cela peut en aider d'autres.

Après tout, on a le devoir de dire que quelque chose s'est passé et que le divin s'est incarné dans un corps. Il faut rendre ce qu'on vous a donné. C'est une responsabilité.

—Entretien avec André Hababou

Bureau d'architecture, Pondichéry : au premier plan, Roger Anger, et à ses côtés, André.

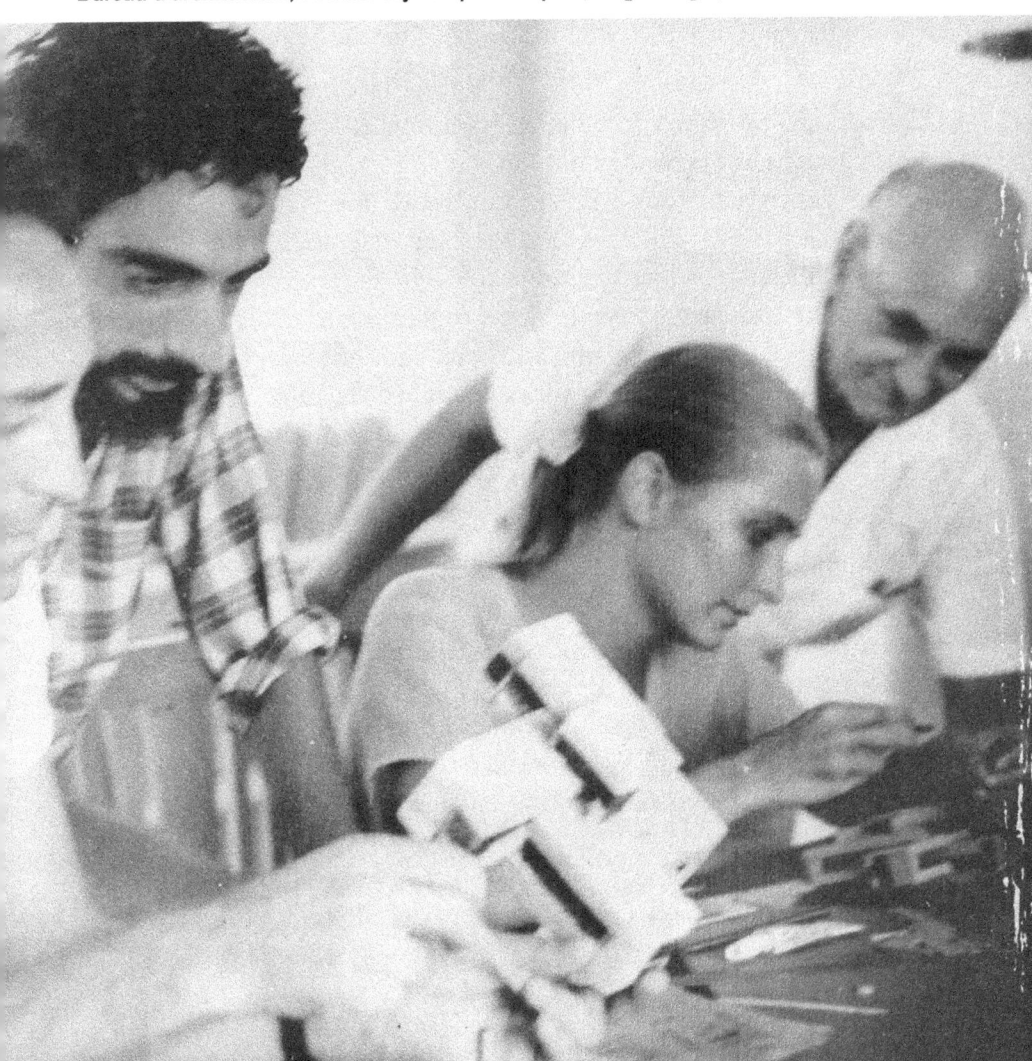

Nous t'envoyons en Inde

Un entretien avec Charlie

Ma belle-mère était indienne. Elle était née à Mount Abu et avait grandi à Mumbai. Ma mère à moi était décédée quand j'avais à peine cinq ans. Comme mon père travaillait, il avait cherché une gouvernante pour s'occuper de moi, par le biais de la paroisse, je crois, car mon père était catholique et très religieux. Donc cette dame, une catholique indienne, est venue chez nous. Elle a été ma gouvernante, et a vécu aux Etats-Unis le reste de sa vie (bien qu'elle ait toujours gardé la nationalité indienne). Plus tard elle est devenue ma belle-mère.

C'est par elle que s'est fait le lien avec Auroville. En Inde, elle avait été professeur dans une école de Jamnagar (Gujarat). Célibataire, elle avait besoin de loger chez quelqu'un et elle avait trouvé une chambre à louer dans la famille de Kireet Joshi. Kireet[1] et ses frères étaient de jeunes garçons à l'époque. Elle s'est très bien entendue avec cette famille et ils sont restés en contact toute leur vie. Le frère de Kireet (qui plus tard est devenu juge à la Haute Cour du Gujarat) est venu aux États-Unis plusieurs fois et quand il venait il nous rendait visite. C'était un disciple de Mère et de Sri Aurobindo. C'est par lui que j'ai entendu parler un peu de l'Ashram et d'Auroville, et le souvenir de ces deux noms est resté quelque part dans ma mémoire.

En Amérique aussi cette dame enseignait et ses élèves l'aimaient beaucoup. Je n'ai jamais compris comment des enfants peuvent aimer autant un prof, car moi je n'ai pas aimé mes professeurs.

Mes parents étaient très conservateurs, très religieux, très sévères. À un certain moment, ils ont décidé de m'envoyer en pension dans une école militaire, tenue par des religieux chrétiens. En général les écoles militaires ont une école secondaire, mais dans celle-ci il n'y a de militaire que les uniformes, tandis que cette école-là était officiellement militaire. Et c'étaient

---

[1]. Kireet Joshi deviendra plus tard le directeur du Centre International d'Education à l'Ashram de Sri Aurobindo. Plus tard encore il sera envoyé par Mère à New Delhi pour y travailler au ministère de l'Éducation. C'est dans ce contexte que pendant plusieurs années il sera responsable du dossier d'Auroville. (NdE)

des officiers de l'armée active qui dirigeaient la partie militaire.

Le moins qu'on puisse dire, c'est que je n'aimais pas l'endroit.

Pourquoi mes parents m'ont-ils envoyé là ? Je ne sais pas. Je suppose que j'étais un adolescent à problèmes. Pourtant je n'étais pas un enfant difficile comme on l'entend généralement. Souvent des gens m'ont raconté leur enfance et je m'étonnais : « Oh, tu as fait ça, tu as participé à ça ? » Je n'aurais jamais imaginé de faire des choses pareilles ! Cela dit, je devais être quand même un problème pour eux. Je n'étais pas bon élève, je ne m'adaptais pas à l'école –, bien qu'on me mette toujours dans les classes les plus fortes car au moment de l'admission, ils me faisaient passer des tas de tests, le genre de tests IQ et d'autres qu'on vous fait passer pour déterminer vos capacités et dans quelle classe on doit vous mettre. Et j'ai toujours réussi ces tests haut la main. Donc j'étais dans les classes les plus fortes, ce qui était bien car j'étais entouré des élèves les plus intelligents. Mais dans ces classes, je n'avais pas de bons résultats.

J'étais dans un état de rébellion complète. Particulièrement dans cette école. Ils étaient chrétiens, et moi je n'étais pas porté sur la religion. Je n'étais pas militariste ou antimilitariste, mais je n'aimais pas leur mode de fonctionnement. Je n'aimais pas qu'on me dise que dans mon casier les vêtements devaient être pliés comme ci, que les chaussures devaient être parallèles, que les lacets devaient être croisés, qu'on devait porter cet uniforme-ci, cet uniforme-là... Des millions de règles ! Votre brosse à dents devait être dans cette position, les poils devaient être dans ce sens-là... Je ne pouvais pas. Nous étions dans les années 60. Je savais ce qui se passait en Amérique et dans le monde, et je réfléchissais, au niveau où je le pouvais à l'époque. J'étais arrivé à la conclusion que la guerre du Vietnam était une guerre totalement injuste. J'avais une vue négative de l'armée, et puis je me demandais : pourquoi vous font-ils faire des choses si absurdes ?

J'étais en colère contre mes parents, je leur en voulais de m'avoir envoyé dans cet endroit. Eux pensaient que j'avais besoin de ça : nous vivions dans une ville assez libérale (toute la côte Est était libérale mais cette ville était connue pour sa classe moyenne et son côté très libéral) et mes parents avaient peur de l'Amérique de cette époque, de la société américaine de cette époque (bien que mon père fût très patriote). C'était ironique parce que cette école était remplie de gens très riches (l'école était très chère), de fils de dictateurs étrangers, et de maffia. Les fils des plus grands maffiosi étaient là. Les caïds millionnaires de la maffia, super pro-américains,

Première partie : retournements

Charlie à Forecomers. Ses commentaires : « Cet arbre est très grand maintenant mais moi je n'ai pas grandi autant. »

nationalistes et militaristes, voulaient que leurs gosses soient un peu disciplinés. Les religieux chrétiens s'occupaient des études. C'était une drôle de combinaison : catholique et militaire !

Après un an de ce régime, je me suis plaint amèrement à mes parents. Ils m'ont répondu que je n'avais pas de bons résultats et que par conséquent, je n'avais pas droit à la parole. Si j'avais de meilleures notes, alors ils m'écouteraient davantage. D'accord. L'année suivante, j'ai fait des efforts. J'ai rangé ma brosse à dents comme il fallait, j'ai eu de bonnes notes, et à la fin de l'année j'ai eu le deuxième prix d'excellence. Quand je suis rentré à la maison, mes parents ont dit : « Ah, très bien. » Mais quand j'ai rappelé à mon père que je n'aimais pas cette école et que je ne voulais pas y retourner, il a refusé. J'ai alors réalisé que ça ne changeait rien que j'aie de bons ou de mauvais résultats. Il avait juste dit ça pour se débarrasser de moi.

Alors je suis retourné à mes anciennes manières, en bien pire. Je ne faisais que ce qui m'intéressait (de temps en temps il y avait un sujet dans lequel je réussissais très bien). Quant aux règles militaires, j'ai cessé complètement de les respecter. Au contraire, je prenais mes affaires et je les jetais n'importe comment au fond de mon casier. Je m'habillais comme je voulais. J'étais tout le temps puni, je ne pouvais jamais rentrer chez moi pour le week-end. J'étais tout le temps collé, sans aucune liberté c'est-à-dire que je devais rester dans ma chambre sauf pour les repas. Comme ça pendant deux ans. Je passais les examens mais tout juste.

Enfin on est arrivé à l'année finale. Déjà nous avions rempli les formulaires d'admission à l'université. En fait mes parents me permettaient de me présenter seulement à certaines universités – des universités catholiques. J'étais admis à l'une d'elles sous certaines conditions.

Les autorités de l'école ne m'aimaient pas beaucoup. Pourtant j'étais quand même respecté à cause d'un certain incident : un jour j'ai mal parlé à l'un des officiers et j'ai été puni. Mais le lendemain j'ai réfléchi, et je me suis dit que je n'avais pas besoin de lui parler comme ça, que c'était insultant. Nous dinions dans une grande salle de cantine et ce soir-là cet officier était assis d'un côté de la table. J'ai mis mon uniforme correctement, je suis allé à sa table, j'ai salué et je me suis excusé : « Peu importe ce que je pense, ce n'était pas correct de vous parler de cette manière. Je ne vous demande rien, mais j'admets que ce n'était pas correct. » Cela a eu un bon effet sur ces types ; après cela ils ont été un peu plus indulgents. « Bon, ont-ils pensé, ce garçon possède une certaine honnêteté, bien qu'il soit complètement givré. »

Je participais à la rédaction d'un petit journal clandestin. Ils ne pouvaient pas prouver que j'y étais mêlé mais ils s'en doutaient. Ils croyaient aussi que je fumais de l'herbe, ce qui était vrai.

C'est ce qui m'a perdu dans cette école et c'est ce qui m'a fait partir en Inde. Les autorités de l'école m'avaient attrapé une fois et ils m'avaient suspendu de l'école pour quelques semaines, je suppose en consultation avec mon père. C'était tout à la fin de l'année scolaire. Quelque temps plus tard, un matin de bonne heure, je marche dans un couloir et on me tape sur l'épaule. Quelqu'un me dit : « Venez avec moi. » Je suis ce type dans son bureau. Il me dit qu'ils ont des preuves, etc. Je nie. Alors ce gars appelle sur son intercom, et je vois mon père qui attendait dans la pièce d'à côté. Il était rouge comme une betterave. On me dit : « Nous vous renvoyons de l'établissement. » Je suis allé dans ma chambre chercher mes affaires et je suis parti avec mon père. Drôle de retour que ce trajet en voiture tous les deux. Nous étions à six semaines de l'examen de fin d'études. Mes parents étaient dans tous leurs états.

Curieusement, ils ne m'ont pas trop embêté. Les parents de certains de mes amis, trouvant terrible que j'aie été renvoyé juste à ce moment-là, ont même fait des démarches auprès de l'école locale, où on leur a conseillé : « Envoyez-le ici, et s'il passe l'examen, nous lui donnerons le diplôme. » Mes parents ont refusé – ce qui vous donne une idée de leur état d'esprit.

Un dimanche ils me traînent à l'église, et à la sortie de la messe, dans le parking nous rencontrons certains de leurs amis qui me souhaitent un bon voyage.

« Oh ?! » je leur dis un peu interloqué, « merci ! »

Et puis en entrant dans la voiture, je demande :

« De quoi parlent-ils ?

— Oui, nous t'envoyons en Inde.

— Quoi !?? Quand ??

— Mardi prochain. »

Nous étions dimanche. Ils avaient préparé le passeport et le visa et tout et tout.

J'étais complètement sidéré.

Ils voulaient que je quitte les États-Unis parce qu'ils avaient décidé que c'était trop risqué de m'envoyer à l'université, je deviendrais un radical, etc.

Je ne voulais pas aller en Inde. Je voulais rester en Amérique. De plus je n'avais pas une tellement bonne opinion de l'Inde (sans rien en connaître). Ma belle-mère était fière d'être indienne, mais elle n'aimait pas l'Inde ; elle disait que c'était sale et pas hygiénique. Elle en parlait mal.

Je ne savais pas quoi faire. Un de mes amis qui était un dur à cuire avait fait une fugue à l'âge de 14 ans. Il m'a conseillé de me sauver. Il avait tout arrangé : il organiserait une soirée pour moi le lendemain soir, lundi, et c'est de là que je m'enfuirais. Le lundi matin, mon père m'a emmené dans une banque où il a tiré cinq cents dollars en traveller's cheque pour moi. Je n'avais jamais vu autant d'argent de ma vie.

Je suis allé à la soirée ce soir-là. Il y avait de l'alcool. Je n'en bois jamais mais à cause de l'état dans lequel j'étais, j'ai pris une bouteille de quelque chose et j'ai bu – une quantité astronomique. Ça m'a terrassé et j'ai perdu conscience. Plus question de fugue. On m'a ramené chez moi et je me suis réveillé le lendemain mardi. Mes parents ne m'ont pas quitté d'une semelle et l'après-midi ils m'ont mis manu militari dans l'avion qui partait pour l'Inde.

C'est comme ça que je suis arrivé ici. Ce n'est pas très glorieux mais c'est comme ça que les choses se font parfois. J'avais dix-huit ans, et étais très naïf, car on m'avait toujours surveillé sévèrement ; et aucune expérience du monde extérieur.

Dans les années 70 : Charlie et un de ses ouvriers, à Aurogreen, la ferme qu'il a créée.

Mes parents connaissaient une famille à qui ils pouvaient m'envoyer (mais ils ne leur avaient pas révélé pourquoi ils m'envoyaient en Inde). J'ai atterri à Bombay. C'était en 1970. Une Mercedes Benz est venue me chercher à l'aéroport ! J'ai donc fait mon entrée en Inde dans une voiture climatisée, derrière des vitres fumées, et suis arrivé tout droit à Queen's Necklace dans un appartement qu'ils avaient là. Ma famille à moi appartenait à la classe moyenne américaine, nous avions une maison de treize pièces, un garage de trois voitures, mais je vous promets que l'endroit où habitaient ces gens-là, c'était quelque chose ! Des gens très riches. Personne n'avait entendu dire du mal de moi, l'endroit était confortable et je me suis dit que ce n'était pas mal du tout et assez exotique. Je suis resté là à peu près une semaine. Puis on m'a envoyé à Jaipur où j'ai vécu dans une autre famille (dont le fils était censé se marier avec ma cousine). Autre famille très riche qui possédait des tas d'hôtels et de restaurants à Jaipur.

L'idée de mes parents, c'était que je finirais ma dernière année de secondaire en Inde et qu'après, peut-être, j'irais à l'université. Ils ont essayé de me faire admettre dans une école jésuite. Ils n'y ont pas vraiment réussi mais j'ai quand même suivi quelques cours : histoire de l'Inde (c'était intéressant) et anglais. Là aussi il fallait porter un uniforme. Il y avait un Père jésuite qui faisait de l'aide sociale autour de Jaipur. Il était très gentil et c'était quelqu'un avec qui je pouvais parler. Il voyait que je m'intéressais à l'Inde, alors j'ai pu visiter des villages avec lui. La famille chez qui je vivais n'avait pas d'objection.

C'était une famille très sympathique. Je partageais une grande chambre avec le fils aîné. C'était la première fois que j'étais libre de mes mouvements ; ils estimaient en effet qu'un garçon américain de dix-huit ans pouvait être laissé libre. Le garçon avec qui j'habitais avait 21 ans et était à l'université mais il avait beaucoup de restrictions – restrictions normales pour l'Inde de l'époque. Le soir il pouvait sortir avec moi. Je demandais à son père : « Comment se fait-il que vous le laissiez sortir avec moi ? Je n'ai que dix-huit ans, il est plus âgé. C'est moi qui devrais sortir avec lui. » Il m'a répondu : « Oh, mais vous, vous êtes américain et vous savez vous débrouiller en société. Lui est indien et il ne sait pas. » Donc j'étais libre, je me baladais dans la ville, j'allais dans les villages. J'ai visité avec eux Agra et Delhi et d'autres endroits, j'ai vu un peu de l'Inde.

J'ai toujours été un grand lecteur. C'est en partie la raison pour laquelle je réussissais si bien dans tous ces tests : j'étais un lecteur rapide. J'avais même suivi un cours pour cela. Je lisais trois pages quand d'autres en lisaient la moitié d'une. C'était ce à quoi je passais mon temps à l'école : je lisais tout ce qui me tombait sous la main, et si on m'enlevait ces livres, je me mettais à lire mes livres de classe depuis A jusqu'à Z. C'était comme une drogue pour échapper au monde autour de moi. En Inde aussi j'ai continué, et je me suis mis à lire Gandhi et j'ai trouvé ça fantastique. J'ai jeté à la poubelle toutes mes affaires en cuir – chaussures ou ceintures – et je suis devenu végétarien. Et puis j'allais souvent dans les villages durant les week-ends. Cette famille était gentille mais c'étaient de riches Indiens assez mondains et ils trouvaient quand même assez étrange la façon dont je m'habillais. Je crois que je les embarrassais un peu. Quand des gens venaient les voir (ils menaient une vie sociale très active) ils disaient « Oh ! Il est gandhien ! »

Je ne voulais pas poursuivre dans cette école. J'étais déterminé à vivre en Inde mais je n'avais pas de moyens financiers. Mes parents ne voulaient pas m'aider sauf si j'entrais dans une école. D'un autre côté, ils n'étaient pas prêts non plus à me faire revenir.

C'est alors que je me suis souvenu des visites de Prabodh Joshi et de ce qu'il nous avait dit de l'Ashram et d'Auroville. Kireet était alors à la tête du Centre d'éducation. Je ne l'avais jamais rencontré mais il était en rapport avec mes parents. Je me suis souvenu que Prabodh avait parlé de ce centre d'éducation comme d'un établissement progressif et libéral et ça me plaisait. J'avais un peu entendu parler des idéaux de Sri Aurobindo et j'étais ouvert. Je me suis dit : Il faut y aller. J'ai fait cette suggestion à mes parents. Ils n'étaient pas très chauds pour l'Ashram mais ils faisaient confiance à la famille Joshi et de toute façon ils ne savaient pas quoi faire de moi. Ils ont accepté.

On m'a donné un peu d'argent et j'ai traversé l'Inde en train, ce que j'ai beaucoup aimé. Je suis arrivé à Jamnagar chez Prabodh, j'ai visité le Mount Abu (où ma belle-mère était née) et puis nous sommes descendus à Pondichéry en train. Nous nous sommes installés dans la guesthouse Castellini. Tous les jours nous allions voir Kireet. Quand Prabodh est parti au bout de dix jours, Kireet m'a trouvé une chambre près de Nehru Street.

Nous étions arrivés le dernier jour de 1970, et le premier de l'An nous sommes allés au Playground : là j'ai vu tous ces enfants de l'Ashram qui défilaient dans leurs uniformes bleus. Je me suis dit : « Oh non ! Quelle erreur ! Je n'irai jamais dans cette école. » D'ailleurs, ils n'acceptaient aucun étudiant supplémentaire. Je n'ai rien dit contre, mais Kireet est quelqu'un de perceptif et il a dû comprendre. Cependant je crois qu'il trouvait bien que je sois là et il écrivait dans ce sens à mes parents.

J'allais tous les jours à la bibliothèque de l'Ashram, je prenais mes repas au Dining-hall. Je lisais beaucoup de Sri Aurobindo. Mère ne m'a jamais attiré autant que Sri Aurobindo. J'étais plus à l'aise avec son côté intellectuel. C'est ma nature, je suis plus dans le mental, je ne suis pas un *bhakta* du tout, je le sais. Mais je lisais beaucoup de Sri Aurobindo.

Très vite j'ai manqué d'argent et j'ai écrit à mes parents en leur disant que je me trouvais bien là et que je voulais rester. Kireet ne disait rien mais je crois qu'il estimait que je pouvais rester. Mes parents, eux, n'étaient pas du tout contents. Vous comprenez, ils avaient fait une erreur colossale, ils m'avaient envoyé à l'autre bout du monde pour un séjour qu'ils croyaient temporaire, et en fait au bout de quelques jours j'avais réalisé que j'aimais ce pays, que je m'y sentais à l'aise. Et puis bien sûr je me disais : « Ah, eh bien maintenant que je suis à l'autre bout du monde, j'en ai fini avec tous ces gens-là ! »

Comme je n'avais plus d'argent, je ne pouvais plus rester à la guesthouse.

Un jour je suis allé à Auroville en bicyclette. Je m'en souviens très clairement. Je suis arrivé par le chemin qu'on prenait pour aller à Aspiration à l'époque, qui serpentait le long du canyon. Je suis arrivé en haut et j'ai vu Aspiration. Tout le monde était accueillant, c'était un bel endroit, une belle cafeteria. Je suis resté là une partie de la matinée et j'ai déjeuné (à l'époque à Aspiration les déjeuners étaient luxueux, je me souviens des omelettes et de la salade, c'était comme aller au Connemara !) Pour moi l'Auroville du début était fantastique, simple. Je me souviens être monté du côté de Pitchandikulam, vers Certitude. Il n'y avait rien, rien ! Je ne savais pas que Forecomers existait. Auroson's Home était seulement une maison avec un toit en tuiles. Frederick et Shyama étaient là. On voyait la Nursery avec quelques pots mais personne n'habitait là. On apercevait l'urne. Il y avait peut-être un type qui habitait là, Guido je crois, avec Diana. Il y avait une hutte. Mais l'excavation n'était pas commencée.

Je me souviens, je montais la côte et tout à coup je me suis arrêté de pédaler, en plein soleil et c'est là que j'ai décidé : cet Auroville est fantastique. J'avais lu la Charte d'Auroville et c'était une charte formidable. Je regardais autour de moi, il n'y avait rien, et je me suis dit : c'est un endroit fantastique, comme un nouveau monde. Ça ne m'ennuyait pas du tout qu'il n'y ait rien, au contraire, c'était même mieux! C'est un endroit extraordinaire, je me suis dit : il faut que je vive ici.

À ce moment-là j'ai rencontré Mitch et je lui ai dit que je n'avais plus d'argent. Il n'en avait pas beaucoup lui-même mais il vivait dans une hutte sur la plage dans un village et il m'a proposé de venir vivre avec lui et ses deux enfants. C'était du côté de la distillerie (au nord de Pondi), le dernier village sur la route qui longe cette plage. Il avait une hutte de deux pièces. La nuit je dormais sur la plage et le matin j'essayais de sortir du village avant que les haut-parleurs ne commencent à brailler. J'allais vite à Pondi et je prenais mon déjeuner au Dining-hall de l'Ashram. Je m'étais arrangé avec l'Ashramite qui était en charge : je ne prenais que du yaourt, du son de blé et une banane, moyennant quoi j'avais un prix spécial.

J'ai commencé à travailler à la Nursery, dont s'occupait Narad. Je transportais de l'eau pour les plantes. Il n'y avait pratiquement que des pots. Et puis quand l'excavation du Matrimandir a démarré, j'y ai travaillé. Je venais de Pondi à bicyclette tous les jours.

Un jour je rencontre deux personnes Brad et Barby qui vivaient dans ce qu'on appelle maintenant Success. Ils me disent : « On s'en va pour quelques semaines, si tu veux, tu peux prendre notre place durant notre absence. » C'était seulement un toit en keet, un sol en ciment, ce qui était un luxe, et pas de murs. J'ai habité là. Et quand ils sont rentrés... je n'avais plus envie de partir! Ils m'ont expliqué qu'il y avait un petit teepee juste dans le champ d'à côté, tout au bord du canyon. C'était un petit teepee à quatre côtés avec un sol en terre. Quand je m'allongeais, mes pieds touchaient d'un côté et ma tête de l'autre, et quand j'en sortais j'étais à peu près à 50 cm du canyon. Je me suis dit : génial! Je reste là.

Je n'avais pas d'argent. Je ne sais pas comment je me débrouillais. Je n'ai jamais été sur Prospérité. La Sri Aurobindo Society, pour moi, ça représentait la bureaucratie

Tu as vu la Mère ?

Oui, plusieurs fois.

Tu es allé la voir pour lui demander si tu pouvais rester à Auroville ?

Oui. Mais vous voyez, j'étais dans un autre état d'esprit. Les visas, la permission pour rester à Auroville… J'étais à Auroville. J'étais ici en Inde. Je n'avais rien à demander. Pour moi c'était clair, il n'y avait pas de question. Je n'avais pas de doutes. Tout cela, c'était des formalités. Mais oui, j'ai demandé à Mère et elle a dit oui. Je me souviens que Shyamsunder m'a appelé dans son bureau pour me dire que je pouvais rester.

J'ai vu la Mère et je suis allé dans sa chambre plusieurs fois, en dehors des Darshan. Mais je dois être honnête. Ce n'est pas comme certaines personnes ici. Pour tous ceux qui sont allés voir Mère, cela a été un grand oh ! Je suis allé la voir, je l'ai vue et c'était très bien, mais il n'y a pas eu de oh. J'ai vu Mère en face de moi, et aucun problème, mais je n'ai pas été renversé. Je dois être honnête. Mon contact a été davantage avec la Charte d'Auroville et les écrits de Sri Aurobindo. Je ne suis pas très ouvert à ce niveau, je le sais, je ne suis pas du tout un *bhakta*. Je sens une connexion très forte avec les idéaux d'Auroville, et les idéaux de Mère et de Sri Aurobindo, mais je n'étais pas très ouvert au côté mystique.

Les derniers darshan, je suis resté à Auroville et en fait cela a été une grande expérience pour moi. J'ai senti quelque chose de très spécial : j'avais l'impression que tout le monde était parti et que j'étais le seul qui restais. J'avais le sentiment d'être le gardien d'Auroville. Je me souviens, c'était très fort comme impression…

—Entretien avec Charlie

Qu'est-ce que la vérité ?

Un texte de Janaka

Je crois que la première vraie pensée qui m'a aidé à choisir mon devenir, à m'orienter, est celle qu'un éducateur d'une maison d'arrêt parisienne nous avait donnée comme sujet d'étude : « *Vérité en deçà des Pyrénées, erreur au-delà,* disait Pascal. Pour vous, qu'est-ce que la Vérité ? »

J'allais avoir 20 ans et j'aurais dû connaître un sacré traumatisme – pensez, en cellule à 20 ans ! – mais cette question, vraiment saugrenue et totalement inattendue dans un établissement comme le nôtre, posée par notre professeur, m'ouvrit soudain d'autres dimensions que notre univers carcéral. Qu'est-ce que la Vérité ? Pour nous, c'est-à-dire les petits délinquants, la vérité était une sorte d'aveu, une manière de « se mettre à table », de « s'allonger », aussi beaucoup d'entre nous se regardaient avec des expressions déconfites. Pas moi. En fait j'avais été bouleversé qu'il puisse y avoir quelque part une vérité à trouver, à vivre. J'avais gravé sur le mur, le long de ma paillasse, cette phrase avec la pointe d'un clou. Le soir je ne m'endormais jamais sans la fixer intensément pour en percer le mystère. Je n'avais pas de réponses mais les larmes me montaient aux yeux. Cela avait été ma première prise de conscience. Et du coup je retrouvais mes rêves d'enfant quand je croyais à la beauté de la vie et des hommes. Beauté et Vérité allaient donc de pair.

Trois mois plus tard, j'étais libéré. Mais pas de ma petite phrase : « Qu'est-ce que la vérité ? Qu'est-ce que la vérité ? » Bon dieu, la vie allait-elle la cracher cette vérité !

Alors je partis à sa recherche dans des mouvements et des sectes de toutes sortes qui, paraît-il, détenaient le secret des choses mais je ne la saisissais toujours pas dans son intégralité. Ou alors on m'offrait des pouvoirs – pauvres petits pouvoirs ! – mais pas l'essentiel, ceux qui m'aideraient à me libérer de cette autre prison : ma chère personnalité. J'apprendrais plus tard qu'on ne peut se libérer que de ce que l'on possède totalement. Il fallait donc que je continue ma construction.

Et puis un jour, à force de recherches, de questions, de tâtonnements de toutes sortes, par la grâce d'une rencontre, j'allais aborder un enseignement mystérieux, quasiment ignoré, qu'enseignait un « philosophe » disparu : la Tradition Cosmique de Max Théon. Nous étions en 1965. Je me suis jeté tête baissée dans cette étude à laquelle je ne comprenais pas grand-chose mais dont certaines phrases produisaient en moi de curieux frémissements. Avec d'autres rêveurs de mon acabit nous allions fonder le « Centre Pathotique » dans le nord de la France pour offrir un refuge similaire à celui de Tlemcen en Algérie où Théon avait son centre, pour les êtres mal dans leur peau, sur la base de l'enseignement de l'Aïa Aziz[1].

Et c'est là où je fis mon incroyable découverte. Le symbole de Théon représentant le sceau de Salomon avec en son centre un lotus était le même que celui d'un certain Sri Aurobindo dont nous venions de faire la découverte sur la couverture d'un de ses livres !

Après enquêtes, nous apprîmes qu'il existait un ashram dans le sud de l'Inde, à Pondichéry, où résidait une femme appelée « La Mère » qui avait été initiée par Théon lui-même sur le plan de l'occultisme, et que ce serait elle qui aurait donné le symbole de Théon à Sri Aurobindo.

Toute cette histoire était un conte !

J'écrivis une longue lettre à cette Mère pour lui dire mon itinéraire, sans rien omettre de mes faux pas du passé, et lui raconter où j'en étais avec l'enseignement cosmosophe. Je reçus une réponse d'un certain Pavitra, alors secrétaire de la Mère, qui me disait avoir lu à celle-ci une grande partie de mes questions. Elle me faisait la réponse suivante : que j'avais été guidé à travers mes vicissitudes pour trouver « ma » vérité mais qu'actuellement, en suivant Théon, j'avais « cinquante ans de retard » ! Et que si je voulais continuer ma route, je devais lui envoyer ma photo. Vous dire l'effet que me fit cette nouvelle ! Et cette proposition de prise en charge spirituelle !

Pavitra commença alors à me parler du projet d'Auroville et il était intéressé par notre expérience de communauté, nous étions en 1966.

Quinze jours plus tard, je recevais de Mère un sachet de bénédictions confirmant qu'Elle m'avait accepté parmi Ses enfants.

Je ne devais pas rester très longtemps au sein de notre communauté. Je retournai sur Paris me mettre à la tâche de ce yoga intégral, nouveau pour

---

1. « Le bien-aimé », autre nom donné à Théon par les musulmans.

moi. Je passai bien des épreuves, vécus presque dans la misère, couchant la nuit dans les gares, travaillant le soir aux Halles de Paris pour quelques francs et quelques rognures, mais je tins bon.

Puis un jour de décembre 1967, j'entrai curieusement à l'ambassade de l'Inde comme chauffeur-jardinier à la résidence de l'Ambassadeur. Je me rapprochais de Pondichéry. Nous étions aux portes de la révolution estudiantine du mois de mai 68. Prévenu par mes lectures de Sri Aurobindo concernant l'évolution de l'humanité, moi qui n'étais en rien concerné par les études, je vis là une formidable éclosion de Sa vision. Je participai donc à toutes les barricades et échauffourées du Quartier Latin durant une quinzaine de jours – sans jeter une seule pierre! Je voulais voir.

28 février 1968 – 3 mai 1968 : à peine soixante-trois jours séparait la fondation d'Auroville de la révolte des jeunes du monde entier. Première révolution dans l'histoire qui ne revendiquait pas davantage de biens de consommation mais qui, au contraire, criait contre la pléthore et voulait une «autre vie». Par quel hasard?

Mais les hasards, je ne connaissais que cela depuis bientôt sept ans: hasard des livres qui vous viennent dans les mains, hasards des rencontres, hasards des concordances. Incroyables hasards, clins d'œil.

Entre temps, l'Association pour Auroville venait d'être fondée, et bien évidemment j'en fus un des premiers membres. Là, dans un bureau d'architecture du XVIIe arrondissement où se réunissaient les membres de l'Association, je fis la connaissance de Roger Anger, l'architecte d'Auroville, et j'écarquillai les yeux sur tous les plans et les maquettes futuristes qui s'étalaient partout. Nous étions à la mi-juillet 1968. On nous entretint alors d'un projet de caravane de voitures pour Auroville afin d'acheminer du matériel afin de démarrer la première communauté sur place. Vincenzo, qui venait tout spécialement de Pondi, devait conduire cette caravane. On me demanda si je voulais en faire partie. Of course! Nous devions partir le 15 août 1969.

En quelques mois nous acquîmes les véhicules d'occasions, les réparâmes, les repeignîmes et à la date prévue, à minuit pile le 14, la caravane s'ébranla de la place des Invalides à Paris. Seize farfelus qui se connaissaient à peine, dont la plupart n'avait même jamais ouvert un livre de Sri Aurobindo, prétendaient donc commencer les travaux pour abriter les volontaires à la sur-humanité! Comment!? Quarante-huit jours plus tard, après 12.000 km de routes, de pistes, de déserts, d'accidents, d'incidents et de

Huttes, nouvellement construites, de la communauté d'Aspiration.

mésententes, nous débouchâmes enfin sur cette longue ligne droite qui va de Tindivanam à Pondichéry. Vite ! Nous en voyions le bout.

À notre grande surprise, alors que nous pensions devoir camper, des huttes toutes neuves nous attendaient dans cette communauté qui allait s'appeler Aspiration. Là, travaillaient et résidaient cinq ou six jeunes Auroviliens, dont Claudine et Bhagwandas (Jean-Pierre, à l'époque). Et là devait commencer l'expérience collective. Mon dieu ! Il fallait nous voir. Qui fait la cuisine, qui lave la vaisselle ? Personne ? « Je veux être libre ! », « Je n'ai pas d'ordres à recevoir ! » Deux clans se constituèrent : les vitaux et les supramentaux. Nous, les bâtisseurs d'un nouveau monde ?

Mère dut intervenir. Le travail allait nous servir de ciment. Le travail ensemble et le travail individuel. Les projets fusèrent : percement d'une route de Kuilapalayam à la nationale longeant la plage, atelier de macramé, ateliers de ferronnerie et de fibre de verre, atelier de mécanique, ouverture d'une garderie d'enfants, etc.

La date de mon anniversaire approchait. J'allais avoir 28 ans. J'aurais l'occasion unique d'aller voir Mère pour ma fête. Que de chemin depuis ma cellule de Fresnes où j'avais eu vingt ans !

Je la trouvai comme une reine. Elle m'accueillit avec un beau sourire par ces mots : « Alors, c'est ton anniversaire mon petit ? » Incapable de parler, je lui tendis mon bouquet fragile de simples fleurs des champs. Je la voyais ! Elle, ma Mère, le Divin incarné qui me connaissait si bien et depuis toujours. J'étais perdu dans Ses yeux qui vrillaient en moi à la recherche de ce que j'avais de plus vrai à mettre à Son service. Oh Mère !

Quand je revins à Aspiration, la communauté m'avait préparé une petite fête. Les yeux brillaient, les sourires complices et émus se tournaient vers moi. Ah ! Auroville comme je t'aime ! Une seule âme existait déjà malgré les différences, une unité derrière les dissensions. Je le sais depuis et pour toujours. Aux heures graves l'Âme d'Auroville s'éveille et ses hommes, faisant taire leurs petites histoires, s'unissent à son appel.

Mais je quittai l'Inde un jour de septembre 1971. Il me semblait que je n'étais pas suffisamment aurovilien comme le voulait Mère, qu'il me manquait quelque chose et, en dépit de Ses injonctions m'invitant à rester, je tournai le dos à cette expérience collective qui me semblait trop facile et où je sentais le danger de m'endormir. Un yoga exigeant m'attendait en Europe.

Je refis un voyage en Inde, en 1973. J'arrivai à Pondichéry le 16 novembre au matin. Mère quittait Son corps le soir même. J'eus la grâce de La revoir sur son lit où on l'avait exposée. Ma douce Mère, si belle et comme transparente ! À vingt pas de Toi, c'est comme si on entrait dans du coton, dans une densité faite de Lumière et de douceur, il fallait presque forcer son corps à avancer. ô ma Mère de toujours !

Enfin je m'installai définitivement à Auroville en 1988 et je ne démentirai toujours pas mon idéal de départ. Les hommes sont ce qu'ils sont et j'en fais partie ; je suis une pierre de son édifice, pierre que je polis et affine chaque jour davantage afin de pouvoir l'ajuster à l'Œuvre.

—Janaka

Combien envoie-t-il à sa famille ?

Un entretien avec Mahalingam

Lorsqu'on parle de gens qui ont eu des contacts avec des avatars comme Mère ou Sri Aurobindo, bien sûr on s'attend à entendre parler d'événements extraordinaires. Mais dans ma vie rien ne s'est produit d'extraordinaire. Évidemment j'ai vécu des choses qui sont importantes pour moi, que je garde précieusement dans ma mémoire, et je suis plein de reconnaissance pour la grâce qui les a rendues possibles, mais il se peut que cela n'apparaisse pas ainsi aux yeux des autres.

À l'âge de 21 ans, j'ai lu les œuvres complètes de Swami Vivekananda et tout ce que je pouvais trouver sur Ramakrishna et Vivekananda. Et puis j'ai lu « Dans les forêts de la réalisation divine » de Swami Rama Tirtha. Bien que j'en susse assez en théorie pour pratiquer le yoga, je voulais le faire sous la direction d'un gourou, et j'écrivis au monastère de Sri Ramakrishna, en demandant la permission d'y entrer. Ils me demandèrent si j'étais diplômé. Avec l'arrogance de la jeunesse, je me dis : « Si c'est la condition pour rentrer au *Math* [monastère] de Sri Ramakrishna, alors Ramakrishna lui-même ne serait pas admis. » Je ne donnai pas suite, mais je continuai à chercher un gourou. J'avais lu des livres de Swami Shivananda de Rishikesh et je lui écrivis en lui demandant de me prendre comme disciple. Il accepta et en 1944 je me rendis à Rishikesh. La beauté des paysages, les sommets de l'Himalaya, les eaux du Gange pures comme du cristal, tout cela était magnifique. Et pourtant quelque chose en moi n'arrêtait pas de me dire : « Va-t-en, va-t-en d'ici. » Le Swami était très bon pour moi, tout allait bien, mais quelque chose en moi n'était pas satisfait. « Va-t-en, va-t-en », tout le temps. Je marchais dans les bois et j'entendais : Va-t-en, Va-t-en. Alors après deux semaines, je suis parti.

En fait j'avais quitté l'école deux ou trois semaines avant les examens du gouvernement. J'arrivai le dernier jour d'examen. Un de mes amis, je ne sais comment, avait reçu un livre de Mère, « Conversations », traduit en tamoul par Kothandaraman. Comme il se souvenait que je m'intéressais aux choses spirituelles, il me le donna. Je ne revis jamais cette personne et si j'étais revenu chez moi ne serait-ce qu'un jour plus tard, je n'aurais jamais eu la chance d'avoir ce livre. (La Mère dit quelque part que lorsque quelqu'un a besoin de lire un certain livre, si c'est sa destinée, il se trouvera quelqu'un pour lui mettre le livre dans la main ; s'il est nécessaire qu'il rencontre une certaine personne, il la rencontrera.) C'est ce qui est arrivé. Après avoir lu le livre de Mère, j'ai senti : « Oh, voilà ma voie, c'est mon chemin. »

Immédiatement j'écrivis une lettre à Sri Aurobindo. Nolini-da (le Secrétaire de l'Ashram) m'informa en retour que Sri Aurobindo ne répondait pas aux lettres et que c'était Mère qui répondait si nécessaire. C'est tout. J'eus l'occasion de lire quelques articles sur l'Ashram, sur la Mère, et sur les jours de Darshan dans le journal de Madras, *Dinamani*. Apprenant que Sri Aurobindo et la Mère donnaient des Darshan quatre fois par an, j'écrivis pour demander à y être admis. Deux ou trois fois, je reçus la même réponse : Pas cette fois-ci. Puis, en octobre 1945 Nolini-da écrivit : « Êtes-vous connu de quelqu'un à l'Ashram ? » Je répondis que non, mais de façon surprenante j'obtins la permission de venir pour le Darshan suivant – novembre 1945. Avoir le darshan de Sri Aurobindo et de la Mère était le résultat de la grâce, c'est clair.

Après un ou deux ans, j'écrivis à Mère en lui demandant si je pouvais être accepté à l'Ashram. De nouveau je reçus une réponse de Nolini-da : « Nous n'avons pas assez de logements pour recevoir de nouveaux arrivants, et d'ailleurs ce n'est pas nécessaire de venir à l'Ashram pour pratiquer le yoga. Vous pouvez pratiquer là où vous êtes en lisant les livres de Sri Aurobindo. » Deux ou trois fois je reçus la même réponse. Je cessai mes demandes.

En 1955, j'abandonnai mon poste de directeur d'école secondaire, et je débarquai à l'Ashram sans avoir de plan bien précis. Madhav-ji lui-même me demanda : « Voulez-vous entrer à l'Ashram ? » C'était une bonne surprise ! Toutes ces années, j'avais fait des demandes et là, sans même que je pose la question, il me demandait si je voulais faire partie de l'Ashram. Bien sûr que j'acceptai. Mais ce n'est pas la fin de l'histoire. En effet, quatre années plus tard, je m'en allai, pour y revenir en 1960. Trois fois je partis et trois fois je revins, et d'une certaine manière je me considère trois fois béni. La dernière fois que j'en fis la demande, il paraît que lorsqu'il en fut question devant Mère, quelqu'un remarqua : « Celui-là, quand il est à l'extérieur, il veut revenir, et quand il est ici il veut repartir. » Mère alors observa : « Que savez-vous de son destin ? »

Je sais que mon destin est lié à la Mère et à Sri Aurobindo. Quand je

Mahalingam tenant une photographie encadrée de Sri Aurobindo.

lisais Vivekananda et Shivananda et toute cette littérature, je croyais que j'allais réaliser le Brahman en deux ou trois ans. Au maximum cinq ans. Maintenant cela fait plus de cinquante-cinq ans que je me suis engagé dans la vie spirituelle, et je pense que j'en suis toujours au même point et que j'attends toujours. Ma seule consolation, c'est que je suis tourné vers le Soleil… Mère et Sri Aurobindo. Cela me suffit. Combien de naissances seront nécessaires pour que j'atteigne au but, cela ne me préoccupe pas. Je Leur appartiens, c'est tout.

Donc vous avez vu Sri Aurobindo ?

Oui, c'est difficile de décrire avec des mots. Le jour précédent Mère avait donné une méditation. Nous étions tous assis autour d'elle sur la terrasse du bureau de Dyuman.

La première fois que je la vis, j'eus l'impression que ce n'était pas un être humain comme nous, c'était un être céleste. Je n'avais pas lu ce que Sri Aurobindo avait écrit sur la Mère Divine, donc je n'avais pas de mots précis, mais seulement ce sentiment-ci : ce n'est pas un simple être humain.

Le jour suivant, je pus avoir le darshan de Mère et de Sri Aurobindo ensemble. Je vis Sri Aurobindo comme teinté d'une lumière d'un orange vif, l'orange du soleil couchant ou l'orange de l'arc-en-ciel. Quand il tourna ses yeux vers moi, je ne pus m'empêcher de baisser les yeux, tellement le regard était puissant. Je ne pus soutenir son regard que quelques secondes… Pour Mère, c'était différent. C'était un regard doux, maternel. Mais les yeux de Sri Aurobindo étaient si brillants et si puissants que je ne pus le supporter. Cette couleur et ce regard étaient extraordinaires.

En 1944, j'écrivis à l'Ashram pour demander une photo de Sri Aurobindo. Je ne savais pas du tout que Sri Aurobindo signait la photo si on le demandait. Mais je reçus une photo avec sa signature. Cela aussi, c'est un effet de la grâce. J'ai toujours cette photo sur ma table[1]. Quand le livre *Sri Aurobindo on Himself* et *On the Mother* sortit, j'achetai un exemplaire et je l'envoyai par l'intermédiaire de Prithwi Singh pour qu'il soit signé par Mère. Quand le livre revint avec la signature, je vis un bout de papier à l'intérieur portant les mots «Mahalingam de Thirunelveli» de l'écriture de Prithwi Singh. Avoir été dans la pensée de Mère est une grâce indescriptible.

Quand je partis de l'Ashram pour la deuxième fois, Mère demanda à Amrita: «Pourquoi ce garçon est-il toujours en train de fuir?» Amrita lui expliqua que j'étais le seul membre de la famille à pouvoir gagner de l'argent, que j'étais très attaché à ma famille et que, bien que je fusse désireux de rester à l'Ashram, j'étais forcé de m'en aller. Mère demanda: «Combien envoie-t-il à sa famille?»–«Cinquante roupies par mois», répondit Amrita. Mère fit en sorte d'envoyer soixante roupies à ma famille. Elle le fit pour que je puisse rester à l'Ashram près d'elle, ce qui était mon désir sincère. J'ai entendu des gens de Pondichéry raconter que pour entrer à l'Ashram il fallait donner des milliers de roupies. Mais voilà un cas où Mère a donné de l'argent à la famille de quelqu'un pour que ce quelqu'un puisse rester avec elle. Quand j'y pense, je suis si reconnaissant! La dernière fois que je quittai l'Ashram, j'allai voir la Mère pour avoir ses bénédictions. Elle me donna un sachet de bénédictions et elle demanda: «Vous êtes combien dans votre famille?» Elle donna alors des bénédictions pour chacun d'entre eux. Mère m'aimait, et peut-être à travers moi aimait-elle toute ma famille.

Comme je vous l'ai dit, je n'ai pas eu d'expériences extraordinaires, mais

---

1. Mahalingam nous montre cette photo sur l'image de la p. 68

Des Ashramites viennent travailler sur la route du Matrimandir.

j'ai vu Mère et Sri Aurobindo. Non seulement je les ai vus, mais je les ai aussi entendus souvent dans mes rêves. Normalement je ne me souviens pas de mes rêves. Par contre je me rappelle clairement ceux dans lesquels je vois Mère et Sri Aurobindo. Même les plus infimes détails. Et en me réveillant je me sens comme si je les avais rencontrés physiquement, et l'effet dure pendant des jours. C'est pourquoi je crois que ce ne sont pas des rêves ; une certaine partie de mon être est réellement entrée en contact avec eux.

Avant de venir à Sri Aurobindo, j'étais un adorateur de Sri Krishna. Cela avait commencé quand j'étais élève dans une école secondaire tenue par des chrétiens. Je ne sais pas comment je m'étais procuré le livre *Gopalan Bala Leelaigal* [les Jeux de l'Enfant Krishna]. En tout cas sûrement pas dans la bibliothèque. Les dirigeants de cette école n'étaient pas seulement des chrétiens, mais des chrétiens fanatiques, intolérants. 85% des élèves étaient chrétiens. Il y avait très peu d'élèves hindous. Si jamais l'un d'entre eux arrivait en classe avec une marque religieuse sur le front, on lui demandait de l'enlever. Un jour pendant une leçon, il fut question du nom Hari. Le professeur ne savait pas que Hari était le nom du dieu Vishnou et il lut « Harry » ! Donc il n'était pas possible que je me sois procuré le livre sur Krishna à la bibliothèque de cette école, j'avais dû l'obtenir d'ailleurs.

En tous cas ma dévotion pour Krishna s'éveilla à ce moment-là, et elle a continué. Des gens m'ont dit : « Quand vous venez à Mère et à Sri Aurobindo, vous devez ne plus penser à d'autres divinités. » J'avais lu pourtant une lettre de Sri Aurobindo à Dilip [DK Roy] dans laquelle il lui disait : « Si vous rencontrez Krishna, vous rencontrez le divin. Si vous pouvez vous donner à lui, vous pouvez vous donner à moi. » Malgré cela, j'avais encore des doutes, jusqu'à ce que Sri Aurobindo m'apparaisse dans un rêve et résolve ce dilemme. Dans le rêve, Sri Aurobindo était debout devant un grand miroir.- Il montrait du doigt ce miroir et me disait : Regarde. Je regardai le miroir et oh surprise, c'était Krishna ! Je regardai la personne devant le miroir et c'était Sri Aurobindo. De nouveau je regardai dans le miroir et c'était encore Krishna. Après ce rêve, toutes mes inquiétudes, mon appréhension de ce que ma dévotion pour Krishna était un obstacle sur le chemin vers Sri Aurobindo et Mère, tout cela disparut.

À l'Ashram on montrait régulièrement des films au Terrain de jeu, en face de la carte en relief de l'Inde. Quelquefois Mère venait s'asseoir sur une chaise et regarder le film. Une fois, je me souviens, j'étais assis tout près d'elle, et naturellement je ne regardais pas le film, je contemplais Mère tout le temps. De se souvenir de choses comme celle-ci est une immense douceur.

Je ne me préoccupe pas de savoir comment j'ai progressé dans le yoga. Ça m'est égal si ça prend dix ou cent ans de plus. Si je peux garder le souvenir vivant et rester fidèle à Sri Aurobindo et Mère, c'est suffisant pour moi. Quand je prie au Samadhi, je leur demande seulement de me rendre capable de les aimer toujours davantage. C'est tout. Pour le reste, je m'en remets à eux et je suis heureux. Qu'ils me donnent la réalisation de la manière et à l'heure qu'ils auront choisie.

Quand je fais ce travail de traduction – plus de 10.000 pages de Sri Aurobindo et de Mère ont été traduites [de l'anglais en tamoul], – je prie seulement pour que Mère me donne la capacité de faire une bonne traduction. Parfois j'attrape le mot juste. Je n'ai pas utilisé ce mot depuis des années, mais soudain il me vient. Bien sûr, cette traduction est d'une certaine façon ma *sadhana*. Je ne peux pas m'asseoir en méditation. Cela fait cinquante ans que j'essaie et c'est sans espoir. Mais quand je traduis les œuvres de Mère, j'ai l'impression que j'écoute la voix de Mère. Quand je traduis, je me sens profondément heureux et comblé.

Au début de ma vie à l'Ashram, on m'envoya dans un jardin près

d'Ariyankuppam et on m'y donna une maison. Mère s'arrangea même pour qu'un cuisinier originaire de mon village vienne me préparer la nourriture à laquelle j'étais habitué. Une fois elle vint visiter le jardin. Elle regarda chaque pièce de ma maison. Elle inspecta minutieusement la cuisine. Elle me demanda si c'était confortable et si tout allait bien. Vous savez, j'étais nouveau à l'Ashram et je ne savais rien de sa façon de s'occuper de ses enfants. Mon idée d'un avatar à l'époque, c'était qu'il ou elle devait être majestueux, lointain et difficilement accessible.

Il y avait un poulailler dans ce jardin. Comme c'est moi qui m'en occupais, j'emmenai Mère le voir. Elle observa un petit coq qui était blessé et qui saignait. Il s'était battu avec un autre. Elle le prit dans ses mains et le caressa doucement : « Pauvre petit ! »

Dans mon district de Thirunelveli, il y a une petite ville qui s'appelle Pathamadai où ils fabriquent des nattes de grande qualité. On les appelle des nattes « en soie », et c'est vrai, cela ressemble à de la soie. On ne les utilise pas pour s'allonger ou s'asseoir sur le sol, on les utilise comme draps de lit. Elles sont tissées avec un roseau qui pousse seulement dans le lit de la rivière Thambravami. Eh bien, quand je suis arrivé à l'Ashram, j'avais offert à Mère une de ces nattes. Elle aimait beaucoup les belles choses, et appréciait le fait qu'un objet si beau puisse être fait avec des simples roseaux. Pendant quelque temps, cette natte trouva une place dans sa chambre.

Quand le travail débuta au Matrimandir, quelques Ashramites montaient régulièrement à Auroville dans un bus et travaillaient de 8h à minuit. J'étais un de ceux-là. Nous transportions du sable sur nos têtes. Il n'y avait aucun équipement moderne à l'époque.

Quand êtes-vous venu vivre à Auroville ?

Probablement dans les années 80.

Plus tard, je quittai Auroville à cause de la dispute entre la Society et un autre groupe. Comme nous ne voulions faire partie d'aucun groupe, on nous appelait les Neutres. Je n'aimais pas cela. Nous étions venus ici pour l'unité humaine, l'unité du monde entier et voilà que nous ne pouvions même pas faire l'unité dans cette toute petite communauté. Je suis parti.

Plusieurs années après, de nouveau l'idée me vint que je devais retourner à Auroville. J'avais eu une indication dans un rêve. Quelqu'un venait et me disait: Mère t'appelle. Je suivais cet homme. Nous étions dans une forêt d'Auroville. Il y avait là une clairière, à peu près de la dimension d'un court de tennis. Mère me voyait arriver et disait: « Mahalingam est arrivé ». Elle se levait et venait vers moi. Je courais vers elle et me prosternais devant elle. C'est comme cela que le rêve se finissait. Le jour suivant je reçus une lettre de Joss me disant que je pouvais venir à Auroville et vivre à Pitchandikulam. Donc je retournai à Auroville.

En 1969, Mère m'a donné ce travail de traduction et j'ai continué jusqu'à ce jour. Maintenant je m'installe pour travailler dans une petite hutte, sur le campus de l'école de Transition. J'aime cette atmosphère. Je travaille beaucoup mieux au milieu d'arbres et d'enfants et pas loin du Matrimandir.

—Extrait d'un texte de Mahaligam et d'une conversation avec lui

Où est la cité pour mes enfants ?

Un entretien avec Jocelyn Brynhild

Lorsque je regarde en arrière, je vois que toute l'histoire a commencé en Espagne en 1968 au moment où mon mariage avec le père des enfants était en train de se défaire. Nous avons alors décidé de repartir pour la Suisse (pays où nous nous étions mariés).

Je vivais dans une communauté à Genève, qui s'appelait Veyrier. C'était une communauté d'artisans qui avait été démarrée par un avocat américain dont le nom avait été mis sur la liste noire de la commission sur les « activités anti-américaines ». Il avait été rejoint par deux amis à lui, aussi sur cette liste noire. Le premier de ces trois amis alla en Suisse, et c'est l'origine de cette communauté. Le second démarra une entreprise en Italie, et la troisième personne, qui était un architecte, partit pour Delhi. Les trois familles maintenaient un contact et les enfants des uns et des autres voyageaient souvent entre les trois pays. Donc je vivais en Suisse en 1969 quand le fils de l'architecte habitant en Inde vint nous voir. Il avait avec lui un exemplaire du magazine de l'Unesco, le Courrier. C'était le numéro qui était consacré à Auroville. Ce magazine me tombait sous les yeux juste au moment où je me demandais où j'allais emmener les enfants.

La même année j'étais allée voir Krishnamurti pour lui poser cette question. Krishnamurti donnait des classes chaque année en Suisse à Saanem. Nous étions donc allés à Saanem et nous lui avions demandé : « Est-ce qu'on ne peut pas trouver une école où ces enfants seraient éduqués dans une conscience plus nouvelle ? » Il nous a répondu qu'il n'y en avait pas : « Mais je vais en ouvrir une en Angleterre. Je suggère que vous repartiez en Espagne, là où, au moins, on aime les enfants, et quand mon école sera prête vous me les amènerez. » Et voilà que très peu de temps après cette entrevue, je tombe sur cet exemplaire du Courrier. Il y avait un article sur « Equals One ». Et c'est de lire cet article qui a fait basculer les choses pour moi. Je me suis dit : « C'est là où nous devons aller. »

Je regrettais que ce soit à l'autre bout du monde, et en plus je n'avais pas du tout envie de repartir en Inde.

Il faut vous expliquer que dans ma jeunesse j'avais été à l'école en Inde. Pendant la guerre, à l'âge de 5 ans j'avais fait partie d'un groupe qui avait dû marcher de Birmanie jusqu'en Inde. Mes parents étaient tous deux dans l'armée britannique, et quand ils avaient été mobilisés, j'avais été confiée à mes tantes pour ce périple à travers la jungle vers l'Inde. J'étais arrivée en Inde mais on ne savait plus où étaient mes parents, alors mes tantes m'avaient placée dans une pension catholique à Shimla. C'était un vrai traumatisme pour moi ; j'avais perdu mes parents (en fait ils étaient vivants mais je croyais que je les avais perdus) – c'était traumatique d'être parmi ces religieuses irlandaises qui me battaient – je détestais ces religieuses. Je détestais leur costume et je détestais l'Inde.

Mais après avoir lu cet article, la vision de ce qui se passait là-bas trouva un écho en moi. C'était la vision d'une nouvelle cité et d'une nouvelle éducation, une nouvelle façon d'élever les enfants. C'est ce qui m'a amenée ici.

Mon mariage était fini. Nous, c'est-à-dire mon ancien mari avec sa nouvelle femme, mon compagnon et tous les enfants, nous avons décidé de partir en Inde. Nous avons écrit à Mère, en envoyant nos photos, expliquant toute la situation familiale, et nous avons reçu une réponse de Rod, qui au nom de Mère nous disait : Venez. Nous nous sommes mis en route. Je voyageais avec mes enfants et leur père (qui lui-même avait eu un autre enfant). Comme nous nous sommes retrouvés bloqués en Italie car c'était un hiver très froid et tous les cols étaient fermés, il a décidé de nous laisser et de repartir en Suisse quelque temps pour gagner un peu plus d'argent. Nous sommes restés en Italie jusqu'au printemps. Le temps passait, il ne nous téléphonait plus, et ça nous paraissait bizarre. Donc nous repartons en Suisse et... découvrons qu'il s'est trouvé une autre femme ! Il faut se souvenir que c'était les années 60... Il me dit qu'il aimerait que je reste avec lui et sa nouvelle compagne. J'ai dit : « Non, je m'en vais. »

Donc nous nous sommes mis en route avec une camionnette Volkswagen. Nous étions seulement deux femmes et trois enfants. En Afghanistan, mon amie, changeant d'avis et décidant qu'elle ne voulait pas poursuivre, est repartie pour l'Amérique avec son fils. Les seuls de tout le groupe d'origine à arriver en Inde, donc, ont été mes enfants, Tanya et Sacha, et moi. Nous étions en 1971.

C'était un long voyage. Je n'avais pas idée de ce que j'allais trouver ici. Aucune idée... Je n'avais jamais pensé à Mère car pour moi elle n'était qu'une

Jocelyn et son atelier de confection.

de ces femmes extra-lucides qui peuvent regarder une photo et dire : oui, oui, ce sont des gens bien. C'est tout. C'est tout ce que je savais de Mère : une femme qui pouvait dire d'après une photo si la personne était valable ou pas.

Je détestais l'Inde. J'ai été horrifiée quand je suis arrivée. Partout où j'allais il y avait ces photos d'elle, et je me disais : « Mais c'est une secte ! Il faut que je m'en aille, je dois partir. » J'étais effrayée de ce que j'avais fait : j'avais tout abandonné pour venir ici et j'étais entourée de folie – partout des photos de cette femme ! Et où était la cité que je voulais ? Où était cette cité pour mes enfants ?

Je suis tombée très malade avec une mauvaise hépatite. Quelqu'un a pris en charge les enfants et j'ai atterri à la clinique du docteur Nipendra. Je dormais à côté de Vikas. Nous avions tous les deux le même livre *l'Aventure de la Conscience*. Je ne me rappelle pas qui me l'avait donné, qui le lui avait donné, mais nous étions tous les deux dans le même bateau.

Et alors est arrivé… j'ai le cœur qui se met à battre. Alors, est arrivé le Darshan, le 24 novembre. Le docteur était d'avis que tous ceux qui pouvaient y assister devaient y assister. Donc il s'était arrangé pour que nous puissions aller au dispensaire en face du balcon.

Et alors... Je suis en pyjama, et je me tiens aux barreaux de la fenêtre et je regarde Mère. C'est si étonnant : elle disparaît juste en face de moi, elle se reforme et puis elle disparaît et voici qu'elle est le monde entier (*sanglotant*). Elle se reforme de nouveau and elle est la Mère, et encore une fois elle se défait en fragments et devient le monde. Je regarde tout ça, je me sens très malade, qu'est-ce que j'ai ? Elle m'a secouée, complètement secouée. Je n'ai pas compris. Je croyais que j'étais vraiment malade. « Il faut absolument que je m'en aille, je ne comprends rien à ce qui se passe. »

Quand je me suis sentie un peu mieux, Verne m'a dit : « Tu ne peux pas t'en aller sans avoir au moins un darshan personnel. » Je lui disais : « Mais je suis vraiment malade, je ne sais pas ce qui se passe, c'est un endroit de fous, je veux m'en aller. » Néanmoins elle s'est arrangée avec Maggi pour que j'aie un darshan.

Quand Mère m'a donné son premier darshan, je n'ai pas voulu la laisser entrer. Je n'ai pas voulu. Je ne savais pas qui elle était, je ne savais pas ce que c'était et je l'ai empêchée de pénétrer. Je suis sortie de la chambre complètement bouleversée, en pleurs, et je me suis dit : je l'ai arrêtée ! Dès que je suis sortie, je savais que je l'avais arrêtée et que je devais retourner la voir. Alors je suis allée la voir une seconde fois. C'est cette fois-là qu'elle m'a attrapée... je me suis assise et j'ai pleuré, encore et encore. Ce n'est pas que j'aie compris quoi que ce soit, il n'y avait rien à comprendre : je savais. Il n'y avait aucune compréhension de ce qui se passait, je savais juste que je devais être là.

J'ai lutté avec elle d'autres fois (*rires*). Chaque fois le corps tremblait ; physiquement il tremblait sous l'effet de la pénétration. Et quand enfin, enfin, je l'ai laissée entrer, que je me suis ouverte, c'est comme si elle se déversait en moi, encore et encore et encore, et le corps tremblait sous l'effet de cette force...

Cela ne veut pas dire qu'il n'y a pas des moments où je lutte encore, enfin je suis à ses pieds, mais oui...

Tu l'as vue d'autres fois ?

Il fallait que je la voie une fois par mois pour mon travail à Aurocreation. Jusqu'à ce qu'elle ne voie plus personne, elle nous voyait une fois par mois. À savoir si c'était bien au sujet de broderies ou d'autre chose ! (*rires*) En tous cas j'avais un darshan une fois par mois, mais cela n'a pas duré longtemps. J'allais la voir avec Lisa et avec big Jocelyn.

Rétrospectivement, c'était comme si elle me préparait pour le chemin intérieur. Elle savait qu'il y aurait lutte et qu'elle devait y aller doucement avec moi.

J'ai eu une entrevue avec André Morisset, le fils de Mère. Il m'a demandé comment j'avais l'intention de subvenir à mes besoins et à ceux de mes enfants, parce que j'étais arrivée sans argent. Je lui ai dit que j'avais l'intention de travailler. Cela a été accepté et oui, vraiment j'ai travaillé, et j'ai fait rentrer de l'argent presque à partir du premier mois, avec l'unité de Aurocreation avec Lisa. Lisa travaillait à partir de chez elle avec quelques femmes. C'était une petite opération. Je l'ai développée, j'ai ouvert une boutique, et immédiatement l'argent est venu et nous l'avons donné entièrement. Il n'était pas question de garder l'argent des ventes, il n'était pas question de pourcentage ou de quoi que ce soit. C'était : Oh, donnons tout ! Une telle joie dans l'acte de donner ! Il a fallu longtemps pour qu'à Auroville s'insinue l'autre mouvement, celui de prendre. Le premier mouvement était clairement de donner. À un moment donné, ça a changé. De nos jours, il faut lutter avec le système pour pouvoir donner !!

Réellement pendant toute cette période, j'étais fascinée par le concept d'Auroville. C'est ce qui m'a amenée ici, cette vision d'un nouveau monde, de la grande Aventure. Ces mots-là encore aujourd'hui résonnent en moi et me parlent. Il y a quelque chose de si magique là-dedans : donner tout et ne pas savoir ce que l'avenir nous réserve. C'est passionnant.

J'ai commencé par habiter à Forecomers, mais il y avait trop de scorpions et je suis repartie à Pondichéry. Nous avons ouvert Aurovilla dans la maison de Bernard Borg. Johnny Walker et moi étions proches amis, et ensemble nous avons repris cette maison pour que les gens puissent l'utiliser quand ils étaient pour la journée à Pondichéry. Les Auroviliens venaient en vélo, et ils avaient besoin d'un endroit où se reposer avant de repartir. Ils pouvaient aussi y déposer leurs sacs et rester la nuit si nécessaire. J'ai vécu dans plusieurs endroits et puis, quand Mère a quitté son corps je suis allée à Aspiration.

Il y avait une telle force à cette période… c'était comme si nous portions son étendard. Une telle force, pendant des années ! Nous pensions que ça allait arriver très vite. C'était là, et tout le monde savait que c'était là. Il y avait toutes ces choses fantaisistes qui circulaient : Mère allait vivre à jamais, elle rajeunissait – toutes ces choses que nous racontaient les Ashramites – nous y croyions car ils étaient là, eux, depuis des années.

Nous étions si naïfs, si naïfs même à propos de son travail, de la profondeur de son vrai travail. C'était si étonnant et si énorme. Nous n'y comprenions rien.

Et quand Mère est partie ?

Je n'y ai pas cru. Cela n'avait pas pu arriver. Je n'ai pas voulu y croire pendant longtemps. Je ne pensais pas... Je croyais que quelque chose d'étrange était arrivé sur un plan occulte que je ne pouvais pas comprendre – mais ce n'était pas qu'elle était morte. J'ai fait des rêves et je les ai écrits à Nolini. Dans un des rêves que j'ai eus après son départ, j'étais agenouillée près de son lit et elle était recouverte d'un drap blanc. Elle était clairement morte, et j'avais dans la main des bâtons d'encens allumés comme pour une offrande. Et soudain elle s'est redressée sous le linceul, elle s'est assise sous ce drap blanc (et je n'étais pas du tout surprise). Et puis le linceul était tombé et elle était là. J'ai raconté ce rêve à Nolini et il m'a répondu que ce que j'avais vu était la vérité.

Beaucoup plus tard, j'ai eu une autre vision, dans laquelle elle était réellement comme ça (*poing fermé*) en colère, en colère de ce qui s'était passé après, de toute cette pagaille que nous avions créée.

Même aujourd'hui je ne suis pas sûre que ce n'était pas une erreur d'être signataire de l'Auroville Society[1]. Je faisais partie des signataires dans la première révolution. Je me souviens du meeting à cette époque avec Nava. Est-ce qu'on a fait la chose juste ? Je ne sais pas. A l'époque, bien sûr c'était évident. Mais quand on regarde maintenant c'est vraiment une question. Je ne veux pas me juger moi-même. Je l'ai fait à l'époque, c'est tout ce que je peux dire.

C'étaient des moments formidables, est-ce qu'on aurait pu se tromper autant ?

Il est vrai que nous avons vécu des moments passionnants, nous étions une communauté joyeuse qui partageait. On donnait et on partageait.

---

1. *Auroville Society* : entité légale créée en 1975 par quelques Auroviliens, dont Jocelyn, avec le but de devenir indépendants de la Sri Aurobindo Society (dont le président était Navajata – ou « Nava »). Comme tous les biens d'Auroville étaient officiellement au nom de la SAS, la Society utilisait ce fait pour contrôler les finances, l'entrée à Auroville et les visas. (NdE)

Maintenant… nous nous sommes éloignés de cette chose.

Nous devons permettre à *cette joie du don de* reprendre sa place parmi nous.

Quelque chose de très beau s'est passé ici avec ma petite-fille. Son séjour a été rempli d'événements qui auraient dû la faire fuir d'Auroville, mais sa réponse a été: « Non, nous avons subi tout ça, nous avons passé les épreuves, et maintenant nous pouvons rester. » Elle n'était pas contente de repartir en France. Mais elle reviendra, et maintenant c'est elle qui porte le flambeau. À neuf ans elle a appris à méditer et elle est allée au Matrimandir. Elle a fermé les yeux et elle a eu une vision: c'était un paysage brumeux et nuageux, mais les nuages se dispersaient et elle a vu une lumière dorée. Elle a raconté toute la chose à Shraddhalu qui lui a expliqué. Ce qu'elle avait vu, c'était le chemin ensoleillé. Etonnant…

Elle est la jeunesse d'aujourd'hui, qui porte le flambeau…

—Entretien avec Jocelyn Brynhild

Que tu m'acceptes ou pas

Un entretien avec Pierre Elouard

C'était en 1969. J'étais en France et j'avais commencé à avoir des changements de plan dans ma conscience et je suis venu en Inde pour chercher un ashram. J'étais à Rishikesh, il était 1h de l'après-midi au bord du Gange. Un sadhou m'appelle et me dit :
« Qu'est-ce que tu fais ici ? »

—Je cherche un endroit où rester.

—Mais ici c'est pas fait pour toi. Descends voir la Mère à Pondichéry. » J

Je suis descendu à Pondichéry. Mais comme j'avais dans mon sac un petit bouquin qui s'appelait « Manuel de vagabondage ascétique », j'avais tendance à être un peu ascétique. Je dormais dans les gares, je ne faisais qu'un repas par jour, je n'avais pas d'argent, et donc quand je suis arrivé ici… je n'avais pas l'air d'un roi ! Je suis arrivé à l'Ashram, ils ne m'ont même pas laissé entrer. Même pas cinq minutes.

Je suis reparti par la route, je n'avais pas un centime. Je mendiais du pain, etc. Arrivé en France, j'ai commencé à avoir des expériences. À un moment donné j'ai vu des mondes intérieurs, à un autre moment j'ai vu le symbole de Sri Aurobindo. J'ai repris mon sac et je suis revenu à l'attaque.

Et là j'ai fait une longue lettre à Mère : « Que tu m'acceptes ou pas, je suis né pour réaliser. » Pourna a reçu la réponse de Mère, que je pouvais rester ici. Mère avait dit : « Qui c'est ce garçon ? Est-ce qu'il veut rester à l'Ashram ou à Auroville ? » Moi je m'en foutais, c'était pas ça qui était important, l'Ashram ou Auroville. Entre-temps, Pourna me cherchait mais comme je m'étais rasé le crâne, elle ne me retrouvait pas. Puis un jour elle me regarde attentivement et elle me dit :

« Mais tu t'appelles comment ? »

Moi j'étais tendu parce que, si elle avait dit non, ç'aurait été dramatique.

« Tu t'appelles pas Pierre Elouard ?

—Si.

Construction d'une maison à Auromodèle. Pierre était le responsable du chantier (sur le toit à droite : Hervé), c. 1974.

— Eh bien, ça fait longtemps que Mère a dit qu'elle t'acceptait ici, et elle veut savoir si tu veux être à l'Ashram ou à Auroville. » Et Pourna ajoute : « Va à Auroville, c'est mieux pour toi. » Entre-temps (en attendant la réponse de Mère) comme j'étais ici pour travailler, j'étais allé faire la vaisselle à Toutcqu'il faut et gratter les maquettes de plâtre au bureau d'architecture.

J'ai eu la chance de voir souvent Mère. J'avais un problème de…. Quand je recevais sa force il y avait mon corps qui vibrait. C'était à un tel point que je pouvais à peine travailler. Donc on m'a emmené voir Mère, et elle a fait quelque chose pour arrêter tout ça. Puis pour mon anniversaire. Et puis j'avais fait adopter une petite fille. À l'Ashram il y avait marqué : on interdit aux enfants de voir Mère parce qu'elle est fatiguée. Mère m'a dit : je te ferai appeler quand tu pourras venir. Elle m'a fait appeler avec la petite fille.

J'allais trois fois par jour au Samadhi, je me mettais sous sa fenêtre, j'entendais tout ce qu'on lui racontait sur Auroville : « Un tel a fait ci, un tel a fait ça ».

J'habitais à la guesthouse d'Auroville, rue Ste Thérèse, en bas, avec les rickshaws juste à côté à gauche et la pompe à droite. Je n'avais que des nuits blanches. Ils démarraient la pompe au milieu de la nuit et les rickshaws mettaient la radio à fond la caisse …

Tu posais des questions à Mère ?

D'habitude Mère ne répondait pas. Elle t'envoyait des bénédictions. Je les portais là [sur la poitrine], c'était chargé de force pour régler le problème, mais pas à la manière mentale.

Seulement une fois : elle m'a écrit une lettre parce que j'étais parti traverser le centre de l'Inde à pied par les grosses chaleurs. C'était un truc de fou, je pense que j'étais un peu ascète (en fait de vêtements, je n'avais qu'une tenue par exemple à Auroville, je la lavais le soir, je la remettais le lendemain ; je descendais à pied au bureau d'architecture, je rentrais à pied ; c'est moi qui faisais la vaisselle à Aspiration parce que personne ne voulait la faire, etc). Pour moi, se donner, c'était se transcender toujours. Donc j'étais parti traverser l'Inde dans la chaleur, c'était très dur, très dur, à un tel point qu'un jour je me suis fait descendre dans un puits avec des cordes, tellement mon corps avait emmagasiné de chaleur. Je mangeais à peine, je suis revenu dans un état… comme un cadavre. On m'a emmené à l'hosto, et Roger est allé tout de suite voir Mère (Roger était mon intermédiaire avec Mère). Elle m'a écrit une petite lettre, en me disant : « Ma force ne travaille que dans l'harmonie. » Ça m'a un peu calmé… (*rires*)

En tous cas, c'était merveilleux, magnifique. Elle m'a amené à l'être psychique. Je commençais à monter son escalier que déjà je passais à un autre plan de conscience, j'avais des expériences toutes les cinq minutes.

Elle m'a demandé : « Qu'est-ce que tu veux faire ? » Je lui ai dit : « De la cuisine ou de la construction. » Entre-temps je lavais la vaisselle à Toutcqu'il faut, et je travaillais au bureau d'architecture qui était au-dessus. C'étaient mes deux aspirations, soit faire de la cuisine, soit faire de la construction1.

À un moment donné, j'ai voulu quitter le bureau d'architecture, parce que Roger repartait tout le temps [en France], et comme nous étions des amateurs qui apprenions avec lui, quand il n'était pas là on n'avait rien à faire et je m'ennuyais. Je voulais m'en aller, mais chaque fois que je m'allongeais sur mon lit, Mère m'emmenait dans des mondes intérieurs où je voyais de l'architecture d'une beauté… qu'on ne pouvait pas manifester ! Quand Shyamsunder a envoyé ma lettre [demandant à partir], Mère a dit : non, il

---

1. Plus tard, Pierre s'occupera de construction, notamment à Auromodèle et, des années après, créera un restaurant à Pondichéry.

retourne à l'architecture. Elle m'a donné carrément un ordre : « Reste là ». Bon, finalement j'ai réussi à m'échapper en allant faire de la construction.

Une fois j'ai médité avec Satprem. Je voulais partir en Birmanie dans un monastère bouddhiste. Je suis allé voir Satprem, et on est allé sur la plage. Il m'a dit : « Assieds-toi à côté de moi, élargis-toi, élargis-toi. » Il m'a aidé à sortir de ma boite : le lendemain je n'avais plus envie de partir du tout. Après il m'a quand même dit d'écrire à Mère, mais je n'avais plus envie de partir. Je me suis remis au boulot.

Tu as voulu souvent partir ?

Oui, je crois que dans une autre vie j'étais un sadhou.

Je crois que je suis aventurier du matin au soir. Quand j'ai fait Auromodèle ils sont tous venus un par un me dire : « C'est nul. Arrête ! Ça ne tiendra jamais. » Les toitures, ça fait trente ans qu'elles sont là1 !

Les réponses de Mère, c'étaient des choses qui surprenaient. On ne s'attendait pas à ça d'un être divin. C'était très concret. Roger allait voir Mère tous les jours. Il sortait de sa chambre d'ailleurs, il était tout illuminé. Une chose qui m'a frappé, c'est quand on allait commencer le Bharat Nivas. Roger avait dit à Mère : « Mais Mère, il n'y a pas d'argent. » Elle a dit : « *Ce n'est pas votre problème*, allez-y, moi je suis là, je m'en occupe. » Les choses ont commencé à se gâter quand tout le monde a voulu mettre son nez dans les choses en disant : je veux participer, je veux ci, je veux ça, etc. C'est devenu autre chose. Mère souvent disait : « Arrêtez de vous occuper des choses, c'est moi qui m'en occupe. » Dès qu'on a voulu s'occuper de tout, le mal a commencé. Elle disait : « Vous êtes venus ici pour faire le karma yoga, le yoga du travail ; les autres yoga, c'est moi qui les fais pour vous. Que ceux qui ne font pas le karma yoga s'en aillent. » C'était au tableau d'affichage d'Aspiration.

Je me souviens de certains messages. Un jour Alain M, qui voulait faire de la danse, avait écrit à Mère : « Je voudrais faire de la danse, de l'art avec les enfants, parce que l'art, ça fait partie du yoga. » Elle lui a répondu : « Nous sommes ici pour nous sacrifier, l'art on le fera après. » Il y a plein de phrases qui avaient été mises au tableau d'Aspiration qui ont disparu. Il y avait une phrase dont je me souviens aussi : « Sri Aurobindo et moi nous avons tant travaillé, qu'est-ce que vous faites, vous êtes des dégoûtants. »

---

1 en fait plus de quarante ans...

Il y avait des gens qui ne foutaient rien. J'arrivais à pied de Pondichéry, il était 11h du soir. Ils venaient dans ma hutte : « Pierre, ils n'ont pas fait la vaisselle, tu ne voudrais pas venir la faire ? » J'allais faire la vaisselle, et je me couchais vers minuit, 1h du matin.

Je me souviens d'une autre chose : à ce moment-là le bureau d'architecture d'Auroville était à Pondichéry. Des gens rouspétaient : « Oui, ce n'est pas normal ! Ils ne peuvent pas connaitre les problèmes ! Ils ne sont pas à Auroville, etc. » Un gros mouvement [de protestation]. Et il y a eu une fille qui a dit : « Mais pourquoi on n'écrirait pas à Mère ? » Mère a répondu : « Mais qui sont ces gens qui se trompent eux-mêmes ? Nous sommes ici pour travailler sur nous-mêmes. Le bureau d'architecture montera à Auroville quand le moment sera venu. »

Une autre fois elle a dit : J'ai donné certaines responsabilités à certains êtres parce que je ne veux pas que tout le monde se mêle de tout... »

— Entretien avec Pierre Elouard

À la recherche d'un restaurant français

Un entretien avec Francis

Le 3 octobre 1968, je débarque à Calcutta en Inde.

J'avais avec moi à l'époque une quantité fabuleuse de jouets. Quand je dis jouets, je parle d'électrophones, de tripodes, de caméras, etc. Nos valises n'étaient jamais pleines de vêtements, elles étaient pleines de ces jouets. On allait d'endroit en endroit, on se posait quelque part et on installait une salle de jeu avec nos jouets. Bon. Je voyageais avec un ami, Rajadev qui a eu 62 ans hier et qui vit maintenant en Californie. Donc on vendait ces caméras et ces appareils photo et tout ce genre de matériel. Calcutta était avide de tout ce qui pouvait ressembler à cela. Les gens acceptaient de payer des sommes astronomiques, et c'était trop beau pour ne pas en profiter.

On est resté à Calcutta quelques jours et puis on a décidé d'aller vers le sud car l'hiver approchait. Il était question d'aller à Sri Lanka et puis de remonter vers le nord et d'aller au Népal. On arrivait de Bangkok et on voulait ressortir d'Inde.

On avait toujours entendu parler du train 3e classe, donc « voyageons en 3e classe de Calcutta à Madras ». Trois jours plus tard… on avait fait l'expérience et on n'avait plus besoin de la refaire ! Un vrai traumatisme culturel. On a débarqué à Madras et on a pris un hôtel. On devait attendre un autre groupe d'amis qui venaient de Singapour, mais il s'est trouvé qu'ils avaient été retardés. Et un jour – il faut comprendre que nous venions de l'Asie du Sud-Est, et où que vous alliez, que ce soit au Laos, au Cambodge, en Thaïlande ou en Malaisie, vous trouvez de la bonne cuisine française ; les Français leur ont bien appris à cuisiner –, donc un jour je sors de l'hôtel à Madras et j'essaie de me renseigner pour savoir où je pourrais trouver un restaurant français. On me dit que sûrement je trouverais un restaurant français à Pondichéry.

« Pondichéry ? Et comment y va-t-on, à Pondichéry ?

— Vous montez dans ce bus rouge et jaune, ça vous y mènera. »

Je monte dans un bus rouge et jaune. «Ça met combien de temps?» On me dit que le ticket coûte quelque chose comme trois roupies, donc je me dis que c'est une petite distance.

Sept heures plus tard… (*rires*) et après avoir tenté de me renseigner d'innombrables fois (j'avais pris un bus local et il a bien dû s'arrêter trois cents ou quatre cents fois avant d'arriver), j'arrive enfin à Pondichéry, où je suis assailli par une foule de rickshaw wallas. Je réussis à leur faire comprendre que je cherche un bon restaurant français. On m'emmène dans un endroit qui s'appelle l'Hôtel de l'Europe, et là je rencontre quelqu'un dont le nom est Guy, un de ces Français tamouls de l'époque coloniale. Il me dit qu'il peut me loger quelques jours, mais qu'ensuite toutes ses chambres seront occupées et qu'il faudra que je me trouve autre chose. Donc je reste là quelques jours, j'appelle mon ami à Madras, je lui dis de surtout ne pas se tromper, de bien prendre un bus express et de venir me rejoindre ici à Pondichéry avec tous les jouets. Donc je passe deux-trois jours à l'hôtel de l'Europe, après quoi Guy me dit :

« Eh ! Je t'avais prévenu, il faut que tu partes.

— D'accord, mais où ?

— Pourquoi tu ne vas pas à l'Ashram ?

— Quel ashram ??

— L'ashram de Sri Aurobindo.

— Oh, d'accord, pourquoi pas ? »

Donc je vais à l'ashram de Sri Aurobindo et en arrivant devant le portail, je regarde en l'air et je me dis : « C'est pas vrai ! Ils ont écrit *Sir* avec une faute d'orthographe ! »

On m'escorte jusque dans le bureau de Madhav Pandit. Madhav Pandit est assis là, tout raide de blancheur amidonnée. Et moi, à dire vrai… je suis pouilleux. Il me dit : « Non, vous ne pouvez pas habiter à l'Ashram. » – « Pourquoi est-ce que je ne peux pas habiter à l'Ashram ? J'ai entendu dire que tout le monde pouvait habiter à l'Ashram ! » Nous entamons une discussion qui se transforme très rapidement en dispute, et tous les deux nous nous mettons à hausser le ton. Qui entre alors précipitamment ? Amrita :

(*ton alarmé*) « Qu'est-ce qui se passe ? Juste au-dessous de la chambre de Mère !!!

Francis (à gauche) et Namas à droite.

— Oh, c'est ce garçon. Il veut loger à l'Ashram et il n'a pas d'argent ! »

Je venais d'arriver de Calcutta et j'étais un Américain arrogant de 27 ans. J'ai donc plongé ma main dans ma poche et l'ai ressortie avec une énorme liasse de billets de cent roupies.

« Qu'est-ce que vous racontez que je n'ai pas d'argent ? Je suis plein aux as ! »

Amrita dit à Madhav : « Trouvez un logement pour ce jeune homme », puis, se tournant vers moi : « Vous, écrivez une lettre à la Mère lui demandant la permission de séjourner à l'Ashram. »

« Bon, d'accord, et j'adresse la lettre à qui ? *(rires)*

— *(choqué)* À la Mère !!!

— *(avec désinvolture)* D'accord, d'accord. C'est pas la peine de s'énerver ! »

Madhav m'avait entourloupé en m'envoyant à la guesthouse de Régis. J'arrive là-bas. Je ne vois personne. Je pénètre dans la cuisine et Régis m'aperçoit. Je m'avance : « Hello ! On m'a envoyé ici pour… » – « Dehors, dehors, dehors ! » me dit-il *(geste frénétique comme pour chasser des mendiants)*. C'était une des guesthouses les plus luxueuses, et comme je l'ai dit, j'étais dépenaillé, donc on me fiche à la porte.

Finalement, après m'être fait renvoyer de guesthouse en guesthouse, on me conseille Parc-à-Charbon. Et là je rencontre Dhaibhai : « Est-ce que vous auriez une chambre pour moi et mon ami qui va arriver ? » Il m'emmène dans un immense dortoir et me dit que je peux loger là sur un charpoy pour une roupie par jour. « Euh, excusez-moi, vous n'auriez pas quelque chose de plus…? » Il me montre la petite cellule cubique à six roupies par jour, puis il me montre la chambre familiale avec cinq ou six lits, mais qui a une bonne taille. « D'accord, je vous règle. » Lui non plus n'avait pas trop confiance en moi, mais j'ai payé un mois d'avance et à partir de ce moment nous sommes devenus de très bons amis. Il me rendait des services. Nous lui avons loué deux bicyclettes, etc.

Mon ami est arrivé de Madras, nous avons installé notre salle de jeu, qui est devenu un endroit où traînaient les étrangers de passage. À l'époque, au Parc-à-charbon, il y avait Gene Maslow, qu'on essayait de faire sortir de là et d'envoyer à Auroville, où Mère avait dit qu'il devait être. Bon, je reste là deux ou trois semaines, je mange la nourriture de l'Ashram et je me sens pur, propre, sain… Et un jour Maggi Lidchi arrive, à la recherche de Gene dont on lui avait dit qu'il était souvent dans cette chambre. Je lui dis que non, il n'est pas là pour le moment, mais… Elle me dit qu'elle a un problème et elle me décrit ce problème. Je lui dis que je peux l'aider, que j'ai l'habitude de ce genre de choses. Elle me dit de venir avec elle. Donc je l'aide à résoudre ce problème. Il s'agissait d'un couple de Suisses et il se trouvait que l'homme était en difficulté. On a réglé le problème et quand tout a été fini, Maggie, polie and sociable par nature, me dit : « Pourquoi ne viens-tu pas prendre le café demain, tu pourrais rencontrer Nata ? » Je lui dis : « Super, d'accord, merci beaucoup. »

Le lendemain j'y vais, je rencontre Nata, on parle, et Maggie me dit :

« Ton anniversaire, c'est quand ?

— C'était hier, quand vous êtes venue [à la guesthouse].

— Et tu as vu la Mère ?

— Non.

— Mais tu dois voir la Mère le jour de ta fête !!

— Ben, je suis désolé, je ne savais pas…

— Tu *dois* voir la Mère ! Viens demain après-midi à 3 heures, c'est le moment où je rencontre Mère. Tu viens au Samadhi et on montera ensemble.

— D'accord, très bien ! »

Le lendemain je vais à l'Ashram et j'attends au Samadhi. Et le Samadhi, avec tout ce blanc et cet encens, ça me rappelle tout à fait les films de Fellini : *Huit et demi*. Et je me dis : « Oh, oh ! Fellini est venu ici, c'est ça !! » Maggi arrive et me dit de la suivre, et j'essaie de lui faire partager mon excitation et ma découverte, à savoir que c'est ici que Fellini a trouvé l'idée pour son film. Maggi n'était pas trop enchantée de mon attitude au moment où on allait rencontrer la Mère. Moi, en fait, en montant l'escalier, je me disais : bon, j'ai vu la Grande Muraille, j'ai vu les Pyramides, j'ai vu le Taj Mahal, et maintenant je vais voir la Mère divine, pas de quoi en faire toute une histoire ! Je ne comprenais pas pourquoi Maggi était si contrariée.

J'entre dans sa chambre et j'avance droit devant elle. Je suis planté là debout quand tout à coup quelqu'un arrive derrière moi, quelqu'un de très costaud, qui met ses mains sur mes épaules et me fait tomber à genoux. « Oh, oh ! » je me dis à part moi, « Toi mon bonhomme, il va t'arriver des bricoles ! » et je vais me relever pour dire à ce type ce que j'en pense quand... la Mère attrape mon regard. Et elle rit ! Elle a l'air de trouver que tout ça est très drôle. Moi, je ne trouve pas ça très drôle, mais elle, elle trouve ça très drôle. Et elle continue à me regarder, et à me parler – je suppose en français. Je ne comprenais pas un mot de ce qu'elle disait et en fait, à partir de cet instant, je ne me souviens absolument de rien.

Et après, ce dont je me souviens, c'est que je me suis retrouvé debout en face de la poste, avec un bouquet énorme de roses rouges dans la main. Et un Indien qui s'approche de moi et me dit (*ton sucré*) : « Oh, oh, je sais qui nous venons de voir ! » Je n'avais aucune idée de ce qui venait de se passer. Je comprenais seulement que quelque chose de significatif s'était produit. Mais je pensais que j'avais une imagination fertile et j'avais eu toutes sortes d'expériences qui avaient enrichi cette imagination. Mais là, je me trompais car ce qui s'était passé était bien au-delà.

Je me suis baladé dans un état second pendant quelques jours, et puis Gene Maslow est venu me voir et m'a demandé :

« Est-ce que tu t'y connais en construction ?

— Absolument pas.

— Pourquoi ne viendrais-tu pas à Auroville pour m'aider ?

— Auroville, qu'est-ce que c'est ?

— Auroville, la cité du futur ! »

Alors il m'a tout expliqué, on aurait dit qu'il récitait une brochure de la Sri Aurobindo Society. J'ai dit :

« D'accord, pourquoi pas ? Qu'est-ce que je dois faire ? »

– On se retrouve devant les bureaux de la Sri Aurobindo Society, on monte dans une Land-Rover, on y va, et l'après-midi on reprend la Land-Rover et on revient à Pondi. »

Cela me semblait bien, donc j'ai dit oui, et c'est ce qu'on a commencé à faire le lendemain. C'était à qui savait le moins de choses sur la construction, de Gene ou de moi. Je croyais que j'allais être l'assistant, mais en réalité nous étions deux assistants sans constructeur !

J'y allais régulièrement. Un jour j'ai été un peu retardé et quand je suis revenu au Centre, la Land-Rover était partie. Il y avait un garçon à l'époque qui s'appelait Auroarindam qui était canadien. Il m'a dit : « Tu peux venir à la Pump house, et tu peux dormir par terre dans ma cuisine. » Donc je suis allé chez lui, le sol de sa cuisine était en terre battue enduite de bouse de vache. J'ai passé la nuit là. J'ai beaucoup aimé m'asseoir dehors à contempler les étoiles, dans le calme, pas d'électricité, c'était une très belle soirée. Et j'ai dormi magnifiquement.

Je suis reparti travailler le lendemain matin, et j'ai continué à dormir pendant quelques jours chez Auroarindam, après quoi je lui ai demandé si je pouvais le faire régulièrement. Il a accepté. Et puis un beau jour il arrive et il me dit : « Je dois partir pour New York demain, je suis l'ambassadeur de l'ONU pour Auroville. » Il me montre son passeport ONU et il me dit qu'il doit partir. À l'époque, je me déplaçais constamment, donc ça ne me paraissait pas étrange de se déplacer, et le lendemain à 5h du matin il monte dans un taxi et disparaît.

À 8h, il y a deux ouvriers qui se présentent et qui me demandent ce qu'ils doivent faire. Je leur dis de faire... ce qu'ils faisaient la veille (*rires*). Puis une charrette à bœufs arrive avec un gros baril en métal. « Qu'est-ce qu'il me veut celui-là ? » – « Oh, il veut de l'eau, c'est la sécheresse par ici, tu as le seul puits aux alentours et tu dois donner de l'eau aux villages. » (C'est le puits qui avait été creusé pour fournir de l'eau pendant la cérémonie d'inauguration le 28 février, le premier puits, qui fonctionne encore)

C'est comme ça que je me suis retrouvé ici. Mon ami Auroarindam avait construit sa hutte avec des poteaux de casuarina, et puis il avait planté des parterres de fleurs autour des casuarinas, avec du compost et tout ce qu'il fallait. Bien entendu, cela attirerait une quantité phénoménale de termites. Gene n'y connaissait rien, Auroarindam n'y connaissait rien, et moi encore moins. Donc ça n'a pas tardé. J'étais là peut-être depuis une semaine ou dix jours quand tout d'un coup la maison, crac... par terre. Là-dessus arrive un type du nom de Constance et avec lui, à cinq villages de distance, nous avons trouvé un gigantesque mât de casuarina. J'ai trouvé ça absolument fantastique qu'on puisse acheter ça pour trente roupies, et qu'ensuite pour trente autres roupies on puisse avoir dix hommes pour le transporter sur dix kilomètres ! Je me disais que c'était la chose au monde la plus extraordinaire, et peu importe si je l'utilise ou non. Mais en fait nous l'avons utilisé et nous avons bâti une maison.

Alors j'avais fait cette grande hutte, j'y suis resté une quinzaine de jours et... c'était alors le mois de mai, il faisait chaud et il n'y avait absolument rien autour. Voilà que les gens avec qui j'avais voyagé, qui étaient allés à Sri Lanka, en en revenant se sont arrêtés pour me voir et m'ont dit : « Allez ! viens, on va au Népal. » J'ai regardé autour de moi : j'étais là, dans la chaleur au milieu de nulle part, essayant de faire pousser des choses qui ne poussaient pas... J'ai dit : « Bonne idée ! Partons d'ici ! » Donc j'ai été au Népal, j'ai duré à peu près deux mois là-bas, et puis je me suis trompé : je croyais que le Darshan était le 24 août et non le 15 août. Donc je suis revenu ici vers le 20 août, et j'avais faim du Darshan. Je l'avais manqué. Je suis allé voir Maggi et lui ai exprimé ma faim, et elle m'a dit : bien sûr, bien sûr ; et elle m'a fait avoir un autre darshan. Après cela, je suis passé par une phase où j'essayais sans cesse de trouver des raisons émotionnelles urgentes pour lesquelles je devais voir la Mère. J'avais une crise après l'autre. Jusqu'au jour où on m'a dit : ça suffit. J'ai reçu un message de la Mère qui disait : « Une fois que la flamme s'est allumée dans la poitrine, c'est ton travail que de faire grandir cette flamme en un énorme feu dévorant, et trop de contact avec moi n'est pas utile. » C'était une gentille façon de me dire...

J'étais dans cette idée que quelque chose se passait qui dépassait de loin ma petite vie personnelle et mon petit drame personnel ; je croyais vraiment qu'Auroville allait être construit en vingt ans ; je croyais vraiment que nous allions atteindre un niveau de conscience qui allait transformer l'humanité et je pensais que c'était fantastique de faire partie de tout cela. L'argent n'allait plus être nécessaire... Donc (j'avais de l'argent), allons-y pour un nouveau tracteur ! Un nouveau puits ! Dépensons de l'argent ! Des gens me demandaient: «Combien de temps vas-tu rester ici?» Je répondais: «Voyons. Voyons ce qui se passe.» Je n'avais jamais pris l'engagement de rester ici, je n'avais jamais dit: «Je vais rester ici pour le restant de mes jours.» C'était toujours une situation du genre: attendons de voir.

J'ai eu une crise quand Mère a quitté son corps. J'ai pris ça comme une trahison personnelle. J'étais en colère. Je râlais. Je me disputais avec tout le monde. J'étais un emmerdeur fini. L'Ashram, ça ne voulait rien dire, Auroville ça ne voulait rien dire... Et en plus je devais travailler avec Navajata, c'était une vraie douche froide de réalité. En fait j'ai failli partir à ce moment-là. Ce qui m'a sauvé c'est... Je travaillais pour Shyamsunder à l'époque, je remplissais des missions pour lui, je rassemblais des informations pour lui, etc. Un jour, j'étais près du Matrimandir et j'ai senti une vibration qui, en fait, m'a sorti de toute cette négativité que je fabriquais (je fabriquais de la négativité à une vitesse fantastique). Et tout d'un coup, je n'étais plus dans cette atmosphère. Donc j'ai décidé de m'accrocher au Matrimandir.

C'est à cette époque qu'il y a eu une conférence de la Sri Aurobindo Society à Pondichéry et j'y étais. Navajata expliquait la situation et racontait comme Shuyamsunder et lui s'entendaient bien. Il parlait à six ou sept cents personnes et il ne s'arrêtait pas. À un certain moment il a fait quelques remarques sur Auroville. Je me suis levé et j'ai dit: «Si vous et Shyamsunder, vous vous entendiez bien, vous sauriez que ce que vous venez de dire n'est pas vrai.» J'étais marqué. Je ne l'ai pas réalisé à l'époque, mais après cela Navajata avait mis une croix en face de mon nom.

Par conséquent, en 1975, quand «la révolution[1]» a commencé, Savitra et moi avons reçu des ordres d'expulsion. Qu'ils veuillent me mettre dehors m'a fait vouloir rester d'autant plus. Je serais probablement parti de moi-même s'ils n'avaient pas fait cela. Le jeu divin. Nous avons été expulsés.

C'était un jeu politique. J'avais dit la mauvaise chose à la mauvaise personne au mauvais moment. Mais j'avais cru que nous avions un accord. Nous avions passé un accord avec Navajata dans une chambre d'hôtel de Delhi, Kishorilal étant présent: nous ne refuserions plus de partir, mais dans trois mois nous pourrions revenir. Je croyais que nous avions passé cet accord. Je croyais que c'était entendu. Donc, quand nous avons été expulsés, nous sommes allés droit à San Francisco et là, nous avons tout de suite fait une demande de visa. Nous pensions que nous allions rentrer

---

1. Contre la Sri Aurobindo Society. (NdE)

avant que l'information ne circule que nous étions persona non grata. On a obtenu nos visas, on a passé trois mois là-bas, et puis on est revenus. Mais là nous avions fait une erreur. Nous avions eu le nom d'un agent de voyages, que connaissait Tim Wrey qui était à Londres à l'époque. Nous étions allés le voir pour obtenir un vol bon marché. Et ce type n'a pas cessé de nous retarder ; nous ne comprenions pas à l'époque. En réalité ce type était un membre de la Sri Aurobindo Society. Donc il a fait passer l'information à Navajata : nous revenions par tel vol, telle compagnie, tel jour, etc.

Nous sommes arrivés à Bombay, nous étions si heureux d'être de retour, et tout à coup, une troupe de soldats s'avance vers nous : « Votre nom ?... Bon, vous êtes arrêtés. » Ils ont essayé de nous renvoyer par le vol suivant. JRD Tata a bloqué tout ça et est venu à notre secours. Il est devenu le garant pour mon visa, ce qui a impressionné pendant des années les fonctionnaires du RRO [Service des étrangers][1].

Je suis donc revenu à Auroville, en plein dans ce que j'appelle le « syndrome de Jeanne d'Arc », et « on se bat pour la vérité », etc. Et puis, vers 1978, je me suis retrouvé sans argent. Je n'avais absolument rien. Un jour je reviens dans la petite hutte où je vivais, après toute une nuit de concreting au Matrimandir. Je me prends le pied dans une lampe à kérosène, le verre se casse, le kérosène se répand partout sur le lit... J'ai dit : « Bon, ça suffit ! » Cette nourriture, le soleil toute la journée, pas d'électricité... ça va bien.

Il a fallu que j'emprunte de l'argent pour acheter un billet d'avion pour l'Amérique.

Je pensais qu'il me suffirait d'un an pour me refaire financièrement. Mais j'ai découvert en Amérique que Mère m'avait donné quelque chose qui était la chose que je pouvais le moins me permettre d'avoir : une conscience. Jusque-là, je n'avais jamais eu de conscience. Si quelque chose était bon pour moi, c'était bon. Si c'était mauvais pour moi, c'était mauvais. Très simple. La vie était facile. Et tout d'un coup je me retrouvais en train de me dire : « Oh, je ne peux pas faire ça, ce n'est pas correct, je ne veux pas être mêlé à ce genre de choses, etc. » alors forcément gagner de l'argent devenait beaucoup plus difficile ! En plus, j'avais été hors d'Amérique pendant à peu près treize ans et tous les prix avaient changé ; ce qui

---

1. JRD Tata était l'industriel indien légendaire qui, en de nombreuses occasions, accorda son soutien à Auroville. (NdE)

coûtait 50 maintenant coûtait 500, etc. Aussi la personne qui m'a sauvé, c'est Lila. Nous vivions ensemble à l'époque, et elle insistait pour que tout ce que je fasse soit légal. Par conséquent, cela me restreignait. Ça, plus la conscience. Les deux choses ensemble, c'était terrible… Donc j'ai mis huit ans à avoir les fonds suffisants.

On n'arrêtait pas de se déplacer en Amérique. Je ne pouvais m'adapter nulle part, j'étais un étranger partout. On a habité dans dix ou douze endroits différents. Je rentrais à la maison et je disais à Lila : « Fais tes bagages, on s'en va. On va en Virginie. Ou en Californie. On va au nouveau Mexique… » Un jour Lila m'a dit :

« Bon, maintenant c'est mon tour, je t'ai suivi partout pendant huit ans, maintenant c'est moi qui dis où on va.

— D'accord, où veux-tu aller ?

— À Auroville.

— Non, non, non, n'importe où mais pas Auroville ! »

On s'est beaucoup disputés à cause de ça et puis finalement elle a dit : « Bon, écoute, on va à Auroville pour un an, juste pour un an. » – « D'accord ». Mais il fallait qu'on vende la maison. On ne pouvait pas continuer à rembourser le prêt pendant qu'on serait en Inde. Le marché immobilier était comme il est en ce moment, c'est-à-dire très bas. Mon beau-frère me dit : « Qu'est-ce que tu fais ? Tu vas t'installer en Inde ? » Il pensait que j'allais vendre dans de très mauvaises conditions. Dix jours plus tard, un type frappe à la porte et me dit : « Je veux acheter votre maison. » J'ai fait tout ce que je pouvais pour l'en empêcher. J'insistais sur cette condition et puis encore celle-là. Le type était assis là tranquillement et il hochait la tête. J'ai fait tout ce qui était en mon pouvoir pour le décourager, mais il s'accrochait, s'accrochait vraiment et finalement je lui ai vendu la maison, et Lila et moi avons pris l'avion. Mais… il y avait une escale à Hawai et là j'ai dit à Lila :

(*tentateur*) « Tu as vu cet endroit ? Non mais regarde tout ça ! »

– (*d'un ton décidé*) « Auroville ! Tu as promis ! »

Nous sommes arrivés à Auroville à environ 3h du matin, après une route épouvantable dans une Ambassador. Je sors du taxi épuisé et… j'ai su instantanément que je n'irais pas plus loin. Je n'irais nulle part. C'était ici.

Et depuis ce jour-là jusqu'à aujourd'hui, le sentiment qui ne cesse de jaillir, c'est la gratitude. On m'a permis d'être ici. Je me sens vraiment… oui, (*doucement*) reconnaissant.

Et même encore maintenant ?

Surtout maintenant. Oui, absolument. Chaque jour. Ça rayonne, cette gratitude. Que j'aie pu avoir cette expérience…

Tu sais, au fond, je suis un gosse de New York, avec une éducation minimale, famille zéro (c'était une famille dysfonctionnelle), et tout le monde autour de moi était soit flic, soit pompier, soit gangster. J'ai pu sortir de tout ça et avoir une expérience différente. Je suis réellement reconnaissant.

Voilà, c'est l'histoire de comment je suis venu à Mère.

Et Auroville aujourd'hui ?

Auroville a survécu en dépit de nous. Les Auroviliens ont fait tout ce qu'ils pouvaient pour saper Auroville, et pourtant ça continue. Je vois bien qu'il y a maintenant le danger que ça devienne une institution, mais…

Ou bien Elle est qui Elle a dit être, ou bien Elle ne l'est pas. J'ai investi tellement de temps maintenant, je ne peux pas penser autrement. Je dois croire qu'Elle est celle qu'Elle a dit être. Je ne vois pas d'autre option. Quelquefois je joue à me demander dans ma tête : et si tu ne crois pas à ça, tu crois à quoi ? Il n'y a pas le choix. Je n'ai pas le choix. Je suis tellement absorbé dans ce processus, dans Son rêve, je n'ai pas le choix.

Si Auroville a survécu aux Auroviliens, je crois qu'Auroville survivra aussi au gouvernement indien.

—Entretien avec Francis Neemberry

La Mère de Sri Aurobindo

Un texte de Claude Arpi

C'était en 1971. Je voyageais en Afghanistan pendant les vacances d'université. À l'époque ce pays était l'une des destinations favorites des hippies. Dans un hôtel assez douteux de Kabul, j'entendis des routards parler d'un endroit très « cool » en Inde dans les Himalayas. Le village s'appelait Manali. Ceux qui avaient eu le privilège de visiter le lieu conseillaient fortement à leurs compagnons-routards de s'y rendre. Selon certains hippies, on pouvait même rencontrer dans cette vallée paradisiaque des réfugiés tibétains « hyper cool ». Ces mots déclenchèrent quelque chose dans ma tête (ou était-ce dans mon cœur ?) Je décidai immédiatement : « Je dois y aller et rencontrer ces gens-là. » C'était probablement le nom du Tibet qui avait fait tressaillir quelque chose au fond de moi.

Je ne savais rien de la spiritualité ou du *karma* (je n'en sais pas beaucoup plus trente-cinq ans après), mais je réalise maintenant qu'il y a des moments dans la vie qui peuvent faire basculer une existence ; et inconsciemment je savais que j'étais à un de ces moments. Ce jour-là, à Kabul, je décidai d'aller en Inde le plus tôt possible et de passer quelque temps dans ce paradis mystérieux de Manali. Une sorte de force irrésistible me tirait vers ce lieu.

L'année suivante, je pris un billet d'avion pour l'Inde, j'étais déterminé à aller directement à Manali sans m'arrêter nulle part en route.

Un beau matin de juillet 1972, j'atterris à l'aéroport de Delhi. Après les interminables formalités de douane et d'immigration (est-ce beaucoup mieux aujourd'hui ?), je sors, impatient d'avoir mon premier darshan du pays de Bharat. Je cherche un taxi pour m'amener à la gare du Vieux Delhi quand mon regard tombe sur une scène absolument confondante, pour ne pas dire choquante : des échafaudages qui grimpent en serpentant le long d'un bâtiment en construction. Pour moi, un échafaudage, ça se devait d'être droit et strictement perpendiculaire. Ce jour-là ma vision cartésienne (droite et perpendiculaire) en prit en coup. C'était le début

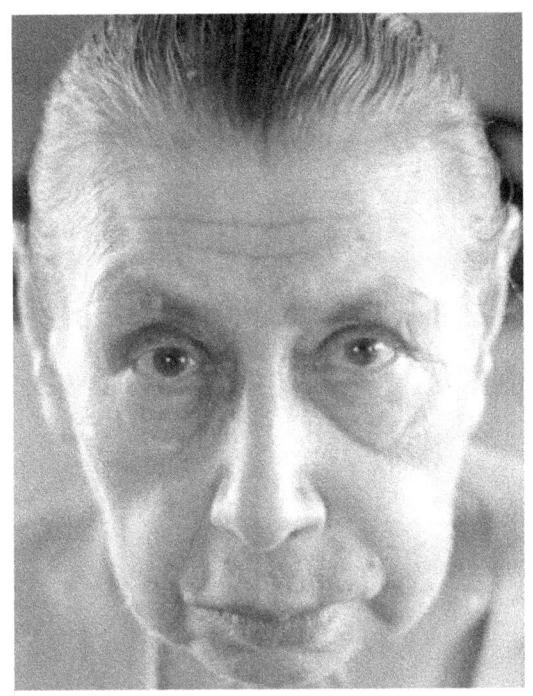

1970

The world is preparing for a big change.

Will you help?

de mon initiation à la terre de l'Inde: les choses pouvaient être différentes de ce qu'elles sont en occident et cependant tenir debout!

Le taxi m'amena à la gare où je pris le premier train en partance pour le nord. Je ne savais pas qu'il existait quelque chose appelé réservation, mais le contrôleur du train fut assez gentil pour m'indiquer le wagon-restaurant (un bien grand mot!) où je pus m'installer de façon relativement confortable. À Ambala, je pris un car pour Chandigarh d'où je pris un autre car pour Shimla. Ainsi le troisième jour j'arrivai sans problème à Kullu. À partir de cette ville, connue pour ses châles et son festival de Dashera, la route suit la rivière Beas pendant une quarantaine de kilomètres, grimpant en serpentant vers le village de Manali (aujourd'hui Manali est devenu un des lieux touristiques les plus populaires de l'Inde du nord, mais à l'époque c'était un village minuscule).

Pendant la mousson, l'état des routes faisait que c'était un parcours dangereux et le car dérapait souvent très près du précipice. Le grondement des eaux de la Beas qu'on entendait quelques centaines de mètres en dessous rendait la situation encore plus angoissante. Le fait qu'on appelait cet endroit «la Vallée des Dieux» ne suffisait pas à me rassurer.

Nous étions à peu près arrivés à mi-parcours, après avoir stoppé à chaque village, hameau ou croisement, quand le conducteur tout à coup informa les passagers qu'un glissement de terrain plus haut bloquait la route. Il était impossible d'atteindre Manali ce jour-là. Le conducteur offrit généreusement de nous ramener à Kullu où les voyageurs pourraient passer la nuit. Probablement, espérait-on, la route serait-elle ouverte le lendemain si le temps le permettait et si l'armée parvenait à la déblayer.

Tout le monde fut d'avis d'accepter la proposition du conducteur et de retourner à Kullu, qui n'était qu'à une heure et demie du petit village où nous nous étions arrêtés. J'en décidai autrement. Pourquoi s'arrêter alors que j'étais si proche du but, à dix-huit kilomètres seulement de Manali? Pour moi, il n'était pas question de revenir en arrière. Je me dis que j'allais passer la nuit au bord de la route ou dans une *dhaba* (débit de thé local), et que le lendemain je me mettrais en route tôt et marcherais jusqu'à Manali. Je dois admettre ici que j'avais quelque difficulté avec la nourriture des dhabas : mon palais français n'était pas habitué aux plats fortement épicés que les habitants de ces montagnes peuvent ingurgiter. Comme la nuit tombait, je pris seulement un thé chaud et me mis en quête d'un endroit où je pourrais passer une nuit pas trop inconfortable dans mon sac de couchage.

C'est le moment que le destin choisit pour se manifester. Un jeune garçon s'approcha de moi et je compris rapidement qu'il m'invitait chez lui. Je n'en avais pas tellement envie mais il se trouve qu'en bavardant (il parlait quelques mots d'anglais et j'en parlais un peu plus), il mentionna le nom de Sri Aurobindo. Cela m'intrigua car je connaissais l'existence de ce sage. J'avais même dans mon sac à dos une édition de poche d'une traduction (très mauvaise) de *La Vie Divine*; mais je ne savais rien de sa vie, de Pondichéry, de l'Ashram ou d'Auroville. Le bouquin de Sri Aurobindo que j'avais dans mon sac me semblait assez incompréhensible (du moins pour moi), toutefois j'aimais en lire quelques pages chaque jour. Nous étions toujours en train de parler quand le garçon me prit par la main en me disant de le suivre. Pourquoi pas? L'aventure, c'est l'aventure!

Dans l'obscurité je pouvais à peine distinguer le chemin de montagne sur lequel me guidait le jeune garçon. Soudain il se mit à parler de « la mère de Sri Aurobindo ». Je me dis en moi-même : cette dame doit être bien vieille. Je savais que Sri Aurobindo n'était plus, et donc si sa mère était encore de ce monde elle devait être vraiment âgée. Peu après mon compagnon m'informa que la mère de Sri Aurobindo était française. Première nouvelle! J'avais cru que ce yogi bengali était de pure souche indienne. Bon, enfin, en tant que Français je me sentis flatté d'entendre ça. Que quelqu'un d'à moitié français ait été capable d'écrire un livre aussi complexe que *La Vie Divine* était un bon signe : cela voulait dire qu'un homme blanc ou à moitié blanc pouvait parler d'un sujet aussi ardu.

Après avoir parcouru quelques kilomètres dans la montagne, nous arrivâmes enfin à une maison dont le style était typique de cet État d'Himachal Pradesh.

Dans la maison vivait une jeune femme qui, je le compris immédiatement, était connectée à l'ashram de Sri Aurobindo à Pondichéry. Elle parlait un bon anglais mais malheureusement le mien était très limité. Elle savait aussi quelques mots de français mais son vocabulaire était encore plus restreint que le mien en anglais.

Cette jeune femme – je n'ai jamais su son nom – me fit visiter la maison. Elle était petite mais confortable. Dans sa chambre, près de son lit, il y avait une photo encadrée. Je devinai que c'était une photo de la dame française, la mère de Sri Aurobindo. C'est vrai, elle paraissait âgée, mais ce qui m'attira le plus, ce fut son regard, et ce qui était écrit au bas de la photo. Je me souviendrai toujours des mots : « *Le monde se prépare à un grand changement. Voulez-vous aider ?* » Sans vraiment comprendre, quelque chose en moi répondit : « Oui, je veux aider », bien que je n'eusse pas alors la moindre idée de ce que voulait dire cette dame et pourquoi elle avait besoin d'aide. Néanmoins je croyais fortement que le monde était en train de changer, étant à l'époque un grand fan de Bob Dylan qui chantait *The Times They are a-changing* [le monde et les temps changent].

Je compris peu à peu que la « mère » française avait demandé à cette jeune femme de vivre et travailler dans cet endroit, parmi les vergers. Comme j'étais fatigué, elle me montra une chambre adjacente avec un charpoy et me dit que je pouvais dormir là. Je remarquai sur une petite table une autre photo de « la mère » de Sri Aurobindo. Avant de me quitter, la jeune femme m'offrit un verre de lait. C'était probablement ce qu'elle avait de mieux à m'offrir. Le problème, c'est que je ne pouvais pas supporter le lait. Depuis l'enfance j'avais une aversion pour cette boisson. Mais je n'avais rien mangé et je me disais que ce serait impoli de refuser quelque chose qu'on vous offrait si gentiment. Que faire de ce lait ? Je regardai la photo de la mère et décidai de me boucher le nez et les yeux et d'avaler le contenu du verre. Ce n'était pas si mauvais, me dis-je après coup.

Cette nuit, je dormis très bien et sans rêve, bien qu'il m'eût fallu quelque temps pour m'endormir. Les circonstances étranges de cette rencontre me tournaient dans la tête. Le lendemain, après un bon petit déjeuner, je demandai la permission de prendre une photo de l'image de la mère et de son message. Après quoi, la jeune femme et le garçon (son frère ?) insistèrent pour me raccompagner au village où je devais reprendre le car.

La veille au soir, je n'avais pas vu grand-chose des environs à cause de l'obscurité. Je réalisai alors que nous avions traversé des vergers de pommiers splendides. En redescendant, je découvris la beauté stupéfiante de la vallée au dessus de ce petit village de Kaltrain où on s'était arrêté la veille. Il fallut attendre un moment. Enfin le car arriva. Je fis mes adieux à la dame de l'Ashram et au garçon. Je ne devais plus les revoir, mais la nuit que j'avais passée chez eux restera gravée dans ma mémoire à jamais. Cette rencontre de « hasard » devait changer ma vie.

Une heure plus tard, sur la route entre Kaltrain et Manali, je rencontrai mon premier Tibétain. Cet homme, un grand Khampa du Tibet oriental, était, c'est vrai, « cool », il souriait en s'échinant sur cette route pleine de trous. En Inde ou au Tibet, on dit que tout peut être expliqué par un mot : « karma ». C'est un mot très utile qui peut expliquer ce que nous ne pouvons pas expliquer avec notre petit cerveau d'homme blanc. C'est vraiment pratique et en plus il semble qu'il contienne une vérité.

Je peux seulement conclure en remarquant que ce devait être mon bon karma que je rencontre ensemble pour la première fois la mère de Sri Aurobindo et mon premier Tibétain. Depuis lors ma vie a été liée aux deux.

Dans les semaines suivantes, je visitai de nombreux endroits dans les Himalayas et j'eus l'occasion de rencontrer un bon nombre de réfugiés tibétains que le gouvernement indien avait installés dans les montagnes. La plupart d'entre eux travaillaient à construire ou réparer les routes stratégiques de haute altitude.

Je visitai Dharamsala, Dalhousie, Mussoorie, Katmandou et de nombreux autres endroits et plus je rencontrais ces gens si spéciaux, plus je m'intéressais à leur manière d'être et à leur histoire. Ils avaient tout perdu, leur pays, leur richesse, parfois plusieurs membres de leur famille, et pourtant ils pouvaient se tenir debout sur les routes et sourire.

Comment quelqu'un d'élevé dans un pays cartésien et d'éduqué de façon moderne et utilitariste pouvait-il comprendre ce phénomène bizarre ? On nous dit que si on perd quelque chose d'important et de cher, on doit être triste et faire grise mine. Au début je crus que l'invasion chinoise et

Un petit Tibétain faisant partie du groupe d'enfants tibétains confié à Auroville dans les années 70. Comme quoi il y a toujours eu une relation spéciale entre Auroville et le Tibet.

la destruction de leur civilisation millénaire avait été une expérience trop dure à supporter, et que cela leur avait ébranlé le cerveau. Il se peut que pour une poignée d'individus il en ait été ainsi, mais quand une expérience semblable se répète partout avec tellement de gens différents…. Cela me laissait songeur !

À Dharamsala, dans l'État de l'Himachal Pradesh, je rencontrai le leader des Tibétains, le dalaï-lama et je commençai à comprendre quelque chose que je n'avais pas compris jusque-là : ces gens avait des valeurs différentes de celles qu'avaient les occidentaux. Ils avaient perdu leur richesse matérielle et leur pays, mais ils n'avaient pas perdu les qualités humaines plus profondes que nous appelons paix intérieure et compassion. C'était leur force. Et leur leader était l'exemple vivant de ces qualités.

En voyant ce « simple moine » comme il se définit lui-même, je vis que la force intérieure et le pouvoir de la compassion sont des qualités qui sont pratiquement inconnues dans le monde d'aujourd'hui. Ce moine semblait l'incarnation d'une sagesse qui faisait partie de l'héritage spirituel et culturel d'une nation qui avait passé le plus clair de son temps à regarder « à l'intérieur », dans le cœur de l'homme.

Peut-être en occident passons-nous trop de temps à regarder « à l'extérieur ». Nous avons examiné l'extérieur pour essayer de comprendre comment on pouvait contrôler le monde matériel et la nature autour de nous, mais en cours de route nous avons oublié les qualités intérieures et les pouvoirs de l'esprit. Ce cantonnier tibétain avait-il la clé d'un des problèmes majeurs de l'humanité : comment vivre une existence satisfaite et heureuse, tout en ne possédant pratiquement plus rien ?

C'est aussi à Dharamsala que je rencontrai un jeune Tibétain qui faisait ses études à l'école de l'Ashram. Il m'expliqua ma méprise. La Mère n'était pas la mère physique de Sri Aurobindo mais sa collaboratrice et compagne sur le chemin de l'évolution.

Il me convainquit que je devais aussi me rendre à Pondichéry. C'est ce que je fis plus tard, avec la seconde caravane qui arriva à Auroville en décembre 1974.

Depuis lors le monde a beaucoup changé, et pas toujours pour le meilleur. Ai-je été capable d'aider comme la Mère m'y avait invité en 1972 ? C'est une autre question…

—Claude Arpi

Claude à Manali.

Au bord d'un autre monde

Un entretien avec Bhagwandas

C'était chez Gibert Jeune à Paris en 1966. Je vois ce bouquin « L'Aventure de la Conscience et de la Joie. » *Et de la joie*. Il n'en restait qu'un au rayon Spiritualité. Il n'y avait pas de livre de Mère et de Sri Aurobindo. Ce qui m'a interpellé, c'est : L'aventure de la conscience *et de la joie*. J'ai commencé à le lire et je n'ai pas pu décoller. Je faisais mon service militaire à ce moment-là donc je n'avais pas beaucoup d'argent, et je suis resté 4 heures chez Gibert à lire. Et puis finalement je me suis dit : ce n'est pas possible, il faut que je l'achète. J'ai pris mes dernières économies et je l'ai acheté.

Très peu de temps après, j'ai été envoyé en prison militaire au mont Valérien, pour fausse permission et prolongement sur trois semaines. J'ai réussi à amener avec moi ce livre dans cette prison militaire où j'ai passé un mois. Un moment fabuleux, tout à fait exceptionnel car j'étais seul en cellule, j'étais accroché. Ça a déclenché tout un processus en moi. Un enthousiasme d'avoir enfin trouvé la réponse à la question fondamentale que j'avais depuis bien longtemps : qu'est-ce que c'est que la conscience ? L'insatisfaction de toutes les fausses réponses des religions, etc. Enfin je trouvais une réponse qui non seulement me satisfaisait intellectuellement, mais qui me donnait l'expérience d'un monde que je ne soupçonnais pas.

J'ai écrit à l'Ashram. C'était en 1966, et j'ai eu une réponse de Pavitra me disant : « Ce serait bien que tu lises encore, que tu étudies Sri Aurobindo et Mère, car pour l'instant on n'est pas encore prêt à recevoir quelqu'un comme toi. » C'est vrai qu'à ce moment-là Auroville n'existait pas encore.

L'Aventure de la Conscience a fait son travail pendant un certain temps, puis je l'ai rangé dans un coffre avec mes autres livres et je l'ai un peu oublié pendant deux ans. Puis, en 1968, cherchant quelque chose, je retrouve ce livre. J'ouvre et je tombe sur le chapitre de la réincarnation[1]. Et là je flashe sur la première ligne qui était : « De toutes les expériences, lorsque s'ouvre

---

1. Dans le chapitre intitulé « Le Centre Psychique », le sous-chapitre dont parle Bhagwandas s'appelle « La Croissance Psychique ». (NdE)

la porte du psychique, la plus immédiate et la plus irrésistible est d'avoir toujours été et d'être pour toujours. » Ça m'a donné un choc ! De nouveau j'étais connecté à une dimension intérieure qui ne vivait pas habituellement. Tout revenait avec la même force, la même intensité.

Étrangement, juste après, dans la revue Planète (une des premières revues qui parlaient de choses ésotériques) il y avait un article sur Sri Aurobindo et Auroville. C'était évidemment le moment de faire quelque chose. Ce jour-là j'ai décidé de partir. Quoi qu'il arrive. C'était décidé.

Je vais à Paris pour essayer de me renseigner sur l'auteur de l'article, Jacques Berger, quelqu'un qui avait eu une expérience extrêmement forte puisqu'il avait eu une vision de Sri Aurobindo en rêve. Je l'ai rencontré et il m'a raconté son expérience. Il revenait de Pondichéry. Il était plein de tout ça. On a eu un échange extrêmement privilégié. Il m'a dit : « Ecoute, je peux te donner l'adresse d'un groupe à Paris avec des personnes qui sont connectées à Sri Aurobindo. » Il m'a donné l'adresse d'une personne chez qui travaillait Alain Monnier. C'est cet ami avec qui je suis parti, que je ne connaissais pas, et qui était dans une démarche un peu similaire. On s'est préparé pendant trois mois pour partir par la route à Pondichéry. À l'Ashram. Pas spécialement Auroville, ce n'était pas la chose fondamentale. Il fallait rencontrer des êtres qui vivent dans cette conscience.

On a voyagé pendant trois mois. Ça a été une belle préparation. Plus on avançait, plus ça devenait urgent. On voulait passer par l'Himalaya, mais finalement ça a été direct Pondichéry, où on est arrivé le 5 décembre 1968.

On arrive en bus, on prend un rickshaw, la porte de l'Ashram était fermée. Il était 10h du matin. C'était la méditation du 5 décembre [date à laquelle Sri Aurobindo a quitté son corps].

À partir de là, ça a été tout un cheminement extrêmement intense. On était libre de faire ce qu'on avait envie de faire, de lire les *Entretiens* de Mère.

Trois mois après être arrivé, j'étais toujours un peu hésitant. Ce n'était pas évident que je reste. J'avais une question qui me harcelait, qui empoisonnait mes nuits (j'avais sûrement une empreinte judéo-chrétienne), j'avais des cauchemars la nuit avec une vision de Mère sous forme de gargouille. À l'état d'éveil j'étais totalement immergé dans Mère et toutes les découvertes que je faisais, mais la nuit c'était exactement l'inverse. Je n'en pouvais plus. J'arrivais aussi au bout de l'argent que j'avais.

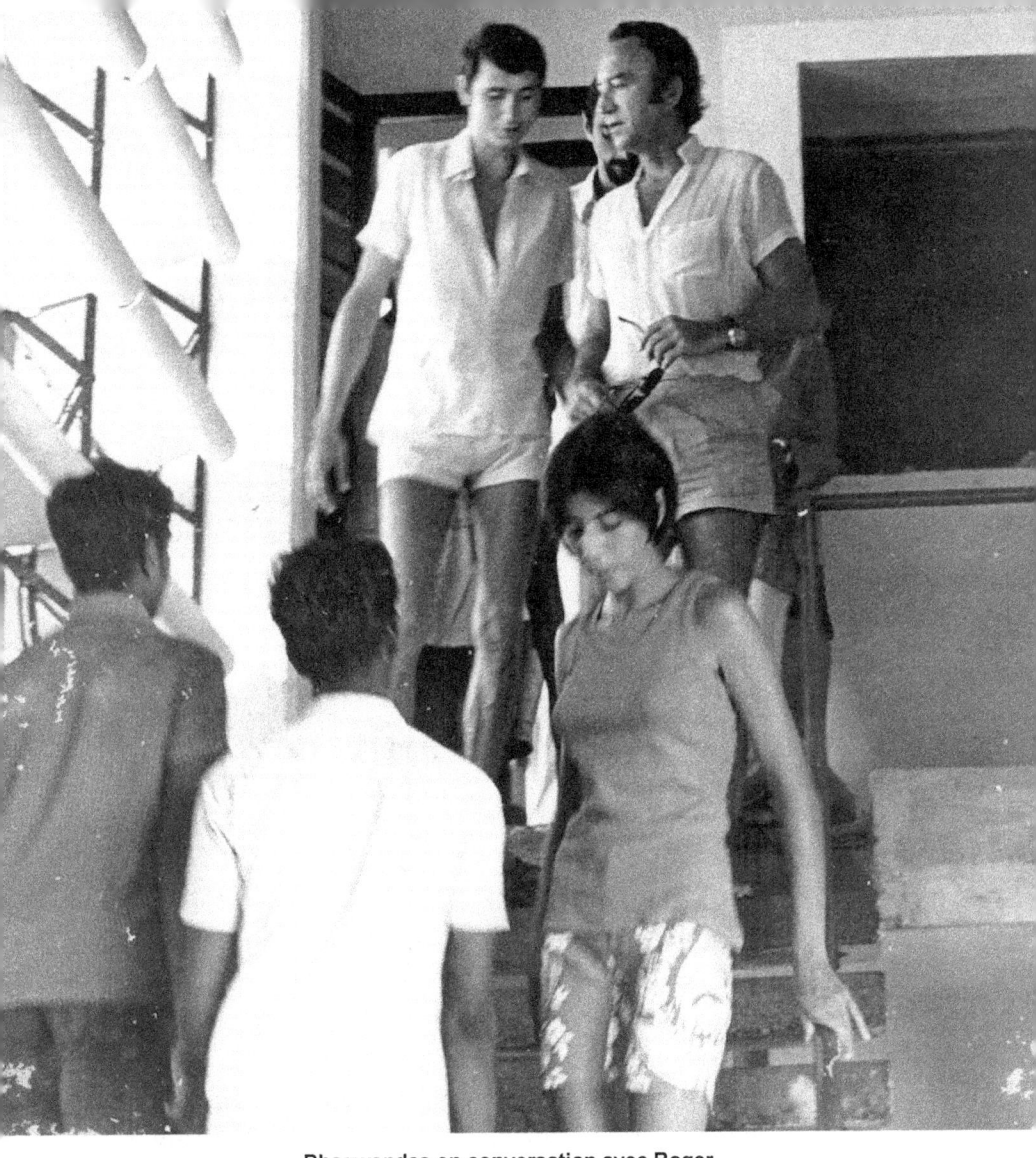

Bhagwandas en conversation avec Roger Anger dans le bâtiment du Hand Made Paper.

J'avais trois projets. Soit je partais au Japon pour continuer le judo parce que c'est quelque chose qui me parlait beaucoup. Soit je devenais sannyasin (le bouquin de Ramdas m'avait complètement emballé : Ramdas traversait l'Inde en marchant de part en part du nord au sud avec le mantra Ram-ram. Il passait partout, sans s'arrêter, traversait des ravins, etc. Et toujours il demandait à Ram : « Bon, je suis devant un mur maintenant, qu'est-ce que je fais ? Dis-moi. » Il mettait constamment le Divin à l'épreuve.) Je me disais : ça, c'est un truc que je voudrais faire, voir comment la conscience divine peut aider dans le concret, dans le quotidien, d'instant en instant. C'est une chose que j'avais envisagé de faire. Et puis le troisième projet, c'était quelque chose d'un peu fou : revenir à Paris à dos de chameau (j'avais eu un coup de foudre pour les chameaux) et faire un reportage pour Paris-Match. Il faut dire que mon dernier boulot avait été de travailler comme documentaliste à Paris-Match. Quand j'avais quitté Paris-Match pour partir en Inde, le chef du personnel était furieux :

« Vous ne vous rendez pas compte, vous êtes entré à Paris-Match, et pas par piston, et maintenant vous démissionnez ! »

— Mais je pourrais vous faire un reportage éventuellement au retour.

— Ah, et en plus vous vous prenez pour un reporter ! »

Voilà. C'étaient les possibilités. Auroville n'existait pas vraiment. Ce n'était pas quelque chose qui donnait de l'enthousiasme, qui donnait un sens à ma prochaine étape.

Un jour j'ai senti que c'était le moment d'écrire à Mère, de mettre tout ça noir sur blanc, et de lui dire : « Voilà. Voilà les différentes choses que j'envisage de faire. Maintenant je mets tout ça à tes pieds, et tu décides. » J'ai donné ma lettre à Pourna et le lendemain elle m'a dit : « Eh bien, oui, Mère veut bien te voir. » Une joie incroyable. Je me dis : je vais avoir la réponse à mes questions.

J'ai eu donc un darshan avec Mère. Et ça, c'est une expérience qui a annulé toutes les pensées. Il n'y avait plus rien qui existait, plus aucune question. Cela a été d'abord une opération chirurgicale, parce que c'est vraiment Kali qui est rentrée en moi. Je me suis trouvé complètement dénudé, complètement ouvert, presque suffocant sous cette avalanche d'énergie, ce regard absolument incroyable, et surtout la sensation d'être ouvert, de ne plus avoir de secret, d'avoir quelqu'un qui te transperce dans tes secrets plus que toi-même, qui pénètre en toi plus que tu n'y peux pénétrer toi-même. Je ne sais pas combien de temps ça a duré. Il n'y avait plus de temps. Mais après j'ai eu droit à son merveilleux sourire de Lakshmi, et là c'était comme si l'opération était finie – cautérisé.

Je pars, je commence tout juste à descendre l'escalier et tout à coup mon mental se remet à marcher, et ma première pensée, c'est une révolte : « Mais elle ne m'a pas répondu ! Elle n'a pas répondu à mes questions ! Et qu'est-ce que je vais faire, moi ? » L'insécurité, la peur, la pensée qui remonte à la surface et qui stresse. J'étais à peine arrivé en bas de l'escalier que j'étais en pleine révolte ! Alors que je venais de vivre quelque chose au delà de toute…

Je vais à l'Indian Coffee House, prendre un café, discuter avec les uns et les autres, m'éclater complètement. Une réaction qui a duré pendant trois jours et trois nuits. J'étais conscient, je me disais : mais pourquoi… – rien n'y faisait, impossible de maîtriser. Le troisième jour je me suis retrouvé face à face avec Roger, au Samadhi. On ne se connaissait pas, on a discuté pendant une heure, et à la fin il me dit : « Mais Auroville est en train de démarrer, on a besoin de gens comme toi, ça ne te dirait pas de rester à Auroville ? » Quand il m'a dit ça, quelque chose m'a percuté dedans et je me suis dit : ça, c'est la réponse de Mère. C'était immédiat. Je lui ai répondu : « Eh bien demande-lui. »

Le lendemain Roger me dit : Pas de problème, il y a une maison pour toi. À partir de là, je me suis senti pris en charge pour tout, y compris les questions matérielles. Plus d'insécurité. Je n'avais plus d'argent, mais j'étais pris en charge totalement, et je savais que ce que je voulais faire (ce pèlerinage, pour provoquer le divin) n'était plus nécessaire. Je n'avais plus besoin d'aller voir ailleurs, c'était là.

C'est alors que mon aventure d'Auroville a commencé. C'était à Promesse. Aspiration n'existait pas, on était neuf ou dix à Promesse, une petite collectivité. Trois personnes étaient reparties en France pour préparer une caravane et nous étions trois ou quatre pour commencer à construire Aspiration en vue de son arrivée.

La caravane est arrivée six mois après. Ça avait été vite, l'argent avait été réuni, on avait construit une dizaine de huttes. Les huttes, c'est rapide à construire.

Ce qui est très intéressant, c'est qu'il y avait plusieurs Ashramites, des vieux sadhaks de l'Ashram, qui venaient nous voir régulièrement. Ils venaient nous parler de Mère et de Sri Aurobindo, éduquer un peu cette jeunesse inculte mais de bonne volonté. Nous avions de très bonnes relations avec ces gens, qui venaient tous les deux ou trois jours. Du moment où la caravane est arrivée… Tu comprends, les gens de la caravane, ce n'étaient pas des collets montés, pas des gens en blanc, ce n'étaient pas des gens très inspirants pour messieurs et mesdames les Ashramites, donc à partir de là on s'est retrouvés seuls. Quasiment plus personne de l'Ashram ne montait à Aspiration.

C'était un démarrage pas facile de la vie collective. Jusqu'à la caravane, la vie matérielle était assez facile. À partir du moment où la caravane est arrivée, patatras, cela a été la chute libre, dans des conditions psychologiques, matérielles et humaines très difficiles. Les gens de la caravane arrivaient avec des problèmes entre eux ; chacun était plein de ces trois mois de vie collective. C'était un peu l'âge des cavernes, la période primitive d'Auroville. Il n'y avait personne pour nous guider. Il y avait les écrits de Mère, oui, mais pratiquement, qu'est-ce qu'il fallait faire ? On se réunissait, des soirées, parfois des nuits entières à élucubrer, par exemple sur le genre d'économie qu'il fallait réaliser. Il y avait très peu de réponses. Il y avait une aspiration commune, de grands moments parfois de partage, mais la vie quotidienne était extrêmement pénible.

Donc un jour, on était deux ou trois, Vincenzo, je crois, et Alain Monnier. On s'est dit : On va demander à Satprem, lui peut nous guider. On a été le voir quand il faisait ses promenades le soir, il est resté silencieux longtemps. Il s'est retourné. Son regard était fabuleux, plein d'infini. Il a dit : « Je ne peux pas, ce n'est pas mon travail. »

On a écrit à Mère – Christophe, Alain Monnier et moi – pour lui exposer nos questions. « On est perdu, on a besoin de trouver un sens. » Dès le lendemain elle nous a demandé de venir. C'était le premier entretien avec Aspiration. Notre première question c'était : on[1] nous pousse à faire des entreprises, à gagner de l'argent, et nous on aimerait être davantage dans des activités de service, des choses qui correspondent plus à notre aspiration intérieure. Toutes ces pressions nous mettaient mal à l'aise – tout en étant prêts à travailler. Bon, il y en avait qui n'étaient pas trop vaillants, mais il y en avait pas mal qui travaillaient vraiment.

Ses réponses étaient profondément satisfaisantes parce qu'elle mettait les choses de l'esprit en accord avec les choses du bon sens. D'abord elle a insisté sur le fait que nous devions savoir clairement ce que nous voulions. Nos objectifs devaient être clairement définis. La clarté mentale était indispensable. La qualité de l'action dépendrait de la clarté de notre but. Puis elle a dit que chacun devait trouver ce qu'il avait besoin de réaliser.

---

1. « Des gens comme Navajata, Shyamsunder and Roger Anger en particulier – le groupe qui s'occupait du financement, et du développement matériel de tout le projet. Ils voulaient aussi organiser la vie collective. »

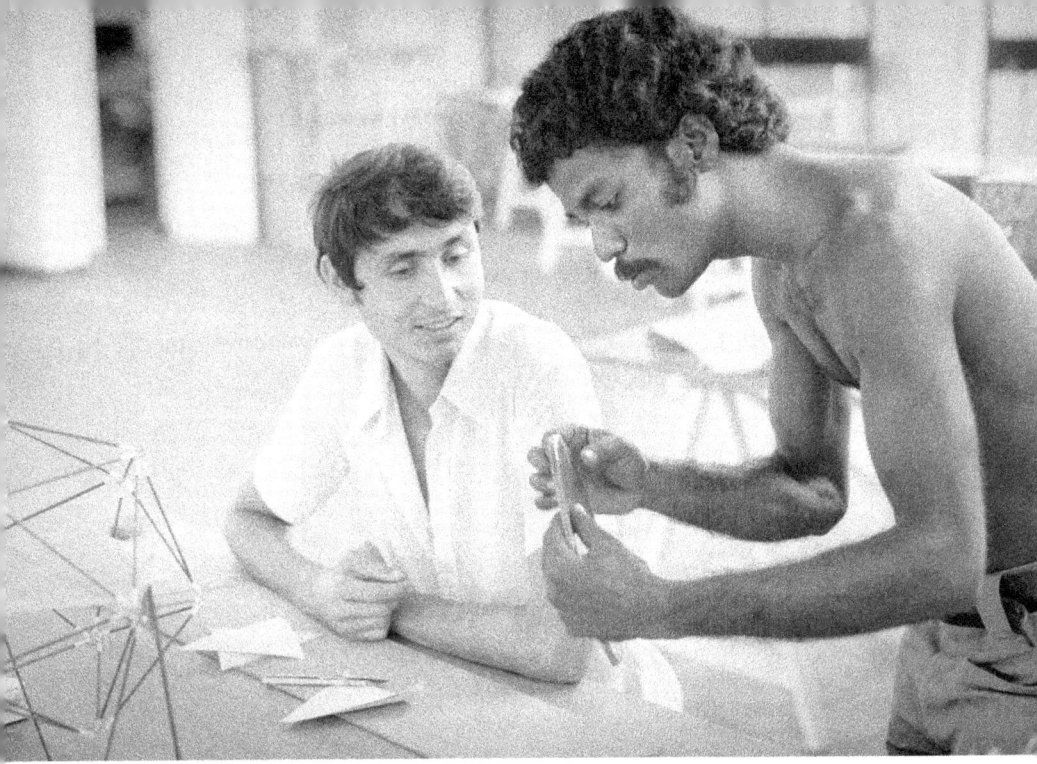

Bhagwandas dans son atelier de polyester à Aspiration : maquette pour un « romboïd » (espace aérien pour dormir), avec, insérée en page 175, une photo de la chose en grandeur nature.

Certains vont construire des maisons, d'autres planter des fleurs, d'autres travailler dans une entreprise, d'autres feront du vélo ou travailleront sur leur corps. L'important n'était pas ce que nous faisions mais l'attitude avec laquelle nous le faisions. Chacun devait avoir la liberté d'exprimer son aspiration dans le travail qu'il faisait, et ce travail l'aiderait à se connaître lui-même et à se développer. Le troisième élément dans sa réponse était l'harmonisation. Il fallait harmoniser les différentes motivations, de telle sorte que le résultat de l'action, au niveau collectif, soit aussi efficace que possible.

J'ai réalisé plus tard qu'elle donnait toujours une réponse d'abord au plus haut niveau, comme si elle s'adressait à des êtres conscients. Mais en réalité, après quelque temps, si des problèmes concrets lui étaient présentés, alors elle disait : « Bon, si vous en êtes encore là, il faut mettre des règles. » Autrement ce serait le chaos. Finalement elle a observé que chaque Aurovilien devait donner un minimum de quatre heures de travail au collectif – ce qui n'était pas le cas au début. Il y avait eu trop d'abus. Même chose pour les drogues. Tout au début elle comptait sur des gens plus conscients, plus mûrs, des gens pour qui le travail intérieur, le yoga serait la chose la plus importante. C'est sûr que dans ce cas-là, des règles extérieures auraient été inutiles.

C'était profondément satisfaisant, même au niveau intellectuel, au niveau humain. Je n'avais jamais vu Mère expliquer, rendre intelligible ce genre de question. Ce premier entretien a été quelque chose de très fort, et à la suite de ça, elle nous a dit: «Vous voulez un petit bain du Seigneur?» Et là Elle nous a plongés dans une méditation.

J'avais apporté un magnétophone car je pensais que ce que Mère allait nous dire n'était pas pour nous seuls. J'avais commencé à enregistrer et Mère s'en était aperçue et m'avait demandé:

«Qu'est-ce que tu fais?

— Mère, je voudrais enregistrer pour pouvoir le passer à nos amis d'Aspiration.

— Oh! je n'aime pas trop ça, mais bon, d'accord.»

Après on a passé cet enregistrement dans la cafeteria d'Aspiration, tout le monde était là, on était peut-être une trentaine et évidemment ça a été aussi un grand moment. Tout le monde sentait qu'il y avait la vraie réponse. Mère nous avait dit en partant: «Si vous avez d'autres questions, revenez vendredi prochain.» Ah! C'était une joie immense. Quand les autres ont entendu ça, ils ont dit: «Bon, mais il faudrait peut-être que ce ne soit pas toujours les mêmes.» On a dit d'accord (un peu déçus mais il fallait bien le faire). Le vendredi suivant, la première question qu'on a posé à Mère c'est: il y en a d'autres qui voudraient venir aussi. Elle est restée silencieuse:

«Mais est-ce qu'ils sont sincères?

— Ah ben oui…

— Vous allez leur dire: ceux qui sont sincères, qui ont de vraies questions, ils peuvent venir. Et vous, revenez avec eux.»

Cela satisfaisait tout le monde.

Pour moi cela a été réellement le début d'Auroville.

On a enregistré quasiment tout, mais il y avait beaucoup de silence. Ce qui s'est passé, c'est qu'au bout d'un temps, on n'avait plus de questions! On avait plein de questions en partant, et puis devant elle pffft, disparu! On se regardait les uns les autres: qui va poser la question? Souvent c'était Christophe parce qu'il avait une relation privilégiée avec Mère. Quand

Mère voyait qu'il n'y avait pas de questions suffisamment véridiques pour passer l'écran, elle nous mettait dans ce bain du Seigneur qui était fabuleux. Il y a dû y avoir pas mal d'entretiens où il n'y avait que du silence. Et de nombreux où il y avait des réponses tout à fait pragmatiques, comme sur les animaux, comme sur le sport, la relation avec le corps, la relation avec les villageois, les problèmes d'argent, d'économie, des points-clés – les mêmes questions qu'aujourd'hui.

On restait longtemps, une demi-heure, trois-quarts d'heure et les gens autour de Mère n'étaient pas contents car on lui prenait du temps.

Il y a une scène qui m'a fasciné et m'a fait comprendre quelque chose : un jour dans le groupe il y avait Christel, une Allemande, toute menue, toute fine, comme un cristal. Et il y avait Krishna, notre géant africain de deux mètres de haut, si puissant. Ils étaient l'un derrière l'autre. Après l'entretien, chacun passait devant Mère et avait droit à un darshan personnel. Je me souviens du contact que Mère avait avec chacun. Étonnant comme elle s'identifiait totalement à la personne en face d'elle. Devant Christel, c'était Lakshmi, la Mère d'une douceur infinie, comme si elle était en dentelle. Quand Christel est partie, elle l'a suivie des yeux regardant quelque chose derrière elle (qui appartenait peut-être à son corps subtil). Pendant ce temps, Krishna s'était approché et s'était mis à genoux. Krishna était impressionnant, très puissant dans son corps et en état de réception. J'ai saisi un instant extraordinaire du changement de Mère : son regard était encore tout imprégné de l'énergie de Christel et tout d'un coup oh ! en l'espace d'une fraction de seconde elle est devenue d'une puissance ! Tout son corps s'est redressé, elle s'est mise en face de Krishna, en équivalence, avec la même puissance que lui. Elle l'a pris par les bras et elle a commencé à rire et Krishna a commencé à rire, et ils riaient ensemble. C'était comme si elle le prenait dans son corps, comme une prise physique avec ce colosse, et elle était devenue encore plus colossale que Krishna.

Je me suis dit : c'est un moment qui n'est pas de cette terre, c'est ailleurs ! Dans ces moments-là on avait l'impression qu'on était un autre espace-temps. On était juste au début d'un monde – qu'on ne connaissait pas, qu'on ne comprenait pas – mais qui était manifesté par la présence physique de Mère. C'est ce qui m'a motivé pour être à Auroville…

—Entretien avec Bhagwandas

Je me suis senti retourné

Un entretien avec Frederick

Au début, je suis venu à elle comme on rend visite à une personne âgée, à la personne officiellement responsable de l'Ashram. C'était en 1960. J'avais voyagé en Inde, et j'avais été à Shantiniketan. Après la guerre, nous [Allemands] étions dans un état de choc vraiment. Pour nous, deux personnalités de l'Inde étaient importantes, Rabindranath Tagore et Mahatma Gandhi. J'étais attiré par Tagore, pas tellement par Gandhi. J'ai séjourné à Shantiniketan et j'ai fait la connaissance de Sisir Ghosh qui m'a parlé de Sri Aurobindo. Mère, c'était comme quelque chose de superflu : je pouvais aller directement à Sri Aurobindo, je n'avais pas besoin de passer par la Mère.

Il faut comprendre ce qu'était ma vie. J'avais toujours eu une overdose de féminité, comme beaucoup d'enfants d'Allemagne pendant la guerre. Il n'y avait plus d'hommes. Ou bien ils étaient morts, ou bien ils avaient disparu ou bien ils étaient prisonniers de guerre. Je voulais l'homme Sri Aurobindo. Je voulais un père, au fond. Je peux le dire maintenant mais je ne le savais pas au moment où je voyageais. Et puis j'ai appris que Sri Aurobindo n'était plus là physiquement. Je suis arrivé à l'Ashram et il y avait là une vieille dame. Je suis resté quelques jours. Je la voyais au darshan du matin. Elle avait cessé de jouer au tennis mais on pouvait la rencontrer assez facilement. Elle venait au Playground, il y avait beaucoup d'occasions où on pouvait la voir de près.

Avant de repartir, je me suis dit : « Bon, Frederick, tu es bien élevé, tu as le sens des convenances, on ne s'en va pas comme ça. On dit au revoir et merci. » C'était cela mon intention. Et puis aussi, je voulais avoir une discussion intéressante. En Allemagne, quand on rencontre une personne âgée, on prépare ce qu'on va lui dire. Donc j'ai préparé une question – une question à propos de l'amour : en Inde on dit que tout est un, alors comment l'amour peut-il se manifester dans cette unité ? Est-ce qu'il ne faut pas deux pôles dans l'amour ? Ainsi j'allais la voir, bien préparé, tout net et tout propre, pour dire au revoir. J'avais fait mes bagages.

J'entre dans cette pièce, une pièce vide. On ouvre la porte et on se trouve placé dans un angle très bizarre. On pénètre dans cette pièce vide et on entend une voix par derrière, haut perchée, « Oui ? » Elle était assise, ses jambes ne touchaient pas le sol alors on lui avait installé un petit tabouret, et ses bras minces reposaient sur les accoudoirs de bois sculptés du fauteuil. Elle paraissait si fragile. Et bien entendu j'avais oublié que j'étais censé m'agenouiller. « Je ne vais pas m'agenouiller ! » mais avant même que je le réalise, mes genoux s'étaient pliés et j'étais à genoux. Elle m'a regardé et elle m'a dit : « Qu'est-ce que tu veux faire ? Tu veux rester tranquille ou tu veux parler ? » Je voulais répondre « les deux » mais je n'ai rien pu dire.

Ses yeux alors sont devenus une force très physique, presque tangible comme un faisceau lumineux. Je me suis senti retourné : à travers ses yeux je me regardais moi-même. C'était comme une large torche qui éclairait tous les coins et les recoins et le sol. Soudain j'ai réalisé que je n'avais jamais été regardé, complètement, sans réservation. Jamais quelqu'un ne m'avait regardé totalement – pas accepté ni approuvé – mais regardé, et c'était une telle joie d'être connu ! Et puis elle a créé une vision en face de moi : un long tube, comme ces tubes en verre qu'on utilise en chimie. Au fond on voyait un peu de liquide, et au dessus le contour de ce tube vide était éclairé très nettement et très précisément. Cela voulait dire : regarde, voici ce que tu es maintenant, et toute cette colonne vide éclairée par la lumière est ce que tu pourrais devenir si tu remplis ton rôle. Et puis le même regard tangible m'a repris. La réalité est réapparue. J'étais devant elle, elle me regardait et son visage souriait. Elle s'est penchée vers un petit plateau de roses sur sa droite, pour en prendre une. L'une d'elles est tombée, je voulais la ramasser pour la remettre dans le plateau, mais : « Non, elle veut venir à toi. »

Je me souviens d'être sorti en marchant très droit, je me sentais très grand, je ne voulais pas briser cette colonne de lumière. Je devais marcher… comme un mannequin, comme si je portais quelque chose sur ma tête. J'ai marché et marché le long de la plage. J'ai dû marcher jusqu'à Auroville.

Extérieurement, elle a utilisé mon sens des convenances, elle a fait que je n'ai pas voulu partir sans prendre congé formellement, et je réalise que ce sens est assez fort en moi en réalité. Plus profondément, au niveau psychologique, elle a fait disparaitre en moi cette allergie à trop de féminité. Car je suis tombé amoureux de cette femme. Il n'y avait pas là de féminité, ce n'était qu'une personne pleine d'amour. Cela aurait pu être Sri Aurobindo dans cette femme si forte, si puissante. Elle avait tant de force! La façon dont elle m'a retourné…

Il y a eu d'autres darshan par la suite. À un moment, elle est devenue comme mon agent de voyages. «Tu veux partir? Très bien. Où veux-tu aller? Je connais cette madame Kobayashi au Japon, tu devrais aller la voir. Tu devrais demander à Gautam de te montrer mon exposition.» J'avais l'impression d'être le messager de Mère, j'avais des ailes.

Mais les ailes sont tombées, je suis revenu du Japon dans un état d'esprit très critique, après avoir reçu un enseignement japonais. «Qu'est-ce que c'est que tout cet amour, pourquoi toute cette ouverture? Il doit ne rien y avoir, rien, MU, on doit se vider complètement.» De nouveau j'étais dans un espace très négatif de moi-même. Je l'ai rencontrée de nouveau en 1961, je crois: «Mère, tout ça ne marche pas», mais je n'ai pas pu l'exprimer et je me suis mis à pleurer quand je l'ai vue.

Mais en réalité, le moment où j'ai su que dorénavant je lui appartenais pour toujours n'est pas survenu en sa présence physique. C'est arrivé alors que je traversais une période très difficile en Allemagne. C'était comme si quelque chose de mon psychique était resté ici en Inde[1], et je ne transportais, pendant toutes mes études et ces jours de folie à Munich, qu'une personnalité vitale, physique, émotionnelle, mentale, mais il n'y avait plus de centre. Le centre était resté ailleurs. J'essayais désespérément de retrouver cette partie de moi-même, de la garder intacte; j'ai tenté d'organiser un centre de méditation bouddhiste, je me forçais à rester assis en méditation des heures et des heures. Je me suis abîmé les deux genoux à force de m'obstiner malgré la douleur. Je ne voulais pas perdre ce… mais je ne pouvais pas le retenir. Alors je suis devenu très destructif. C'était: non, non, non! Je me révoltais. Je devais être une présence terrible pour ma famille. Je buvais beaucoup. Et si négatif. Je me rappelle, je marchais dans les rues de Schwabing, le quartier étudiant de Munich, une grande barre de fer à la main, et je fracassais les pare-brise des voitures. «Non, non, non!» Très fort…

---

1. «Je ne sais toujours pas pourquoi il a fallu que je sois dans cet état d'esprit totalement destructeur pendant ces quatre ou cinq ans en Allemagne. Mais c'est vrai qu'elle a dit: quelquefois l'être intérieur reste à un endroit quand l'extérieur s'en va, et c'est une période très douloureuse. C'est comme si vous ne pouviez plus diriger le bateau de votre être car la barre a été relevée, et on dérive au hasard et on se retrouve dans des situations folles, le bateau est secoué par l'orage, le vent et la tempête. Et puis on plonge la barre dans l'eau, et immédiatement cela crée une direction, l'énergie est là.»

Ashram Sri Aurobindo

Un jour je suis allé à Bruxelles pour rencontrer une amie. Elle avait été retardée, mais deux amis à moi, des artistes qui étaient allés à Pondichéry, avaient monté une exposition dans cette ville. C'était le jour du vernissage et je suis entré dans le hall d'entrée, un très grand hall. Il se trouvait vide. J'ai fait quelques pas à l'intérieur et je me suis retrouvé face à deux tableaux Les représentant. Et quand j'ai regardé dans Ses yeux sur le tableau, tout à coup au lieu de « non-non-non », c'était un « oui » formidable.

Je pouvais revenir ici. Extérieurement, c'était comme si je ne réalisais pas ce qui était arrivé, je croyais que je partais juste pour trois mois. Néanmoins j'ai vendu la voiture, j'ai mis l'appartement en location, donc quelque chose d'autre en moi savait : « Tu es parti ». Je suis rentré en moi-même. Car je reconnais que ce qui est moi, c'est un oui. « Pour ceux sont satisfaits du monde tel qu'il est, Auroville n'a pas de raison d'être » : je comprends cela.

Il y a eu cette expérience étrange de marcher sur les routes de l'Inde, pieds-nus, habillé d'un drap blanc. Un jour, je me souviens, je revenais d'une longue marche de plusieurs jours, j'avais les pieds en sang. Je me suis assis sur la rambarde du pont et j'ai écrit à Mère pour lui dire : « Tout ce que je suis, tout ce que j'ai, tout ce que je fais, t'appartient. » Cela avait un rapport avec ce tube vide. J'étais arrivé à un moment où je pouvais offrir. Je n'étais plus dispersé comme auparavant, c'était tout rassemblé en un seul endroit.

Je ne devais pas être beau à voir! Je suis arrivé à l'Ashram clopin-clopant, sale, les cheveux en bataille, vêtu d'un drap de lit crasseux et les pieds en sang. Je me souviens d'être entré en boitant dans la salle de méditation. Amrita était la. Il vivait là. Je ne pouvais pas parler. J'ai griffonné sur un bout de papier: «Je dois voir Mère». Il devait être huit heures du soir. Amrita est sorti, il a dû enfreindre beaucoup de règles pour monter jusqu'à sa chambre. Je suis resté assis et après je ne sais pas, une heure peut-être, j'entends quelque chose. J'ouvre les yeux, et je vois une photo en face de moi. J'ai un sentiment presque d'irritation. «Mère, il faut que je te voie! Dar-shan!» La photo se retourne dans ma main et au dos je vois qu'elle a écrit: «Je suis là, Bénédictions, Mère». Quel rire est sorti de moi! Tu es là!

À partir de ce moment-là, je me suis senti son soldat. C'était curieux d'ailleurs car ça venait après un tel rejet de tout ce qui était militaire! Je ne pouvais pas comprendre comment avait été possible ce qui s'était passé en Allemagne. J'avais étudié la philosophie allemande, la littérature allemande, Goethe, Rilke, Schubert. Comment était-ce possible? Un peuple entier! Même s'ils n'avaient pas participé, ils avaient été les témoins silencieux de la barbarie. Je ne voulais rien avoir à faire avec les choses militaires. D'ailleurs, quand j'étais venu cette deuxième fois et que je les avais vus défiler devant la Mère, le bras tendu… très peu pour moi! Et six semaines plus tard… je défilais devant elle et je pleurais.

Toutes les choses que je fuyais, elle m'a fait leur dire oui.

Elle s'est servie de mon éducation, de mon sens des convenances, des formalités (qui n'est pas très cultivé, pas très subtil) et aussi de ce désir: je veux faire partie de son armée, je veux être son soldat, je veux marcher derrière elle. Ces deux choses, elle les a prises et tournées vers elle.

Le 17 novembre 1973 a ouvert une blessure en moi qui est encore là. Je n'en suis plus effrayé, je peux même la toucher sans défaillir, mais c'est là.

C'était très physique cette rencontre avec elle… Je pourrais même dire qu'en dépit de certaines relations et même du mariage, mon cœur le plus profond ne s'est ouvert qu'à elle seule.

Quand elle est partie, ce fut comme un vide soudain. Il y avait eu un moment où j'avais perdu quelqu'un de cher. Je ne pouvais pas comprendre alors, c'était au-delà de toute compréhension. Elle m'avait caressé et

Frederick le jour de ses 21 ans avec Swami Sivananda à Rishikesh.

m'avait consolé : « Mon petit, ce que tu regardes maintenant comme une catastrophe, tu verras plus tard que c'est une bénédiction, une grâce. » Mais lorsqu'elle est partie, il n'y avait plus personne pour vous caresser et vous expliquer pourquoi. Et puis nous avons su ce qu'écrivait Satprem. Cela rendait triste, triste et désespéré. Je ne suis plus effrayé, je ne fuis plus ce vide. Je m'observe, j'observe ceux qui étaient proches de Mère : d'une certaine manière ils sont tous des victimes de son départ. Quelques-uns ont eu le courage de regarder cela en face, de ne pas se déguiser la réalité. C'est la force de Satprem.

Il y a quelques années, j'ai dû traverser une expérience de mort parce que j'ai réalisé que de s'accrocher à la souffrance et à la perte ne m'aidait pas, cela m'empêchait d'avancer. Je devenais de plus en plus petit, de plus en plus amer.

Nous vivions dans un tel enchantement, une telle naïveté quand elle était là : « Mère, je vais faire ça pour vous ! » Une fois, j'avais fait un dessin de ses pieds, et à l'intérieur de chacun de ses doigts de pied, j'avais écrit : « Je rêve d'un——idéal, et je donne——Deutsche Marks pour sa réalisation.» J'ai montré le dessin à Mère, c'était en 1966 je crois. Je lui ai dit: «Mère, je vais partir maintenant, habillé comme je suis avec mon drap de lit. Je vais aller à Munich, et je m'installerai sur la grande place. Les gens viendront me voir et ils me donneront un million de Marks pour telle ou telle chose. Il faudra qu'ils remplissent les blancs, par exemple: «je rêve d'un (jardin d'enfants) idéal, ou bien, d'une (école) idéale, ou bien, d'un (terrain de sports) idéal. Je voudrais que tu donnes tes bénédictions à ce petit carnet de reçus.» Elle est entrée dans le jeu, elle m'a dit: «Très bien. Mais avant de partir, il faudrait peut-être que tu penses à ne pas t'habiller avec un drap de lit? (*rires*). Et tiens-moi au courant.»

Et puis?

Et puis rien... je me suis fait attraper par Auroville... mais nous étions si naïfs! Après tout, j'avais 27 ans, mais j'étais comme un bébé qui rêve sur son tas de sable. Nous vivions comme cela. Nos doutes, notre mental, nos «mais-mais-mais», tout cela était balayé. «Nous-construirons-Auroville». C'était comme une incantation tout le temps.

Elle n'a jamais réprimé aucune part de moi-même – cela ne veut pas dire qu'elle approuvait – mais le fait que Shyama et moi vivions ensemble et que nous ayons fait un enfant.... Elle ne m'a jamais fait de remontrances ou... (*doigt qui menace*). Elle donnait des indications: ce serait mieux si cet enfant naissait à Auroville; mais elle avait déjà tout organisé, elle était toujours en avance sur moi, toujours en avance de ce qui pouvait m'arriver.

C'était comme cette expérience «Tout ce que je suis, tout ce que j'ai», etc. J'étais venu à elle comme un moine, et je m'apitoyais un peu sur moi-même: j'aimais la vie, j'aimais les femmes, l'alcool, et j'étais en train de sacrifier tout cela! Alors à l'Ashram, je marchais les yeux baissés et voilà que je relève la tête et qu'en face de moi se trouve Shyama, cette superbe fille suédoise...

Ce n'est pas qu'elle approuvait, pas du tout, mais je n'ai jamais eu à me mutiler ou à me limiter ou... Toujours, c'était oui. Mais un oui purifiant.

Elle commence toujours avec ce qui est. Et elle regarde. Elle regarde comme lors du Darshan au balcon. Elle a devant elle cet assemblage de gens et elle regarde chacun d'entre eux. C'est ainsi qu'elle commence le voyage. Elle fait un inventaire. C'est un début magnifique.

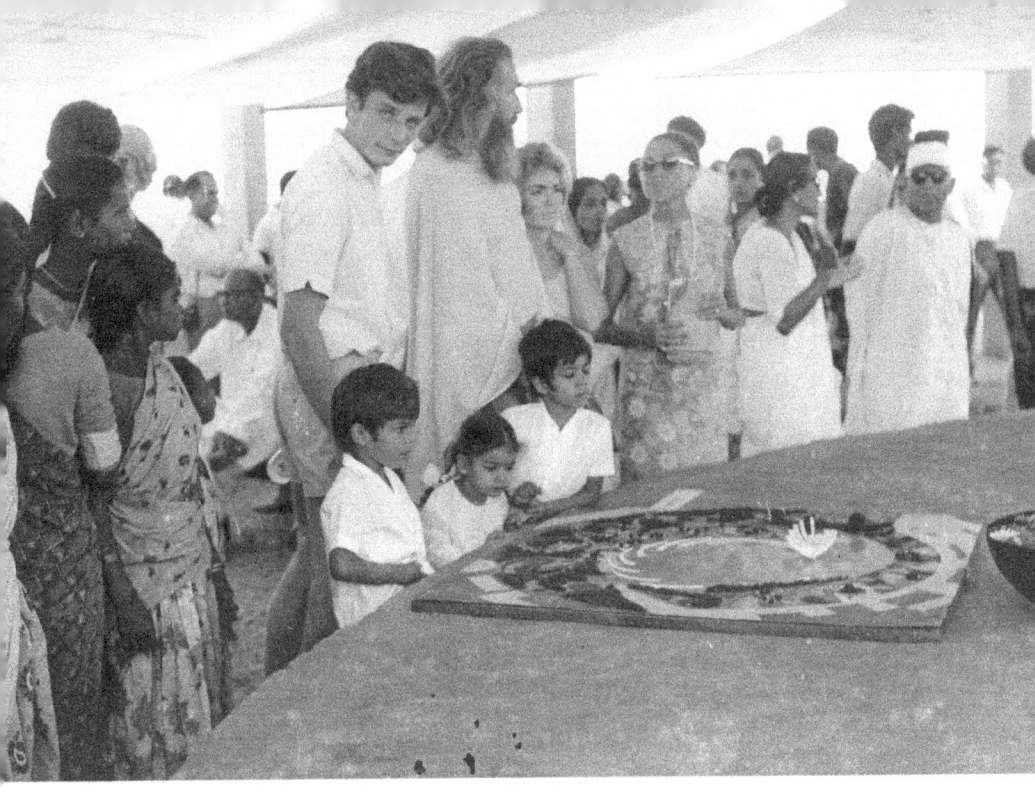

Le jour de l'inauguration d'Auroville. Exposition sous le Banyan.
On voit ici Frederick avec les trois enfants de Shyama : Hero, Renu et Teddy.

Une fois, au moment de l'Auroville Society1, Satprem m'a envoyé une lettre. Il était question de laisser tomber cette Auroville Society. Tout le monde était tombé d'accord pour dire que c'était une erreur. Chacun des sept trustees l'avait accepté, sauf Yusuf et moi. Je trouvais que de constituer cette Société était une affirmation légitime de la part de la communauté et qu'il était juste que nous ayons notre propre identité. J'étais prêt à résister. La question était : devions-nous nous opposer légalement ? J'étais chez Yusuf, et Yusuf, comme un vrai frère, un vrai musulman, me dit : « Tant qu'il y aura une personne dans ce trust, je resterai avec elle. » Un papier circulait et au moment où il m'est parvenu, on frappe à la porte. Sujata était là avec une lettre [de Satprem] qui disait : « J'admire votre courage de prendre position seul contre tous. Le jour où cela pourra être fait sans l'ego sera un grand jour. Ce n'est pas une organisation externe mais un changement de conscience qui nous libèrera. » Quelque chose comme ça. C'était clair. J'ai signé. Yusuf a signé. Terminé. Mais ces capacités et ces forces potentielles, si nous pouvions les mettre à son service sans l'ego…

Je dois dire que cela m'a ouvert les yeux quand j'ai lu que Sri Aurobindo

---

1 Voir note page 132.

disait que dans le sacrifice du vital, du physique, finalement le plus difficile c'était d'abandonner ses idées préférées. C'est ce que j'essaie de faire. Depuis quelque temps je ne veux pas imposer mes idées de ce qu'Auroville doit être. On doit réellement offrir ce qu'on a pour *son dessein à elle* et non pour notre propre dessein.

Récemment nous applaudissions Roger et nous lui disions : « Quelle beauté ! Comment as-tu imaginé la sphère intérieure du Matrimandir, la lumière, etc. ? » Il répondait : « Je n'en ai aucune idée. Je suis l'architecte de Mère. » J'ai soudain réalisé qu'il entendait cela vraiment, complètement, littéralement. J'ai soudain réalisé que c'est ce sur quoi il travaillait. Ce n'était pas son plan à lui. Cela a été une découverte pour moi. Bien sûr il avait un sens du dessin et une connaissance professionnelle, mais il avait abandonné tout cela. Les gens n'ont pas compris, mais il avait totalement lâché tout cela. Il y a une photo de lui, de dos, assis sur un banc comme un vieux retraité, contemplant le Matrimandir au loin. Comme s'il disait : « Mère, c'est tout ce que je peux t'offrir. »

Peut-être que nous sommes obsédés par les apparences à Auroville, cette chose-ci, cette chose-là, cette corruption, etc., au lieu de laisser la place à un mystère qui se déroule à l'intérieur.

Il se peut que nous devions lâcher nos idées préférées, même en tant que collectivité. Quand on demandait à Mère comment ce serait, comment serait Auroville, elle répondait toujours : « Je ne sais pas, je ne sais pas. » Lorsque Roger a demandé à Mère : « Mais pour qui faisons-nous tout cela ? Qui va venir ici ? », elle a répondu : « Mon petit, juste donne-moi la ville. »

— Entretien avec Frederick

Ce n'est pas mon énergie

Un entretien avec Roy

Pour moi cela a commencé quand j'avais 4 ou 5 ans. À ce moment-là j'ai eu une expérience que plus tard j'ai décrit comme mon expérience de la chaise de Sri Aurobindo. C'est difficile de la décrire mais après cela je me suis mis à parler une langue que seule ma cousine Justine comprenait. Elle avait un an de moins que moi, et je lui donnais des ordres dans cette langue. Plus tard ma sœur m'a dit : « Tu te souviens de cette langue que tu parlais ? » Je ne m'en souvenais plus car je n'avais même pas conscience de ce que je ne parlais pas anglais. Ce dont je me souviens, c'est que j'appelais ma cousine Didi et plus tard j'ai appris qu'en bengali ça veut dire « sœur ». Je demandais souvent à ma mère pourquoi elle m'avait appelé Roy et elle me répondait : Parce que c'est court. Beaucoup plus tard je découvris que tout le monde au Bengale s'appelait Roy. Donc j'ai senti pendant longtemps que j'avais très tôt une connexion avec Sri Aurobindo et Mère.

Enfant, j'étais très secret parce que ma famille était hostile à tout ce qui avait à voir avec la spiritualité. Ils étaient très sarcastiques et je ne pouvais pas aller très loin dans les discussions : ils avaient un sens de l'humour new-yorkais avec une ironie mordante, et je ne l'avais pas. J'attendais de grandir et de pouvoir m'en aller. Je vivais dans un monde à moi et finalement, à l'âge de dix-huit ans, je les quittai.

J'étais vraiment content quand les années 60 sont arrivées. C'était formidable qu'il y ait un ensemble de gens auxquels je pouvais m'identifier. J'avais détesté les années 50. Le début de la période hippie était magnifique, des communautés, pas d'argent, on pouvait aller de lieu en lieu, rien à payer. J'avais l'impression que c'était le début d'un nouvel âge, et que cela allait aller en s'élargissant. C'était évident, on en voyait des signes partout. Et quand je suis parti à Auroville, pour moi c'était comme une extension de l'existence que je vivais déjà.

Pendant les années 60, je recherchais une communauté où je pourrais vivre, un groupe avec des gens un peu comme moi. À Harvard Square je suis tombé sur le dernier numéro d'un magazine appelé «Utopie Moderne». Sur la couverture on voyait la Fondation Lama fondée par Ram Dass [Richard Alpert]. «Ah, super! me suis-je dit, une communauté spirituelle à New Mexico, parfait!» Au dos du magazine, il y avait une photo de la galaxie d'Auroville, mais je n'y ai pas prêté attention. Je suis parti pour New Mexico: une grande aventure, une aventure intéressante. Làbas, j'ai rencontré quelqu'un qui avait été à Pondichéry, et ce qui est étonnant c'est qu'au moment où il me décrivait Pondichéry, j'ai eu la vision d'un bâtiment bizarre avec des volets verts.

Ma première découverte de Sri Aurobindo a eu lieu en 1968. Je me suis mis sérieusement au yoga. J'avais une sorte d'ouverture dans le monde vital qui était vraiment désagréable, avec des expériences occultes dont beaucoup étaient effrayantes: je me sentais tiré hors de mon corps, des choses comme cela. J'avais étudié le bouddhisme tibétain et j'avais rencontré certaines de ces divinités dont parlent les textes, mais quand on les rencontre hors de son corps, c'est beaucoup plus effrayant que de les voir sur des tankhas [peintures]. En fait, plus tard j'irais voir la Mère spécifiquement pour lui demander de me rafistoler. Je lisais les livres de Sri Aurobindo, je lisais le *Bulletin*. Dans les *Lettres sur le Yoga*, j'avais lu que si on voulait la transformation il fallait voir la Mère. Bien sûr cela avait été écrit en 1936, donc ce n'était plus exactement la même chose, mais pour moi c'était une indication que je devais aller la voir.

Avant de partir en Inde, j'habitais dans une communauté bouddhiste, «Tail of the Tiger». Je ne sais si vous avez jamais été dans un centre de méditation: après quelques mois, on devient très accro. J'étais complètement immergé là-dedans. On augmente progressivement les heures jusqu'à ce qu'on en vienne à vivre une sorte de vie monastique dans laquelle on ne fait que méditer. Quand on arrête le cerveau, c'est très agréable. J'étais heureux, mais je n'avais pas d'argent, comme d'habitude. Un jour je suis allé à Boston voir mon professeur de yoga, celui qui m'avait parlé de Sri Aurobindo. Il m'ouvre la porte en me disant: «Si tu as pensé à aller en Inde, vas-y!» et il me referme la porte au nez. Je me suis dit: D'accord!

À New-York une librairie vendait des livres de Sri Aurobindo. J'allais souvent là pour lire. Un jour, au mur est affichée une pub: l'Inde, 350 dollars, aller simple. C'était une somme dans mes moyens! Le lendemain jeudi, j'entre dans le bureau de la compagnie d'aviation:

«Je voudrais un billet pour l'Inde.

Roy

—Comment payez-vous ?

—En liquide.

—Voilà, votre billet pour dimanche.

—Je ne peux pas partir dimanche, je n'ai pas de visa ! »

Le vendredi je me rends au consulat de l'Inde. Les Indiens là-bas haïssent l'Inde, et essaient vraiment de vous décourager. « Pourquoi voulez-vous aller en Inde ? Nous avons essayé pendant si longtemps de quitter l'Inde. Je suis sûr que vous ne voulez pas aller en Inde. » – « Si, je veux aller en Inde ! Donnez-moi un formulaire de demande de visa. » Ils me disent d'aller dans un autre bureau chercher un formulaire dans la pile de papiers qui traînent par terre. « Bon, voilà. » – « Revenez demain. » Le samedi j'avais mon visa et l'avion décollait le dimanche, le 28 février 1971. J'ai laissé une note pour mes parents : « Je m'en vais en Inde. »

J'arrive à Pondichéry, et comme je venais de ce centre de bouddhisme tibétain dans le Vermont où il faisait très froid, je me présente à la porte de l'Ashram avec un bonnet en laine islandais, un blouson en laine, un sac à dos et une guitare. Ils ont paniqué :

« Allez-vous en, allez-vous en !

—Aller où ?

—Emmenez-le où vous voulez ! » jettent-ils au rickshaw.

Le rickshaw m'emmène dans un hôtel appelé Anavasyam lodge, qui se trouve être cet affreux bâtiment aux volets verts que j'avais vu quand on m'avait décrit Pondichéry...

Donc quand je revois les choses, je constate que ce voyage a été guidé de façon puissante, parce que je suis encore stupide mais je l'étais réellement à l'époque ; j'étais vraiment un être inconscient, et pour que je vienne ici, il a fallu quelque chose d'autre. Je n'y serais jamais parvenu tout seul.

Je suis allé voir Mère. Avant la visite, on voyait ses secrétaires, Counouma en particulier, qui descendait l'escalier à pas de loup et qui avait vraiment l'air inquiétant. Il semblait y avoir une étrange sorte de culte autour d'elle. C'était difficile d'avoir un accès. Mais quand elle m'a touché, elle a transformé toute ma personnalité, et a changé ce petit juif crispé de New York en quelque chose d'autre. Des gens qui m'ont rencontré remarquent : « Roy a une si bonne énergie. » Mais ce n'est pas *mon* énergie qu'ils sentent, c'est la sienne. Cela a toujours été ainsi. Probablement parce que je suis quelqu'un de très simple, elle a mis en moi quelque chose physiquement que les gens peuvent sentir – s'ils y sont ouverts bien sûr.

La chose que vous diront certainement tous ceux qui sont arrivés ici dans les premières années, c'est que la vibration de Mère était si forte et si physique qu'on ne pouvait pas s'imaginer s'en aller. De nos jours tout le monde s'en va en été parce qu'il fait chaud. À l'époque vous ne vous seriez pas absenté une seconde, vous n'auriez pas voulu manquer un seul instant, il y avait des choses qui se passaient tout le temps. Vous aviez une certaine expérience et quelques jours après Mère disait : « Ah oui, quelque chose est descendu et il y a eu une action. » Vous étiez totalement là-dedans. Son être était si immense et si puissant que vous n'auriez même pas imaginé de… Pourquoi partir ? Donc c'était très différent de maintenant.

Je suis resté à Pondi quelques mois puis je suis monté à Auroville où j'ai habité à Silence (où se trouve maintenant le Bharat Nivas). Larry est arrivé le même jour que moi, et Jaap et Lisbeth aussi. Il y avait là Big Jocelyn, Krishna, Constance et Daniel. Minu habitait là dans une hutte juste assez grande pour un lit. Elle y gardait un grand papier encadré qui disait Sincérité, et qui était signé de Mère. Quand elle a quitté Silence pour aller ailleurs, elle a emporté ce tableau avec elle, et c'est comme cela qu'on a nommé l'endroit Sincérité. C'était une époque intéressante.

J'étais très jeune quand je suis arrivé. En fait les personnes les plus âgées d'Auroville étaient Frederick, Shyama et Francis. C'étaient les adultes. Tous les autres étaient de mon âge, à peu près 20 ans. Tout cet endroit était organisé par des gosses, finalement. En plus des autres aspects, c'était très amusant. C'était un endroit étonnant où, en tant que jeune, on se sentait complètement à son aise. Personne ne vous disait ce que vous deviez faire. Par conséquent nous faisions les choses les plus stupides qu'on peut imaginer, mais ça n'avait pas d'importance. C'était des expériences : on essaie, ça ne marche pas, et alors ? Nous vivions, dormions au milieu des champs. Aucun arbre, l'eau venait par *kattavandi* [chariot avec des roues en bois]. On attendait et on apercevait au loin le char à bœufs qui arrivait avec l'eau. C'était intemporel. Il n'y avait pas d'électricité, pas de musique dans le village. On était dans la culture du ragi [millet], ce cycle intemporel. Je ne sais si vous avez jamais labouré un champ avec des bœufs, c'est une sensation étonnante. Si vous le faites vous-même, vous avez un sentiment de sécurité fantastique. C'est une chose merveilleuse, si ancienne. Oui, l'Inde était absolument incroyable. Maintenant avec la télévision et tout le reste, cela a complètement disparu. Plus du tout la même chose.

L'année avant le décès de Mère, je vivais au Matrimandir dans le Camp. Un jour je fais un rêve très intense dans lequel je vais au Samadhi et il y a une longue queue. J'attends, et puis je m'approche et il y a là Mère qui est morte. Je vais à elle, je lui baise les pieds et toute son énergie se met à sortir. Je me réveille en me disant : elle n'est pas morte. À ce moment-là, Larry qui dormait dans la chambre à côté, entre, l'air bouleversé et me dit : Je viens de rêver que Mère était morte.

Un an après je suis à Pondi. J'avais l'habitude de jouer au jeu de Go avec un Chinois, Fan chan Hsu, qui vivait à l'Ashram et traduisait Sri Aurobindo en chinois. C'était quelqu'un de très spécial. Un jour il m'a dit qu'il pouvait, en regardant quelqu'un, dire s'il allait mourir. « Oh ! Intéressant ! » – Il m'a expliqué que ce n'était pas intéressant du tout car, quand les Japonais avaient envahi la Chine, partout où il regardait il voyait des gens qui allaient mourir. Il était venu à Pondichéry en 1949 pour étudier le sanskrit. Les Chinois communistes avaient pris le pouvoir et comme il venait d'un milieu aristocratique il ne pouvait repartir dans son pays. On l'aurait exécuté ou envoyé dans un camp. Donc je jouais au Go (qui est un jeu chinois) avec lui. Le 17 novembre, en plein milieu du jeu, il se lève et déclare : « Arrêtons-nous. » Je regarde l'horloge : il était 7h25. Il ajoute : « Ce serait bien si elle pouvait vivre jusqu'à cent ans. »

Je vais dormir sur la terrasse de la guesthouse que tenait Jocelyn, et qui s'appelait Aurovilla. Comme il y avait des millions de moustiques, il était impossible de dormir et dès que le soleil se lève, impatient de sortir, je me dirige vers l'Ashram.

Il y avait là une longue queue de gens qui attendaient… Exactement comme dans mon rêve. Son corps était étendu, exposé au public…

Elle m'a paru complètement différente de ce qu'on voit maintenant dans les photos qu'on vous montre. Elle était droite, et sa tête était levée et elle était encore dans sa transe. D'ailleurs, pendant un temps très bref, ils ont montré à l'Ashram une photo d'elle comme cela. Rapidement cette photo a disparu et ils l'ont remplacée par l'autre, où sa tête penchée touche sa poitrine. J'ai toujours essayé de retrouver la première photo mais personne ne sait où elle est. Mais elle apparaissait dans un état différent. Incroyable ! C'est quelque chose qu'il fallait voir – pas morte – dans un état de transe totale. Satprem a parlé de tout cela. Cela a été mon expérience aussi qu'elle n'était pas morte, qu'elle était en transe. On n'aurait pas dû la toucher, la bouger, au moins pendant un temps, mais ils l'ont descendue au rez-de-chaussée et ont tout dérangé. C'est tragique.

Après j'étais dans un état de choc complet, car ce n'était pas censé arriver. À l'époque nous avions un système de croyance qui était un engagement total. C'était impossible. Puis on a entendu la déclaration de Nolini, disant que la transformation avait été retardée ! Ça m'a bouleversé encore plus. Comme si on disait : tout est fini, terminé.

Et pourtant nous avions cette foi que ce n'était pas fini.

Et puis une série d'années incroyables a commencé. En 1975 a débuté la guerre avec la Society. Et à partir de ce moment-là, une autre chose nous a empêchés de partir, qui était cette lutte pour qu'Auroville devienne indépendante de la Society. C'était un temps où nous étions unis. C'est vrai, beaucoup de gens ont été des victimes, mais nous n'avions pas de doute à l'époque. Nous nous sentions si forts. Nous avions été choqués non seulement par l'hostilité de la Society mais par le fait que des choses pareilles pouvaient arriver à Auroville. Rappelez-vous cette scène quand la police est venue arrêter des Auroviliens. Je ne pouvais pas y croire. Voir cette troupe marcher le long de la route, encercler le Banyan… c'était une déclaration occulte comme si on avait déclaré la guerre à Auroville[1].

Maintenant j'éprouve davantage de compassion pour Navajata et les autres. Chacun est un instrument du Divin, donc il n'y a personne à blâmer. Les gens ont fait ce qu'ils ont fait. Je suppose que tous étaient sincères.

Les attaques sur Auroville, il y en a eu depuis le tout début. Je me souviens

---

1. En 1977, agissant sur une plainte de la Society, la police est entrée à Auroville avec des mandats d'arrêt contre plusieurs Auroviliens. Tout Auroville s'est alors rassemblé sous le Banyan. La police arrêta les Auroviliens dont elle avait les noms mais une cinquantaine d'autres, entrant volontairement dans le fourgon de police, les accompagnèrent et furent aussi emprisonnés. C'était la seconde fois que des Auroviliens étaient mis en prison à cause d'une plainte de la Society. La première fois avait été en 1976, après que des Auroviliens avaient occupé la hutte (vacante) du Chairman Navajata à Aspiration (NdE).

d'attaques occultes que des Auroviliens ressentaient dans leur corps la nuit. C'étaient des expériences très intenses. Nous devions vraiment rester concentrés sur Sri Aurobindo et la Mère, celui dont nous nous sentions le plus proche, et nous cuirasser car les hostilités étaient forcenées. Auroville a subi ce genre d'hostilité depuis le début. Cela continue toujours Je me souviens d'une fois où des gens du magazine Geo étaient venus. Dominique Darr avait pris des photos pour eux, on avait choisi de belles photos, quelqu'un avait écrit un article très bien. Ils se sont servi des photos, ont ré-écrit entièrement l'article, qui est devenu complètement négatif.

Prenez cette vidéo [une émission de la BBC qui calomniait Auroville] : je me suis dit que c'était une attaque de plus sur Auroville et qu'il en avait été ainsi depuis le début. On dit qu'il faudrait répondre par une autre vidéo, ce qui, je crois, est une mauvaise idée, parce que si on se met à faire des recherches, on découvrira tant et tant d'histoires. Je suis soulagé que ces journalistes n'aient pas eu un exemplaire de « Mère parle d'Auroville », car il y a là-dedans toutes sortes de citations qui ne sont pas flatteuses pour nous, comme : « ils vivent comme des chats et des chiens ». En fait Mère avait fait ce commentaire car Nata lui avait raconté qu'il y avait des orgies à Far Beach. Ces commentaires sont hors contexte, des gens s'en saisissent, mais ce n'était pas exactement comme cela.

Dans les *Lettres sur le Yoga*, Sri Aurobindo écrit qu'on ne doit pas critiquer l'Ashram car c'est une création de Mère. Et c'est la même chose pour Auroville. C'est Sa création et on ne peut pas critiquer les choses car on n'est pas vraiment conscient de la façon dont elle développe Auroville.

Cette bureaucratie est vraiment irritante…

Quand Krishna Tewari vous appelle au téléphone le matin de votre anniversaire pour vous souhaiter une bonne fête, c'est quelque chose de si bien. La dernière fois qu'il l'a fait, je lui ai dit : « Tant que je peux entendre votre voix me dire *Happy birthday*, je sais que tout va bien. » Oui, parce qu'un peu de contact personnel fait une si grande différence. Kireet avait raconté que lorsque vous écriviez à Sri Aurobindo, on vous remettait sa réponse en main propre, pour qu'il y ait une sorte de contact physique avec lui. Kireet avait l'idée d'un Conseil de l'Unité : un groupe de gens qui feraient sentir à tous les Auroviliens que l'on connaît chacun d'entre eux. Ils sauraient votre date d'anniversaire, ils viendraient vous voir – comme un fleuve de bonne volonté qui coulerait tout le temps dans la communauté, tout le temps, tout le temps…

—Entretien avec Roy

Où sont les gourous ?

Un entretien avec Vijay

Le début du chemin qui devait me mener à Mère, cela a été le Jardin d'enfants. Mon premier souvenir, j'avais deux ou trois ans, c'est que je regardais tous ces petits enfants, tous ces petits corps, qui jouaient, qui criaient, qui riaient, et je me disais : « Qu'est-ce que c'est ? Ce n'est pas ma place. Je ne veux pas être ici. » Je regardais mon corps et je pensais : « Qu'est-ce que c'est que ça ? » Je ne parlais pas, je ne jouais pas. On me prenait pour un retardé mental.

Plus tard à l'âge de douze ans, je lisais la philosophie de Martin Heidegger comme si c'était une bande dessinée. Je lisais tout ce qui me tombait sous la main, tout ce qui avait trait à la philosophie ou la psychologie. Je regardais les gens dans la rue, et je me disais que je devenais fou parce que j'avais l'impression qu'ils n'étaient pas vraiment vivants. Ils avaient des vêtements, mais rien d'autre. Je les appelais des morts-vivants. Je croyais que seul j'étais vivant, et j'avais peur que, s'ils le découvraient, ils me fassent devenir comme eux.

Que devais-je faire ? Faire des études, trouver du travail, gagner de l'argent, avoir une famille, vieillir, mourir ? Je ne pouvais vivre sans que ma vie ait un sens. Alors j'ai essayé de trouver un sens. À l'époque il y avait l'idéal de la révolution mondiale, l'Internationale. Tout le monde discutait, discutait, mais moi je voulais agir. J'ai rencontré quelques personnes en Espagne et puis j'ai fait partie d'un groupe qui se battait contre Franco avec les Basques. J'avais 17 ans quand pour la première fois j'ai fait passer en cachette des bombes en Espagne.

Tous les autres sont morts, je suis le seul à avoir survécu.

Après je suis passé par la période *Flower children*. La route, les drogues, etc.

J'essayais toujours de trouver un sens à ma vie, mais il y avait tant de livres, et tous disaient des choses différentes. Je ne pouvais trouver la vérité dans des livres.

Puis je suis passé par une phase très négative, abus de différentes sortes, négativité et violence. Je me détruisais moi-même.

Un jour quelqu'un m'a donné un livre de Krisnamurti, le deuxième volume de ses *Commentaires sur la Vie*. Je l'ai lu d'un bout à l'autre. D'abord je me suis dit : C'est tellement évident ! Pourquoi prendre la peine d'écrire tout ça ? C'est entendu ! Et puis, quelques mois plus tard, je me trouvais dans un café – je me souviens encore de la tasse de café, de la musique qui sortait du juke-box – et soudain je me suis dit : mais si ce livre est vrai, alors ma vie doit changer !

J'ai fait ce que tout le monde fait au début : je suis devenu végétarien, j'ai pratiqué des *asanas* en pensant que c'était le yoga, je lisais ce qu'il fallait lire, etc. À l'époque en Europe, on ne pouvait pas trouver autant de librairies ésotériques que maintenant, mais j'ai lu les Rosicruciens, la kabbale, le Livre des Morts tibétain, la théosophie, etc. Je ne prenais plus de drogues, je ne buvais plus, je ne fumais plus et je ne portais plus d'armes, mais la violence était encore au fond de moi, rien n'avait changé. Alors je me suis dit : je dois partir en Inde pour y trouver mon gourou. Au lieu de me blâmer moi-même, je blâmais l'Europe.

Ma façon de voyager, c'était de faire du stop. Cela m'a pris un an et demi pour arriver en Inde. Je me suis fait des amis à Istanbul, à Tabriz, à Herat, à Kandahar, à Kabul. J'étais parti avec environ 8000 $. À l'époque dans les pays arabes on pouvait vivre pour moins d'un dollar par jour. Parfois je me faisais énormément d'argent comme joueur professionnel de poker, ou comme intermédiaire dans des ventes d'armes, et puis je dépensais presque tout.

En Iran j'avais encore quelques milliers de dollars. Mais j'avais comme ami un homme qui possédait une mine de turquoise, à qui j'achetais des pierres de temps en temps pour les vendre à Idar Oberstein. Quand cet homme a été tué par un bandit, j'ai donné tout ce qui me restait à sa veuve et ses enfants. Je voulais tuer le bandit mais c'était impossible, ce seigneur de la guerre était à la tête de deux cents hommes. À Peshawar on pouvait louer une mitraillette mais là je ne pouvais pas. Donc j'ai donné mon argent et je n'ai gardé que cent dollars.

Quand je suis arrivé à Karachi, je ne pouvais plus attendre. J'ai donc dépensé 30 dollars pour prendre le bateau et arriver plus vite en Inde.

J'ai débarqué à Bombay vêtu d'oripeaux afghans, pieds nus. Je m'imaginais l'Inde comme un endroit du genre de Thiruvannamalai et voilà que je me retrouvais en plein centre de Bombay et je me disais : qu'est-ce que c'est que ça ? Je demandais aux gens dans la rue : « Où sont les gourous ? Où sont les maîtres ? » Ils souriaient, oui, mais ils comprenaient. Ils m'ont donné plusieurs adresses. La plus proche était celle de Dilip Kumar Roy à Pune.

J'y suis allé. Il vivait dans une maison qui ressemblait à un gâteau de mariage, rose avec toutes sortes de couleurs, maison entourée de bidonvilles répugnants. C'était complètement irréel, cette petite oasis de propreté. Dilip était absent. Je l'ai attendu pendant deux semaines. Pour moi un gourou, c'était quelqu'un comme Ramana Maharshi, quelqu'un d'ascétique. DK Roy ressemblait à une vieille femme, il était gros, et dans le bureau où il m'a reçu, des caisses de coca cola étaient empilées le long des murs. Ce n'était pas du tout mon idée d'un gourou. Je suis resté une semaine ou deux. Quand il chantait des *bhajan*, il était transformé. Il pleurait et s'arrachait les cheveux. Les chants étaient très beaux, mais quand les mots étaient traduits... Je me souviens d'un poème qui parle du bébé Krishna qui mendie, non pour obtenir de l'argent, mais pour obtenir votre amour. Ça ne passait pas. Après quelque temps Dilip me dit : « Mon fils, vous n'êtes pas un *bhakta* et j'ai peur que vous ne le deveniez jamais. Vous êtes un être mental, intellectuel, dénué de tout amour pour Krishna, cet endroit n'est pas pour vous. L'ashram de Sri Aurobindo, où j'ai vécu dix ans, est beaucoup plus adapté à votre tournure d'esprit. » Et il m'a envoyé à Pondichéry. J'ai pris un train, il devait me rester à peu près 50 dollars.

En arrivant à Pondi, j'ai rencontré Madhav Pandit. C'est lui qui était chargé de recevoir les nouveaux arrivants. Nous étions en 1967 et j'avais 25 ans. Madhav Pandit était quelqu'un qui avait de grandes connaissances mais en tant qu'être humain il jugeait les gens suivant trois critères : d'abord la façon dont vous étiez habillé – et j'étais en vêtements afghans dépenaillés. Il a regardé mes pieds et m'a dit :

« Mais vous êtes pieds nus, nous ne sommes pas des animaux tout de même, vous devez porter des chaussures ! »

— Mais le Swami Ramdass n'a jamais porté de chaussures !

— Quel Swami Ramdass ? C'était une autre époque ! »

Le deuxième critère d'après lequel il jugeait, c'était la quantité d'argent qu'on avait. Je lui avais dit que je n'avais que 50 dollars, par conséquent j'étais très bas dans son estime.

Et enfin il jugeait les gens d'après leur niveau d'éducation. Bon, j'avais lu

Vijay, quand il vit Mère pour la première fois.

des bibliothèques entières, de la philosophie et de la psychologie et de la poésie, mais évidemment j'avais quitté l'Italie à l'âge de 15 ans et je n'avais pas été plus loin que le secondaire. En plus il me soupçonnait d'être un drogué, quand, en fait, depuis que j'étais arrivé en Inde, je n'avais touché à rien, je n'en avais ressenti aucun besoin. Donc j'étais exactement un concentré de tout ce qu'il détestait. Il ne voulait absolument pas de moi et m'a demandé de partir, mais je me suis assis là sans bouger. Finalement il m'a donné un papier pour pouvoir loger au Parc-à-Charbon. C'était juste un toit d'asbestos, un dortoir à quatre roupies par jour avec trois repas au Dining-hall.

Je n'ai pas du tout aimé l'Ashram. Mon idée d'un ashram, c'était quelque chose un peu comme Thiruvannamalai ou Benares. Quand j'ai vu le terrain de jeux, les uniformes, les marches quasi militaires, cela m'a paru du fascisme. Je n'aimais pas l'Ashram, ses entreprises commerciales, ses fabriques, le fait que tous ses bâtiments étaient dispersés dans la ville.

Et pourtant je ne pouvais pas partir.

Un jour je me suis rendu à la bibliothèque de l'Ashram. Je voulais faire une liste de tous les gourous et les ashrams afin d'aller ensuite les visiter et voir s'il y en avait un qui me conviendrait. Dans l'escalier, il y avait des coolies qui transportaient de lourdes étagères. Je suis allé les aider. Quand je suis redescendu, le bibliothécaire m'a dit : « Ces gens-là sont sales, vous ne devriez jamais vous approcher d'eux. » J'ai fait mes bagages et je me suis tiré. J'avais été communiste et je ne pouvais pas supporter l'attitude des Bengalis envers les Tamouls. « Ça suffit. » Je suis parti.

Le bus est tombé en panne juste à la sortie de Pondichéry. Je savais reconnaître un signe quand il y en avait un. Je suis revenu.

Mon anniversaire s'approchait. Nata me dit : « Tu dois aller voir Mère. » Mais une des idées fixes que j'avais, c'était qu'un vrai gourou devait être indien. Cette dame née en France, d'un père turc, d'une mère égyptienne… Je ne lisais que Sri Aurobindo, pas Mère. Sa photo accrochée partout me gênait. Mais je me suis dit: Bon, d'accord, voyons cette vieille dame, elle doit être gentille, elle doit avoir de la sagesse; après tout elle a vécu longtemps avec Sri Aurobindo.

J'y suis allé sans attendre quoi que ce soit, désinvolte. La porte s'est ouverte et… je n'ai jamais été aussi stupéfait de ma vie car ce n'est pas un être humain que j'ai vu là. Il y avait un sari, il y avait deux yeux, un sourire, mais c'était comme une fenêtre sur l'infini. La première impression était d'infinité, un espace infini. C'était incroyable. J'avais l'impression que j'avais vécu toute ma vie enfermé dans une boite d'allumettes. Et puis, vague après vague d'amour – un tsunami d'amour. J'avais une piètre opinion de moi-même, pas tellement parce que j'avais tué un certain nombre de gens (le monde se portait mieux sans les fascistes espagnols), mais parce que j'étais très égoïste et que je ne savais pas ce qu'était l'amour. Alors je pensais: « Comment est-il possible que Tu m'aimes ? » J'avais honte. « Pardonne-moi d'avoir introduit ce tas d'ordure dans ta chambre, je ne savais pas qui Tu étais ! » Elle m'aimait, je me sentais en sécurité, en sécurité – en sécurité pour toujours dans Tes bras !

Et tout à coup elle n'était plus là.

Il y avait un visage penché sur moi; j'ai appris plus tard que c'était celui de Champaklal. J'entendais des mots mais je ne comprenais rien. Le jour suivant ils m'ont enfin expliqué ce qui s'était passé: ils m'avaient secoué tant et plus pour me dire que l'entrevue était finie, mais je n'entendais rien et il avait fallu me soulever et me transporter hors de la chambre.

Alors j'ai su que je ne partirais jamais.

J'ai travaillé quelque temps au Dining-hall de l'Ashram. Trois fois par jour, sept jours sur sept. Le matin, je comptais les citrons et les bananes; au déjeuner et au diner je faisais la vaisselle.

Plus tard j'ai visité Auro-Orchard où il y avait un Français nommé Mercier. L'énergie était bonne. Je ne savais même pas que ça faisait partie d'Auroville et non de l'Ashram. Je n'ai d'ailleurs pas consciemment décidé de vivre à Auroville. Si bien que lorsque j'ai dû renouveler mon visa, je suis allé au département de l'Ashram qui s'occupait de ça, et on m'a dit: « Non, vous êtes à Auroville maintenant, vous devez voir ça avec le bureau d'Auroville. » J'ai écrit à Mère lui expliquant que je n'avais pas compris que j'avais quitté l'Ashram: « Laisse-moi revenir ». Elle a répondu: « Non, reste là-bas. » Et elle avait raison car j'étais un rebelle, les autorités de l'Ashram m'auraient renvoyé un jour ou l'autre.

Après le départ de Mercier, j'ai travaillé à Edayanchavadi. Nata y avait commencé certaines activités. Les villageois avaient demandé à Mère qu'on leur donne de l'eau. La seule eau qu'ils avaient était celle de la mare boueuse dans laquelle où se roulaient les buffles. C'était la seule eau qu'ils pouvaient boire. Ceux qui étaient un peu plus riches la faisaient bouillir. Les autres la puisaient dans des cruches, laissaient la saleté se déposer au fond et buvaient l'eau du dessus en essayant de ne pas trop la remuer. Bien entendu ils avaient toutes sortes de parasites intestinaux. Ils avaient aussi demandé à Mère un magasin. En effet il n'y avait rien à Edayanchavadi. Et comme ils ne pouvaient pas se permettre de se payer un ticket de bus, ils devaient se rendre à pied à Pondi pour acheter du riz et du kérosène. Alors Nata avait ouvert un petit magasin appelé Udavi qui vendait surtout du riz, du kérosène, quelques oignons, un peu d'épices. Et puis quelques Auroviliens sont venus, demandant des bananes, de la confiture, du lait en poudre – que le magasin ne vendait pas au début. Nata m'a demandé de l'aider. Un peu plus tard, certains Auroviliens ont voulu mettre dans ce magasin des choses gratuites, et encore plus tard certains amis qui faisaient des objets en cuir ont voulu les y mettre en vente. Donc c'était Pour Tous, le Free Store et la Boutique d'Auroville réunis. Dans le même temps, quelques constructions se sont faites. Johnny m'a construit une hutte en keet, et je suis resté là un an et demi. Jocelyn aussi avait bâti quelque chose. Et puis Nata a déclaré : « Je veux démarrer la fabrique d'Auroshikha [fabrique d'encens]. Alors vous pouvez rester là tant que vous n'avez pas autre chose, mais à partir de maintenant, c'est moi qui vais m'occuper de ces maisons. » Nata était à la fois un saint et un homme d'affaires implacable.

Mes meilleurs amis étaient à Fertile. Je suis allé là-bas et j'ai aidé à planter une partie de la forêt. J'ai alors vu ce terrain (Fertile Windmill) sur lequel il n'y avait rien, et j'ai dit : je veux qu'il y ait là une forêt. J'ai bâti une petite hutte, ca m'a coûté deux cents roupies. Il n'y avait rien d'autre. De là on pouvait apercevoir le Banyan. Tout le monde a cru que j'étais fou. Ni route, ni eau, ni haie, rien. J'avais quelques livres, une natte, une lanterne à kérosène (qu'on m'a volée le premier jour), et j'ai vécu là pendant un an. L'ornière creusée par les roues de la moto est devenue la route, on a construit une éolienne et commencé à planter des arbres. Ça a été le début.

J'ai vu Mère plusieurs fois, en dehors des Darshan. La première fois elle m'a dit : Bonne Fête. Les fois suivantes, elle n'a rien dit. Au début, j'allais la voir rempli de questions que je voulais poser, mais quand j'arrivais devant elle, il n'y avait plus de questions, il n'y avait plus de mental, rien à demander. Je n'ai jamais parlé à Mère.

Et quand Mère a quitté son corps ?

Comme tout le monde, j'ai attendu dans la foule pour aller la voir. Et quand j'ai constaté l'arrogance de beaucoup d'Ashramites qui essayaient de resquiller et de passer devant ceux qui avaient attendu sous le soleil pendant des heures, et quand j'ai observé ma propre réaction de colère, eh bien j'ai compris pourquoi il avait fallu qu'elle parte. Nous étions trop pour elle…

Quand je me suis trouvé finalement en face de ce corps, c'était comme quand on voit la peau d'un serpent ou la chrysalide d'un papillon. Ce n'est pas Mère que j'ai vue dans ce corps. Je ne sentais pas qu'elle était morte. C'était comme si elle s'était seulement dépouillée de ses vêtements.

Ça ne changeait rien d'essentiel. J'avais toujours le sentiment qu'elle voulait que je sois ici, même si mon vital ne voulait pas rester.

Quand elle est partie, as-tu pensé que le projet d'Auroville ne pourrait pas continuer ?

Non, je crois en ce qu'elle a dit, même si mon mental ne peut pas le comprendre. Elle a dit : Auroville est déjà là, Auroville se manifestera à travers nous, pas grâce à nous. Souvent je me suis senti découragé, désespéré, critique. Mais elle a dit : *Auroville sera*. Donc je le crois, même si je ne peux pas comprendre comment.

C'est comme si j'étais mort plusieurs fois et né plusieurs fois. La personnalité du philosophe était complètement différente de celle du révolutionnaire, complètement différente de celle du hippie, différente de celle du nihiliste. Si je regarde celui que j'étais avant de venir en Inde, eh bien, à part l'amour pour la poésie et la musique, je ne vois en moi rien de commun avec cette personne : un complet étranger. Si je n'avais pas quelques cicatrices de coups de couteau et de blessures par balle pour me rappeler la vie ancienne… Quelquefois je me dis : Ai-je vraiment vécu cela ou l'ai-je imaginé ? C'est difficile à croire. La personnalité, l'individualité, c'est un mystère incroyable. Qui était cette personne qui a fait tout cela ?

—Entretien avec Vijay

La cité de ma vie

Un entretien avec Poppo

Tout a commencé avec le fait que j'étais un bon catholique. J'avais 24 ans et je voulais aider le monde. Tout simplement. J'avais envie de voyager au Pakistan où j'avais un ami, mais un médecin ami de mon père m'avait conseillé de présenter ma candidature à une organisation qui m'enverrait travailler dans le pays de mon choix. « Tu es architecte, tu as reçu une formation. Voyager sans rien faire serait une perte de temps. »

Convaincu, je contacte une organisation gouvernementale – le Service allemand de Volontaires – démarrée à l'initiative de John F. Kennedy lors de sa visite en Allemagne en 1963. Ce que je souhaitais, c'était d'être envoyé en Afghanistan. On nous donne une formation de trois mois, des cours de survie, des cours d'anglais, des leçons pour apprendre à faire le pain, à coudre, etc., et on me demande si j'accepterais d'aller en Inde. Je ne connaissais rien de l'Inde sauf les noms de Nehru et de Tagore ; j'imaginais l'Inde comme dans les histoires que j'avais lues dans l'enfance c'est-à-dire comme une immense jungle dans laquelle il n'y avait probablement pas de routes… J'accepte et je débarque à Hyderabad à l'université d'Osmania en 1966, avec un groupe de trente personnes. L'État d'Andhra Pradesh m'avait assigné ce poste sans même en avertir le département d'Engineering de l'Université. Je reste là six mois. On me donne une grande table, une chaise, un porte stylo, de l'encre rouge et de l'encre noire. Je trouve à m'occuper.

En 1967, famine dans le Bihar. La campagne tout entière ressemblait à ça [champ dénudé] : jaune, brun, vide, avec des tempêtes de sable. Pendant les vacances j'allai là-bas sous les auspices de l'Unicef. Je logeais dans l'ashram de Vinoda Bhave à Bodh Gaya. Je voulais aller à Bodh Gaya car j'étais passionné par les anciens restes bouddhistes dispersés çà et là. Notre première tâche dans les villages fut d'enfoncer dans le sol des anneaux en béton avec un moteur diesel pour habiller les parois du puits. Nourriture : riz, dhal, oignons. Le lendemain : oignons, riz, dhal. Il n'y avait rien d'autre. J'ai perdu huit kilos mais cela a été une expérience très forte et je suis revenu à Hyderabad transformé. Je ne pouvais plus accepter le monde dont je venais. Dans ces villages là-bas, les gens étaient heureux, simples, amicaux. Je me disais : « Ce n'est pas possible ! Toute cette accumulation de références professionnelles… Non ! » Surtout la religion. Du jour au lendemain j'abandonnai mon bagage catholique. J'en avais fini avec ça.

Sans tout ce bagage, l'année suivante, en 1968, je suis reparti au même endroit, pour construire une école avec des poteaux électriques dans une jungle. Il faisait 50 degrés. Nous payions les ouvriers avec du blé car en ce temps-là l'Amérique avait envoyé du blé.

Ma vie était fondamentalement changée.

J'ai toujours eu une attirance pour les bouddhas en posture de méditation. Et c'est pour cela que je désirais aller à Bodh Gaya. Quand ils creusent des trous pour y mettre du compost, on trouve des reliques, des objets, des bouddhas. Je ne pouvais pas y croire ! Il y en avait partout : des bouddhas vieux de 1500 ans, assis en ligne comme dans les temples bouddhistes. Je n'osais pas… Je demande à un Anglais qui opérait un groupe électrogène à diesel dans le même ashram. Il hausse les épaules : « Oh, prends-les ! »

Vous souvenez-vous de Carlos ? Il était consul d'Allemagne à Madras. Un jour il invite tous les Allemands vivant à Hyderabad, une trentaine. Nous faisons connaissance et après avoir appris que j'étais architecte, il observe : « Vous savez, ils sont en train de construire une nouvelle ville, une ville internationale près de Pondichéry. » Il me demande si je serais prêt à y aller et je réponds que oui.

Je n'y croyais pas trop. Soudain je reçois un télégramme de notre bureau de Delhi : « Aller Auroville pour inauguration, si Principal d'accord. » Je ne pouvais pas croire que j'avais été invité ! Alors je me suis dit qu'il valait mieux m'informer un peu sur l'endroit où j'allais me rendre. Nous étions en janvier. En décembre, notre organisation nous avait donné à tous un cadeau de Noël sous la forme de deux livres en allemand. Devinez ce que j'avais reçu : d'abord « Kiss-kiss » d'un auteur américain, que je n'ai jamais lu, et puis une biographie de Sri Aurobindo en allemand, biographie qui est introuvable aujourd'hui ! Écrite par un professeur de philosophie.

Je ne lisais pas en ce temps-là. Seulement le *Time*, pour lire un peu d'anglais. Mais lire pour apprendre, non, ça me paraissait une perte de temps. Néanmoins je me suis dit : « Ce serait mieux de lire ce livre et de m'informer avant d'aller à Pondichéry. » Il y avait certaines citations de Sri Aurobindo qui m'ont donné la chair de poule. Je ne savais pas à quoi attribuer cette émotion. Dans l'avion Hyderabad-Madras j'étais encore en train de lire…

L'aéroport à l'époque était grand comme une tea-shop. Au Consulat je rencontre la fille allemande invitée pour l'inauguration. Elle faisait partie aussi de notre organisation et était infirmière dans les Nilgiris. Ensemble nous prenons un bus pour Pondi. Nous avions beaucoup d'argent! Normalement nous recevions un défraiement, assez pour vivre mais pas beaucoup. Là, pour la première fois, nous avions reçu une grosse somme, et pour seulement cinq jours! (D'ailleurs au retour, j'ai foncé droit chez des antiquaires pour acheter des antiquités). À la station de bus de Madras, je rencontre mon premier Ashramite: Bibash Mutsuddi, un neveu de Nirodbaran, and nous avons discuté pendant tout le trajet. Le bus me laisse à Corner House où une Mercedes conduite par Udar me prend pour me déposer chez Frederick et Shyama. Je demande à Udar:

« Que faites-vous ici ?

—Je suis ingénieur. »

Shyama était si belle, de longs cheveux comme une Brigitte Bardot suédoise. J'adorais la vieille atmosphère coloniale, la bière, le café, les baguettes, les anciennes rues françaises, la place. J'adorais. On voyait Vincenzo parfois, et Swapna aussi. Ils avaient commencé déjà à travailler à Auroville. La mère de Frederick était là et puis les enfants de Shyama. L'infirmière allemande avec qui j'avais voyagé, elle par contre, n'était pas à son aise et se sentait en terrain inconnu.

Un jour on nous appelle pour répéter la façon dont nous devions placer la terre dans l'urne, c'est-à-dire par ordre alphabétique. Tous les représentants des 120 pays devaient se mettre en ligne. On m'avait donné un peu de terre allemande, qui avait été apportée par Lufthansa, je crois. Comme j'étais tout près des Français, puisque la lettre G [Germany] vient après le F, une conversation s'engage. Près du Foyer du Soldat, poussait une plante grimpante avec des petites fleurs bleues en forme de clochettes. Je vais en cueillir quatre et les partage avec les Français. On en a mis deux dans le sol allemand et deux dans le sol français. Nous avions toujours été ennemis, donc c'était symbolique, et cela nous a fait une forte impression.

Arrive le matin de l'inauguration. Nous nous installons dans les bus. Plusieurs bus et des centaines de gens. À partir de Jipmer, rien: à perte de vue un désert. Puis Edayanchavadi : un village endormi avec quelques huttes en terre. Quelques champs avec des *malate* [cacahuètes] probablement, de rares palmiers. On s'arrête au milieu de nulle part et on nous fait descendre. Il est 10h et il fait déjà très chaud. On nous dit de nous asseoir sous des toiles de tente. L'atmosphère vibre.

Je pouvais sentir l'énormité de l'événement. J'étais jeune et j'étais seulement un invité, mais la grandeur de ce moment… Le sens de l'unité humaine, l'atmosphère internationale – j'imagine que c'est présent aussi aux Jeux Olympiques, mais sous une forme très vitale, tandis que là c'était rayonnant, c'était d'une autre qualité.

Je rencontre là des gens qui me disent : « On a besoin de gens comme vous qui ont une expérience de l'Inde. » Je n'avais qu'un an et demi d'expérience !

Sur les 1h de l'après-midi on nous ramène à Pondi. Nous avons très soif. Après un moment passé au Quality Hotel nous nous sentons un peu pompettes.

Pendant ces cinq jours, l'Ashram a très bien pris soin de nous. Les déjeuners, les diners, tout était organisé à Corner House. J'aimais ces gens et l'atmosphère internationale. Je me souviens des représentants de l'Union Soviétique, des petits enfants : aussitôt la cérémonie finie, leurs gardes les ont remmenés à Madras. Ils n'avaient eu de contact avec personne.

Le jour suivant, il y a un autre aller-retour à Auroville. On nous montre les premiers bâtiments de Promesse. Passés à la chaux, bien propres. Savez-vous ce que je me suis dit ? « Ça serait un bon endroit pour vivre ! » Deux ans plus tard, j'étais dans cette maison ! Étrange, non ?

Je me souviens d'avoir parlé avec Frederick et de lui avoir dit : Si Sri Aurobindo a eu toutes ces expériences, il aurait dû les écrire pour les expliquer de façon à ce qu'on le comprenne. « Il les a écrites », m'avait répondu Frederick. Mais à l'époque je ne lisais pas, je voulais expérimenter, vivre, pas lire des livres. Maintenant c'est le contraire, je lis beaucoup.

Pendant l'inauguration je n'avais pas parlé avec Roger Anger. Il était très occupé et je n'avais pas senti de contact. Par contre, avec Braslevsky j'avais parlé pendant deux heures. Pierre Braslevsky travaillait avec Roger. Cette conversation m'a impressionné. Il parlait avec le cœur.

Le 1er mars 1968, deux jours après l'inauguration, j'ai écrit une carte à ma mère : « Je sens fortement que cette cité sera la cité de ma vie. Il ne peut en

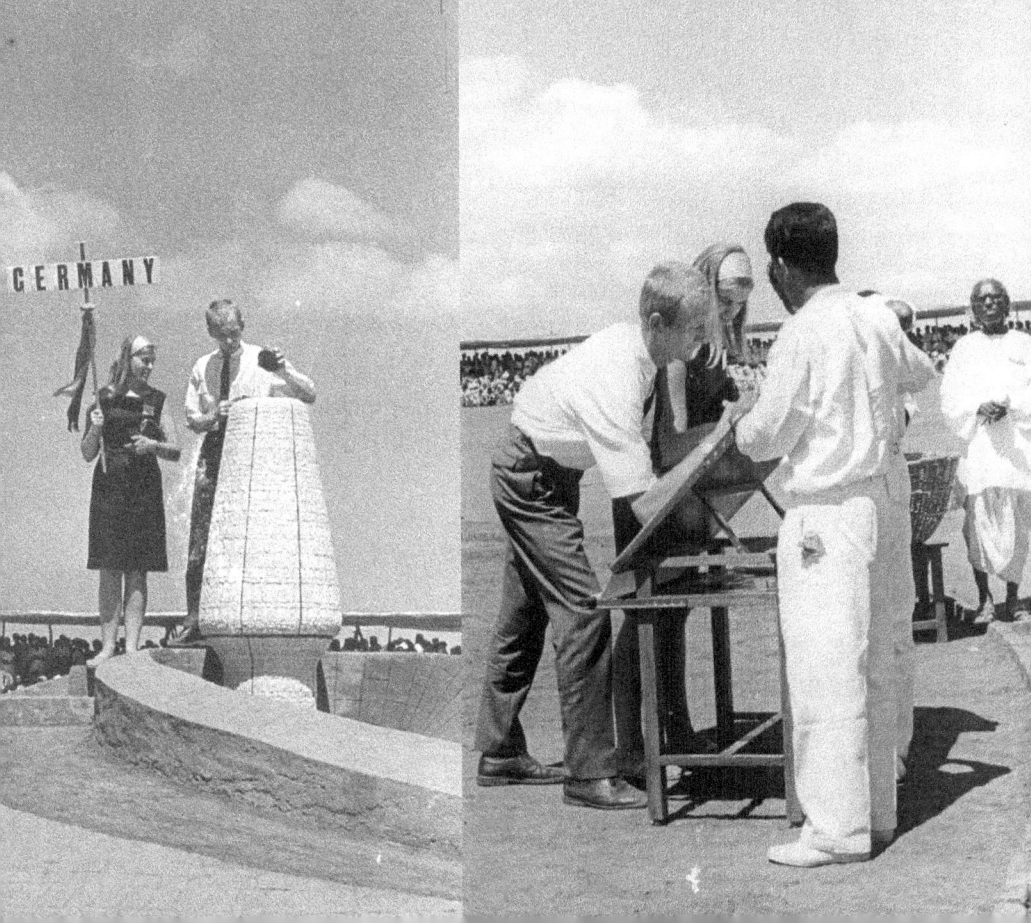

En haut, télégramme d'invitation reçu par Poppo pour l'inauguration d'Auroville
En bas, inauguration : à gauche Poppo et la jeune femme allemande versent de la terre dans l'urne ; à droite, quelques instants plus tard Poppo signe le registre.

être autrement. Auroville, la cité du futur… »

Le même jour on doit repartir. Nous revoyons le consul à Madras et reprenons l'avion pour Hyderabad. À l'université, j'ai parlé d'Auroville à tout le monde et j'ai mis au tableau d'affichage le premier dépliant sur Auroville.

Quelques mois plus tard, je fais une demande de voyage. C'était quelque chose qu'on pouvait faire : on devait expliquer l'objet de notre recherche, pourquoi on avait besoin d'aller dans tel endroit, et on nous payait le voyage. J'explique donc que je veux repartir à Pondichéry pour me rendre compte si c'est un endroit pour moi. Pas de problème ! Donc je repars au début d'août 1968.

Je logeais dans une guesthouse. Je voulais absolument revoir l'urne où nous avions déposé la terre, mais je n'y arrivais pas. J'ai rencontré plusieurs fois Gene Maslow. Je voulais poser des questions, avoir des réponses, par exemple : je veux travailler mais combien est-on payé ? Navajata me dit : « On vous fournit tout, nourriture, habits, logement », mais quand je lui ai mentionné que je voulais retourner voir ma famille une fois par an : « Ah non, me dit-il, nous ne pouvons pas payer ça. »

C'était le premier obstacle.

Une fois j'ai cru que je pouvais aller revoir l'urne mais la Land-Rover s'est arrêtée dans un endroit, qui devait être Auroson's Home. Ils creusaient là un puits. Il n'y avait rien autour : des champs, du sable, pas de végétation. Je ne suis pas allé jusqu'à l'urne. Frederick et Vincenzo montaient chaque jour à Auroville pour construire Auroson's Home.

Au bout d'une semaine, je me préparais à repartir pour Hyderabad. Tout le monde me disait : « Mais pourquoi pars-tu ? Nous sommes le 14 août. Demain c'est le Darshan. » Mais je n'y attachais pas d'importance. J'avais été présent lors du Darshan du 29 février. Navajata m'avait emmené sur le toit de sa maison pour y assister. De chez lui, on voyait très bien. Il y avait beaucoup de monde sur les toits, beaucoup de photographes. Mère était apparue et j'avais vu un homme tout droit comme ça (*mains jointes en namaste*) : ça m'a semblé si étrange après avoir quitté le christianisme…

Je devais finir mon temps [de Volontaire] en 1968. J'ai quitté l'Inde en septembre et j'ai rencontré Helga au Pakistan (elle faisait aussi partie de la même organisation allemande, au Pakistan), chez un ami à Peshawar. Elle logeait avec les femmes, moi avec les hommes. Ils haïssaient tous l'Inde. Je leur ai dit : vous vous ressemblez, pourquoi vous battez-vous ?

Une construction

Helga et moi sommes repartis vers l'Europe par la route et sommes arrivés en Allemagne en novembre. C'était l'hiver, et je revenais d'un lieu où j'avais été presque tous les jours au soleil. Comment pouvais-je vivre ici? J'avais encore ma petite chambre. Je l'ai décorée différemment, à l'indienne. Tout sur le sol, pas de meubles. Beaucoup d'objets indiens (j'avais envoyé de Hyderabad 35 caisses d'antiquités). Et puis? Les gens ne comprenaient rien à ce qu'on avait vécu pendant deux ans, les changements psychologiques par lesquels on était passé. J'avais envie d'en parler, mais c'était impossible. Personne n'aurait compris.

J'ai un peu oublié Auroville. En février 1969 j'ai fait une demande de bourse pour étudier l'urbanisme à Cincinnati en Amérique. Pour cela il fallait écrire un essai dont le thème était «l'affreux Américain». Et puis il y avait une entrevue. Je me souviens que j'ai cité Gandhi – en fait un vers des Upanishads, mais je ne le savais pas à ce moment-là – «Celui qui voit l'action dans l'inaction, et l'inaction dans l'action, celui-là en vérité est un homme sage.» Ils me regardaient bouche bée! Le coordinateur remarqua que ça devenait un peu trop philosophique et je n'ai pas été recommandé.

Je voulais repartir en Orient avec Helga. Je ne trouvais rien. On ne m'offrait du travail qu'au Ghana ou en Indonésie. J'étais prêt à partir pour l'Indonésie si rien d'autre ne marchait. Et d'ailleurs, si j'avais été envoyé en Indonésie, je suis sûr que j'y serais resté. Mais les choses ont pris une autre tournure.

Un jour je reçois un appel téléphonique de Yusuf Vollmer (qui allait être mon patron à Delhi pendant les années suivantes). «Ces gens d'Auroville sont prêts à prendre des membres du Service allemand de Volontaires pour travailler avec eux.»

Un an auparavant, j'avais recommandé à mon organisation d'envoyer des volontaires à Auroville, leur disant que c'était un endroit très intéressant. Mais je n'avais jamais pensé à moi ! Ce qui s'était passé, c'est qu'il y avait un conseiller dans notre organisation, un homme appelé Carl Friedrich Weizsäcker (un physicien bien connu et le frère du président de la République fédérale d'Allemagne)1. L'organisation l'avait envoyé à Auroville pour qu'il voie si cela valait le coup d'y envoyer des volontaires. Ils voulaient se rendre compte. Le rapport de M. Weizsäcker avait été positif. Donc quand nous avons posé notre demande en juillet 1969, on nous a demandé si nous étions prêts à partir pour Auroville, et nous avons accepté. Au moins nous avions un défraiement. Je ne devais pas aller mendier auprès de Navajata pour obtenir 50 ou 100 roupies, pour avoir ci ou ça, comme les autres Auroviliens. Nous étions indépendants. Les Auroviliens recevaient cent roupies par mois ; nous, huit cents. Nous pouvions voyager un peu, acheter quelques antiquités, faire quelques visites chez Mme Pierre[2].

En fait je n'étais pas censé travailler pour Auroville en général, mais « pour les villages à Auroville ». J'avais insisté sur ce point. En même temps bien sûr, je m'engageais dans Auroville aussi. Parce que, de quelle architecture parle-t-on dans les villages ?

Je suis allé vivre à Promesse. L'une des premières choses que j'ai fait est de me promener et de demander alentour : « Pourquoi faites-vous des barrières entre les villages et vous ? » J'ai parlé longuement à Gérard d'Auro-Orchard : « Nous n'avons pas besoin de barrières, nous sommes un. » Je n'avais aucune idée de ce qu'étaient les castes, la mentalité ou les pratiques des villageois. C'est alors que vous apprenez vos premières leçons, et que vous commencez à entrer dans la réalité d'Auroville.

Maggi m'avait donné un rendez-vous pour aller voir Mère, mais ce jour-là j'avais été si brûlé par le soleil que j'avais de la fièvre et que j'ai laissé Helga y aller sans moi. Je n'avais aucune idée de ce que c'était que de voir Mère.

---

1. « Il y a huit ans, il y a eu des problèmes concernant les donations faites à Auroville par des Allemands. Elles allaient être taxées, Auroville ayant été qualifiée de secte. On m'a demandé si je connaissais quelqu'un de remarquable en Allemagne. J'ai dit que la seule personne que je connaissais était Weizsäcker. Il avait déjà 89 ans mais je savais qu'il était vivant. Je lui ai écrit en lui demandant s'il pouvait faire une déclaration au sujet d'Auroville susceptible d'être envoyée à ces fonctionnaires des finances. Il a écrit une note très positive qui a été acceptée. »
2. Madame Pierre était une dame dont la grande maison coloniale à Pondichéry était remplie de toutes sortes de vieilles choses qu'elle vendait peu à peu. (NdE)

Elle lui a donné un sachet de bénédictions pour moi.

Je partageais un bureau avec Piero et Gloria à Promesse. Le premier projet a été le Jardin d'enfants d'Helga à Kuilapalayam. Et puis la première cuisine collective à Kuilapalayam (à l'endroit où se tient la Boulangerie maintenant), qu'on appelait Community Kitchen. C'était la première construction en keet qui était différente de ce qu'on faisait partout avec le keet. Vous souvenez-vous de la tente faite plus tard pour les Jeux Olympiques de Munich? Je voulais faire quelque chose de similaire. Mais je ne savais rien des termites. J'avais mis les filaos directement dans le sol. Personne ne savait rien. Même Piero ne savait pas. On ne vous enseigne pas ça à l'école d'architecture. J'ai mis 25 ans à comprendre ce qu'il fallait faire avec les termites.

Heureusement, deux ou trois mois après notre arrivée est arrivée la personne qui allait être mon premier mentor, Bomi Homawallah, qui allait s'occuper de la ferme appelée Service Farm. C'était un Parsi. Je l'aimais bien et il m'aimait bien. Et il aimait les gâteaux faits par Helga. Il était très cultivé et cela l'intéressait d'apprendre quelque chose de l'occident – ce que j'étais capable d'offrir à l'âge de 29 ans. C'est lui qui m'a initié dans la spiritualité de l'Inde ancienne et les idées zarathoustrennes. Nous sommes devenus amis. Je lui dois beaucoup, car c'était l'apprentissage d'un monde inconnu[1].

On voyait des conflits apparaître entre l'idéal et la réalité, l'insensibilité de la Sri Aurobindo Society par rapport aux villageois qui nous entouraient (même si leurs terres avaient été achetées, elles étaient quand même encore à eux sentimentalement), le planning de Roger. La Société ne donnait que 60 roupies pour le Jardin d'enfants d'Helga, mais quand il s'agissait d'imposer des décisions, elle n'hésitait pas. C'était un conflit intérieur pour moi, qui se poursuivit jusqu'à ce que finalement je décide de m'en aller. Mes parents étaient venus et m'avait apporté un formulaire pour une demande d'admission dans une nouvelle université allemande. Je me dis: « Avant de partir, je veux voir Mère, je veux voir par moi-même. » Ce fut immédiatement accordé.

---

1. « Un jour il m'a demandé: « Que lis-tu? » C'était *l'Aventure de la Conscience*. Je le lisais lentement, j'aimais bien. Il a remarqué: « Pourquoi ne vas-tu pas boire directement à la source? » [c'est-à-dire lire directement Sri Aurobindo]. Il m'a conseillé la *Synthèse des Yogas*, la *Vie Divine*. J'ai commencé à le faire. Avec discipline: une heure chaque après-midi. Lentement je suis devenu quelqu'un qui lit, et maintenant je lis tous les jours. C'est comme un darshan pour moi. D'ailleurs le darshan, ce ne sont pas les mots, c'est ce qu'il y a entre les mots. Cela agit à un niveau subtil. C'est ce qui me soutient. »

16 avril 1971. On attendait sur le balcon. Puis un groupe de six ou sept dont je faisais partie pénétra dans la pièce. Je vis cette petite silhouette, et je me dis : Mon dieu ! Si petite ! J'étais debout, un des derniers de la ligne. Elle était assise comme ça [courbée]. L'Indienne qui était devant moi gardait les yeux baissés. J'avais l'impression que Mère lui demandait de la regarder dans les yeux mais elle ne le faisait pas. Elle s'éloigne et c'est mon tour. Je m'approche et la regarde droit dans les yeux. J'étais complètement vide. Nul désir de prétendre quoi que ce soit. Je souriais. Elle m'a regardé je ne sais combien de temps. Peut-être une minute. Puis un signe : maintenant tu peux t'en aller.

C'est tout. Et un sachet de bénédictions.

Quand je me suis relevé et me suis dirigé vers la porte, je me suis retourné pour la voir encore. Quelque chose en moi me disait : « Non, je dois la revoir ! » Tout ce que j'avais prévu (repartir en Allemagne, étudier), pffff ! évanoui. Tout ce que je désirais, c'était de la revoir ! En descendant l'escalier en bois, j'ai été comme inondé de béatitude et de bien-être. Qu'est-ce qu'il m'arrive ? J'étais béni. Je n'avais jamais éprouvé cela. Tellement puissant ! Je suis allé au Samadhi pour absorber l'expérience. Sur le moment on ne peut analyser ou interpréter. On sent, c'est tout.

Le lendemain matin, j'étais seul dans le bureau. Dehors, le flamboyant était dans toute sa splendeur. Pendant des heures je contemplais les fleurs rouges, plein de béatitude, essayant d'absorber, de revivre l'instant de la veille où je l'avais vue.

Quand j'étais chrétien, j'avais eu des expériences mais toujours empreintes de souffrance. Là, c'était tout le contraire. Oh ! J'étais accroché. C'était fini.

Quelque temps après, j'ai fait un rêve dans lequel je quittais Auroville et l'Inde. Je pleurais et c'est comme ça que mon rêve se finissait…

—Entretien avec Poppo

L'Histoire contemplait ce moment

Un entretien avec Rod

Il se trouve que je suis arrivé à Pondichéry un peu avant la naissance d'Auroville. Je ne savais rien du tout d'Auroville ; je suis venu à l'Ashram et je crois que je suis l'un des deux ou trois derniers étrangers à avoir été accepté comme ashramite. La Mère a signé ma garantie de visa. Le secrétaire, Amrita, en fut tout à fait heureux et impressionné. À ce moment-là je ne savais pas que c'était particulièrement significatif, parce que je ne savais pas encore qui elle était, mais je me souviens d'Amrita m'appelant dans son bureau pour me montrer la signature de Mère sur la garantie du visa.

J'étais en Californie pendant les années soixante, et j'avais lu *l'Aventure de la Conscience* et la *Synthèse des Yoga*. J'étudiais la philosophie, j'étais intéressé par la philosophie orientale, c'est comme ça que je suis tombé sur ces livres. Vivant dans la région de San Francisco, j'ai entendu dire que Haridas Choudhary enseignait à l'Institut d'Études Asiatiques. J'ai été le voir et j'ai suivi ses cours pendant quelques mois. En fait je ne faisais rien de très précis. Je vivais près de la plage dans une petite ville sur la côte à environ 160 kilomètres de San Francisco, j'étudiais, je méditais et j'écrivais de la poésie mais je n'étais pas vraiment engagé dans quoi que ce soit.

À cette époque j'ai commencé à voir Sri Aurobindo – très fortement – pas seulement la sensation de la force de Sri Aurobindo, mais aussi son image dans la tête. J'ai également lu le petit livre *La Mère*, et cela m'a conduit à passer d'une impression de philosophie intéressante au concept de la force, la force de la Mère. La philosophie de Sri Aurobindo est basée sur cela, la transformation en dépend, mais qui a jamais entendu parler d'une chose pareille ? C'est donc devenu une sorte de solution : sur le plan philosophique, si l'humanité doit changer, si le monde doit s'améliorer radicalement, il est évident que ça va demander quelque chose de plus que philosophie et bonne volonté – quelque chose comme une intervention. Je ne peux pas dire que je croyais à quoi que ce soit à ce moment-là, mais le yoga me paraissait être quelque chose qu'un individu pouvait entreprendre, ne serait-ce que pour au minimum améliorer sa relation au monde. J'ai donc pratiqué le kriya-yoga ; j'ai pratiqué le bouddhisme zen ; j'allais au temple à San Francisco et j'étudiais avec l'idée qu'il devait être possible d'atteindre un niveau de compréhension qui serait plus utile dans la vie que d'en rester aux options ordinaires du moment. À l'époque il y avait la guerre du Vietnam, il y avait les problèmes raciaux et je flottais en quelque sorte entre différentes universités, pas satisfait par l'expérience académique, et j'étais aussi en relation avec des gens très intéressants qui vivaient dans cette région. Il y avait Alan Watts, il y avait Timothy Leary et Ram Dass (qui alors n'était pas encore Ram Dass). J'ai eu quelques contacts avec ces gens-là. Il y avait des publications à San Francisco en provenance du district Haight-Ashbury (qui était fameux pour les concerts rock, les concerts acide et les *Flower Children*). Toute la génération hippie se trouvait à San Franscisco. J'y venais régulièrement dans le but d'explorer le phénomène de cette génération. Ayant 20 ans, je faisais partie de ce phénomène culturel mais en même temps, je vivais comme un ermite au bord de la mer à 160 kilomètres de là, sans intérêt direct pour ce phénomène. C'était quelque chose qui avait été important quelques années auparavant en tant qu'étudiant, mais maintenant j'étais comme entre le passé et le futur : ce phénomène culturel et mes propres explorations. Mais j'avais une bonne impression de ce qui était en train de se faire dans ce milieu culturel ; le domaine de la psychologie était très intéressant et je me souviens avoir été particulièrement impressionné par certains individus qui étaient en pointe dans ce domaine. Il y avait aussi d'autres professeurs de spiritualité dans la région à cette époque. Choudhary n'était pas la seule personne avec une large influence à San Francisco. Suzuki Roshi, le maître Zen japonais, qui a créé une branche majeure de la tradition bouddhiste américaine, vivait et enseignait aussi à San Francisco et j'ai eu quelques échanges extrêmement puissants et intéressants avec lui et sa communauté. Tous ces facteurs ont créé en moi une sorte de réceptivité à ce qui venait au travers des écrits de Sri Aurobindo. Ce que je lisais allait bien avec ce paradigme global de conscience émergeante, quelque limitée que soit l'expérience que j'en avais. Cela résonnait avec ce qui venait des écrits de Sri Aurobindo.

J'ai alors soudainement eu une sorte d'intuition qu'il était important de prendre contact avec la Mère si, en effet, elle était la matérialisation de cette force dont Sri Aurobindo indiquait qu'elle était nécessaire pour un véritable changement. C'était très clair. Cette possibilité existait là-bas ; je ne comprenais pas vraiment ce que c'était mais c'était intéressant. Et j'étais libre de mes mouvements : je n'avais pas d'attaches. J'ai donc parlé de tout cela avec Haridas Chaudhury et il m'a encouragé. Il a écrit une lettre d'introduction pour l'Ashram (à Prithwi Singh), et j'ai appris par lui que je pouvais venir. Je suis donc parti. C'était en janvier 1968.

En venant à l'Ashram, j'avais l'idée que j'y resterais aussi longtemps que nécessaire pour connaître en profondeur l'œuvre de Sri Aurobindo. C'était un but précis que je m'étais mis dans la tête. Je m'étais dit que si je prenais seulement un livre par ci, un livre par là et si je fréquentais des gens qui n'avaient aucun contact ni aucune idée des œuvres de Sri Aurobindo, il me serait très difficile de les absorber et d'y pénétrer. J'avais donc une intention très claire – dont j'ai d'ailleurs informé Mère par écrit – l'intention de me plonger totalement dans les œuvres de Sri Aurobindo.

Quand je suis arrivé, elle m'a envoyé à l'imprimerie de l'Ashram, pour relire les épreuves de l'édition du Centenaire des œuvres de Sri Aurobindo. Et pendant à peu près six mois, je n'ai rien fait d'autre! (*rires*) J'ai tout lu. Je travaillais aussi sur une nouvelle édition de *L'Aventure de la Conscience*, en anglais et en français. J'avais déjà appris suffisamment de français pour être capable de lire les épreuves avec l'aide de quelqu'un. Et j'ai travaillé sur toutes les revues mensuelles – dont l'état était pitoyable. Quelquefois il me semble qu'à ce moment-là, c'est comme si Mère se moquait de moi, parce que tous ces documents qui sortaient de l'imprimerie de l'Ashram étaient tout à fait illisibles! Les manuscrits me venaient avec presque une centaine de fautes à chaque page. J'ai bien connu Amal Kiran à cette époque, du fait que « Mother India » était de toutes les revues la meilleure et avait les contributions les plus intéressantes, mais les originaux étaient en piteux état et Amal était très heureux d'avoir quelqu'un qui était capable de tout relire rapidement et faire les corrections.

Pendant ces premiers six mois, j'ai habité au Parc-à-Charbon dans un espace minuscule de peut-être trois mètres carrés. Dans le temps libre que j'avais entre le travail à l'imprimerie et les repas au réfectoire, je lisais Sri Aurobindo à ma guise. J'étais particulièrement intéressé à découvrir les racines de la tradition védique et des mantras. J'étudiais toutes les traductions des Védas et *Savitri*. Pendant que j'étais là-bas, au Parc-à-Charbon, assis lisant dans un hamac au bord de la mer, j'ai réellement commencé à entrer en contact avec la force mantrique que je crois être à la base du yoga de Sri Aurobindo. Je crois que quand il écrit *Savitri*, il écrit à partir de la plus ancienne tradition spirituelle védique. C'est mantrique et cela contient la force. *Savitri* est la déesse de l'illumination et il dit clairement que le travail de *Savitri* est d'apporter cette énergie de transformation. Je me suis donc plongé dans l'étude de ce phénomène qu'est le langage. Je ne faisais pas que lire superficiellement les épreuves des livres de Sri Aurobindo, j'étais vraiment en phase de découverte.

J'observais aussi la vie de l'Ashram. J'allais de temps à autre rendre visite à Prithwi Singh, qui était une personnalité extrêmement intéressante. Il était aveugle et il était en permanence assis tout seul dans un petit bureau. À n'importe quel moment de la journée, on pouvait l'apercevoir assis là. À une certaine époque il fut éditeur des œuvres de Sri Aurobindo. Il était plutôt âgé, avec des cheveux blancs, frêle, mais il trouvait le moyen de rester au fait de ce qui se passait. Je ne sais pas si quelqu'un lui faisait la lecture régulièrement et le tenait informé, mais je trouvais intéressant d'être en communication avec lui. Nous avons échangé quelques plaisanteries quant à la vitesse apparente du yoga de la transformation à l'Ashram…. Après six mois de cette expérience, il était possible de dire : Dieu merci, Auroville existe! Parce que si l'Ashram devait être le lieu du changement, on avait l'impression que ça prendrait mille ans (*rires*). La vie de l'Ashram n'était pas particulièrement source d'inspiration.

Un jour, peu de temps après mon arrivée, j'ai vu des tas d'autocars autour de l'Ashram. J'ai demandé ce qui se passait et on m'a dit que c'était le jour de l'inauguration d'Auroville. J'ai demandé : «Qu'est-ce que c'est? C'est quoi Auroville?» Il y avait eu probablement quelques brochures qui étaient sorties de l'Imprimerie mais je n'y avais pas fait attention. Je suis monté dans un autocar et je suis allé à la cérémonie d'inauguration.

Ce fut probablement une des expériences les plus fortes de ma vie. Cela n'avait rien à voir avec le fait que des gens mettaient de la terre dans l'urne, ou avec l'inauguration d'une ville internationale, mais c'est un fait que, assis dans cet espace pendant quelques heures, j'ai senti comme si un immense nuage blanc s'était posé sur le lieu, qui rendait tout radieux et immobile; et au sommet de ce nuage il y avait toutes les visions du futur de l'humanité selon les différentes traditions. Il y avait une immense présence qui se penchait sur ce moment; et ce n'était pas la Mère en tant que telle, mais l'Histoire qui contemplait ce moment. Ce fut mon expérience et elle était extrêmement forte. C'était une de ces expériences qui sont claires, absolument impossibles à expliquer et qui vous immobilisent – une expérience qui ne vous permet pas de bouger avant que vous ne l'ayez absorbée complètement.

Il y avait des choses qui se passaient, des lignes de gens qui bougeaient, engagés dans quelque cérémonie, mais ce jour-là, j'ai vraiment été touché par une vision. Après quelque temps, c'est passé à l'arrière-plan.

Mais six mois plus tard, je me suis mis à penser sérieusement à la possibilité d'Auroville, et en octobre 1968, j'ai décidé d'aller y vivre. J'avais écrit à Mère à propos d'éducation. Je suggérais qu'il serait intéressant de commencer une sorte d'école avec les enfants des villages. Il y aurait un moment où Auroville commencerait à se développer et il faudrait nécessairement mettre en œuvre un processus d'assimilation entre ceux qui venaient pour Auroville et la population locale. J'ai donc suggéré à la Society, et à Mère, que j'étais prêt à aller à Auroville. Mère a accepté.

J'ai construit une petite hutte à Centre Field, là où se trouve la maison de Janet. À l'époque, à Auroville, il y avait Bob et Deborah à Forecomers, Gene Maslow et Auroarindam à la Pump House, et moi au Center Field. A ce moment-là, je crois me rappeler que Janet était repartie et que nous étions donc cinq à habiter à Auroville. Et puis Francis est venu. Frederick et Shyama avaient un petit hangar à Certitude, mais ils avaient une maison à Pondichéry et j'allais loger chez eux de temps à autre quand je sentais le besoin d'échapper au climat torride d'Auroville – et quand je venais voir Mère.

Une relation plus directe avec elle a commencé durant les années 69-72. Pendant ces quatre années j'ai rencontré Mère plusieurs fois. Parfois il me semble que ce que nous faisions à Auroville pendant ces cinq premières années, c'était surtout d'essayer de la connaître, d'arriver à comprendre qui elle était. Je ne pense pas qu'il y avait beaucoup d'intérêt pour Auroville en soi.

Quand la caravane de France est arrivée, j'ai quitté Center Field pour Aspiration. J'ai participé à certaines des rencontres entre Mère et le groupe d'Aspiration. Je travaillais avec Bob et Deborah sur des activités musicales et théâtrales qui ont également amené des interactions avec Mère.

Je l'ai rencontrée plusieurs fois à titre personnel du fait de mon intérêt pour la poésie et les recherches mantriques de Sri Aurobindo. Ce qui m'intéressait, c'était de trouver le moyen que cette force et cette connaissance se manifestent par la parole, comme c'en était le but et l'intention. Je travaillais là dessus. Dans les premières vidéos, on peut me voir réciter *Savitri*. Je l'ai fait à Last School assez régulièrement.

J'ai donc rencontré Mère plusieurs fois à ce sujet. Une fois, venant la voir à propos de poésie, j'étais en train d'attendre mon tour sur le balcon comme nous faisions tous à cette époque. C'était en soi une expérience, d'attendre sur le balcon, c'était l'occasion de mettre de l'ordre en soi pour être davantage réceptif. Il me semblait que j'avais un but, et j'utilisais ce moment pour me préparer. Quand ils m'ont appelé, je me suis levé et ai commencé à marcher vers la chambre de Mère. Alors est apparue à quelques mètres de moi une sphère blanc argenté, de la taille d'une balle de tennis, qui flottait dans l'espace comme je m'avançais ; et cette balle, soudainement, est allée, wof (*geste*), elle a volé directement dans ma bouche. Je n'avais pas idée de ce qui se passait, mais c'est une expérience que j'ai eue, je l'ai vu – et il faut se souvenir que je venais pour offrir mon travail sur la poésie ! Ensuite je suis allé la voir, et…

On est stupéfait quand on est en face d'elle car elle est stupéfiante. On oublie tout le reste, on est absorbé dans cette vibration. (Pour moi, c'était difficile de vraiment la voir : après chaque rencontre, j'étais étonné de ne pas être capable de me rappeler. Parce que c'était si différent d'une expérience ordinaire. Ce que vous percevez quand vous êtes en face d'elle et l'impression que vous en gardez, ce n'est pas du tout pareil.) J'étais donc comme frappé de stupeur, en face d'elle. Un échange silencieux. J'étais encore sous le coup de ce qui s'était passé juste avant, dans un état de stupeur. Elle a souri comme si elle disait : « C'est ça, ce que tu voulais ? Tu as eu ce que tu voulais ? »

Je n'avais aucune idée de ce que j'avais reçu, mais, plus tard, ce flux de son a commencé à se développer et quand je lis *Savitri* maintenant, c'est absolument sans intervention du mental. C'est juste une énergie qui coule au travers du centre de la gorge et je regarde ce qui se passe. Parfois si je suis

Le jour de l'inauguration

sur le point de faire une lecture, cela se manifeste avant même que je ne sois prêt à commencer. Ce que les gens entendent est parfois plutôt différent de ce qu'ils lisent sur la page. Et c'est réel. C'est tout à fait révélateur. On peut apprendre énormément sur *Savitri* par l'écoute – comme on ne peut pas le faire par la lecture silencieuse. Et c'était le cœur de ma recherche.

Il y a eu une autre expérience du même genre à peu près un an plus tard. Je venais la voir au sujet d'une autre œuvre de Sri Aurobindo, pas *Savitri*. Elle avait dit à Maggi de me dire que je ne devais pas du tout parler. Je devais venir et rester assis en silence. Je suis donc resté assis en face d'elle pendant quelque temps. À un moment, il y a eu une autre expérience que je n'ai pas comprise : une sorte d'ouverture par le haut dans le système nerveux subtil ; une descente d'énergie dans le corps... comme un éclair qui se déchargeait dans certaines parties de mon être. Ce n'était pas vraiment physique, mais ça m'a stupéfié. J'ai vu ensuite que lorsque je lis *Savitri*, quelque chose s'ouvre au même endroit en sorte que l'énergie coule dans cet espace subtil et sort par le centre de la gorge ; l'énergie de *Savitri* s'installe dans le corps au travers de ce canal. Quelque temps après, Maggi m'a dit : « La Mère m'a demandé de te poser une question, 'Est-ce que tu as perçu que Sri Aurobindo était là ?' » J'ai répondu que non, je n'avais pas vu Sri Aurobindo assis dans la pièce mais j'avais senti de l'énergie qui entrait en moi. Plus tard ces choses se sont développées et je pouvais sentir une relation directe entre cette transmission d'énergie et ce sur quoi je travaillais.

Pendant quatorze ans, avant de revenir ici, j'ai fait chaque été, au Colorado, une session sur *Savitri* d'une semaine et la transmission mantrique s'est développée de plus en plus, me ramenant à ces moments avec Mère, le même genre d'ouverture, la même énergie. Alors j'ai commencé à mieux comprendre, vingt ans plus tard, quel effet cela avait.

À cette époque, pendant ces années au Colorado, Luc[1] est venu quelque temps. Nous avons travaillé ensemble sur *l'Agenda* et *Savitri*, ce qui nous a permis de discerner l'étroite correspondance entre certains passages de *Savitri* et certains passages de *l'Agenda*. Quand on les lit ensemble, on peut

---

[1]. Luc Venet. A cette époque, Luc travaillait à distribuer l'Agenda de Mère en Amérique. (NdE)

voir clairement qu'ils se renforcent mutuellement de manière très directe, ni mentale, ni abstraite. Certaines expériences que Mère raconte à sa façon sont exactement décrites par Sri Aurobindo à sa manière. C'est un champ d'exploration extrêmement révélateur. Dans ce genre de session, où l'on compare certains textes de *l'Agenda* et de *Savitri*, on reçoit quelque chose comme une superposition d'expériences.

C'est juste un axe de développement parmi d'autres, mais c'est celui qui est le plus directement lié à ma venue à Pondichéry et à ma recherche.

Quel rapport y a-t-il entre ce que tu as vu le 28 février 1968 et la réalité d'Auroville aujourd'hui ?

Franchement… je ne vois pas grand rapport. C'est un sujet difficile. La dimension spirituelle d'une expérience, la manière dont on interprète une expérience spirituellement est différente de ce qu'on vit sur le plan mental ou vital. À ce moment-là en 1968, j'étais très au fait de beaucoup de traditions de développement spirituel ; j'étais très conscient des souffrances de la guerre du Vietnam et de la vacuité de la vie ; je pense que dans une certaine mesure cette vision fut le résultat de cet état d'esprit qui était le mien en relation avec cette Force qui descendait de Mère.

Il y a par exemple les écrits de Mère au sujet de la Zone internationale, où elle explique combien il est essentiel pour l'éducation du monde d'entrer en contact direct avec toutes les réalisations de tous les pays pour comprendre que ce sont des variations de la même chose : à partir de cette prise de conscience expérientielle de l'unité, quelque chose d'autre devient possible ; mais on ne peut pas vraiment apprendre ça avant d'en avoir l'expérience ; c'est un des buts d'Auroville mais c'est tout à fait à l'arrière-plan. La Zone internationale n'a jamais été bien comprise et elle n'a certainement jamais été une priorité. Or c'est important, car dans la vision de Mère ça tient une grande place, c'est à un niveau très élevé. Donc cette vision d'une ville sur la terre qui rassemble les tribus et où la plus haute et la plus basse conscience se rencontrent, tout cela que j'ai apparemment senti ce jour-là, c'est une possibilité éternelle. Les êtres humains éclairés en ont été conscients tout au long de l'histoire. Toutes les traditions ont des prophéties à ce sujet ; mais si on regarde aujourd'hui où en est Auroville après quarante ans, par rapport à ce que Mère a déclaré possible il y a quarante ans, alors on est conduit à mieux percevoir la difficulté de réaliser quelque chose comme cette éternelle possibilité.

Réunion à la cafeteria d'Aspiration. On reconnaît Rod à l'extrême droite.

Tu as quitté Auroville mais tu es revenu…

Pendant vingt ans j'ai fait [ailleurs] des choses qu'on aurait dû pouvoir faire à Auroville, mais qu'il ne semblait pas possible de faire – et même maintenant beaucoup ne sont pas possibles. J'ai atteint un âge où je sens la possibilité de reconnecter avec Auroville tel qu'il est aujourd'hui et d'avancer à petits pas vers cette possibilité éternelle. Mais je réalise maintenant que ces petits pas sont vraiment des petits pas ; ils n'ont pas beaucoup de valeur par rapport à la possibilité éternelle. Leur valeur est minimale. Je ne m'attends pas à ce que de grandes choses se fassent particulièrement vite. Maintenant, ça ne m'inquiète pas ; j'ai un certain élan qui peut me porter. J'ai passé la soixantaine, je n'ai donc pas tant de temps que ça pour même simplement faire en sorte que ces petits pas se fassent. Mon approche est maintenant beaucoup plus pragmatique. J'étais juste en train de lire un passage de *l'Agenda* 1965 où Mère dit que la Force vient et qu'ensuite les gens font ce qu'ils peuvent avec. Et, ajoute-t-elle, ceux qui ont une plus grande connaissance peuvent en tirer un meilleur parti. Donc non seulement était-il impossible dans le contexte de l'Auroville d'il y a trente ans de faire ce que je voulais faire, mais moi-même je n'étais pas prêt. Je suis donc allé dans un environnement où il a été possible d'apprendre et d'acquérir certaines capacités qui me rendent aujourd'hui capable de faire plus vite et plus efficacement certaines choses – que pour le moment personne n'a faites parce que ces compétences n'existent pas ici – on ne les trouve pas à Auroville mais elles existent tout à fait communément ailleurs.

Deux mille personnes, ce n'est pas un chiffre suffisant pour réaliser cette vision d'Auroville – et non seulement deux mille personnes ne suffisent pas, mais celles qu'il nous faudrait en plus devraient avoir des compétences et qualités particulières. La diversité de l'espèce humaine est énorme; ses réalisations sont gigantesques. Auroville doit être capable de capitaliser sur le potentiel de l'espèce humaine. Nous nous battons ici avec des riens, vraiment, parce que nous n'avons pas assez de gens avec les capacités nécessaires. Ce n'est pas de notre faute, ce n'est pas la faute d'Auroville, c'est un fait. Nous tournons en rond année après année et ce n'est pas une question de conscience. Nous ne pourrions pas résoudre ces choses; nous ne pourrions pas faire ce progrès par nos seules forces de toute façon, même si nous avions beaucoup plus de conscience que nous n'en avons. Ce genre de conscience n'est pas affaire d'individus, ce n'est pas pour un petit nombre. Ce que je comprends de la vision de Mère, c'est que la conscience qu'elle perçoit est une conscience collective qui se manifeste au sein d'un corps représentatif de bonne taille. Cela ne peut pas arriver tant qu'il n'y a pas un corps de cette nature, tant qu'il ne se trouve pas un nombre suffisant de gens qui lui soient réceptifs, et quelques personnes pour être de bons conduits. Il en a probablement toujours été ainsi mais peut-être que ce que Mère a fait descendre rend la chose davantage possible, mais s'il n'y a pas les gens pour en être porteurs, alors... ça attend.

Oui, voilà la question: pourquoi est-ce si lent?

C'est la question que j'ai posée à Prithwi Singh en 1968: la Mère a été présente ici dans ce corps radieux et Sri Aurobindo a donné cette vision et cette force et quand on regarde, que se passe-t-il dans l'Ashram en 1968? C'est la même chose maintenant si on regarde Auroville 2008. Prithwi Singh a répondu: « Les choses avancent à leur rythme pédestre. » Cela devrait avancer à une autre allure, c'est justement ma question! Il a dit: « Sois patient, et attends de voir. » Nolini disait ça tout le temps également: « Voyons... On verra! » Donc ils sentaient la même chose.

Si elle a travaillé sur cette évolution depuis quelques millions d'années, alors on peut comprendre quand elle dit: il nous faut agir comme si nous n'avions aucune limite de temps et en même temps essayer d'avancer aussi vite que possible. Mon passage favori est dans *l'Agenda* 1969, quand elle a cette expérience majeure dans laquelle elle voit qu'il n'y a pas de contradictions. Et pourtant je ne connais rien qui ne soit pas contradictoire! Nous vivons dans les contradictions tout le temps, c'est comme ça que nous connaissons. C'est seulement si on est dans une conscience qui est en contact direct avec le tout — et cela veut dire, pas du tout fragmentaire — qu'on peut comprendre ce «pas de contradictions». Un pas immense pour les êtres humains que nous sommes; c'est le contraire qui nous est naturel. Alors quand elle dit que la première nécessité, c'est de perdre ce qu'on perçoit comme son propre conditionnement (*rires*), — la première nécessité —, il est peut-être permis de mettre un peu de temps à réaliser cette première nécessité.

Quant à savoir si la force supramentale a accéléré ce processus ou non, c'est difficile pour nous d'en juger. C'est une chose très individuelle. Si on regarde le monde, on peut juger que le monde a empiré, mais sur un autre plan on trouve beaucoup plus de gens réceptifs sur le plan spirituel — des gens qui ne savent rien de Mère. Donc, comme d'habitude l'évolution procède selon ses voies mystérieuses. Sri Aurobindo et Mère ont tous les deux dit que la seule chose certaine, c'est que le changement se produira — on ne sait comment il se produira, on ne sait pas quand il se produira —, pour moi, ça me suffit. Si Mère dit que son travail est de conquérir la mort et qu'on peut sentir sa présence à elle tout aussi puissamment après qu'elle a quitté son corps, pour moi c'est une preuve. Nous devons ainsi faire face à ces contradictions et le yoga en est le moyen. Le yoga dit : ne juge pas, sois détaché, ne soit pas attaché aux résultats de tes actions. C'est-à-dire, apprends à accepter que les choses sont comme elles doivent être, même si elles sont le contraire de ce que tu penses qu'elles devraient être. C'est une des manières de faire face aux contradictions.

Je trouve étrange, du point de vue philosophique, d'avoir un système de connaissance, de pratique et de compréhension qui est, d'un côté, très profondément et concrètement basé sur la foi (c'est quelque chose qu'on sent ; ce n'est pas quelque chose qu'on comprend ou sur quoi on spécule). Mais d'un autre côté, paradoxalement, ce système inclut une perspective critique sur les choses. Cela nous permet de ne pas être aveuglés par notre propre foi ; nous pouvons parfaitement conserver nos doutes et nous pouvons questionner la nature paradoxale de cette vision et nous pouvons l'évaluer en fonction de l'expérience quotidienne. L'idée de la contradiction paradoxale entre la vérité et l'illusion, qu'on trouve dans toutes les philosophies illusionnistes, est bien là, mais sous un angle différent. Là [dans la vision de Sri Aurobindo et Mère], la vérité et l'illusion sont d'une certaine manière une chose unique. Nous n'abandonnons pas l'illusion pour la vérité ou la vérité pour l'illusion mais nous vivons en quelque sorte avec cette dualité intégrale. Mère est souvent très sceptique quant à sa propre expérience, sceptique aussi sur la manière qu'ont les gens d'y répondre. Elle ne semble pas avoir trop d'illusions sur la perfectibilité de l'humanité (*rires*), pourtant en même temps elle la demande, elle insiste dessus. Il nous faut donc accepter de vivre dans cette situation très étonnante, paradoxale, contradictoire, magnifique et frustrante.

Au niveau de la collectivité, y a-t-il aspiration collective à recevoir l'inspiration ?

Il y a quelque temps quelques personnes ici ont formé un groupe sous le nom d'Université de l'unité humaine – avec en arrière-plan l'idée que cela puisse devenir un jour une vraie université. Mais avant tout c'était pour une exploration de la connaissance – pas d'un champ de connaissance spécifique, mais une exploration de connaissance expérientielle. Nous avons donc eu des séminaires de trois heures tous les samedi matins. Un certain nombre de gens sont venus faire des présentations suivies de discussions. Une certaine atmosphère s'est créée qui permettait aux participants de sortir de leur point de vue limité et de commencer réellement à explorer des expériences et des interprétations différentes. Une certaine élévation mentale s'est manifestée au cours de quelques sessions et nous avons commencé à partager une compréhension assez lumineuse de ces choses dont nous venons de parler. Et dans une de ces sessions je me souviens avoir dit à la fin : « Nous venons juste de toucher ce que je me rappelle avoir été la vibration de ces premières années quand Mère était là et quand cette présence à Auroville n'était pas fragmentée comme maintenant du fait de toutes ces activités pressantes que nous menons. » Il y avait du pouvoir et de la clarté dans l'atmosphère. Mon impression du moment, quand nous avons touché cette vibration, c'est que c'est juste derrière le voile de notre substance interpersonnelle habituelle et que cela peut traverser, mais que nous ne la laissons pas passer ou que le temps n'est pas encore venu pour que cela passe ou je ne sais quoi… Mais à ce moment-là, c'était là, tout le monde baignait dedans, c'était paisible et radieux ; les gens parlaient avec clarté et précision de leurs expériences, et c'est comme s'il y avait une autre respiration. Alors peut-être, un jour, ce sera comme cela ici. Ce sera l'atmosphère de nos opérations.

Quelque chose qui est juste derrière le voile….

—Entretien avec Rod

Comme une page blanche

Un entretien avec Janet

Comment m'a-t-elle attrapée ? Je voyageais depuis un an quand je suis arrivée ici. En fait j'avais l'intention de me rendre rapidement à Calcutta pour repartir enfin au Canada. J'avais un petit ami là-bas, j'étais amoureuse et j'en avais assez de voyager. Donc je pensais ne rester à Pondichéry que deux ou trois jours, pas plus. Le jour de mon arrivée, j'entre dans le bureau d'Auroville et la première personne que je vois, c'est Alice, la femme de Navoditte. Je l'avais rencontrée un an plus tôt au Japon. Je la connaissais donc un peu. Elle me dit :

« Oh, vous devez rencontrer la Mère.

— Quoi, rencontrer la Mère ? »

Je n'avais aucune idée de qui était la Mère, mais je me suis laissé faire : « Pourquoi pas ? Si c'est la chose à faire que de voir la Mère, d'accord ! » Alice s'est arrangée pour que je puisse la rencontrer (elle connaissait Udar, un des secrétaires de Mère). C'était en juin 1968. J'ai vu Mère le 30 juin.

Je suis montée dans sa chambre ce dimanche matin avec André Morisset. Je n'ai pas l'impression que l'entrevue ait produit des résultats spectaculaires sur le moment. Je dirais plutôt qu'elle a eu un effet sur moi à retardement. Ce dont je me souviens, c'est le sourire. Elle a même ri et m'a demandé si je parlais français, car Udar lui avait dit que j'étais canadienne. « Tu es du Canada et tu ne parles pas français ? » (*rires*) Quand cela a été fini, je me souviens avoir été si fatiguée, mon dieu, comme si j'avais couru un marathon. Je suis rentrée à la Society Guesthouse et je me suis écroulée, j'ai dormi toute la journée.

Mais après cela, mon désir de partir, de rentrer aussi vite que possible au Canada, s'est évanoui. Je n'en étais pas vraiment consciente. C'est juste que les mois passaient et que j'étais toujours à Pondichéry. Je suivais des classes avec Arindam Basu qui parlait de *La Vie Divine* et des *Essais sur la Gita*. Cela m'intéressait. J'étais là depuis si longtemps que je me suis dit que je devrais me rendre utile. Je suis allé voir Udar et je lui ai dit : « Écoutez, il faut que je fasse quelque chose, pouvez-vous me trouver un travail à l'Ashram ? » Il est revenu quelques jours plus tard. Mère avait dit que je pouvais travailler à Senteurs, cette fabrique de parfum. Tout était organisé et je devais commencer la semaine suivante. Mais avant même que je ne commence, Gene Maslow vient me voir et me dit : « Est-ce que tu voudrais venir à Auroville et m'aider à construire ma maison ? » J'ai dit d'accord et je suis allée pour la journée à Auroville dans la Land-Rover qui s'y rendait tous les jours apportant de l'eau à Forecomers. Cette voiture, qui devait nous reprendre le soir, n'est pas revenue. J'ai donc passé ma première nuit à Auroville. Après je suis allé voir Udar lui demandant si Mère objecterait à ce que je travaille à Auroville plutôt qu'à Senteurs. Elle a accepté que je vive à Auroville. Nous étions en septembre. C'est ainsi que l'hameçon a été ferré.

J'ai rencontré Mère une autre fois pour mon anniversaire, mais l'année suivante elle était malade et donc je n'ai pu la voir. Je l'ai vue aussi au moment où elle m'a donné le nom de « Joy », pour la première maison que j'ai construite à Auroville. Je l'ai revue aussi avant de partir (je suis repartie en 1970 pour quelque temps), et bien sûr aussi pour les Darshan. On pouvait aussi lui écrire si on avait des difficultés –, je l'ai fait trois ou quatre fois – et elle nous répondait.

En 1970 j'ai demandé à Mère (par l'intermédiaire d'Udar) si je ne devrais pas repartir au Canada pour essayer de demander à mon père de me donner de l'argent. Quand je voyageais, j'utilisais l'argent que j'avais gagné en travaillant, mais mon père aussi m'envoyait une somme régulière. Il a arrêté de m'aider à partir du moment où j'ai décidé de rester à l'Ashram car il n'était pas content du tout. En fait Udar lui avait écrit en lui expliquant ce qu'était l'Ashram et lui demandant s'il pouvait m'envoyer régulièrement de l'argent comme avant. Il avait essayé de présenter l'Ashram de façon rationnelle pour un homme pratique comme était mon père (et Udar se considérait comme un homme pratique). Mon père était furieux qu'on lui demande. Il avait répondu en disant que sa fille avait eu une bonne éducation et que si elle voulait vivre en Inde elle n'avait qu'à aller à Delhi ou un endroit comme ça où elle pouvait trouver un emploi et gagner sa vie. Cette lettre avait été lue par Udar à Mère, qui avait dit : « Bah ! » J'ai décidé alors d'aller moi-même voir mon père et le convaincre. J'ai demandé à Mère si je devais le faire et elle m'a dit : « Oui, oui, c'est une bonne idée. » Donc je suis partie, mais mon père a refusé net, me disant que si je restais au Canada il m'aiderait autant qu'il le pourrait, mais que si je repartais dans cette Inde de malheur je n'aurais rien. Il ne changerait jamais d'avis. Donc

Janet travaillant au Matrimandir (à droite).

j'ai travaillé pendant un an, économisé un peu d'argent et je suis revenue en mai 1972. Dès mon retour j'ai vu Mère.

Dans ces premières années, on passait beaucoup de temps à la seule survie. D'abord il a fallu que je construise une maison. Quand j'avais passé cette première nuit avec Gene Maslow, c'était juste une hutte qui avait été bâtie pour qu'on puisse y stocker les matériaux utilisés pour la cérémonie de la fondation. En fait tous ceux qui arrivaient au Centre à l'époque passaient par cette hutte.

Il y avait très peu d'eau. D'après Udar, Mère aurait dit que Auroville était construit sur un lac artésien, qu'il y avait beaucoup d'eau et que tout ce que nous avions à faire, c'était de creuser des puits. J'écrivais des projets pour essayer de collecter des fonds dans ce but. C'est une des choses que j'avais faites au Canada, à côté de mon travail régulier. J'avais contacté l'UNESCO et ils m'avaient mis en contact avec une organisation appelée « Des Kilomètres pour des Millions ». Des enfants collectaient des fonds suivant le nombre de kilomètres qu'ils couraient. J'avais été parler d'Auroville dans beaucoup d'écoles et nous avions collecté 5.000 dollars canadiens, ce qui correspondait à davantage que maintenant. Et puis l'Agence canadienne pour le développement international a fait une donation équivalente. Donc nous avions à peu près 10.000 dollars et l'argent a été utilisé pour creuser un puits à Fertile où vivaient Namas et Aruna, et aussi pour construire la première phase de la station météo (à Certitude) pour laquelle Chamanlal travaillait à l'époque.

Survivre voulait dire planter quelques arbres. Nous n'avions pas l'eau courante. Chaque jour un char à bœufs chargeait des barriques d'eau au puits de Pump House et nous en apportait une. Plus tard un ami canadien m'a donné assez d'argent pour installer un tuyau allant de Pump House jusqu'au jardin où était ma maison.

Nous avions l'habitude de nous rencontrer chaque jour pour notre douche du soir à Pump House. On discutait de problèmes pratiques d'Auroville qui concernaient tout le monde : nos relations avec les villages, l'eau, etc. Et bien sûr, de ce que disait Mère sur Auroville.

Si dans ce temps-la on vous avait dit qu'il y aurait un jour une Fondation d'Auroville et un Governing Board ?

C'était inconcevable. En fait quand je pense à cette époque, je me souviens que j'ai adoré la Charte d'Auroville la première fois que je l'ai entendue. C'était magnifique et comme il n'y avait personne et qu'on n'avait pas encore commis d'erreurs, c'était comme une page blanche. Une promesse. On avait l'impression : Mon dieu, tant de choses sont possibles ! Et je trouvais cela passionnant de participer à une expérience avec des gens qui vivaient comme avaient vécu les Européens mille ans plus tôt. Toute autre expérience dans laquelle je me serais engagée n'importe où dans le monde aurait été au milieu d'une société moderne. On n'aurait jamais pu y inclure des gens vivant comme les Tamouls vivaient à l'époque. Les seuls objets modernes qui existaient quand je suis arrivée ici étaient quelques bicyclettes ; de rares personnes avaient une montre, ou un stylo, et on voyait parfois un transistor. À part cela, tous les objets usuels étaient des choses qui avaient apparu il y a un millier d'années : des pots en terre, des pots en cuivre, des huttes en feuilles de palme. Je trouvais cela extrêmement intéressant d'essayer de faire quelque chose de nouveau avec des gens qui avaient une mentalité tellement différente.

Nous avions une confiance absolue dans ce qui arriverait. Cela ne nous venait pas à l'esprit que quoi que ce soit puisse mal tourner. Non. Quand je dis qu'on avait confiance en ce qui arriverait, nous ne savions pas ce qui devait arriver, mais la confiance était entière.

Au Centre nous n'avions pas trop de contacts avec l'administration. Nous n'avions rencontré Roger que rarement. Le seul contact était avec Navajata, qui dans ses rapports personnels était plutôt charmant. Il n'y avait pas de problème à ce niveau.

Je me souviens du jour où Elle est partie… Nous ne pouvions pas y croire. Une incrédulité totale. C'était inimaginable. Nous croyions tous que son travail sur la transformation allait réussir. Cela ne nous était jamais venu à l'esprit que ça allait se passer différemment. Nous nous sommes sentis désorientés. Et puis nous avions eu toujours accès à elle – sauf les derniers mois – nous pouvions toujours lui envoyer des lettres. Tout à coup ce n'était plus possible et il fallait décider par nous-mêmes. Ensuite nous avons entendu dire que Navajata disait qu'il voulait être le président de la Sri Aurobindo Society. Mère en avait été le président – nous avons alors compris que ça allait être difficile…

—Entretien avec Janet

À 8h, la porte s'ouvre...

Un texte de Paul Vincent

En 1964, le foyer de l'Assistance Publique de Périgueux était pour moi comme une prison, avec des grilles et des barreaux et interdiction de sortir. À treize ans, j'avais été habitué à une liberté quasi totale, je passais plus de temps dans les forêts et les champs de la Dordogne qu'à la maison ; plus de temps à traîner qu'à étudier, à rêvasser qu'à travailler. Je me retrouvai soudain enfermé, l'école obligatoire... Après trois ou quatre mois de ce régime, je me retrouvai « placé » dans une famille d'accueil. Ce sera le début d'une phase décisive de ma vie. La famille qui me prit en charge se composait d'un monsieur âgé alors de 39 ans, de sa femme et de sa belle-mère ; le monsieur était un personnage avenant. Une longue et profonde amitié allait naître entre l'enfant que j'étais et cet homme ; cette amitié se transformera, au cours des années suivantes : j'avais trouvé un maître.

C'était à Sarlat, en Périgord Noir, où je vécus jusqu'à mon départ pour l'Inde en 1972.

Je n'avais alors aucune connaissance spirituelle ou religieuse ; cet homme entreprit donc de m'instruire en ces matières ; il fallait y aller avec tact afin que l'enfant que j'étais ne se révolte pas, car cette période de fin d'été 1964, jusqu'en hiver, fut une épreuve très dure pour moi, ainsi que pour mes jeunes frères qui vivaient maintenant avec moi. J'étais proche de la révolte intérieure ; le fait d'avoir rencontré cet homme changea ma vie – quelque chose d'inattendu. Pour la première fois, je découvris les prémices de la foi en quelque chose que je ne connaissais pas, que je n'avais pas entrevu auparavant. Le soir de mon premier Noël à Sarlat, une crèche à la Provençale fut installée dans le salon. Je demandai pourquoi et à quoi cela servait ; il faut croire que les réponses que j'obtins furent les bonnes, car la soif d'en savoir plus sur l'enfant Jésus venait de naître en moi ; la foi, quand elle est sincère, est contagieuse, et je n'avais qu'un désir : celui de croire, celui d'aimer, celui de me raccrocher à quelque chose qui valait la peine d'être vécu, pour me donner la force d'éviter de devenir mauvais, le moyen de transformer l'énergie de cette révolte intérieure en quelque chose de constructif et positif.

Petit à petit, cette flamme fragile se mit à brûler en moi et devint un feu inextinguible. Au début de l'année 1965, je fus admis à l'école primaire Ferdinand Buisson de Sarlat où, pour la première fois, je ne me trouvai plus relégué au fond de la classe. L'instituteur sut m'évaluer, me comprendre, et m'amener, en quelques mois, à passer mon certificat de fin d'études primaire et à me faire passer l'examen d'entrée au Collège d'Enseignement Technique de La Boëtie à Sarlat, pour apprendre le métier de menuisier. Dernier d'une classe de quarante élèves à Mouleydier, je me retrouvai parmi les dix premiers d'une classe aussi nombreuse à Sarlat, et cela en moins de six mois ; ce fut pour moi un exploit dont je suis redevable à cet instituteur intelligent qui avait su juger mes capacités réelles. Durant la même période, à l'âge où la majorité des enfants perdent la foi, je fis volontairement mes premiers pas dans la religion catholique. Je me fis baptiser volontairement et choisit mon maître comme parrain. Je fis mes communions, et devins un parfait croyant. Mon cheminement durant les quatre années suivantes fut jalonné d'une intense recherche spirituelle qui me domina longtemps.

Mon parrain continuait à m'enseigner les bases de la religion, mais je découvris peu à peu que cela devenait insuffisant, et ma quête me poussa à poser des questions de plus en plus précises. Très vite, l'enseignement que je recevais dépassa les limites de la religion, pour pénétrer dans les domaines sans limite où l'esprit voguait aux confins du compréhensible et de l'admissible de la spiritualité, de l'ésotérisme, et même du gnosticisme, voyages interdits par la religion catholique. Comme je l'ai dit, heureusement que je n'avais pas de formation préalable, car je me serais vite buté à des contradictions… Mon désir de partir loin à la recherche de spiritualité est né de cette soif que j'avais, et dès l'âge de 15 ans, le départ vers le pays de mes aspirations se préparait.

Mais vite, je commençai à avoir une indigestion de cette religion, un rejet, dû à toutes les manipulations de l'Église. Je n'étais pas sur terre pour perpétuer une vieille histoire remplie de mensonges et de songes creux. C'est autre chose que je cherchais, et apparemment, ce n'est pas en France que je trouverais. Je me plongeai donc dans les livres spirituels disponibles dans la bibliothèque de mon parrain, et d'autres que j'achetai avec le peu d'argent de poche qu'il m'était permis d'avoir par la DASS (le reste de cet argent était mis sur un compte d'épargne que je trouverais à ma majorité, à 21 ans). Je dénichai un ou deux livres intéressants, par exemple *Autobiographie d'un Yogi* de Paramahansa Yogananda. Ce livre fut ma première initiation à l'Inde. Mais jusqu'à mon arrivée en ce pays, je n'avais lu aucun livre de Sri Aurobindo ni de la Mère, quoique ces noms me fussent familiers.

Un jour du mois de juin 1970, mon parrain fut indisposé et je ne le vis pas durant trois jours. Le quatrième jour, je pus enfin lui parler, mais il demeurait distant, faible et peu communicatif. Pressé de me raconter ce qui venait de lui arriver, il décrivit enfin une vision qui avait été la raison de son absence : « J'ai vu une ville de forme ronde, couronnée par une colonne de lumière blanche qui montait vers le ciel ; les habitants de cette ville étaient des êtres spirituels heureux... j'étais accompagné, dans la visite de cette ville, (qu'il nomma 'La Nouvelle Jérusalem', la ville de la paix, à cause de sa culture chrétienne) par une dame portant une grande robe blanche. Après avoir visité la ville, la dame me fit sortir de la ville ; pour ce faire, j'ai dû passer au travers d'une sorte de brouillard sombre et visqueux ; la dame m'expliqua que ce brouillard, c'était la résistance du monde au changement qui vient ! » Le récit de cette vision, comme la plupart des choses que mon parrain m'enseigna, s'enregistra au fond de ma conscience ; mais comme je ne connaissais pas d'endroit sur terre où une telle ville existât, c'était sûrement pour le futur – donc pas utile pour moi à ce moment-là. Ce n'est qu'en 1972, dès les premiers mois de mon séjour à Auroville, que cette vision me revint à la mémoire et que je compris pourquoi ce récit me fut raconté et la signification de ma présence en ce lieu...

Cette année 1972 était très importante pour moi, puisque j'allais avoir 21 ans, donc être libre de mes mouvements. Depuis le temps que j'attendais cette date du 28 mars ! Je démissionnai de mon emploi ce jour-là. Le lendemain, je pris le train pour Périgueux, et là, je fis valoir mes droits sur l'argent qui sommeillait sur mon compte.

Dès le lendemain, je prépare mon départ pour l'Inde. Pouvez-vous imaginer un garçon qui n'a jamais voyagé plus loin que l'île d'Oléron (à 250 kilomètres de chez lui, et encore en voyage accompagné), qui ne parle que le français, qui ne connaît rien d'autre que son entourage immédiat, et qui, comme sous un coup de foudre, prend sa valise et s'embarque, sans argent, pour un pays inconnu de lui ?

Je fais l'erreur de m'adresser à une agence qui ne pensait qu'à me vendre un billet d'avion aller-simple sur Air France. Pour le reste, je pouvais aller au

Scène de village. Kuilapalayam

diable. Ils ne me disent même pas qu'il me faut un visa pour l'Inde. Leur billet, je le paie cher, deux mille cinq cents francs. Le temps que j'obtienne mon passeport, mon billet d'avion, quelques semaines passent.

Je pars pour Paris le 19 avril 1972. Le 20, je prends l'avion à Orly, et j'arrive à New Delhi le même jour. Là, on m'apprend que je n'ai pas de visa et que, donc, il va me falloir repartir. Consternation ! Une hôtesse d'Air France m'aide à négocier avec l'immigration, et en fin de compte j'obtiens un visa de transit valable pour trois semaines, générosité que plus d'un pays n'offrirait jamais. De là, je prends un avion de ligne intérieure pour me rendre à Patna, capitale provinciale du Bihar, dans le nord de l'Inde, ensuite je prends le train pour Ranchi et me rend à l'ashram de Paramahansa où je croyais trouver un refuge – refuge qui m'avait été proposé par la directrice de l'organisation en Amérique.

En arrivant devant le bâtiment principal de cette organisation, je suis reçu par un Européen vêtu d'une longue robe orange, les cheveux longs attachés en queue de cheval. Il avait tout l'aspect d'un adepte religieux, le genre que je venais de fuir en Europe. Je ne suis même pas rentré dans les bureaux, et en moins de trois minutes, ma décision est prise : « Pars, ce n'est pas ta place ! »

Je continue mon voyage vers Calcutta. J'arrive à la gare, où il y avait foule ; il faut dire qu'à cette époque, la région de Calcutta était pleine de réfugiés, à cause de la guerre avec le Pakistan pour la libération du Bangladesh. Calcutta est normalement une fourmilière qui grouille, mais là, c'était archicomble. Ne sachant pas pourquoi je me trouve dans cette ville plutôt que dans une autre, je finis par chercher l'Alliance Française, – ne me demandez surtout pas comment j'avais entendu parler de cette organisation, je ne le sais pas – afin de trouver un endroit où on m'accepterait, où je pourrais vivre. Là, on me conseille d'aller à Pondichéry, une ancienne colonie française où il doit y avoir des Français !

Je cherche sur la carte où se trouve cette ville et je décide d'y aller. Encore faut-il retourner à la gare, prendre un billet de train pour Madras et m'embarquer dans un voyage absolument folklorique ! Il faut dire qu'à cette époque, en Inde, le train était encore à vapeur, et le voyage entre Calcutta et Madras prenait au bas mot plus de trois jours entiers. C'était ce qu'on appelait un « express » ; il s'arrêtait à toutes les gares en route, sa vitesse ne dépassait pas 70 kilomètres à l'heure, et les arrêts en gare duraient un temps fou ! Alors moi qui ne parlais pas un mot d'anglais, je me servais de mon dictionnaire pour écrire des phrases sur du papier afin de communiquer avec les passagers instruits qui partageaient mon compartiment. En Inde, on découvre la vraie population du pays dans les trains ; c'est là que mon goût de la communication s'est amplifié ; depuis, je communique sans problème avec la population des villages autour d'Auroville dans leur langue natale, le tamoul (c'est la plus ancienne langue parlée du monde). Il est vrai que j'avais pris la résolution d'apprendre la langue du pays où que je vive dès l'âge de 12 ans ! La nourriture était bien trop épicée pour mon goût et je n'étais pas encore accoutumé à manger avec les doigts, je devais donc me contenter de biscuits et de bananes. En arrivant à Madras, je voulais continuer vers Pondichéry, mais je n'avais plus d'argent. Un officier de marine, qui habitait Pondichéry, m'offrit le billet (9 roupies). Le train prit toute la nuit pour arriver à la gare de Pondichéry (160 kilomètres) à sept heures du matin. De là, je pris un rickshaw qui m'emmena, sans me demander mon avis, devant la porte de l'ashram de Sri Aurobindo.

Dans l'état où je me trouvais, je n'osai plus protester, et payai mon transport avec deux chemises en nylon. Et j'attendis devant la porte qu'elle s'ouvre. C'est à partir de ce moment-là que je réalisai ma situation : j'étais à Pondichéry, lieu parfaitement inconnu, à treize mille kilomètres de chez moi, les poches vides, en costume, en plein mois d'avril (le début de l'été torride en Inde du sud), sans billet de retour et, pour couronner le tout, sans visa pour y rester ! Il y avait de quoi attraper une dépression. Mais je réalisai vite que quelque chose, une force, m'avait guidé jusqu'ici, il devait donc y avoir une suite logique à cette aventure.

À huit heures, la porte s'ouvre. J'entre, et là on me conduit

Un darshan

devant André (le fils de la Mère). Par la suite on m'envoie cours Chabrol, au bord de mer, dans les bureaux de l'administration d'Auroville, une ville en construction au nord de Pondichéry, pour y être embauché. Dès le lendemain, je prends le car d'Auroville, et j'arrive dans ce lieu, que mon parrain avait entrevu dans sa vision, mais je ne le savais pas encore.

Auroville, à cette époque, ne comprenait qu'un immense plateau désertique où soufflaient des vents de poussière en été et où tombaient des trombes d'eau en automne, emportant le peu de terre arable et la terre rouge jusqu'à l'océan par de grands canyons érodés. Il n'y avait pratiquement aucun arbre, sauf autour des villages. Les quelques huttes en terre couvertes de palmes, habitées par les villageois, formaient les trois hameaux du plateau. La plus grande communauté d'Auroville se nommait Aspiration, c'était la première étape en haut de ce plateau de terre rouge où l'on accédait en longeant un canyon. Là, en bordure du village tamoul de Kuilapalayam, il y avait les huttes d'Auroville, recouvertes de chaume. C'est en ce lieu que vivaient la plupart des « Auroviliens » comme Mère les nommait. En ce lieu, il y avait aussi quelques bâtiments en construction : la 'Dernière École', la fabrique de polyester, un atelier d'entretien, une imprimerie, une papeterie, un dispensaire… Quand je débarquai du car, en ce jour du 26 avril 1972, à proximité du dispensaire, je sus que j'avais atteint le but de ma recherche. C'est ici que je vivrais désormais, dans ce bout de désert chaud, car il y avait une œuvre à réaliser qui m'attendait. J'étais convié à une grande Aventure, et j'étais arrivé sur le rivage d'un monde à bâtir, d'un monde qui n'existait pas, un désert à planter.

C'est un peu comme si je débarquais sur une planète un peu aride et chaude ! Il n'y avait plus qu'à retrousser ses manches, prendre la bêche par le manche et au travail !

Ma première rencontre avec la Mère eut lieu le 16 juillet 1972. Quelques jours auparavant, j'en avais fait la demande aux responsables de l'administration d'Auroville ; normalement, la Mère ne recevait les habitants d'Auroville que pour leur anniversaire, cependant ma requête fut acceptée... Ce jour-là, je montai l'escalier jusqu'à sa chambre et je me mis sagement dans le rang des gens qui attendaient à l'entrée. Dans ce rang, – comme je l'appris plus tard – il y avait une ribambelle de coutumiers qui venaient faire leur offrande de fleurs journalières et se décharger de leurs négativités aux pieds de la Mère ! Contre un des battants de la porte d'entrée, il y avait un homme assis en position du lotus, il attendait que la visite se termine ; c'est ainsi que je vis Satprem, le confident de la Mère, pour la première fois. Les gens devant moi continuaient à entrer. Après un temps interminable, toujours attendant dans la queue, j'entendis une voix de fillette qui disait : « Ce n'est pas fini, tout ce cinéma ? » Cette voix était si remplie de tristesse que j'eus envie de partir... Mais vite, je compris que ce reproche de la Mère ne m'était pas adressé. Donc peu après, à mon tour, j'entrai et je vis la Mère assise sur son fauteuil. En silence, elle posa sa main droite sur ma tête et me donna des pétales de rose en sachet. Après un petit moment je repartis de la chambre, descendis les escaliers et me retrouvai dehors...

La deuxième fois, ce fut dans des conditions très spéciales. Cela se passait le 15 août 1972, le jour où justement la Mère sortait sur son balcon pour observer la foule de ses disciples assemblés dans la rue, en contrebas, ce qu'elle faisait quatre fois par an depuis de nombreuses années ! Cette cérémonie se déroulait aux environs de 17 heures. Dans la rue, sous le balcon de sa chambre, plusieurs milliers de personnes attendaient de la voir. Cette sortie se nomme ici un « Darshan ». Cela ressemblait étrangement à la parution au balcon du couple solaire dans la cité d'Akhétaton il y a plus de 3300 ans.

En ce qui me concerne, je ne me voyais pas prendre un bain de foule

Méditation à l'aube du 1ᵉʳ janvier 1972. L'excavation pour le Matrimandir n'est pas totalement terminée.

dans la rue… Aussi, le matin de ce jour-là, férié en Inde, je pris le parti d'explorer les lieux afin de trouver un point de vue avantageux d'où je pourrais voir la Mère en toute quiétude. Je découvris une maison ayant un toit terrassé dans l'angle opposé du balcon de la chambre de la Mère, de l'autre côté de la rue. Je frappai à la porte d'entrée, une dame m'ouvrit, je lui demandai gentiment si je pouvais venir le soir monter sur sa terrasse pour participer au Darshan ; elle me le permit à la condition que je sois là à 16 heures. Cette dame, nommée Sujata, était la compagne de Satprem. À l'heure dite, je me présentai, et, comme promis, je fus introduit dans l'escalier accédant à la terrasse. Je me retrouvai là-haut avec trois autres personnes, outre Sujata : il y avait Satprem, Roger Anger, alors Architecte en chef d'Auroville et une autre personne dont j'ai oublié la physionomie. En ce jour béni du centenaire de Sri Aurobindo, non seulement je vis la Mère pour la deuxième et dernière fois, mais je rencontrai Satprem, Sujata et Roger en même temps. C'est pour moi un souvenir inoubliable. Peu après cela, je fus accepté par la Mère à Auroville.

—Paul Vincent

Liberté totale!

Un entretien avec Shyama

J'étais mariée et vivais en Uganda. Mon mari était un Bengali dont la mère était une disciple. En 1961, quelqu'un est venu en Afrique pour collecter de l'argent pour World Union [Union Mondiale]. Cette personne était Austin Delaney. Quelqu'un de très pittoresque. Mon mari venait de publier le premier numéro d'un magazine littéraire qu'il avait lancé. Comme Austin était aussi intéressé par la littérature, l'écriture, etc., il l'a contacté. C'est ainsi que nous nous sommes rencontrés.

J'ai reconnu en lui... *il venait de quelque part où il y avait la lumière*. Il ne l'avait pas lui-même, mais il venait d'un endroit où était la lumière. Nous avons correspondu pendant des années, alors que mon mariage devenait de plus en plus difficile, approchant la rupture. Comme c'était ce sur quoi j'avais bâti ma vie, celle-ci était menacée. Nous avons correspondu des années, et c'est plus cette amitié fidèle que le contenu de ses lettres qui m'ont aidée à faire le passage. Comme il arrive souvent dans une crise et des difficultés personnelles, les questions devenaient de plus en plus pressantes. En ce qui me concerne, c'était la recherche spirituelle classique : quel est le sens de la vie, pourquoi suis-je sur terre ? Pour souffrir ? Ce serait trop stupide... Ça ne suffit pas. Et avec un mariage en train de se défaire et de très jeunes enfants, c'est devenu aigu. S'il n'y avait pas quelque chose, continuer à vivre ne m'intéressait pas. C'était une question de vie ou de mort.

Austin m'a fait une suggestion : pourquoi ne viens-tu pas à Pondichéry quelque temps ? J'avais trois petits enfants mais j'avais aussi de l'aide, donc je pouvais partir. Aux environs de mars 1965, je suis venue à l'Ashram en visite. J'habitais chez Austin et j'ai demandé à voir Mère. Elle a dit : « Oui, viens avec Austin », et bien sûr il est arrivé ce qui devait arriver...

J'ai encore un souvenir si vif d'entrer dans cette pièce en haut, c'était la salle des audiences à l'époque, pas sa chambre où elle a reçu les gens plus tard ; elle avait une salle d'audience dont Champaklal était le gardien.

J'attends un bon moment dans la chaleur, puis il ouvre la porte. C'est un peu sombre. Elle est assise sur une chaise dans un coin – la pièce est petite – je regarde ses yeux, et c'est comme une reconnaissance instantanée : Je te connais! Et tu me connais! Et tu me connais mieux que je ne me connais moi-même. Et alors vous allez à elle et elle est là, et bien sûr vous fondez en larmes, parce que vous êtes *reconnu*. J'ai réalisé combien le désir de reconnaissance est profond en chacun de nous. Quelqu'un, ah, qui vous connaît vraiment et vous accepte. Et vous sentez cet amour irrésistible, le pouvoir de son amour, qui vous submerge. J'ai souvent pensé à ce besoin humain de reconnaissance.

Je ne me souviens pas exactement combien de temps je suis restée à l'Ashram, un mois peut-être. Il faisait très chaud. Il y eut aussi par la suite des expériences profondes, telle que pour la première fois un contact avec mon être psychique. À ce moment-là, vers la dernière semaine, j'habitais à Golconde, et c'est là que ça a commencé : ça s'ouvre, et il y a une vue panoramique, on peut tout voir ; et j'ai regardé : « Ah! Oui, c'est vrai. Ah! C'est comme cela! » On voit tout, on voit son être psychique pour la première fois, on voit qu'il est immortel. Et je savais ce que je devais faire de ma vie et que mariage et même enfants ne sont évidemment pas le tout de la vie.

Mais j'étais encore très attachée à cette relation. Je suis donc repartie en Afrique, et là, le fait de me retrouver plongée dans l'obscurité m'a fait réaliser dans quelle lumière j'avais baigné. C'était comme deux énormes portes d'église qui se refermaient sur moi, ooh! Mais, au moins, je savais où aller. Il y a eu une rupture très difficile, très rapide et très difficile, de mon mariage. Même pour les trois petits enfants, mon mari m'a dit : « Tu ne peux pas les emmener en Inde, tu ne te rends pas compte, ils vont mourir là-bas! » Pour dire la vérité, cette chose à l'intérieur – ce que je devais faire – était si forte que j'étais prête à les laisser. Je devais suivre ça. Et puis j'ai eu un rêve que j'ai raconté à mon mari Rajat. Je savais que le rêve signifiait que les enfants devaient venir avec moi. Je lui ai juste raconté le rêve, et c'était fini, il n'y a plus eu d'opposition. Donc, six mois plus tard, en décembre 1965, j'étais de retour à l'Ashram avec trois petits enfants, et c'est ainsi que je suis venue.

Il y a des gens qui parlent de l'Ashram comme d'un autre Shangri-la?

Nos évaluations sont si subjectives. Oui, bien sûr (dire que c'était un autre Shangri-la me semble une exagération ; je suis sûre que Mère n'était pas trop satisfaite de pas mal de choses), il y avait de fait une douceur, une douceur, une gentillesse, qui, quand on vient du monde extérieur, vous fait l'effet d'un choc. On est soudainement plongé dans cette douceur, dans cette prévenance.

Il faut dire aussi que du fait de mes trois enfants, j'étais toujours un peu en dehors, jamais une «Ashramite». J'avais mes propres ressources… J'ai eu une expérience qui m'a fait voir que toutes les richesses appartenaient à la Mère Divine. Lui donner, à Elle, c'était comme lorsqu'on retrouve un objet et qu'on le reconnaît comme appartenant à quelqu'un: «Ah, ça vous appartient!», vous ne faites que le lui rendre. Donc, après cette expérience, je lui ai donné mon argent et mon or. J'ai reçu alors une lettre d'elle où elle disait, «I welcome your arrival in my arms» [Tu es la bienvenue dans mes bras].

Mais je n'ai jamais fait partie de l'Ashram, ou même travaillé dans un département de l'Ashram. J'avais mon propre arrangement, je louais une maison, avec son accord. On avait l'habitude de tout soumettre à Mère et bien sûr je la regardais comme mon gourou; de même pour Sri Aurobindo; peut-être même davantage. Les gens vous disent que c'était comme Shangri-la. En fait les gens qui viennent à Auroville disent la même chose. Ils disent: «Vous ici, vous ne vous rendez pas compte de ce que vous avez accompli!» (ce qui nous surprend immensément). Oui, en premier lieu, la vie avait un sens, il y avait un sens. Oui, la vie signifiait quelque chose, ce n'était pas juste….

Et c'était tellement plus tranquille, on était en 1965. Je crois qu'on ne voyait que trois voitures à Pondichéry, dont deux dans le garage de Mère; seulement des bicyclettes, c'était lent, lent, doux, gentil, c'était avant la télévision, avant le plastique. Et bien sûr, pour moi tout était magique dans un sens, parce que quand on a découvert le divin, naturellement tout va bien (*rires*).

Quand Auroville est entré dans l'atmosphère, j'avais déjà rencontré Frederick. Vincenzo habitait avec nous. Il avait lu le magazine de *Planète* sur Auroville et il était venu. J'avais une grande maison rue Dumas et je lui ai donné une chambre. Nous avions une voiture que Vincenzo avait réparée. C'était un vieux taxi qu'il avait très bien repeint et retapé, mais sans toucher beaucoup au moteur, du coup, il n'était pas rare d'avoir à la pousser à Auroville (*rires*).

Pour Frederick, Auroville, c'était encore plus fort que pour moi. Mais pour moi aussi, c'était un rêve. Mère m'a donné ce rêve de cette cité idéale,

Inauguration : Shyama lit la Charte en suédois.

et bien sûr il y avait une réponse en moi : « Oui, je veux vivre là avec mes frères et mes sœurs. » Et puis très tôt, avant l'inauguration, nous avons demandé à Mère : pouvons-nous construire à Auroville ? Elle a dit oui. On n'avait pas encore acheté beaucoup de terrains à cette époque. Il y en avait autour de Certitude et il y avait des terrains à Fertile. Je lui ai montré des photos de ces deux endroits et une carte, et elle a mis son doigt sur Certitude :

« Là !
— Mais Mère, ai-je dit, il n'y a pas d'arbres !
— Eh bien plantez des arbres ! » (rires)

Nous y sommes donc allés. C'était probablement au milieu de l'été, mais nous n'y connaissions rien alors nous avons commencé à creuser des trous et à planter des arbres. Il n'y avait rien. Les premières terres achetées étaient les pires. Certitude est située au point de départ d'un canyon, donc toute la terre arable avait été lessivée. Nous n'étions certes pas des agriculteurs ; nous étions seulement pleins de foi ! Totalement naïfs, pleins de foi ! Nous avons commencé à travailler ; Frederick, plein d'élan vital, organisait tout. Tous ses amis sportifs de l'Ashram venaient pendant les week-ends ou la nuit, et creusaient des trous pour les arbres. Et pour trouver des plants… il n'y avait pas de pépinières, rien du tout, il nous fallait aller à Madras pour en acheter, ou en obtenir grâce à des gens de l'Ashram. Pendant plusieurs années, nous avons fait ce travail. Il n'y avait pas d'électricité, pas de route, rien. Nous avons construit un abri pour stocker le ciment, et nous avons alors pensé que nous pourrions peut-être venir habiter dedans. Nous l'avons alors un peu agrandi, avons ajouté un grenier et un espace habitable. Les enfants étaient à l'école de l'Ashram et nous venions pendant les week-ends avec eux vivre dans cette petite hutte en keet, rêvant de la cité future. Cela, c'était encore avant l'inauguration.

Scène de village.

À l'inauguration, j'ai lu la Charte en suédois, et cela a été une formidable expérience. Il y a eu deux cérémonies où Mère a mis sa force. L'une, c'est l'inauguration d'Auroville, l'autre la pose de la première pierre du Matrimandir. Il y avait une force qui… Ah, formidable ! Mon expérience a été aussi celle d'un défi colossal de Mère aux forces hostiles, à l'anti-divin : « Ici ! Nous sommes ici. Ici, nous faisons face. » Une déclaration : « Ici ! » La cité divine est un rêve qui a hanté l'homme depuis toujours, Jérusalem, Philadelphie, la cité de la fraternité. C'est dans la psyché humaine depuis si longtemps, il y a eu tant de tentatives, et celle-ci est la dernière en date. Ici. Et quand vous êtes romantique et idéaliste, c'est si extraordinaire.

La pose de la première pierre du Matrimandir a été une autre occasion pour faire l'expérience de cette formidable force. J'étais arrivée seule dans l'obscurité du petit matin sur mon Solex. J'ai coupé le moteur et j'ai été prise par cette force presque physique qui vous coupe le souffle. Je suis allée au bord du cratère et j'ai regardé la cérémonie. Les gens descendaient la rampe en une longue ligne pour aller mettre une poignée de gravillons dans la bétonnière et j'ai senti une Grâce si puissante et si abondante que c'était comme de la pluie ruisselant sur nous tous. Je savais que je ne pouvais pas l'absorber. Nous étions comme des canards imperméables au déluge. J'ai pleuré sur nous, sur notre condition.

Combien étiez-vous à Auroville ?

Il y avait Frederick et moi, qui travaillions sur le terrain sans y vivre en permanence. Bob et Deborah étaient à Forecomers. Francis est venu, ainsi que quelques autres. Vincenzo a habité dans la petite hutte pendant quelques temps et puis il a déclaré : « Je retourne pour assembler une caravane, je reviendrai avec une caravane. » Et c'est ce qu'il a fait. Il est rentré, a trouvé ces voitures et ces gens, dont beaucoup étaient de l'Association à Paris, et il est revenu. Avant, nous n'étions guère plus que vingt. Un type qui s'appelait Gary Miller, et puis Gene Maslow et Auroarindam. Et à cette époque-là – c'était le temps des hippies – il y avait une population flottante autour du Centre, des gens qui passaient un moment. Il n'y avait que Forecomers, quelque chose à Promesse (il y avait une maternité, mais personne n'y résidait), peut-être Orchard, monsieur Mercier. Il y avait Jocelyn avec sa petite fille. Rod est venu très tôt, et c'est un de ceux qui ont habité chez nous. Les gens venaient peu à peu. Piero et Gloria sont arrivés assez tôt.

Je me souviens, quand est venu le moment de construire Auroson's Home, Mère nous a dit : « Voyez Roger pour les plans. » Celui-ci nous a donné un plan qui ne pouvait pas convenir, c'était un genre de maison-champignon, nous l'avons donc rejeté. Nous avons essayé de faire quelque chose par nous-mêmes. Nous étions amis avec quelqu'un qui s'appelait Louis Allen, qui s'occupait de Lake Estate, et je me souviens de Mère nous disant (*sur le ton de la conspiration*) : « Oh, je connais Louis, il est très cher ! (*rires*) Peut-être Piero peut essayer. » Piero venait juste d'arriver. C'est donc Piero qui a dessiné la maison.

On avait de l'eau mais pas d'électricité. Quand nous avons commencé la construction, il nous a même fallu faire venir une bétonnière de Pondichéry en même temps qu'un groupe électrogène. On pouvait avoir des coolies mais pas d'ouvriers qualifiés, pas de maçons dignes de ce nom, pas de menuisiers. Ceux-là ont tous été formés par Auroville petit à petit. Le niveau était très primitif. Les villages étaient petits, pauvres – extrêmement pauvres, au bord de la famine. Les trois villages. Très petits. Peut-être même pas le dixième de ce qu'ils sont aujourd'hui. Et tout en terre et feuilles de palmier.

Nous avions des relations suivies avec Forecomers parce qu'ils étaient eux aussi en train de planter des arbres. C'était tout ce qu'on faisait, s'occuper de la terre, planter et protéger ce qu'on avait planté. Ça a duré des années, je ne sais pas, dix ans peut-être, mais est-ce que cela a pu être si long? Il y avait à l'époque d'immenses troupeaux de vaches et de chèvres. Chaque petit arbre devait être vraiment protégé – pas seulement des centaines de chèvres – car, les villages étant si pauvres, même un petit brin d'arbre était du bois à brûler. Donc il fallait vraiment les protéger, et il faisait chaud, chaud, chaud! L'été avec les tempêtes de sable, la chaleur féroce... Beaucoup, beaucoup d'années à pousser, pousser – comme si vous poussiez un rocher en haut d'une côte : si vous abandonnez, il retombe et tout votre travail est fichu – et dans des conditions si dures. Mais je me souviens, à un certain moment, on a senti presque comme une réponse de la terre, comme si elle disait : «C'est bon, j'accepte votre travail, je vais coopérer», c'était le moment où, si vous poussiez le rocher et le laissiez aller, il roulait de l'autre côté... et la forêt a grandi. C'est gagné maintenant, ça ne retournera pas au désert. Mais les efforts ont dû être longtemps protégés.

C'était de la survie, mais, en fait, c'était une époque merveilleuse. On avait une telle foi! On était en train de construire le nouveau monde : que pouvait-il y avoir de plus amusant? Bien sûr, nous étions immensément ignorants et naïfs, mais c'était merveilleux. Nous étions engagés dans ce que nous sentions être un travail plein de sens.

Je suis extrêmement reconnaissante d'avoir pu être là à cette époque, parce que – certes on était très naïfs et on pleure quand on voit ce que c'est maintenant ; on nous a donné ce rêve, et *qu'est-ce que nous en avons fait?* Nous! Voilà ce que *nous* avons fait. Je pleure – mais, oui, je me sens très reconnaissante, parce que combien de gens ont eu la chance de pouvoir vivre leurs rêves? Il y en a très peu qui peuvent vraiment travailler pour quelque chose en quoi ils croient, qui les inspire. Il n'y a personne à blâmer, *c'est nous*. Et c'est pour cela que je ne sais pas comment continuer maintenant. On voit de quoi la nature humaine est faite, combien d'efforts il faut pour la changer.

Quand Mère est partie, c'était un grand mystère ; elle a quitté son corps mais elle n'est pas partie. Je n'ai pas senti que le rêve était brisé, cela continuait.

Nous étions tous si naïfs, nous n'avions pas compris ce qu'impliquait le yoga : quel changement fondamental devait prendre place. Et je ne sais toujours pas comment va être réalisé le changement.

Une des choses que je trouve étranges : ici, le Divin nous donne un coin de terre et nous dit : « Construisez la cité divine. » Liberté totale. Liberté totale ! C'est nous qui très vite avons dit : « Eh, Christine ! Attention, tu ne dois pas faire comme ça ! »…

Nous ne sommes même pas capables de conserver cette liberté…

L'inauguration avait été si extraordinaire, mais ensuite il y a eu une sorte d'abandon. Le Centre a été en quelque sorte oublié par les administrateurs et c'est à ce moment-là que nous avons senti : « Non, pour nous c'est un coin de terre sacré, on ne peut pas juste l'abandonner et repartir à Pondi. » Il fallait être présent sur le terrain. Tous ces échafaudages, ces matériaux pour les abris, tout ça a été mis en réserve – et plus tard d'ailleurs cela sera utilisé dans beaucoup de maisons ! Il y avait une sorte d'administration à Pondi, mais ces gens-là étaient assez éloignés de la réalité physique d'Auroville, en fait très éloignés. Nous, nous voulions nous engager dans cette réalité. Cela aussi, bien sûr, a été à la base de nos incroyables conflits et divergences plus tard.

Un exemple : Bob était peintre. Il avait eu une idée à propos de l'urne et avait fait une proposition pour la peindre. Il y avait juste des tuiles en briques rouges autour de l'urne, et il avait un plan pour la peindre, bleu et turquoise. Il avait demandé à Mère qui avait donné ses bénédictions. Il s'est donc procuré la peinture et nous avons commencé le travail avec Alice, Navoditte, et Deborah. Manifestement Piero n'aimait pas l'idée, alors il a écrit à Mère : « Roger n'aimerait pas ça… » (*rires*), alors Mère a dit : « Bon, il vaut mieux arrêter. » Mais vous voyez, ça avait déjà commencé : « Non, vous ne devez pas faire ça. » Je sens que c'est à la base d'une grande part de nos difficultés.

L'autre problème bien sûr existe encore aujourd'hui : résidents contre planificateurs – quelque nom qu'on leur donne (ils n'arrêtent pas de changer de nom), planificateurs, architectes, etc. Il y a toujours eu ce conflit, qui est en train d'empirer. Depuis quarante ans, ces gens veulent une table rase et nous, nous mettons la pagaille [du fait que nous sommes là]. Parce que franchement, ils ne savaient pas comment bâtir la cité, ils n'avaient pas les moyens de bâtir la cité. S'ils voulaient imposer… – dans une certaine mesure, je n'ai rien contre, cela peut se faire de plusieurs façons : ou bien ça grandit de façon organique ou bien vous planifiez une cité et vous essayez de la réaliser. Mais nous avons eu la pagaille, parce que des gens voulaient vivre ici et que cela fichait en l'air tous leurs plans. Mais de leur côté ils n'avaient ni les moyens ni la capacité d'aider vraiment, de loger les gens qui se trouvaient là. Cela a été comme ça depuis le début. Ils se disputaient à Pondi.

Mais Auroville a survécu.

Oui, extraordinaire, n'est-ce pas ? Oui, c'est extraordinaire. C'est étonnant : comment se fait-il que ce soit encore là ? Je pense à tout cela et je n'y comprends rien. (*rires*) Je ne comprends pas ! Je suis extrêmement critique, tu sais, mais c'est difficile de juger parce que nous oublions. Nous oublions comment était notre conscience auparavant. Si nous pouvions voir le passé avec nos yeux d'aujourd'hui, nous dirions : « Oh, mon dieu ! Est-ce que j'ai vraiment fait ça ? » C'est possible, je ne sais pas. Mais je regrette l'élan de la jeunesse, je regrette la confiance, l'amitié, je regrette ça. Je trouve que c'est maintenant très raide et mesquin, sans générosité. Je suis blessée par la petitesse, le manque de générosité et de foi. Tout est devenu presque exclusivement mental.

Et je regrette de devoir dire que depuis que le gouvernement est intervenu, c'est devenu un endroit où on ne peut plus dire la vérité. Et ça, c'est sérieux.

Nous étions encore si jeunes dans un sens, jeunes en possibilités, maintenant nous nous sommes emprisonnés dans un tas de règles. Au moins, nous étions un peu plus ouverts, plus que maintenant. Je vais te dire quelque chose encore à propos du commencement. Nous nous promenions en voiture sur cette terre, de Chinnamudaliarchavady jusqu'à Mattur et de la côte jusqu'au Lake Estate. Avec les enfants. Et nous rêvions de la cité. Pour nous, elle était sacrée, cette terre. C'était la cité divine. C'est comme ça que nous la voyions. Ayant accepté Mère comme la Mère Divine, qui m'avait donné la vie – évidemment la personne la plus extraordinaire, si l'on peut dire comme ça, que j'aie jamais rencontrée. C'était un être comme… Peut-être si on avait rencontré le Christ, on sentirait la même chose. Et à l'époque, si Mère disait quelque chose, les questions s'arrêtaient (sauf quand elle a dit : « Là » et que j'ai objecté : « Mère, mais il n'y a pas d'arbres ! ») mais Sa parole…

Ne pourrions-nous pas lui demander que faire maintenant ?

C'est mon rêve aussi. Est-ce que nous ne pourrions pas nous asseoir et essayer de lui demander : « Mère ! » et ouvrir le canal ? La logique mentale ne peut pas nous mener bien loin. Elle est seulement bonne pour organiser notre bureau (et encore). Oui, c'est aussi un désir très fort que j'éprouve. Je n'ai pas participé à tous ces groupes de travail. Je ne sais pas si même c'est quelque chose qu'on essaie de faire. Même une chose comme les admissions : il y a maintenant tous ces petits critères extérieurs [pour juger si une personne peut rester à Auroville]. Pour moi, c'est toujours : est-ce que cette âme doit être ici, y a-t-il une connexion psychique, y a-t-il là quelque chose de vivant qui a soif ? Mais maintenant on a d'autres critères : « Avez-vous de l'argent ? Vivez-vous à Auroville même ? Nous n'avons pas besoin de telle profession. Vous ne pouvez pas venir ! etc. »

Mais, je dois dire, je m'émerveille également quand je me promène et que je vois tous ces arbres. Un jour j'ai dû aller à Villipuram, en été. Le retour en moto était si chaud et poussiéreux ! On rentre à Auroville dans l'après-midi, et ouf ! C'est comme une oasis verte. Naturellement les gens veulent vivre ici, on le comprend ! Les industriels, les gens avec de l'argent, naturellement que c'est ce qu'ils veulent ! Et ce qu'il faudrait faire, c'est aller dans les zones avoisinantes et aider à les rendre aussi belles qu'à Auroville, de sorte que tous ces gens riches aient une alternative. Je crois qu'Auroville est réservé à ceux qui choisissent consciemment le rêve de Mère.

Nous avons fait de ce lieu un paradis, comparé à la campagne avoisinante. Ce que nous avons fait ici est miraculeux. Et ce ne sont même pas les urbanistes qui l'ont fait ; ce sont les planteurs d'arbres, qui étaient largement regardés de haut par les urbanistes car ils mettaient la pagaille dans leur travail ! Mais cela a été une expérience très forte pour moi. Et j'ai senti : oui, c'est juste, la première chose à faire est d'inviter la nature à revenir dans la cité divine. D'abord établir la base. Du point de vue de la nature, c'est tout à fait miraculeux ce qu'a réalisé Auroville.

Ces dernières années ont été difficiles pour moi. Je ne peux pas m'identifier, je traverse une période vraiment aride.

À d'autres moments, je le sais : non, non, Auroville est décrété, c'est décrété, et cela va se faire. Après trois cents ans, on en verra le début. Auroville, c'est un changement de conscience, tout le reste (maisons ou bel environnement) n'est qu'accessoire. C'est pour l'humanité, c'est pour ce changement que cela se construit.

Unité humaine : cela veut dire la conscience d'être un, au moins dans un nombre suffisant d'individus. Ils ne sont pas encore là. Donc dans

mes moments de plus grande sobriété, je me dis que cela sera dans trois cents ans; mais on verra seulement un commencement. Et puis, quand les choses vont de travers, peuvent-elles se redresser? Je ne sais pas. Et pourtant des gens viennent. Ils disent: « Vous ne comprenez pas, vous êtes une lumière pour nous, c'est formidable », alors…
Cette joie délicieuse, qui fait que tout est possible…

—Entretien avec Shyama

Elle m'a offert ses mains

Un entretien avec Patrick et Heidi

Patrick :

C'était au cours de mon 4ᵉ voyage en Inde, en 1971. Depuis 1967 je partais à l'aventure.

Le voyage pour le voyage. Pour la surprise. À l'époque, ces voyages prenaient du temps car on traversait tous ces pays : Irak, Koweït, Syrie, Liban, etc. On était partis, toute une équipe de copains férus d'aventure et d'Inde. Quand j'ai eu vent de la beat generation, (Kerouac, Ginsburg), je me suis senti très relié à leur expérience, c'était comme ça qu'on vivait[1].

Pour la première fois on prenait le train ; on devait avoir un peu plus d'argent que d'habitude. C'était un train qui faisait Istanbul-Téhéran en trois jours – traversant tout le Kurdistan, un train beaucoup plus mythique que l'Orient-express. Pour traverser le lac de Van dans le Kurdistan, le train monte sur un bateau. C'était un voyage magnifique avec des cou-

---

[1]. « On était parti sans argent, de la porte d'Orléans. On avait grimpé les cols en Autriche. On avait descendu la côte dalmate, vu les gorges du Kottor, le Monténégro qui était à l'époque un repaire de bandits. En Grèce on avait vendu notre sang à l'hôpital général de Thessalonique pour 15 dollars, et on l'avait encore vendu à l'hôpital de la Croix Rouge sur le port pour 12 dollars, à coup de jus d'orange pour se remettre en forme. On avait découvert Istanbul à l'aube comme dans les contes des mille et une nuits. On avait vécu là dans un hôtel historique, avec des gangsters, des trafiquants, des beatniks et des enfants qui se sauvaient de chez eux. On avait été clochards au Liban, puis quand ils avaient décidé un jour de déblayer tous les hippies, on s'était retrouvé au ballon pendant quatre-cinq jours, en plein Beyrouth, puis embarqué dans une bagnole et rejeté en Syrie. On s'était retrouvés à Mossoul, en Irak, sans un sou, choyés par des militaires irakiens qui avaient fait arrêter des camions pour qu'on puisse avoir un lift sur Bagdad. À l'entrée de Bagdad, on avait visité l'usine Coca-cola et en était ressortis avec des sacs pleins de bouteilles de coca. À Bagdad on avait été chez les curés. Partis à Kuwait parce que là-bas il y avait un hôpital où ils achetaient le sang pour 28 dollars la pinte, on s'était fait prendre en stop par une bagnole américaine de douze mètres de long avec des espèces de nababs en blanc enturbannés, qui s'étaient fait arrêter à la frontière parce que la voiture était pleine d'alcool. On s'était retrouvés sur la route dans une tempête de sable sous nos chiffons. À Koweït on avait été collés au trou par la police et on s'était retrouvés avec des Indiens qui étaient là depuis huit mois, et puis heureusement remis dans un bus pour l'Irak. Etc, etc. »

chettes à la turque, la grande aventure. Il y avait un wagon quasiment entier de hippies, de beatniks, qui se rendaient en Inde.

Au départ, dans la gare de Hyder Pasha qui est la gare d'Istanbul du côté asiatique, j'ai rencontré Heidi. Comme le voyage durait trois jours et trois nuits, on a eu le temps de faire connaissance et elle m'a raconté qu'elle se rendait en Inde à Pondichéry pour aller à l'ashram de Mère et de Sri Aurobindo. J'étais déjà allé dans le sud de l'Inde, j'avais entendu parler de l'Ashram, mais comme de quelque chose qui était bien trop sérieux pour le style d'aventuriers qu'on était à l'époque. Nous, c'était plutôt la rigolade, c'étaient des tas de choses qui n'avaient aucun rapport véritablement avec la vie spirituelle. Donc très aimablement on faisait un détour, on n'allait pas semer la zizanie dans l'Ashram avec nos activités qui n'avaient aucun rapport. Donc, on connaissait de nom, mais sans y avoir jamais été. Mais Heidi, elle, y avait déjà été auparavant dans les années 68.

De Téhéran on est allé à Meshed, et de là on a pris le bus pour la dernière ville frontière iranienne, Taibad, et puis, après un *no man's land*, on a pris le bus à la première ville afghane Islam-Qala. On s'est retrouvé avec tous mes copains à Kabul. C'était sympa, ces hôtels à Kabul dans les jardins, il y avait là une atmosphère d'aventure amicale. C'est les derniers moments que je partageais avec tous ces copains. On avait passé des années ensemble sur la route mais nos chemins allaient se séparer.

Pas de chance, au moment où on s'apprête à aller chercher les visas pour l'Inde, on nous annonce que l'Inde et le Pakistan sont en guerre. Frontière fermée. On s'est mis à la recherche de tickets pour revenir en Europe, en se disant : on va travailler en France et on reviendra par la suite. On a pris un avion Téhéran-Paris. Dès qu'on a entendu dire que les choses étaient revenues dans l'ordre, on est reparti en Inde par avion.

Nous sommes arrivés début 1972. On est resté deux jours dans une guesthouse du gouvernement en face du stade. Ce qui est marrant, c'est qu'on s'est incroyablement disputés tous les deux le deuxième jour, comme si quelqu'un voulait couper… On s'est remis sur nos pieds le lendemain.

On va voir Ravindra qui était celui qui vous assignait des tâches dans l'un des départements de l'Ashram. Il ne posait pas de questions, c'était beaucoup moins compliqué que d'entrer maintenant à Auroville. Il nous a donné un travail à chacun. Heidi était corvéable à Art House, l'endroit où on faisait le batik avec Minidi et Milidi (sœurs de Sunil), – c'était les grandes familles bengalies des premiers jours. Elles étaient les premières

Travail dans les champs. À gauche, Patrick et Heidi.

jeunes filles qui avaient porté le short pour faire du sport. Heidi était dans un cocon qui était à même de la mettre sur la bonne voie. Et moi j'étais aussi bien, sinon mieux, avec Bula-da qui était lui aussi un très ancien disciple, un pilier. J'ai passé un an et demi avec lui ; c'était un peu, même beaucoup, mon père spirituel. Il s'est attaché à moi et moi à lui. Je travaillais dans le département de l'eau et de l'électricité : je visitais toutes les maisons de l'Ashram, les chiottes, les toilettes, les cuisines, etc., pour réparer les conduites d'eau, les chasses d'eau, les robinets, les tuyaux. J'ai passé un an et demi avec lui, sous sa houlette ; je travaillais tous les jours, le matin et l'après-midi. Le reste du temps on participait à toutes les activités de l'Ashram. On allait au terrain de sports. J'avais même eu par Pranab la permission extraordinaire d'aller à la piscine. C'était pas rien, parce que c'était vraiment donné au compte-goutte ! J'avais un créneau assez curieux, de 5h30 à 6h15 – c'est un lieu historique : au-delà de la natation il y avait toute l'atmosphère de cet endroit. On habitait rue Romain Rolland, à la Society Guesthouse. Des gens très gentils. On dormait dans une chambre sans fenêtres et on s'enveloppait dans des draps mouillés pour se rafraîchir. C'était une année de *tapas*, pas tellement pour Heidi qui avait cet élan naturel vers la simplicité, le dénuement, mais pour moi.

Y a-t-il eu un moment où vous avez décidé de rester ?

Je ne me suis jamais trop posé de questions dans l'existence, et puis Heidi ne s'en posant pas non plus... Le déclic venait de l'attachement que j'avais pour Heidi. Je n'avais pas envie de la quitter, donc l'Ashram – c'était l'Ashram. Après, il y a eu une démarche personnelle, mais au départ c'était dû à l'attachement que j'avais pour Heidi qui, elle, était indéniablement attirée vers l'Ashram. Ce qui est curieux, c'est qu'au cours de mes pérégrinations, j'avais été plusieurs fois dans des ashrams, j'avais passé plusieurs mois dans des endroits perdus dans le Bihar, des lieux qui étaient sympathiques mais il n'y avait pas véritablement... il y avait quelque chose, une petite flamme, mais c'était pas l'appel. J'avais essayé d'être *sannyasi*, j'avais essayé des tas de trucs, mais il n'y avait pas ce qu'il fallait. Pour une nature comme la mienne, il fallait un encadrement, ce que je ressens même toujours ici. J'aime bien sentir une sorte de cohésion fraternelle. C'est ce qu'on a senti tout de suite à l'Ashram. C'était net, il n'y avait pas de question d'argent. C'était une chance inouïe de tenter un début de *sadhana* dans un environnement absolument idéal, épaulés et bien encadrés.

On a été plusieurs fois à Auroville. Rien. Mais absolument rien. Aucun appel, rien. En 1972 visitant Auroville, j'ai pas le souvenir que ça m'ait suscité un intérêt quelconque. L'autre avec sa guitare, à Aspiration, j'ai trouvé ça ... pft! Dans les haltes de beatnik et de hippies, j'avais trouvé des atmosphères autrement transcendantales.

Spirituellement, fraternellement on a vécu une année et demie idyllique à l'Ashram. Pas de restaurant, pas d'alcool, pas de sorties, pas d'achats. La vie de l'Ashram telle que Mère l'avait offerte à ses disciples. La première fois de ma vie que je travaillais toute la journée : extraordinaire ça, à marquer dans les annales !

Pupuce a vu Mère pour la première fois en 1969. Elle l'a vue un peu comme ces autres Auroviliens que tu as interviewés, avec davantage d'intimité. Moi je l'ai vue dans une file. Remarque, il valait mieux pour elle, c'était pas la peine qu'elle s'attarde : « Passez, s'il vous plaît ! »

Tout de même Counouma a apporté à Mère en mains propres notre demande de permis de résidence. On a eu la permission en 1972, avec la garantie de l'Ashram. On est repartis en septembre pour retravailler un peu en France. On est revenus en 1973, un mois avant qu'elle ne parte.

Heidi :

Un mois auparavant, on avait décidé de vivre à Auroville.

On était montés à Auroville avec des gens de la Society et ils nous avaient

Bula-da, le mentor de Patrick à l'Ashram.

montré ce qui est Djaima maintenant. On avait accepté de s'occuper de ce terrain. On revient dans le Beach Office à Pondi pour signer, et on rencontre Rose et Boris devant la porte. Je les connaissais d'avant. On leur annonce qu'on va aller à Djaima. Ils nous disent : ne vous mettez pas là, c'est trop près du village, il y a beaucoup de vent en été, etc., on va vous montrer un endroit à Fertile. Ils nous ont montré ce terrain ici [où habitent Patrick et Heidi depuis trente-cinq ans]. Nous avons donc dit à Shyamsunder qu'on avait changé d'avis et qu'on voulait aller à Fertile. Il nous dit : ok, mais ne changez pas d'avis tous les jours. À l'époque il y avait plus de terres que de candidats...

Patrick :

J'avais déjà une mauvaise impression avec Shyamsunder. Dès le départ. Ayant été à l'Ashram et voyant tous les jours des Indiens qui étaient des véritables *rasgulla* de gentillesse, je ne sentais pas du tout Shyamsunder. Et c'était réciproque.

Ce qui était assez étrange pour moi, c'est qu'au cours de ces trois-quatre années de voyages, je n'aie pas trouvé d'endroit qui me convienne. Mais comme on est avec d'autres congénères, on n'est pas assez centré sur un but. Ce n'est pas comme quand on est seul, qu'on sait ce qu'on veut faire, qu'on a une idée bien précise. Quand j'y repense maintenant, avec ce que j'aime, ce qui m'est cher, je mènerais ma barque différemment : au lieu de traîner j'aurais fait une école de yoga, j'aurais fait quelque chose de plus constructif. Mais le fait est, tout de même, que cette période si peu constructive a abouti à un résultat satisfaisant pour une existence. Je ne vois pas où on aurait pu voir la même existence qu'à Auroville. Même si on prend en compte tous nos problèmes.

Heidi :

C'est un hasard qui n'est pas un hasard. Un hasard qui est guidé.

D'abord j'avais décidé d'aller en Inde. Je voulais tout changer dans ma vie, donc je voulais aller en Inde, sans savoir exactement où. Juste l'Inde. Après, par hasard, j'ai vu le film de Louis Malle qui avait fait une série sur l'Inde avec une émission sur Pondichéry. J'étais par hasard chez une amie (moi, je n'avais pas de télévision) et j'ai vu ça. Certaines personnes étaient interviewées. On voyait Mère, on l'entendait parler. Je n'ai pas compris du tout ce qu'elle disait mais quand ça s'est terminé, je me suis dit : c'est là que je veux aller. Quelques mois plus tard, au moment de m'envoler pour l'Inde, Pondichéry était déjà un peu oublié, mais dans l'avion il y avait Jean Legrand. Pendant l'escale du Caire, à l'aéroport nous avons pu parler un peu. Jean retournait à Pondichéry. Il avait rencontré Mère, était rentré en France à cause du service militaire, mais lorsqu'il avait dit au revoir à Mère, elle avait remarqué : ce n'est qu'un au revoir. Ayant été réformé il revenait. Il m'a dit que si je comptais aller à Pondichéry, il fallait le faire tout de suite parce qu'il y avait un Darshan quelques jours plus tard. Donc on a pris le train ensemble pour aller à Pondichéry. Trois jours après, il y avait le Darshan.

Je suis restée un mois. J'avais une amie, une Indienne, qui me disait toujours : il faut que tu voies Mère. Je disais : non, non, je ne veux pas l'embêter. Finalement deux jours avant de partir, j'ai écrit une lettre que j'ai envoyée avec ma photo, et j'ai eu rendez-vous, juste avant mon départ.

Elle était assise sur son fauteuil. Toi, tu te mets à genoux devant elle, des fleurs toutes fanées dans la main. C'est tout en silence. Elle te regarde dans les yeux, tu es comme un livre ouvert, tu ne peux rien cacher. Et après un sourire incroyable, éclatant, un grand sourire et elle m'a offert ses mains comme ça (*paumes ouvertes*). Je n'ai pas osé ! Et elle a fait : « Hein, hein ? » (*encouragement*) J'ai mis tout doucement une main dans les siennes. C'était très fort comme expérience.

À partir de ce moment-là, c'était décidé.

Quelquefois je suis étonnée de voir des gens qui arrivent à Auroville, bien des années après, et qui ont vraiment un rapport avec Mère. Si je ne l'avais pas rencontrée physiquement, je ne sais pas si je l'aurais eu. Ça m'émerveille de voir que des gens ont le même rapport.

Voilà. Je suis repartie pour chercher ma sœur. Mais ma sœur s'est mariée.

Moi, je suis revenue et…

Patrick :

Et pas de bol, elle m'a rencontré.

Heidi :

On est guidé. À chaque étape. Dans l'avion j'aurais pu finir à Goa, ou je ne sais pas où. Je n'avais aucun plan.

—Entretien avec Patrick et Heidi

L'heure de la traite pour Heidi.

DEUXIÈME PARTIE : AUROVILLE, ET SI C'ÉTAIT UNE SMART CITY

Cette brochure est le fruit de la collaboration entre le Pavillon de France à Auroville et Auroville Press Publishers.

Nous remercions S.E. M. Alexandre Ziegler, ambassadeur de France en Inde, pour avoir bien voulu écrire la préface de cette publication.

Nous remercions également M. Thierry Mariani, ancien député de la 11e circonscription des Français de l'étranger, qui non seulement a encouragé notre projet mais nous a donné les moyens financiers de le réaliser. Lors de ses visites à Auroville, il nous a toujours prêté une oreille intéressée et bienveillante.

Nous remercions les photographes d'Auroville, Olivier Barot, Giorgio Molinari et Nathalie Nuber pour nous avoir permis d'utiliser certaines de leurs photos.

Préface

Lorsque Claude Arpi m'a parlé la première fois de son projet de célébrer les 50 ans d'Auroville, je l'ai tout de suite trouvé enthousiasmant car il nous fait partager l'histoire de ce qui fut peut être la première ville écologique et intelligente.

Auroville c'est d'abord une expérience unique au monde, qui a préfiguré bien d'autres mouvements qui œuvrent à faire de notre planète un espace commun, soucieux de préserver les ressources limitées qui nous sont offertes.

En 1968, la prise en compte de l'environnement s'impose progressivement comme une nouvelle préoccupation intellectuelle. Mais elle n'est encore, pour l'immense majorité, ni un projet politique ni une réalité économique. Près de 50 ans après, la Conférence de Paris pour le climat réunit 195 États autour d'un constat qui était celui des pionniers d'Auroville : il faut agir maintenant car « il n'y aura pas plus de plan B qu'il n'existe de planète B ».

Auroville est née de ce constat, mais aussi de ce qui apparait encore alors comme une utopie : bâtir une ville de demain, respectueuse des ressources locales et des communautés qui la composent ; une ville d'abord bâtie autour de l'homme et de son environnement. C'est en ce sens qu'Auroville aura peut-être été la première des *smart cities*. Et elle continue aujourd'hui à porter un message profondément moderne et innovant.

Les célébrations qui accompagnent le cinquantième anniversaire de la naissance d'Auroville sont l'occasion de nous replonger dans son histoire, et dans les parcours individuels et collectifs qui l'ont façonnée. Mais elles sont aussi l'occasion de saluer, 50 ans après sa fondation, l'étonnante modernité du projet d'Auroville.

Que Claude Arpi et les auteurs de cet ouvrage soient ici remerciés pour ce remarquable travail, qui valorise une expérience unique et préfiguratrice.

— Alexandre Ziegler,
Ambassadeur de France en Inde

Introduction

C'ÉTAIT IL Y A QUELQUES MOIS À DELHI, lors d'une interaction avec un groupe de hauts fonctionnaires (la plupart récemment à la retraite); soudainement la discussion tourne sur l'un des projets phares du Premier ministre Narendra Modi, « des smart cities pour l'Inde ».

Après quelques minutes, un des participants, peut-être plus courageux que ses confrères, ose demander : « Quelqu'un peut-il m'expliquer ce que c'est qu'une smart city ? »

Un « smart » collègue lui répond que c'est le projet le plus révolutionnaire du Premier ministre, cela va radicalement changer l'Inde.

Une autre personne fait quand même remarquer que cela n'explique pas vraiment ce qu'est une « smart city ». Comment peut-on changer la vie des habitants de ces mégas agglomérations, en particulier des métropoles comme Delhi ou Mumbai, où la circulation et la pollution augmentent de jour en jour ?

Une personne mieux « connectée » (c'est important en Inde) admet alors que quelques semaines plus tôt, il avait téléphoné à un de ses collègues, le secrétaire général du ministère du Développement urbain, pour lui poser la question qui est sur toutes les lèvres. La réponse fut honnête : « Nous n'en sommes pas sûrs, mais nous y travaillons. »

Il n'y a aucun doute dans l'esprit des responsables indiens qu'il y a urgence pour Delhi et les autres mégapoles indiennes (et même pour les « petites » agglomérations comme Pondichéry) de devenir « smart »; des millions de citadins sont littéralement en voie d'étouffer avec l'augmentation rapide de la pollution, un système de transport dysfonctionnel et la dégradation de la qualité de vie en général.

Depuis cette discussion, le gouvernement, et en particulier la « Mission pour les cités smart » du ministère du Développement urbain, a travaillé sur une définition concrète du concept.

La définition officielle

Depuis, le site web du ministère indien du Développement urbain a avoué qu'il n'y a pas de définition universellement acceptée pour une ville intelligente : « Cela peut signifier différentes choses pour différentes personnes. En fin de compte, pour la Mission, une « ville intelligente » est une liste de souhaits au niveau des infrastructures et des services qui reflète son niveau d'aspiration. »

L'idée est donc de répondre aux aspirations et aux besoins des citoyens : « Idéalement, les planificateurs urbains visent à développer un écosystème urbain intégral, qui serait représenté par les quatre piliers du développement global – institutionnels, physiques, sociaux et de l'infrastructure économique. »

Les objectifs du projet semblent être donc de fournir une qualité de vie décente aux citoyens et un environnement propre et durable en utilisant des « solutions intelligentes ». Cela devient un peu plus clair...

« L'accent est mis sur le développement durable et inclusif », dit la Mission. Un autre objectif est de « créer un modèle qui puisse être reproduit et qui agira comme un phare, un modèle pour d'autres villes. »

Lors d'une récente visite au Bhoutan, j'ai réalisé qu'un facteur important a été laissé de côté : « le bonheur ».

À quoi servent des citoyens « malheureux » dans une ville intelligente ? Cela semble évident, sauf pour les « planificateurs » !

Le concept de « bonheur » met peut-être la barre trop haut, mais le bien-être et l'harmonie du corps et de l'esprit devraient être au moins inclus dans les objectifs des « villes intelligentes ».

L'expérience de Chandigarh

Même si la technologie peut faire beaucoup pour aider à atteindre ces objectifs, l'aspect humain doit rester l'objectif principal.

La première fois que j'ai entendu le mot « smart » (en français « intelligent »), fut lors de la visite du président de la République en Inde ; le 26 janvier 2016, il était l'hôte d'honneur du Jour de la République indienne à Delhi. Lors de la déclaration conjointe avec M. Modi, le Premier ministre indien, François Hollande a déclaré : « Nous avons donc décidé une coopération exceptionnelle d'abord pour les villes intelligentes, nous étions hier à Chandigarh, une ville historique, une ville où la France et l'Inde ont déjà coopéré et nous allons donc à travers cet exemple, – mais aussi d'autres villes comme Nagpur ou Pondichéry, il y en a une centaine au total qui

Nehru et Le Corbusier en 1955.

sont dans le programme du Premier ministre, – mettre notre expertise, nos compétences, celles de nos entreprises, au service de cette belle idée des villes intelligentes. Avec notamment l'assainissement, la gestion des déchets, l'économie circulaire, de nombreux accords ont été signés aujourd'hui et d'autres le seront demain. »

C'était un premier éclaircissement.

Il est important de se souvenir de l'expérience de Chandigarh dans les années 1950. Inaugurant une nouvelle université dans la ville de Le Corbusier en mars 1959, le Premier ministre Nehru place l'œuvre de l'architecte franco-suisse en perspective : « Je n'aime pas tous les bâtiments de Chandigarh, j'aime bien certains d'entre eux, mais ce que j'aime beaucoup c'est la conception générale de la ville ; ce qui me plaît surtout, c'est l'approche créative, de ne pas être lié par ce qui a été fait auparavant, mais d'y réfléchir en termes nouveaux et d'essayer de penser en termes de lumière, d'air, de terre, d'eau et d'êtres humains ».

Comme Nehru l'explique ce jour-là : « La chose principale est dans l'approche, le design, une conception plus large englobant tous les aspects de la vie humaine. »

Les êtres humains doivent être au centre des préoccupations des planificateurs quand ils rêvent d'atteindre une certaine « intelligence ».

Malheureusement, depuis, l'approche humaine de la ville modèle est restée vains mots.

« Smart City » est aujourd'hui un slogan à la mode, mais combien d'urbanistes sont aujourd'hui prêts à suivre l'approche humaine ?

Il est vrai qu'il n'y a pas de solution facile.

Même si les nouvelles technologies et l'informatique en particulier, sont aujourd'hui le moteur de la « révolution intelligente », l'humain doit rester au centre de la ville. C'est plus vite dit que fait.

Auroville, « smart city »

Un jour, comme M. Jourdain faisait de la prose sans le savoir, j'ai réalisé que ces « smart cities », c'est ce qu'Auroville, à sa façon, a essayé de réaliser depuis cinquante ans.

Que cela soit dans le domaine de l'environnement, des énergies douces, de l'éducation « libre progrès », d'une société « sans argent », de l'agriculture organique, des industries respectant l'environnement, de la consommation individuelle « durable », de l'importance du rapport avec les villages environnants, du développement intégral de l'individu, n'est-ce pas cela être « smart » ?

Que l'on réussisse toujours ou non, c'est autre chose, mais on essaye.

Sans doute Mère n'aurait pas aimé le terme de « ville intelligente », elle aurait préféré « ville consciente ».

Consciente de ce qui nous entoure, consciente de l'avenir de la planète, consciente de l'importance d'un modèle qui peut être reproduit ailleurs.

C'est cela le Rêve d'Auroville : « Il devrait y avoir quelque part sur la terre un lieu… ».

Une ville intégralement « différente ».

Au moins une ville où l'on essaye !

—Claude Arpi

Technologie et qualité de vie

Architecte aux multiples compétences et expert international, Raphaël Gastebois décrypte l'ambitieux projet du Gouvernement indien en vue de réaliser une centaine de « Smart Cities » en Inde. Pondichéry se trouve en bonne place sur la liste et pourrait sensiblement se moderniser à l'avenir. Nous lui avons demandé la définition de « smart city ».

C'EST DIFFICILE DE DONNER UNE RÉPONSE précise parce que le ministère du Développement urbain (MUD) lui-même a des définitions qui évoluent avec le temps. Si on se place du point de vue français ou européen, Paris, Londres ou New-York sont des « smart cities », c'est-à-dire des villes où les problèmes du quotidien sont gérés, comme le ramassage des déchets, la distribution de l'eau, l'électricité, le transport, etc., et comme ces villes sont à peu près stabilisées dans leur taille, elles peuvent continuer à se « smartiser » sans que cela pose de gros problèmes. Au contraire, l'Inde est en train de connaître depuis un certain temps une explosion démographique des villes, et certaines villes qui pouvaient présenter des prémices de fonctionnement « smart », sont dépassées aujourd'hui. Dans ce contexte, je donnerais plutôt une définition du programme indien de « smart city », à savoir : permettre à ces villes de devenir « smart », et parfois même de le redevenir – comme à Pondichéry où, à l'époque de Haussmann, sous Napoléon III, on avait déjà quasiment de l'eau potable – sans se retrouver dans des situations bloquées à tous les niveaux, avec des problèmes de qualité de vie et de réponses à donner aux besoins des habitants – et le faire avec eux. Une « smart city » ce n'est pas un endroit où une puissance extérieure déciderait de tout. C'est participatif.

Est-ce que c'est jouable ?

La pression est forte aujourd'hui sur les épaules de l'Inde pour que celle-ci arrive à se trouver elle-même, non seulement en faisant mieux que les autres, mais en le faisant d'une façon spécifique qui corresponde à son histoire, sa culture, à la configuration de ses villes, au rapport entre les gens.

Il y a sans doute des idées à prendre à l'extérieur, mais si on réussit ce programme de « Smart City », ce sont les autres qui viendront chercher des idées en Inde, c'est aussi cela l'enjeu.

Le projet est à prédominance technologique ?

La technologie nous aide à satisfaire des besoins de base, mais ceux-ci ne sont pas technologiques, ce ne sont pas de nouvelles applications sur le téléphone portable dont nous parlons, ce sont des besoins concernant l'eau, l'électricité, la mobilité, etc. Finalement, on entre par la porte de la technologie mais on en revient à des choses bien plus élémentaires.

Mais dans le projet de « Mission Smart Cities (SCM) » du Ministère indien, on parle beaucoup de technologie, ce mot revient tout le temps.

C'est vrai que l'on a un éventail de technologies bien plus large aujourd'hui – contrairement à l'époque de Haussmann – ce qui peut nous aider à franchir beaucoup d'étapes. On ne s'interdit d'ailleurs aucun recours à toutes les technologies possibles, et on ne s'interdit pas non plus d'en inventer de nouvelles. Mais le pire des scénarios, ce serait une ville ultra-technologique dans laquelle on n'aurait pas de gestion de l'espace public, pas d'eau, des espaces verts moribonds, etc. C'est un peu le problème que l'on rencontre aujourd'hui dans toute l'Asie, en particulier les pays du sud de l'Asie : ce choc entre une technologie ultra-présente et une qualité de vie déclinante.

Singapour peut-elle être un modèle ?

Oui, c'est toujours un modèle que l'on prend en compte, mais dans la comparaison entre une ville-état et un continent, l'Inde, il faut savoir garder raison…

Les solutions sont souvent décidées de manière autoritaire à Singapour, ce qui facilite leur application, sur un certain plan. Ici, la mentalité est différente. Dès lors, faut-il un peu d'autorité pour réaliser une « Smart City » en Inde ?

Je ne suis pas sûr que ce soit le meilleur des moyens… En fait, la vraie difficulté – et pour revenir sur la définition d'une « smart city » – c'est d'arriver à une ville qui peut s'auto-suffire en matière de fonctionnement et continuer sa vie de ville sans être obligée d'être reprise en main au bout

Il est prévu de reconstruire la Mairie de Pondichéry. Ce bâtiment datant de la fin XIXe s'est écroulé un jour de mousson en 2014, après trop d'années de négligence – et peut-être aussi suite à l'érosion de tout le front de mer.

d'un certain temps. Il est donc vrai que l'on veut consacrer un gros effort à Pondichéry, mais ce n'est pas pour y revenir dans dix ou quinze ans. Il faut que la ville sache se gérer elle-même, le défi est là.

La pétanque a-t-elle une place dans une « smart city » (c'est-à-dire une certaine convivialité) ?

Oui, on en parle souvent avec mes collègues. J'ai appris beaucoup sur la place qu'occupe la pétanque à Pondichéry. En 2024, la pétanque va devenir un sport olympique, ce n'est donc pas le moment de le voir comme un truc du passé. Si l'on veut une ville dédiée au « sport amical », on ne va pas inventer ce que l'on n'a pas mais plutôt s'intéresser à tout ce qui existe déjà, comme la pétanque, pratiquée tout de même par 2500 personnes à Pondichéry. Mais la pétanque est de moins en moins visible aujourd'hui, et c'est symptomatique de beaucoup de choses, comme la langue française par exemple : cela existe, c'est vivant mais cela ne se voit pas car c'est considéré comme quelque chose du passé. On parie aussi de l'argent sur la pétanque (comme pour les combats de coqs à la Réunion) et cela véhicule une image un peu négative.

Mais ce sont des lieux où les gens se rencontrent, et c'est ce que vous voulez recréer avec ces « Smart Cities » ?

Oui, et nous pensons que le meilleur lieu de rencontre, c'est l'espace public. Il existe déjà des endroits stratégiques dans la ville qui sont faits pour cela, par exemple la promenade sur le front de mer, où toute la population de l'agglomération de Pondichéry a l'habitude de se retrouver. Nous prévoyons d'étendre ce front de mer jusqu'au quartier des pêcheurs, afin de donner plus d'espace à cette promenade, de désenclaver le quartier des pêcheurs par la mer, permettre aussi aux visiteurs de découvrir ce quartier et peut-être aux pêcheurs de développer leur commerce. Nous pensons ensuite connecter cette promenade, à travers le boulevard, au canal. Le canal, c'est un point extrêmement important qui, dans l'imaginaire général, coupe la ville en deux, mais en réalité ce doit être un lieu de rencontre. C'est aussi un endroit où l'on a, de façade à façade, une place importante, où l'on peut trouver un certain nombre d'équipements qui existent déjà – un théâtre en plein air, un terrain de pétanque, des restaurants, ainsi que des lignes de bus. On imagine à l'avenir le passage d'un tramway sur le canal. Contrairement à ce que l'on pourrait croire, le tramway prend beaucoup moins de place que le bus parce qu'il est cadré par ses rails. Deux tramways peuvent ainsi se frôler alors que pour les bus, il faut une largeur importante, et finalement le tramway se glisse davantage dans la ville existante. Nous avons donc là un axe fort qui de l'aéroport à la gare en passant par le canal, peut structurer le développement de la mobilité afin de desservir les différentes parties de la ville.

La France est-elle intéressée à participer à ce type de gros projet?

Oui. Le premier grand projet dans lequel la France est impliquée concerne l'eau, sachant que l'Agence française de développement (AFD) va investir deux cents millions d'euros pour la mise à niveau du réseau d'eau – qui a été un réseau de qualité (égouts, adduction d'eau, etc.) mais prévu pour une ville de soixante mille habitants, à l'époque de la colonisation. La France est intéressée par les sujets dans lesquels elle est assez compétente et l'on peut dire sans patriotisme extrême que les entreprises françaises sont parmi les leaders mondiaux dans des domaines tels que les réseaux électriques intelligents (smart grid), c'est-à-dire une meilleure gestion de la production d'électricité, en consommant moins et en ciblant les besoins de la population. Si l'on n'a pas un « smart grid », c'est difficile d'être crédible quand on parle de développement de l'énergie solaire ou de l'énergie renouvelable, par exemple.

Le solaire a-t-il une place à Pondichéry ?

L'énergie solaire a une place importante. Pour la petite histoire, le Consulat vient d'inaugurer son toit solaire fabriqué par une entreprise d'Auroville, Sunlit Future. L'intérêt du toit solaire du Consulat est qu'il crée une ombre sur la terrasse et un rafraîchissement naturel à l'intérieur. De plus, cette installation produit une énergie qui va permettre d'alimenter la climatisation du bâtiment.

Quel est le problème le plus important auquel vous êtes confronté actuellement ?

RG – La difficulté principale, c'est l'implication de tous les départements, c'est-à-dire le fait de jouer collectif au sein de l'administration. Je pensais que la partie la plus délicate serait la consultation de la population, sachant que dans le précédent projet Oulgaret de « smart city » qui a été abandonné, il n'y avait pas eu de réelle consultation, mais une parodie de consultation, et cela paraissait quelque chose de compliqué. En réalité, notre consultant actuel qui a organisé beaucoup de réunions dans les quartiers – un vrai travail avec la population – nous a permis de voir qu'il y avait une vraie implication des gens. Ils ont leurs idées qui ne sont pas très éloignées des nôtres, un peu la même vision que celle que l'on propose. L'intelligence collective existe, par contre les méthodes de travail sont compliquées parce que l'on est dans une tradition de cloisonnement.

Si le projet du Gouvernement se réalise – une centaine de « smart cities » en Inde d'ici cinq ans – cela ne va-t-il pas attirer davantage de gens des villages dans les villes devenues « smart » et aggraver ainsi le problème de migration dans les zones rurales ?

Effectivement, c'est un vrai sujet. Dans le *Guideline* national sur les « smart cities », on demande que l'on trouve des solutions « pan city » qui consistent à essayer de voir comment le projet peut avoir un effet de contagion en dehors de l'aire urbaine. Le projet précédent proposait de mettre des cameras de surveillance vidéo partout, pour lutter contre le crime ! On était là complètement dans la caricature de la technologie au service de rien du tout, parce que le type qui habite dans un village, il a beau avoir une caméra de vidéo surveillance braquée sur sa maison, cela ne va pas améliorer sa vie quotidienne. Aujourd'hui, le travail de « pan city » est essentiellement basé sur la mobilité. Pourquoi quitte-t-on son village pour venir en ville ?

Parce que l'on se trouve dans un territoire complètement enclavé, que l'on n'a aucune possibilité de développement chez soi et que l'on est acculé à se rapprocher de la ville.

—Propos recueillis par Claude Arpi et Alain Bernard,

avec la collaboration de Jean-Luc

Le fameux canal de Pondichéry dont parle Raphaël et qui pourrait servir à faire passer un tramway.

Auroville

Le programme

Soyons réalistes, demandons l'impossible! On se souvient que ce slogan fleurissait sur les murs de Paris en mai 1968. Ce n'est sans doute pas une coïncidence que la fondation d'Auroville ait eu lieu quelques mois seulement avant l'explosion de mai 1968. Et sûrement pas étonnant que nombre de jeunes ayant participé au mouvement de 68 se soient sentis immédiatement attirés par le programme proposé pour Auroville (qui pourtant date de 1954 et s'appelle Un Rêve). En effet quoi de plus révolutionnaire que ces quelques points du programme énumérés ci-dessous :

— Un lieu qui n'appartient à personne.

— Un lieu sans hiérarchie extérieure.

— Un lieu où l'argent n'est plus le souverain seigneur.

— Un lieu de fraternité et de liberté.

Quoi de plus radical, de plus audacieux, quoi de plus enthousiasmant?

MAIS, il y a un mais. Pour que ce lieu soit ainsi, il faudra que les individus l'habitant progressent vers la découverte d'une présence souveraine à la fois à l'intérieur d'eux-mêmes et au-dessus d'eux-mêmes. Découverte qui les mènera vers la manifestation d'une vraie unité humaine.

La quête de la Cité idéale remonte à la nuit des temps. Cet idéal dont a parlé Platon dans sa République, Thomas More dans son Utopie, à chaque fois qu'il a cessé d'être une utopie, c'est-à-dire quand les hommes ont essayé de le réaliser, s'est toujours heurté à une chose et à une seule, la nature humaine. Ces entreprises, que ce soient celle de Cabet en Amérique ou celles des fouriéristes en France ou ailleurs ont généralement été de courte durée car interrompues par des conflits, des scissions et finalement une désintégration partielle ou totale. Même si, il faut le reconnaître, ce furent des expériences fécondes car du terreau pour des recherches diverses.

Auroville par contre, est un projet intrinsèquement lié à la notion de changement dans la nature humaine, un changement de fond en comble, une transformation qui doit s'opérer en chaque individu grâce à un effort conscient et constant, un effort immense et même héroïque. C'est pourquoi Mère dira un jour que l'héroïsme, c'est d'être unis. C'est pourquoi il faut pour Auroville « une race sans ego ». En effet l'ego tout naturellement nous emmène sur la pente de l'égoïsme, de l'avidité, de la division, et par conséquent de l'agressivité ou de la violence.

En fait on peut dire que, comme l'idéal d'Auroville est conditionné à ce progrès immense et radical, la déception, le découragement ne peut vraiment imprimer sa marque sur l'entreprise. L'idée que c'est une aventure suprêmement difficile est au cœur d'Auroville. Malgré les apparences, aucune naïveté dans cette aventure. On est conscient qu'on s'attaque ici au nœud du problème.

Deux choses, pourrait-on dire, adoucissent cette exigence.

D'abord l'évolution humaine est, d'après Sri Aurobindo, inévitable. Elle se fera que nous le voulions ou non. Ce que l'homme peut faire, c'est d'accélérer cette évolution, d'y collaborer consciemment.

D'autre part, une méthode qu'on pourrait qualifier de scientifique a été conseillée pour arriver à faire cet effort de transformation, une méthode dont nous parlerons plus loin et qui s'appelle : yoga.

Auroville, ma méthode

S'il existe un programme qui a été donné pour Auroville, et nous en avons parlé plus haut, il existe aussi une méthode qui a été préconisée par ses fondateurs.

Pour nous Français, qui avons étudié Rabelais à l'école et sa fameuse « Science sans conscience n'est que ruine de l'âme », il ne devrait pas être trop difficile, même si nous ne connaissons rien de l'Inde, même si nous nous méfions terriblement du côté gourou/encens/méditation, de comprendre que cette méthode qui a été recommandée pour arriver un jour à réaliser Auroville, est la plus *smart* de toutes, car ici tout tourne autour de la « conscience ».

Quelle est-elle cette méthode ? Je résume en deux mots :

Karma yoga.

Rien de plus simple, il faut seulement traduire ces deux mots :

Yoga : effort méthodique vers la perfection de soi par l'expression des potentialités latentes dans l'être, et union de l'individu avec la transcendance (peu importe le mot qu'on lui donne).

Karma : action, œuvres, travail.

Ainsi Karma yoga peut se traduire indifféremment par yoga des œuvres, yoga de l'action ou yoga du travail, à condition de comprendre que l'action ou le travail dont on parle englobe aussi bien ce que nous faisons que ce que nous sentons ou pensons.

Ce yoga a été défini dans la Bhagavad Gita.

La Bhagavad Gita, qui fait partie de la grande épopée du Mahabharata, raconte la conversation entre Arjuna, un des héros de la famille des Pandavas, et le conducteur de son char qui n'est autre que le dieu Krishna. Au début de ce dialogue, Arjuna exprime sa détresse à devoir se battre contre ses cousins, oncles et maîtres ; il ne sait plus où est son devoir : défendre le droit mais en même temps tuer son gourou, ses frères, ses parents, ou bien refuser de massacrer les siens mais laisser l'injustice prévaloir ? Questions insupportables qui donnent le vertige à Arjuna, et lui ôtent même l'envie de vivre. Dans les réponses de Krishna est inclue une définition du Karma yoga, et par conséquent une définition de l'action faite en yoga – qui est donc le modèle proposé à Auroville.

En simplifiant un peu, on peut dire que cette action a deux caractéristiques.

D'abord elle doit se faire sans attachement aux résultats à venir et sans réaction quand les résultats ont été obtenus. Équanimité devant l'échec ou la réussite est un impératif. Mais une équanimité qui ne doit pas se traduire en inaction ou inertie.

Ensuite, l'action doit s'accomplir dans une grande liberté en arrivant à percevoir que ce que l'on croit *son* action a son origine ailleurs, et que l'on n'est pas « celui qui fait » – sentir qu'on est poussé par tout un courant d'énergies qui se déplacent dans l'univers et que par conséquent le fardeau de l'action n'est pas le nôtre. Être si détaché de l'action que littéralement on n'est pas plus « taché » par elle que la feuille de lotus ne l'est par de l'eau.

Tout cela est-il *smart* ?

La Bhagavad Gita semble le penser puisque sa fameuse définition du yoga, *yoga karmasu kaushalam*, peut se traduire ainsi : *le yoga est l'excellence dans l'action*, ou bien : *le yoga est l'habileté dans les œuvres*, ou bien encore : *le yoga est la compétence dans le travail*.

Il est assez évident, même pour la psychologie moderne, qu'une action faite avec désintéressement, sans interférences ou exigences constantes de l'ego, sans des émotions qui s'en mêlent et dévient l'impulsion initiale, sans autre considération que de se concentrer sur l'action de façon impersonnelle – il semble assez évident, dis-je, qu'une telle action sera plus efficace et plus forte qu'une action faite sous l'effet de la passion, de l'avidité ou de la peur, plus décisive qu'une action teintée d'ennui ou de chagrin.

C'est pourquoi Sri Aurobindo, qui a écrit des pages magnifiques sur la Gita, explique : Vous dites qu'une action faite sans désir ne pourrait être décisive ou effective ? Non pas : « L'action faite en Yoga est non seulement la plus haute, mais la plus sage, la plus puissante *et la plus efficace même pour les affaires du monde.* » [c'est nous qui soulignons]

Bien entendu, il y davantage dans la Gita que l'exhortation à une « action sans désir », *nishkama karma*. Car en réalité cette absence de désir, nous ne pourrons l'établir en nous de façon stable qu'à condition de nous élever jusqu'à ce qui est le plus haut en nous – que la Gita appelle Atman, qui est le même partout et qui donc n'a aucun intérêt personnel.

Néanmoins, c'est cette manière d'agir, de travailler, de vivre, qui est la manière d'Auroville. Et qui doit s'appliquer à tous les domaines de la vie, pas seulement au « travail » qu'on accomplit pour Auroville. En effet, « *toute la vie est yoga* », écrit Sri Aurobindo. Mais ne nous y trompons pas, cette formule n'est pas une simple constatation. C'est un programme pour chaque instant de la vie, pour que chaque instant de la vie soit vécu en yoga, c'est-à-dire, comme nous l'avons vu plus haut, comme un effort *conscient* vers une perfection de soi intégrale.

Nous ne prétendons pas ici que les Auroviliens aient réussi à faire entrer dans leur ADN cette façon d'être si profondément différente de la façon d'être ordinaire. Malheureusement pas encore…

Ce que nous voulons affirmer par contre, c'est qu'ils s'y efforcent, et que c'est dans la mesure où ils s'y efforcent, et dans cette mesure seulement, que leur cité sera «smart» ou pas.

— Christine Devin

LA TERRE

La forêt de la Sadhana

En sanskrit sadhana *signifie : une discipline spirituelle pour la recherche de soi. Pour Aviram et Yorit, bien que l'objectif soit de créer une forêt (Sadhana Forest en anglais), la finalité est, comme ailleurs à Auroville, une pratique spirituelle. Pour cela, le couple israélien fait appel de nombreux volontaires venus du monde entier, pour qui c'est une sorte d'initiation à une vie plus « verte ». Une expérience intéressante !*

De ma petite cabane dans la forêt, c'est le titre que Yorit a donné à une collection d'histoires de sa vie à « Sadhana Forest » (la forêt de la sadhana) à la périphérie d'Auroville. Née dans une petite ville du centre d'Israël, Yorit Rozin a vécu longtemps avec ses parents dans un milieu urbain, loin de la nature, loin des arbres : « Mais chaque fois que les premières averses d'automne arrivaient, je dansais joyeusement sous la pluie, » se souvient-elle encore.

En mai 2002, avec son mari Aviram et Shalev, leur fille, ils s'installent à Auroville : « Nous suivions nos cœurs, essayant d'explorer une différente façon de vivre. »

L'année suivante – elle précise, le 19 décembre 2003 – la famille israélienne trouva finalement où se poser à Auroville. Elle se souvient encore de sa première nuit dans cet endroit désertique : « Je n'oublierai jamais cette nuit. J'étais tellement excitée que je ne pouvais pas m'endormir. Nous vivions dans une charrette à bœufs avec un toit fait de feuilles de cocotier. C'était de la magie pure. »

Cette terre allait devenir Sadhana Forest.

Recréer une forêt serait pour eux leur pratique spirituelle, leur *sadhana*.

Yorit raconte ses aventures durant les douze premières années dans la nouvelle forêt. Le but était non seulement de planter des arbres et d'entretenir la nouvelle forêt, mais de conserver l'eau. Avec un sous-sol de latérite rouge et d'argile, Sadhana avait d'innombrables ravins et canyons qui, en raison des fortes pluies de mousson, s'étaient formés au fil des années.

Comment contrôler le flot des eaux et les utiliser étaient les questions auxquelles durent faire face tous les pionniers à Auroville, mais Yorit et sa famille avait en fait découvert un endroit vierge, comme l'était Auroville il y a 50 ans.

Durant les 14 dernières années, de nombreux barrages de retenue, plusieurs kilomètres de digues (connues sous le nom de « bunding ») ont collecté les eaux et les ont dirigées vers les zones nouvellement boisées.

Là où c'était possible, un barrage fut construit afin de créer un étang d'où l'eau pouvait s'infiltrer dans le sol et recharger la nappe phréatique.

Yorit se souvient : « L'une de nos réalisations les plus remarquables a été l'accroissement spectaculaire de la nappe phréatique locale, à un moment où leurs niveaux baissent dans toute la région d'Auroville. Notre système de tranchées et de barrages de terre stocke plus de 50 000 mètres cubes d'eau de pluie. »

En quelques années, la nappe phréatique est remontée de 6 mètres, passant d'une profondeur moyenne de 8m en 2003, lorsque le travail a débuté, à une moyenne de 1,8m de profondeur en 2008. On peut comprendre l'intérêt de la population locale pour ce qui a été fait. Les puits de quatre villages voisins qui étaient à sec depuis 15 à 20 ans fournissent maintenant de l'eau tout au long de l'année.

Tout est fait pour sauvegarder l'eau ; par exemple dans la cuisine, une pompe à main est utilisée plutôt qu'un robinet d'eau : « Cela réduit considérablement le gaspillage et nous rend plus conscients de l'eau que nous devons pomper. Nous nous lavons les mains avec de l'eau qui coule d'un récipient avec un trou près de sa base, que nous remplissons avec une tasse. C'est quelque chose qui peut être fait n'importe où et réduit énormément la quantité d'eau gaspillée. »

Le but de Yorit et Aviram est non seulement de transformer ces vingt-huit hectares de terres arides et sévèrement érodées, mais de faire connaître leur expérience à un nombre croissant de jeunes et de leur offrir en outre la vision d'une vie plus saine, laquelle peut aussi contribuer à la sécurité alimentaire des villages avoisinants.

Comme la plupart des projets d'afforestation à Auroville, Sadhana a pour but la création d'une forêt indigène tropicale à feuilles persistantes ('Tropical Dry Evergreen Forest' ou TDEF). Planter les arbres indigènes aide à reconstituer un écosystème unique, qui est actuellement en voie de disparition.

Une jeune bénévole arrose : système d'irrigation fait de bouteilles recyclées et percées d'un trou pour une mèche.

Ce qui est différent et « smart » à Sadhana Forest, c'est le côté éducatif du projet : « Nous faisons participer autant d'enfants et de jeunes que possible à ce processus de revitalisation écologique et de vie durable. Notre objectif est de les encourager à partager et à propager notre vision d'un mode de vie écologiquement responsable. »

Ces jeunes pourront ainsi prendre des décisions plus conscientes (plus « smart » pour employer un langage à la mode) et changer l'avenir de la région où ils vivent.

Les enfants et les jeunes des villages tamouls voisins prennent une part active et enthousiaste à ce projet. Ils ne savent sûrement pas que jadis une belle forêt s'étendait du nord du Tamil Nadu jusqu'à Kanyakumari au sud, une forêt qui a disparu plusieurs décennies avant leur naissance.

Pour Yorit, « Notre rêve est de créer, avec leur participation, l'occasion pour eux de découvrir la forêt originelle de leurs ancêtres. Pour la plupart, c'est leur première expérience pratique de la vie durable, une expérience passionnante et transformatrice pour eux. »

Sadhana accueille annuellement plus de mille volontaires venus du monde entier. C'est avant tout un lieu de partage ; les organisateurs et bénévoles prennent leurs trois repas ensemble, les espaces de vie sont mis en commun, ainsi que les tâches communautaires essentielles.

La vie à Sadhana est spartiate, mais saine. Réveil à 5h30, rassemblement en cercle le matin à 6h, première « seva » (session de service communautaire) de 6h15 à 8h30, petit-déjeuner de 8h30 à 9h30, deuxième « seva » de 9h30 à 12h15, puis déjeuner à 12h30.

Les après-midi sont libres, mais le travail sur la forêt est recommandé.

Yorit explique : « Nous bénéficions d'un grand nombre de bénévoles provenant de différents horizons. Ils peuvent offrir de partager leurs connaissances et d'organiser des ateliers. »

Cela peut être n'importe quel type de connaissances ou de compétences que possède le travailleur bénévole et qu'il veut bien partager avec la communauté, « de la poésie mongole à la construction de fours solaires, » donne Yorit comme exemple.

Chaque mercredi soir, les volontaires se retrouvent après le dîner pour une « soirée des sans-talent ». Que vous ayez un talent ou non, vous êtes invités à monter sur scène et à partager une blague, une chanson, un jeu, ou encore à jouer d'un instrument.

Dans son livre Yorit raconte une anecdote : « Shalev était petite fille, peut-être 3 ans, quand nous sommes revenus à la maison après quelques jours de repos au Park Guest House de Pondichéry. »

Elle voulait me demander quelque chose :

« Ima (maman en hébreu), peux-tu nous faire une porte vers notre hutte ?

— Mm... Intéressant, pourquoi veux-tu une porte ?

— Je veux ouvrir la porte et fermer la porte quand je rentre à la maison... Je veux entendre le bruit de la porte : 'Boom!' Je veux que les moustiques restent dehors... Je veux une porte! S'il te plaît, s'il te plaît, Ima, fais-moi une porte! »

Yorit se souvient : « J'ai fait une pause. J'avais besoin d'y penser. Que dois-je répondre à cet enfant qui veut simplement une porte à ouvrir et à fermer ? « Une porte... mm... une porte... »

Yorit continue : « Je pense que je ne lui ai jamais donné de réponse. Je n'en avais pas de bonne à ce moment-là. Je pensais qu'elle le comprendrait lentement toute seule, » et elle conclut que finalement : « Courir comme un lapin dans et hors de la cabane vingt fois par jour s'est avéré être assez pour elle. Elle a abandonné l'idée d'ouvrir et de fermer une porte et n'en a plus jamais parlé. »

L'une des principales caractéristiques de la communauté de Sadhana Forest est de ne pas avoir de portes : « Nous avons simplement ouvert notre maison et n'avons jamais fermé la porte derrière nous », explique Yorit.

Ce n'est peut-être pas « smart » pour tout le monde, mais c'est une leçon de vie : rien n'est vraiment indispensable pour être heureux et vivre bien.

Si, dans le processus, des milliers de jeunes deviennent plus conscients du monde qui les entoure, Sadhana sera un succès.

Un autre aspect que l'on peut considérer « smart », c'est que Sadhana Forest a commencé à se répandre de par le monde.

Le 8 avril 2010, Sadhana Forest Haïti a été inaugurée, partageant les mêmes valeurs et la même vision que l'expérience d'Auroville. Quelque 80 000 arbres fruitiers, qui ont été distribués et plantés dans les communautés locales, devraient pouvoir nourrir 70 000 personnes.

Au Kenya, Sadhana Forest a établi sa troisième base dans le comté de Samburu. Là, l'objectif y est de cultiver des forêts alimentaires en collaboration avec la population locale afin d'aider à promouvoir la sécurité alimentaire dans une région souvent touchée par la sécheresse, avec pour conséquence une malnutrition sérieuse.

—Claude Arpi

Sadhana Forest : panneaux solaires et huttes

Produire de la fertilité

Un ingénieur des Ponts et Chaussées qui se réinvente fermier en Inde du sud : parcours étonnant que celui de Christian, 57 ans, arrivé à Auroville à l'âge de 50 ans. Christian Tarpin nous fait suivre ici le cheminement de sa pensée et nous explique comment, au fil de ses réflexions et de ses recherches, le concept de « smart city » a pris un tout autre sens pour lui.

J'AI 57 ANS. JE SUIS ARRIVÉ À AUROVILLE à 50 ans. Ingénieur des Ponts et Chaussées de formation, spécialisé en urbanisme. J'ai passé les 25 premières années de ma vie professionnelle en tant qu'urbaniste, spécialiste de la mobilité, incluant la régulation des feux, le péage, les GPS, etc., et beaucoup de temps sur la technologie liée à la ville, une technologie censée nous faire un monde merveilleux. Le concept de « smart city » ça me parle et j'ai fait des choses passionnantes dans ce domaine, qui ont marqué le paysage urbain et touché des millions de gens. J'ai été mêlé à plein de choses qui, dans l'imaginaire populaire, sont associées à la smart city, j'étais à fond là-dedans. Les villes en France sont de plus en plus smart, du point de vue des services à la personne, et d'ailleurs aussi de la sécurité, de la surveillance, de la police... Déploie-t-on toujours la technologie pour des projets vraiment smart, j'en doute !

C'est quoi être smart aujourd'hui ?

Justement à 50 ans j'ai réalisé – et c'est pour cela que je suis ici – que l'humanité s'égarait, et moi avec, et que j'utilisais mon intelligence, mes talents pour des choses sans vrai avenir. J'ai tourné le dos à tout cela, j'ai radicalement arrêté toutes ces activités et je suis devenu fermier. J'ai pris la responsabilité d'AuroOrchard, la 2ᵉ plus grosse ferme d'Auroville, 18 hectares, et la plus ancienne, que j'ai convertie en bio en 2012 (nous sommes un groupe de 8 Auroviliens, 12 employés, plus une équipe de volontaires qui peut compter jusqu'à 25 personnes).

Cela mérite quelques explications.

Je pense que là où on doit être smart, et je crois qu'on l'est à Auroville, c'est dans notre rapport à la planète, le rapport à la nature, la façon dont on produit la nourriture, dont on gère l'eau, etc. Tous thèmes auxquels j'ai été formé en tant qu'ingénieur des Ponts car on s'occupe d'assainissement des eaux usées, d'amener l'eau, etc. Pour moi ce n'est pas nouveau et en même temps c'est nouveau car j'aborde les choses d'un autre angle.

Aujourd'hui être smart, cela ne tourne pas d'abord autour de la technologie.

AuroOrchard a été créée par Mère, qui en a confié la responsabilité à Gérard, lui donnant la mission de nourrir la communauté. C'est une des premières terres qui ont été achetées pour Auroville, en 1964. Cette ferme incarne la pensée pragmatique de Mère. Elle insistait pour que cette ferme soit bio, mais Gérard n'avait pas assez confiance en lui pour le faire en bio. Dès que j'ai mis les pieds à AuroOrchard je suis tombé amoureux de ce lieu, de Gérard et de Bithi. En 2012 quand j'ai vu les dégâts que causaient les intrants chimiques, j'ai dit « il faut passer en bio ». Gérard a été tout de suite d'accord et ravi.

Donc on a une ferme bio. Ça c'est la définition faible. En effet, aujourd'hui l'agriculture biologique est devenue un marché, les consommateurs veulent du bio, donc les grands systèmes qui alimentent les consommateurs se sont rendu compte qu'il fallait faire du bio, et il y a 10 ans tous ces lobbyistes ont insisté pour faire un cahier des charges européen du bio. Ce cahier des charges a été vidé de tout contenu, de sorte qu'on puisse importer massivement de pays à bas coût de main d'oeuvre, de pays qui trichent massivement sur les pratiques. Le but, c'était de pouvoir vendre sous l'étiquette bio des produits qui n'ont de bio que l'étiquette. La plus grosse part des produits bio vendus en France vient de pays comme le Brésil, l'Inde, la Chine, un bio que les Indiens ne voient jamais d'ailleurs car trop cher pour eux.

Je ne veux pas être assimilé à ce bio-là. Il faudrait relier la question du bio avec celle du smart. Qu'est-ce que c'est qu'être bio aujourd'hui ? Ce n'est certainement pas être bio dans sa définition faible, car ça ne veut quasiment plus rien dire.

Alors c'est quoi être smart, c'est maintenir la ligne d'un bio sincère parce que le monde en a besoin.

À AuroOrchard, pour comprendre nos choix, il faut se rappeler d'où on vient : la ferme était conventionnelle de 1969 à 2012. Or 43 ans d'agriculture chimique sur un sol extrêmement fragile, ça fait beaucoup de dégâts. Je suis arrivé sur une terre qui, en termes de potentiel agricole, était à peu près à zéro. Ce doit être une des pires terres agricoles d'Auroville. Ce n'est pas la pire à travailler parce que le sable, c'est facile à travailler, mais c'est une terre qui n'a pas la capacité à retenir les nutriments. Elle est lessivée par la moindre pluie, cuite et durcie par le moindre soleil. Il faut donc la maintenir vivante et la nourrir en permanence sinon cela devient de la brique (j'aurais pu ouvrir une usine à briques!). Alors là on est obligé d'être smart. Je suis parti du point de départ qui est de dire : j'ai une terre morte, je l'ai reçue en cadeau comme une métaphore de la planète, c'est ce qu'elle est en train de vivre, un épuisement généralisé : depuis 2010 les rendements agricoles plafonnent, voire diminuent, dans un contexte où il faut nourrir de plus en plus de monde. C'est inquiétant. Il faut savoir que depuis le début de l'agriculture, il y a 10 000 ans environ, on a transformé en désert 2 milliards d'hectares de terres cultivables. La quantité de sol fertile érodé chaque année est énorme. On a aussi converti pas mal de ces terres à un usage urbain, on les a imperméabilisées, « artificialisées ». On compte qu'en France la surface d'un département de terres cultivables disparaît chaque année – des chiffres affolants. Comme je suis à Auroville pour appliquer ma conscience dans la matière, il m'a semblé qu'il y avait là une belle occasion de le faire. Cette prise de conscience est déjà ancienne chez moi et très naturellement j'en suis venu à cette conclusion qu'être smart pour moi à AuroOrchard, c'était de développer une agriculture régénératrice : non seulement il faut produire de la nourriture, bio bien sûr, mais il faut aussi produire de la fertilité. Parce que si, en produisant de la nourriture, on ne produit pas de fertilité, c'est destructeur et c'est mauvais pour les générations futures.

Ce qui caractérise actuellement la planète, c'est une course en avant qui nous amène droit dans le mur. Être smart, c'est intégrer le contexte actuel, tenir compte de nos erreurs, les corriger. Essayer de faire ce dont la planète a vraiment besoin. Construire « la ville dont la terre a besoin ». Entre autres choses, elle a besoin de gens qui soignent la fertilité des sols, qui préservent la capacité de la terre à porter de la vie. Car elle est mise en danger. Donc être smart pour moi, c'est cela, ce n'est sûrement pas continuer à faire grossir les cancers que sont les grosses villes. C'est retourner vers la terre, créer de nouveaux systèmes agricoles qui produisent de la nourriture tout en créant de la fertilité.

Quatre objectifs

Je suis allé plus loin car à la ferme j'ai fixé quatre objectifs qui pour moi définissent ce que serait une agriculture smart.

1) Produire de la nourriture,

2) Créer de la fertilité, j'en ai déjà parlé,

3) Produire de l'eau, car, quand on a 18 hectares d'un terrain plat, qui reçoit 1.25 m d'eau tous les ans, c'est ma responsabilité de créer de l'eau et de la mettre à disposition des voisins. Je maintiens des indicateurs sur le pourcentage de l'eau que j'ai envoyée dans la nappe et que je re-pompe pour l'agriculture. Pour l'instant ce pourcentage est de l'ordre de 10 à 15%. La norme au niveau mondial est de 75%. En fait moi je devrais pomper davantage pour produire plus, mais pour l'instant j'ai un verrou au niveau de mon système d'irrigation. Je préférerais monter à 30% et alors je produirais deux fois plus de de nourriture.

4) Être un producteur d'énergie. Deux considérations : d'abord aujourd'hui toute l'agriculture locale dépend du TNEB [EDF local]. Presque plus personne ne fait du « rain-fed agriculture », de l'agriculture pluviale. On pompe tous avec des pompes électriques. Le jour où le TNEB s'arrête – parce que ça va sûrement s'arrêter un jour – toute l'agriculture s'écroule. Donc c'est un impératif de sortir du TNEB et d'être aussi un net producteur d'énergie car, tant que je ne le suis pas, mon agriculture est dépendante d'un élément dont je ne maîtrise pas la pérennité. Avec dix-huit hectares de terrain, avec du bois, des poules, des vaches, etc., il y a de la biomasse en quantité, on peut faire du biogaz, on peut pyrolyser la fiente de poule, il y a de la surface pour des panneaux solaires, etc. Si ce n'est pas moi qui peux faire de l'énergie, qui est-ce ? On devrait tous avoir ça comme objectif. Je suis en train de faire un projet, d'écrire à des gens qui pourraient m'aider. Cette année je voudrais poser un premier jalon.

Donc pour moi être smart c'est regarder dans quel état est la planète, ce dont elle a besoin. Tout le reste, eh bien forcément ce n'est pas smart.

Être smart, c'est aussi anticiper l'avenir et faire pousser des légumes négligés ou oubliés comme le yam, igname en français, l' « elephant foot ». J'ai redémarré les patates douces, le tapioca. Pendant 42 ans Gérard avait fait principalement des légumes-fruits (haricots, poivrons, concombres, tomates, citrouille), cela demande au sol beaucoup d'énergie, et toujours la même. Pour avoir un équilibre il faut alterner et aussi faire des feuilles, des racines, des fleurs, du grain. En outre les légumes à racine sont des produits qui sont très nourrissants pour le corps, contrairement aux concombres. On fait pousser aussi plusieurs sortes d'épinards, des salades, etc., on diversifie pour que la ferme soit plus saine.

J'ai aussi oublié de dire, et ceci est lié à cela, que je suis professeur de collapsologie à Last School. La collapsologie, c'est l'étude des risques d'effondrement de la société industrielle, la dépendance aux énergies fossiles, etc. Ce sont des questions qui me tarabustent depuis longtemps. On a fait le tour de la planète, il n'y a plus rien à « prendre », à exploiter, maintenant c'est le temps de la gestion. Il faut gérer ce que l'on a. Mais pour beaucoup de gens, il n'y a pas eu encore cette prise de conscience; pour eux la destinée humaine se mesure encore sur une espèce de ligne infinie, faite de progrès, d'accession à des biens matériels de plus en plus élaborés, etc. Ça ne se passera pas comme ça. Notre énergie repose essentiellement sur des sources fossiles qui ne sont pas renouvelables. Ce sont des considérations qui font partie de la collapsologie, c'est ce qui fait qu'on peut prédire un effondrement de la société industrielle. L'intelligentsia le sait mais le gros de l'humanité ne l'a pas réalisé.

Est-ce que ce que nous faisons peut être reproduit ailleurs? J'avoue que je prends des décisions que je peux me permettre de prendre parce que je suis soutenu par quelque chose de grand qui s'appelle Auroville, parce que j'ai des ressources en termes de capacités organisationnelles et financières, mais je sais que ces décisions ne sont pas toujours réplicables tant à l'échelle de la planète qu'à l'échelle de l'Inde. J'ai conscience que cette technologie n'est pas accessible à un petit paysan mais j'ai une responsabilité de produire vis-à-vis de la communauté d'Auroville. Par contre ce serait reproductible à l'échelle d'une communauté indienne, d'un village.

Être smart, étonnamment ce pourrait être d'abandonner l'irrigation goutte à goutte, ou de la remettre à sa place. En effet, cette technique procède de l'idée conventionnelle qu'on doit « nourrir la plante ». De même qu'on met de l'azote, du potassium et du phosphore au pied de la plante pour l'engraisser, de même on lui donne de l'eau directement. Mais tout simplement on oublie le sol! Le bon système d'irrigation est à inventer d'ailleurs, mais il faudrait probablement un mélange entre goutte à goutte et sprinklers. L'important, c'est ne pas oublier le sol. Et cela m'amène à une autre considération.

Qu'est-ce que la vie?

Etre smart aujourd'hui, c'est réintégrer l'unité du monde vivant. Il faut

Le paillage autour des plants d'aubergine à AuroOrchard.

prendre conscience de ce qu'est le phénomène de la vie. La vie, c'est un phénomène de maintien de l'information contre toutes les lois de physique qui disent que les choses ne peuvent que se dégrader. Quand on laisse les choses se faire, les choses évoluent vers le *big freeze*, l'inertie, une espèce d'uniformité. Il y a lutte permanente entre cette loi qui tend vers l'uniformité et des forces qui viennent contrebalancer pour créer de la diversité, du mouvement, de la chaleur ici et du froid là, etc., de manière à ce que la vie puisse apparaître. La planète terre vit parce qu'elle est entre un point chaud, le soleil, et un point froid, le cosmos. La terre ne développe la vie que parce qu'elle est dans ce flux-là. Les formes ne se maintiennent et éventuellement n'évoluent que parce qu'on mange et qu'on élimine, c'est ce qu'on appelle des « structures dissipatives » – qui dissipent l'énergie. Sans ce flux ça ne marche pas. Il y a trois types d'êtres vivants sur terre : les plantes, les animaux et le sol. Je maintiens que le sol est un être vivant. Il y a une différence en anglais entre le mot *dirt*, poussière minérale inerte, et *soil*, sol fertile. En français, on parle de « sol vivant ». L'animal, la plante, le sol sont liés par une alliance ancienne. Chacun mange l'autre. Ce qui caractérise l'être vivant, c'est d'être dans un flux d'énergie. Il absorbe, il rejette. Le carbone fait la structure, l'azote fait l'information. CHON, c'est la recette de la vie : Carbone, Hydrogène, Oxygène, Nitrogen [azote]. Une autre caractéristique de la vie, c'est l'eau. La vie est née dans l'eau et elle perdure dans l'eau. 80% de notre corps est de l'eau. Un sol qui est sec est un sol qui meurt. L'irrigation goutte à goutte dépose l'eau au pied de la plante, mais à 20 cm de là le sol sera sec.

Comment nourrir le sol

En zone tropicale, en tant qu'agriculteurs, on a du mal à trouver une forme agricole qui soit stable et non destructrice. Le système eco-stable dans une zone tropicale, c'est la forêt, et nous, nous avions la TDF. Or la recette employée par la forêt, c'est de couvrir, du coup le sol est protégé du soleil. Les arbres sont les meilleurs infiltrateurs d'eau, ils savent très bien récolter l'eau, la garder, et la faire descendre vers le sol. Donc dans notre agriculture, il nous faut arriver à reproduire ce processus de la forêt. Une des solutions, c'est d'avoir une couverture permanente : à défaut d'avoir des arbres, avoir beaucoup de plantes, il y aura moins d'évaporation. Faire pousser des plantes ou bien mettre du *mulch* [paillis]. Cela encourage les bestioles, les vers de terre, etc.

Une des choses que nous faisons et qu'on peut reproduire ailleurs, c'est de faire pousser des plantes auxiliaires – des plantes pas forcément pour les récolter mais parce qu'elles sont bonnes pour l'équilibre global de la ferme. Les Anglais parlent de in-cropping, j'aime bien cette expression. Dans la *crop* tu prends à la terre, mais dans le *in-cropping* tu rends quelque chose à la terre. Il y a beaucoup de plantes comme ça, globalement tous les engrais verts, et parmi eux les millets et les légumineuses locaux. Il n'y a rien de mieux, on arrive à créer un eco-système stable, ça traverse l'été sans une goutte d'eau, traverse les moussons sans crever et on enrichit le sol.

Il faut être smart. On produit de la nourriture pour des gens qui n'habitent pas la ferme. La nourriture est absorbée par des Auroviliens qui vivent ailleurs et ne vont pas faire caca sur la terre de la ferme, or le processus de vie n'est maintenu que lorsque le cycle absorption/élimination/recyclage est respecté. Donc si je veux créer de la fertilité, il faut que je trouve d'autres sources de carbone pour compenser, et les meilleures sources de carbone, ce sont les plantes, qui, avec la photosynthèse, dès qu'il y a un brin de soleil et un peu d'eau fixent le carbone dans leur corps. Donc prendre le corps d'une plante et le *in-crop*, l'intégrer dans le sol d'une façon ou une autre, c'est, par le carbone qu'on apporte, compenser le fait que les légumes sont envoyés à l'extérieur. Être smart, c'est comprendre la nature de la vie, basée sur le carbone, sur des cycles de nutrition, chacun mangeant les restes de l'autre. Alors on fait pousser des plantes, qui ne servent apparemment à rien mais en fait servent à revitaliser le sol comme le gliricidia et mexican sunflower, les sesbanias, les indigos, etc. En fait on dispose de tout ce qui pousse là où on est. Il faut arrêter de détruire ce qui pousse. De détruire la moindre mauvaise herbe. C'est la question de Fukuoka : qu'est-ce que je pourrais bien *ne pas faire* ce matin ?

Il faut savoir que le sol se nourrit par le haut. Dans une forêt, les arbres poussent des feuilles dont l'essentiel de la structure est faite d'air, du carbone de l'air, ils laissent tomber leurs feuilles qui forment une litière qui est décomposée par une faune qui vit dans les premiers millimètres ou centimètres du sol, et pas dans le fond. C'est pour cela que le labour est un crime car il tue le milieu vivant qu'est le sol. Un sol vivant, c'est un assemblage de milieux physiques et d'êtres vivants (vers, coléoptères, limaces, etc.) qui forment un tout harmonieux, et qui fonctionnent bien ensemble, comme les cellules d'un corps.

La ferme et autour de la ferme

On n'a pas assez parlé de la *smartness* en aval de la ferme, de la connexion avec la société, de problèmes du genre marketing, packaging, etc., des questions qui sont nettement moins amusantes. Le fait est qu'il y encore très peu de confiance du côté des consommateurs et des institutions d'Auroville responsables de la chaîne alimentaire. Car entre le fermier et le client, il y a pas mal d'intermédiaires, et chez nous il y a Food Link, Pour Tous Distribution Centre, Solar Kitchen, La Cafétéria, etc. Il y aurait beaucoup à dire et beaucoup de domaines qui sont loin d'être *smart*.

C'est un domaine où la *smartness* est difficile à trouver parce qu'il faut la trouver à plusieurs. Dans ma ferme je suis le patron, j'ai autour de moi des gens qui ont compris cette direction, qui apportent leur propre richesse, la ferme est florissante, mais dès qu'on touche au collectif, dès qu'on touche à l'argent, les choses deviennent plus difficiles. Par exemple, vu la taille de AuroOrchard, clôturer tout le terrain a demandé des apports de fonds énormes, mais ce n'est pas Auroville qui y a participé. On veut acheter et maintenir des terrains, mais on ne consacre pas d'argent aux clôtures. Ça non plus, ce n'est pas smart. Pour aucun investissement je ne suis aidé par la communauté.

Une communauté qui ne pense pas à l'avenir à ce point-là, c'est inquiétant.

—Christian Tarpin

Discussion : il faut installer une structure pour y accrocher les plants de citrouille.

Un jardin de cailloux

Bernard Declercq, d'origine belge, et sa compagne indienne, Deepika, travaillent sur un jardin de cailloux (« Pebble Garden »). Oui, vous avez bien entendu. Pour eux, la régénération de la terre, sans apports de l'extérieur et sans ouvriers payés et dans les pires conditions est leur sacerdoce. Quel visiteur n'a pas été impressionné après avoir vu le résultat de leur travail ?

BERNARD SE SOUVIENT que lorsqu'il est arrivé à Auroville il y a une quarantaine d'années, il a rencontré Dyuman, le *trustee* de l'Ashram qui était responsable des fermes :

« Dans les années 75, un jour il m'a appelé et ensemble nous avons visité plusieurs fois une ferme de l'Ashram qui devait être une ferme pour Auroville ; pendant nos promenades il me racontait des histoires. Un jour il m'a raconté que Mère prenait du jus de tomates, et donc il cherchait toujours à acheter les meilleures tomates du marché, même des tomates qui venaient directement de Bangalore. Un jour Mère a tapé sur la table en disant : « C'est mauvais pour mon corps ! » Dyuman a été saisi par la réaction de Mère et il s'est mis immédiatement à démarrer un jardin organique à Gloria Farm (une grande ferme de l'Ashram) ».

Le but de Bernard est de recréer cette forêt indigène qui a disparu il y a fort longtemps… et d'avoir un potager en plus : « La particularité de ce potager est qu'il est principalement composé de plants porteurs de graines. Ce sont des légumes qui étaient consommés jadis et qu'on ne trouve plus aujourd'hui sur le marché, malgré leur qualité nutritive et leur saveur supérieure. » Bernard est aujourd'hui un pionnier reconnu dans toute l'Inde pour sa connaissance profonde de l'agriculture organique et des graines.

Il existe en Inde un réseau dont fait partie le Jardin de cailloux. La communauté indienne de fermiers organiques organise régulièrement des « festivals de graines » qui attirent des milliers de personnes de toute l'Inde. Chacun apporte ses propres graines pour les distribuer, les échanger ou même les donner.

Bernard nous montre la première plante qui ait réussi à pousser à Pebble Garden : un acacia originaire du désert australien.

Bernard se lamente qu'à Auroville, il n'y ait pas beaucoup de gens qui utilisent ses graines ; il prend l'exemple des aubergines : « Il existe trois mille variétés d'aubergines en Inde. Ici on a une collection d'une quinzaine, parfois une trentaine de ces variétés. Il y a sept variétés de *ladies fingers* [okra]. Environ quatre-vingt dix espèces de plantes dont on récolte les graines, sept à huit variétés de maïs, plusieurs sortes d'épinards... »

À Auroville, il n'y a pas toujours un grand intérêt pour ces légumes aux couleurs pas trop traditionnelles : « Par exemple les Auroviliens ne veulent pas de nos *ladies fingers* car elles sont rouges et ils préfèrent des *ladies fingers* normales, vertes. » De même pour les aubergines, que les cuisines hésitent à utiliser.

Aujourd'hui une des tâches de « Pebble Garden » est d'organiser des programmes éducatifs, en particulier avec des organisations de femmes qui veulent créer des potagers – soit pour leur famille ou pour un revenu supplémentaire. Et puis, tous les vendredis après-midi, c'est la journée porte ouverte, tout le monde peut venir et poser des questions sur le travail sur les graines.

Bernard regrette qu'Auroville se concentre trop sur la ville et pas assez sur la terre. Pour lui, la Ville est devenue une Idéologie : « On pense : « On a besoin d'une ville », mais est-ce que la terre a besoin d'une ville ? La terre a besoin d'autre chose. La ville, c'est juste un moyen. »

Pour ce pionnier, la solution n'est pas la Cuisine solaire [cantine de la communauté d'Auroville] qui est trop grande et qui doit fournir trop de repas : « Ce n'est pas évident pour eux de préparer des plats avec des produits locaux », commente-t-il. La solution serait plutôt des restaurants de taille moyenne comme celui de la ferme de Solitude qui sert des repas complètement organiques : « Cela ne peut se faire qu'à une petite échelle. Il faudrait qu'il y ait d'autres cuisines qui prépareraient des plats conçus avec les produits locaux. »

Ce n'est pas toujours facile d'être « smart » à Auroville, surtout alors que la ville se développe davantage, mais Bernard et Deepika continuent de se battre pour cela.

—Claude Arpi

Une ressource commune

Gilles Boulicot travaille depuis 1995 à Auroville et dans sa région dans le domaine de l'eau. Il collabore, entre autres organisations, avec l'UNESCO. Sa spécialité, c'est la gestion des ressources en eau et l'assainissement naturel. Il œuvre en Inde mais aussi dans une quinzaine d'autres pays avec des gouvernements, des ONGs et des organismes privés dans les domaines de la gestion rurale et urbaine des ressources en eau, des eaux pluviales et des eaux usées. Gilles a fait toute une recherche pour savoir comment pourrait être assuré l'avenir du projet d'Auroville quant aux ressources en eau. En conséquence il replace ici Auroville dans le contexte général de l'Inde et de notre région du Tamil Nadu.

LES MOYENS, CONNAISSANCES ET FORCES qui ont généralement permis à l'humanité de croître en une brillante diversité gouvernementale, urbaine, rurale, technologique, sociale, sont pour beaucoup devenus des entraves. Les ressources planétaires, surexploitées et mal utilisées, nous crient à l'oreille, appelant un vrai changement, radical, dans la façon dont nous existons sur Terre, en tant qu'espèce.

Si nous considérons que la solution n'est pas dans la colonisation d'une autre planète ou dans la « virtualisation » de notre monde, nos limitations humaines restant les mêmes, il nous faut bien prendre courageusement le chemin de l'évolution. Après tout, nous et nos créations sommes le produit de l'évolution, pas au sens darwinien du terme mais en terme de conscience. Que nous rencontrions les limites de nos propres capacités n'implique pas que l'évolution est arrivée à son terme, mais bien qu'elle nous pousse à nous dépasser, à passer à l'étape suivante.

Parmi les défis les plus complexes auxquels fait face l'humanité est celui de l'accès à l'eau. Une part grandissante de la population mondiale souffre de pénurie et de dégradation des ressources en eau.

Avec la croissance de la population et le modèle de développement prédominant aujourd'hui, l'urbanisation, largement non planifiée, va galopante et est bien loin d'être smart.

La région d'Auroville ne fait pas exception.

La bénédiction qu'est pour l'humanité la création d'une ville universelle, dédiée à l'unité humaine et au développement de la conscience, ne nous permet pas d'échapper à cette réalité matérielle.

Les installations d'approvisionnement en eau et d'assainissement sont essentielles à la subsistance de la vie urbaine. À ce jour, l'eau courante, qui n'est disponible que pour environ la moitié de la population urbaine en Inde, n'est jamais distribuée plus de quelques heures par jour. La quantité d'eau non facturée, qui signifie essentiellement l'eau non comptabilisée (fuites, vols, connexions non autorisées, etc.), est incroyablement élevée, entre 40% et 70%. Seulement 18% des bidonvilles ont un accès, précaire, à l'eau courante. Par ailleurs, une partie très importante des eaux usées est déchargée sans traitement dans les drains et anciens étangs d'irrigation quand ils n'ont pas été complètement envahis par l'urbanisation. Le taux de pollution est si élevé dans ces lacs maintenant urbains qu'ils prennent parfois feu spontanément, comme cela s'est produit durant l'année écoulée à Bangalore et Hyderabad. Les eaux souterraines locales s'en trouvent largement polluées, et bien que toujours utilisées pour alimenter une partie des besoins grandissants des populations, elles sont de fait largement impropres à la consommation.

Pour répondre à cette situation de pénurie, qui en 2020 sera le lot de l'ensemble du territoire indien, les réseaux d'approvisionnement urbains s'étendent de manière tentaculaire, à grand renfort de budgets, puisant dans les rivières, lacs et eaux souterraines situées fort loin des villes, souvent plusieurs centaines de kilomètres au delà de leurs frontières floues. Ces zones d'approvisionnement, toujours rurales, se voient elles-mêmes rapidement surexploitées, ce qui pousse leurs résidents à migrer… vers les villes ! De même, du fait d'une poussée démographique sans frein, l'infrastructure urbaine reste continuellement inadéquate ; les réseaux d'assainissement peinent à voir le jour et ne couvrent pas toute la population. Plus des deux tiers des eaux usées sont rejetées sans traitement dans l'environnement, polluant les terres, les plans d'eau et les nappes souterraines et affectant massivement la santé publique. Sans accès adéquat à l'eau, les conditions sanitaires s'aggravent. Le nœud se resserre. Même lorsque les villes ont un réseau d'assainissement entièrement modernisé, il reste environ 30% de la population pour qui l'assainissement reste absent. Paradoxalement, les pluies sont avant tout considérées comme une nuisance : avec l'urbanisation, le ruissellement s'accroît considérablement. Il s'agit de l'évacuer au plus vite des axes routiers, terrains publics et centres d'activités des villes. Ces eaux se perdent ainsi loin des villes. Manqué ! Il s'agit avant tout d'une ressource, qui par ailleurs fait grandement défaut.

Quid d'Auroville dans ce contexte difficile ?

La Ville dont la Terre a besoin a-t-elle quelque chose à offrir en réponse à cette situation ? Une réponse non seulement « smart », mais plus consciente ?

Auroville a été créée pour être le berceau de l'étape suivante de l'évolution. Et la question centrale qui nous pousse est : comment ici, à Auroville, dans ce contexte contrasté de l'Inde du Sud, pouvons-nous faire face à ces grands défis ? Comment s'aligner à cette force de progrès, concentrée en ce lieu, pour créer des solutions qui puissent aider l'humanité à sortir de ses propres impasses ?

De fait, Auroville est engagée dans la gestion pérenne des ressources en eau et l'assainissement dans de nombreuses villes et régions de l'Inde et d'ailleurs.

Par exemple, on peut citer le traitement décentralisé des eaux usées par des techniques naturelles, qui, mûries durant plus de 20 ans dans nos petites communautés, viennent à présent épauler les systèmes municipaux centralisés. Les systèmes proposés sont compacts et construits sous la surface. Pouvant ainsi être installés sous les routes et aires de jeux, le problème foncier que pose le développement de toute infrastructure se voit ainsi réglé. Des poches de population allant jusqu'à 20 000 personnes peuvent être ainsi prises en compte. En multipliant de telles interventions et pour un coût convenable, de larges secteurs urbains jusque-là insalubres se voient desservis. De tels programmes sont en cours à Bangalore, Vijayawada (qui fait partie de la nouvelle capitale de l'Andhra Pradesh), Coimbatore.

Par ailleurs, dans le domaine des eaux de ruissellement, Auroville s'est illustrée par sa participation au développement d'un Eco-parc près de l'estuaire de la rivière Adyar à Chennai. Cette rivière qui ne charrie que des eaux usées et des déchets le plus gros de l'année, voit à présent une îlot de verdure et de beauté agrémenter ses berges, comme un exemple de ce qu'un canal ou une rivière peut devenir en milieu urbain. Plusieurs projets sont à l'étude ou en cours de réalisation pour la restauration écologique de canaux et plans d'eau à Dwarka, ville de 3.5 millions d'habitants de la banlieue de New Delhi. Il s'agit là de traiter les quelque 25 000m³ d'eaux usées déchargées journellement dans les canaux de drainage qui parcourent la ville, d'en régénérer les berges pour en faire des lieux de loisir et de ressourcement pour la population. À Bangalore, ce sont deux étangs situés au cœur de la ville, qui ont été choisis pour démontrer l'effet des techniques de régénération environnementales et des bénéfices que les riverains peuvent en tirer. À Coimbatore, second centre urbain du Tamil Nadu avec ses 3.5 millions d'habitants, ce sont les 8 lacs situés au cœur de la ville qui sont en cours de régénération. Ces lacs, éléments phares du Smart City Project de Coimbatore, sont desservis par un large système de drainage régional et urbain. Ils se trouvent à la croisée des systèmes écologiques propre aux Ghats (chaîne de montagne) du Kerala, de zones agricoles où les pratiques conventionnelles prédominent et des zones urbaines et d'activités industrielles. Comment régénérer ces grands lacs, largement pollués et envasés, et développer un éco système sain et résilient au cœur d'une ville à vocation industrielle ? Comment faire évoluer ces lacs, originellement agricoles, comment développer leurs berges et les alentours, comment faire pour que les activités humaines, urbaines, s'intègrent harmonieusement avec une nature endémique et abondante ? Ce sont là quelques-uns des projets où l'expérience d'Auroville porte ses fruits.

Mais la boucle n'est pas bouclée.

La partie centrale du problème de l'eau reste d'en sécuriser l'accès.

Ces problèmes, communs à de nombreux sites en Inde et ailleurs dans le monde, ont amené Auroville à intervenir dans d'autres lieux pour sécuriser l'accès à l'eau, ou plus généralement ce que les anglophones appellent « water security ». En Inde, plusieurs industries, mais aussi des campus universitaires et écoles d'ingénierie, confrontés à un épuisement de la ressource, ont ainsi demandé à Auroville d'intervenir pour développer des programmes de gestion de l'eau. De larges projets ont aussi vu le jour dans d'autres parties du monde, au Maroc, au Mexique, en Tanzanie. Bien souvent il s'agit ni plus ni moins de garantir la pérennité tant sociale que matérielle et financière. La situation est alors abordée dans sa globalité, afin de comprendre les tenants et aboutissants tant environnementaux que pratiques, sociaux, financiers et managériaux. S'appuyant sur l'expérience et l'expertise acquises au fil des ans en travaillant dans la bio région d'Auroville – ces quelque 1.5 million d'habitants et ces 1 500km² – les approches scientifiques, techniques et sociales sont mises à contribution pour trouver un point de bascule, « la clé du parfait changement », le point zéro où la demande n'excède pas la disponibilité en eau. Ainsi, oui, Auroville est un formidable incubateur, un support pour le développement de smart cities en Inde et ailleurs.

Mais revenons un peu en arrière sur le chemin parcouru, ici, sur les terres rouges d'Auroville.

Avons-nous ici, à Auroville, atteint ce point zéro ? Eh bien non : Auroville, bien qu'accueillant quantité de solutions s'inscrivant dans les concepts de Smart City, ne peut pas aujourd'hui se présenter comme un model de smart city. Pourquoi ? Parce qu'après 50 ans les terres d'Auroville sont toujours largement morcelées. Et à l'image de ce morcellement sont nos attitudes, nos réalisations, souvent belles mais éparses, et plus fondamentalement, ce but central d'Auroville, l'Unité humaine qui nous échappe tant.

Auroville étant située sur des terres abîmées, lourdement érodées et quasi désertiques, sécuriser l'accès à l'eau s'est imposé aux Auroviliens comme une priorité dès les tout premiers jours. Il s'agissait alors d'une mesure de survie : stopper l'érosion, capter les eaux de pluies afin de créer les conditions propices à un reverdissement. Il s'agissait aussi de puiser dans les eaux souterraines, seule ressource alors disponible. Durant les trois premières décennies, la régénération des terres et le reboisement ont mobilisé une grande partie des Auroviliens, faisant de ce plateau érodé une merveille de verdure, témoin de la collaboration de la nature à l'effort mené, obstinément.

L'environnement devenant progressivement plus clément, la seule ressource puisée est restée l'eau du sous-sol. Avec le contrôle de l'érosion, le ruissellement durant les pluies est devenu moindre, laissant entendre que la recharge des nappes souterraines était très importante. La population croissante a donc, tout au long de ces années, reçu l'eau quasi uniquement des nappes souterraines. Le contrôle de l'érosion, dans la limite des terres d'Auroville et dans les canyons qui la sillonne, a été amélioré et quelques projets de récupération des eaux de pluies des toitures ont vu le jour, souvent sans grand succès.

Mais cette vue, pour pragmatique qu'elle soit, s'avère erronée. Nous ne pouvons pas nous limiter à regarder à la surface des choses. Il nous faut creuser profond pour comprendre où est ancrée la racine du problème. Cette image, qui parle à tout individu entreprenant un cheminement intérieur, a son équivalent concret dans le monde extérieur avec cet élément vital qu'est l'accès à l'eau.

Un des 8 bassins d'irrigation creusés par un Aurovilien d'origine hollandaise, Kireet, dans la communauté de Hermitage.

Nous vivons tous au-dessus d'aquifères communs. L'étendue de l'aquifère est indépendante de la propriété ou des limites administratives. Quoi qu'il en soit de l'effort mené pour maintenir les ressources souterraines sur le plateau d'Auroville, son exploitation est massive à l'échelon régional. Le niveau des nappes décline continûment, résultant en une intrusion d'eau de mer tout le long de la côte et en une dégradation très rapide du fait des activités urbaines, agricoles ou industrielles.

Comme tout problème « invisible », il n'est souvent perçu que lorsqu'il nous frappe directement, comme durant cette dernière année [2016] où les pluies trop maigres ont amené plusieurs de nos puits à s'assécher.

Le fait est qu'Auroville, peut-être un peu trop confortée par ses succès environnementaux et sa végétation luxuriante, n'a pas sécurisé l'accès à l'eau. Les ressources étant communes avec une large population, et celles actuellement utilisées étant en train de s'épuiser, mobiliser nos efforts pour que continue de vivre et croître ce lieu merveilleux devient un impératif.

Mais comment faire ?

Et soudainement, ces quelques mots de Mère nous saisissent : « Il y assez d'eau, les Auroviliens devront utiliser leur ingéniosité pour la collecter et en faire usage. »

Évidemment, la situation a complètement changé entre le moment où ce commentaire fut fait et aujourd'hui. Reste-t-il valide ? Comment trouver cette ressource, comment l'intégrer dans le plan de la galaxie ? Est-il possible qu'Auroville soit une ville ayant un impact positif sur les ressources en eaux ? Que par et à travers l'urbanisation et la multitude des activités humaines l'eau devienne plus abondante, plus pure ?

Eh bien oui, c'est possible. En développant un réseau de canaux et bassins naturels et auto purifiants captant les eaux de ruissellement, qui puisse s'intégrer et évoluer avec la ville : une grosse partie des besoins actuels et futurs sont ainsi couverts. En intégrant et combinant d'autres ressources comme les eaux souterraines venant de zones protégées des intrusions d'eau de mer et de la pollution, la désalinisation des nappes devenues saumâtres, ou de l'eau de mer pour les années de grande sécheresse : la résilience est ainsi assurée. En favorisant systématiquement les économies d'eau. En traitant et recyclant la totalité des eaux usées.

Parmi les aspects remarquables d'une telle approche est, d'une part qu'elle tient entièrement compte du contexte environnemental existant et vient épouser naturellement la ville dans son émergence, et d'autre part qu'elle bénéficie et peut s'étendre alentour, pour le bien des populations voisines. Remarquable aussi est que la plupart des connaissances et techniques nécessaires sont déjà présentes et développées à Auroville. Outre les différents aspects de la gestion des ressources en eaux déjà mentionnés et maîtrisés par certains groupes et individus, d'autres moyens offrent des possibilités formidables : les outils topographiques dont nous sommes finalement équipés, le suivi des nappes qui après une longue dormance a redémarré, les outils de contrôle et de calibration qui permettent de suivre et démarrer à distance des pompes et autres équipements, un réseau optique pour l'échange de données et l'actionnement rapide des infrastructures, garantissant un maximum de souplesse et d'adaptabilité dans un contexte de ressources multiples.

Il reste nombre de problèmes à surmonter, bien sûr, afin qu'Auroville devienne non seulement smart mais un exemple.

Au final, la ligne à suivre, lumineuse et sans compromis, a été donnée :

« Mettez-vous tous d'accord, c'est la seule solution ».

—Gilles Boulicot

L'ÉNERGIE

Le solaire à Auroville

Avec plus de dix ans d'expérience dans le domaine de l'énergie solaire, Rishi Kapoor a rejoint Auroville en 1999. Il dirige l'équipe de Sunlit Future qui a installé des milliers de pompes dans le Tamil Nadu, au Punjab, Uttar Pradesh, Haryana et au Ladakh. Le but de Rishi est de promouvoir les énergies renouvelables en Inde urbaine et rurale … et à Auroville. Il nous explique ici son travail.

Notre entreprise, Sunlit Future a été créée en 2010, mais les véritables débuts de notre entreprise ont eu lieu au début des années 90, avec l'Auroville Energy Group, que l'on connaissait sous le nom de « Aurore ». L'idée était de proposer un service aux Auroviliens qui souhaitaient adopter des technologies renouvelables.

Au début, nous avons aidé les particuliers et les fermes d'Auroville en trouvant des fonds pour installer des systèmes solaires pour le pompage de l'eau. C'est ainsi que toute une vague « solaire » a commencé à déferler sur Auroville de 1997 à 2003.

Nous suivions un schéma gouvernemental (financé par le gouvernement central), mais les installations étaient conceptualisées et installées par Aurore. C'est ainsi que nous avons commencé à commercialiser des pompes pour le compte du gouvernement de l'Inde, non seulement à Auroville, mais dans toute l'Inde du Sud.

Entre 1997 et 2003, pendant ces six ans, nous avons installé près de 2 000 pompes solaires, dont environ 200 à Auroville. De ce fait, nous avons été en mesure d'acquérir des équipements qui nous manquaient ; n'oublions pas que les panneaux solaires étaient très, très chers à ce moment-là. Nous avons pu ainsi fournir à Auroville des panneaux solaires à un coût plus compétitif, grâce aux subventions du gouvernement de l'Inde, dans le cadre d'un programme de pompage « solaire » de l'eau.

Une fois ces premiers panneaux solaires installés, de nombreuses communautés ont choisi de ne pas se connecter au réseau [du TNEB, le EDF local] et d'utiliser l'énergie solaire pour leurs besoins énergétiques.

À partir du début des années 90, ce choix devint particulièrement populaire parmi les habitants de la Ceinture Verte ainsi que dans les fermes.

Y a-t-il un lien avec le cyclone Thane?

Non, ce n'était pas lié au cyclone. Je parle des années 90, jusqu'au début de 2000. Il y avait un groupe de jeunes Auroviliens dynamiques ayant fait le choix conscient de protéger la terre d'Auroville et de faire du travail « durable » dans les endroits les plus isolés, où les lignes électriques conventionnelles ne pouvaient pas être installées, le coût étant trop élevé. La seule option était donc pour ces communautés de générer leur propre électricité. Outre le fait qu'il était coûteux de tirer une ligne conventionnelle, ces Auroviliens étaient très heureux à l'idée d'être indépendants du réseau et d'utiliser des énergies renouvelables.

Personnellement, j'ai visité Auroville pour la première fois en 1997, et je me suis établi ici en 1999.

Je me suis rendu compte que c'était une ville très « consciente » de ses besoins en énergie et de leur origine.

C'est quelque chose qui n'existait pas dans les villes d'où je venais. Là-bas, les gens ne savaient pas quelle était la source du courant qu'ils utilisaient, qu'il s'agisse du charbon, du nucléaire ou du vent.

Au contraire ici, les gens étaient très conscients de l'origine de leur électricité, du coût et des sources alternatives. Pour nous, ce choix s'est traduit par une recherche de solutions. C'est ainsi qu'Aurore a collaboré avec la société Tata BP Solar et que nous avons obtenu les premières pompes solaires.

C'était donc cette demande sur le terrain qui nous a conduits à trouver des solutions qui pouvaient répondre aux attentes des Auroviliens.

Avec l'équipement acquis entre 1997 et 2003, nous nous sommes rendu compte que les panneaux solaires pouvaient être utilisés à d'autres fins que le pompage solaire. Des communautés comme Vérité, Evergreen, Pitchandikulam, la forêt à Révélation, Shradhanjali, le Pavillon tibétain, beaucoup d'endroits ont commencé à utiliser le solaire. C'est ainsi que deux cents pompes ont été installées dans les différentes communautés.

Entre 2000 et 2012, nous avons subi de nombreuses coupures d'électricité, et ces panneaux ont commencé à avoir un double objectif: ils étaient utilisés pour le pompage de l'eau, ils pouvaient aussi charger les batteries.

Nous avons alors diversifié l'entreprise en apportant des solutions aux

Auroviliens en termes de conception d'un système solaire, comment utiliser cet équipement pour stocker l'énergie et consommer l'énergie de ces batteries d'une façon plus « durable ».

Ce fut la phase suivante, de 2003 à 2010. En 2010, nous avions établi « Sunlit Future » en reprenant les projets et services d'Aurore, mais nous avons décidé de nous concentrer uniquement sur le solaire (tandis qu' « Aurore » était aussi impliquée dans le recyclage des eaux usées et bien d'autres activités).

La phase de croissance suivante a eu lieu à partir de 2010, lorsque les prix des panneaux solaires ont commencé à baisser globalement.

Aujourd'hui tout le monde parle « smart » ou « intelligent », mais à ce moment-là tout le monde parlait de « conscience ».

Nous parlions de « conscience ». Je ne sais pas si nous avons parlé de « smart » à cette époque. Nous étions conscients de nos besoins énergétiques, nous étions conscients que globalement le prix des panneaux solaires diminuait.

Nous avons également été affectés par le grand cyclone « Thane » du 30 décembre 2011 qui a provoqué une coupure de courant qui a duré trois semaines. Les communautés connectées à l'énergie solaire ont continué à vivre comme elles l'avaient fait depuis de nombreuses années ; mais celles qui étaient sur l'électricité conventionnelle se sont retrouvées soudainement sans courant et c'est une période durant laquelle nous avons travaillé entre 18 et 20 heures par jour.

Nous avons alors installé tous les panneaux que nous n'avions pas encore utilisés, même les plus vieux, même ceux qui avaient été rejetés, sur plus de vingt-cinq maisons. La priorité était donnée aux familles nombreuses et aux personnes âgées. Il y avait déjà des onduleurs et des batteries dans de nombreuses maisons, nous avons fourni des panneaux solaires afin que ces foyers puissent utiliser au moins une ou deux lampes et recharger leurs téléphones portables. La téléphonie mobile fonctionnait mais il n'y avait pas d'électricité pour recharger les téléphones !

C'est à ce moment-là, peut-être poussés par la peur de ne pas avoir d'électricité pendant plusieurs jours, que de nombreux Auroviliens ont investi dans les systèmes solaires, en 2012.

De la fin de 2012 à 2017, alors qu'il y avait une énorme baisse dans

Les panneaux solaires installés par Sunlit Future sur le toit du Consulat de France à Pondichéry.

le coût, j'avais pensé qu'il y aurait un boom du solaire à Auroville au niveau de la ville, comme ailleurs dans le monde. Ce n'est pas arrivé.

Juste pour vous donner une idée, le coût par watt était d'environ 300 roupies à la fin des années 90 jusqu'au milieu des années 2000. Aujourd'hui, nous en sommes à 26 roupies ! J'aurais pensé qu'à Auroville la consommation de panneaux solaires aurait explosé, spécialement du fait que les Auroviliens étaient des pionniers dans l'utilisation des énergies alternatives, et en particulier de l'énergie solaire.

Il n'en fut rien.

De 2013 à 2017 nous avons quand même installé des systèmes au Town Hall (secrétariat), sur le bâtiment SAIIER (Sri Aurobindo International Institute of Education Research), nous avons équipé le bureau de la Fondation d'Auroville ; la centrale solaire du Matrimandir a reçu 15 kW supplémentaires en 2013.

Mais auparavant 90% de notre activité était à Auroville. Aujourd'hui nous travaillons à 90% à l'extérieur, même si nous offrons toujours un taux préférentiel aux Auroviliens.

Maintenant la proportion de nos activités concernant l'énergie solaire à Auroville est très, très minime. L'activité principale est de fournir une solution de sauvegarde, avec des onduleurs connectés au réseau électrique. Mais cela n'a rien à voir avec le solaire ; c'est une activité par défaut qui a émergé entre 2000 et 2010. Le prix des panneaux solaires étaient alors très élevés, les gens voulaient une solution de rechange mais n'avaient pas les moyens d'acheter des panneaux solaires, donc nous leur fournissions une batterie et un onduleur, pour faire en sorte qu'ils aient au moins une solution en cas de coupure de courant.

Depuis 2014, nous ne vendons que des batteries et onduleurs « par défaut ». Mais nous offrons un service gratuit aux Auroviliens : si vous achetez une batterie, nous nous occupons de son entretien pendant cinq ans ; si votre onduleur tombe en panne, nous vous fournissons un remplacement immédiatement. Les gens ont confiance en nous, ils viennent nous acheter leur système de secours. Mais c'est juste un service que nous offrons à Auroville et qui ne représente que 5% de notre chiffre d'affaires.

Auroville aurait dû profiter de la chute des prix et investir dans ses besoins énergétiques à grande échelle, de manière décentralisée. Nous aurions aujourd'hui davantage de ressources énergétiques. Nous avons beaucoup d'espaces disponibles, les toits peuvent être utilisés, et il y a de très bons plans gouvernementaux pour encourager l'installation de panneaux sur le toit.

Nous l'avons fait pour le Consulat français et pour l'Ashram de Sri Aurobindo, qui a près de 250 kW installés. Cette année nous leur avons rajouté 100 kW supplémentaires. L'Ashram projette d'amener leur production d'électricité à au moins 500 kW d'énergie solaire.

Comment expliquer la chute de l'intérêt pour le solaire à Auroville ?

Une des causes est l'offre d'électricité gratuite aux Auroviliens.[1]

Vous parlez du système d'électricité gratuite à Auroville ?

Oui. Je ne veux pas vraiment entrer dans le débat, mais de façon générale, si vous donnez gratuitement quelque chose à quelqu'un (je ne dis pas seulement en Inde), il ne l'utilise pas consciemment.

Par exemple, le gouvernement indien distribue gratuitement de l'électricité aux agriculteurs dans tout le pays. Regardez ce qui s'est passé au cours des 40 années d'électricité gratuite : nous avons épuisé nos nappes phréatiques, les agriculteurs ne sont pas encouragés à utiliser des pompes efficaces, celles qu'ils utilisent consomment énormément d'électricité. On épuise l'eau souterraine en pompant d'énormes quantités d'eau et on n'en a pas conscience. Cela entraîne des infiltrations d'eau saline, le sol se dégrade et finit par ne plus convenir même à l'agriculture.

Nous devons décider de nos priorités. Avons-nous besoin de routes, avons-nous besoin d'écoles, avons-nous besoin d'infrastructures ? Ou avons-nous

---

1. Une entreprise d'Auroville a développé un parc d'éoliennes avec d'énormes turbines à vent, créant une énergie verte qui, à son tour, est donnée gratuitement à tout Auroville.

besoin d'une subvention basée sur la consommation pour nous aider à gérer nos factures d'électricité ?

— Propos recueillis par Claude Arpi

Installation reliant des panneaux solaires aux batteries, à Sunship, immeuble au centre d'Auroville.

Un réseau intelligent

Toine van Megen, venu de Hollande, est arrivé dans les premières années d'Auroville. Après avoir travaillé au chantier du Matrimandir, il a créé le service d'électricité d'Auroville dans les années 70. Sa compétence reconnue dans les milieux gouvernementaux, aussi bien au Tamil Nadu qu'à Delhi, l'a amené à participer à de nombreuses consultations sur les problèmes énergétiques. Il a notamment joué un rôle important dans la définition des politiques d'énergie solaire de plusieurs États en Inde, comme on le verra dans cet article. Nous l'avons interrogé sur le développement de l'infrastructure électrique d'Auroville.

Cela fait pas mal d'années qu'on a décidé qu'Auroville devrait remplacer les lignes électriques aériennes du TNEB (Tamil Nadu Electricity Board) par un système propre à Auroville, et souterrain. Et aussi commencer par la zone centrale de la ville. C'est une décision qui a été prise il y a longtemps.

Donc, on avait cette idée depuis le commencement d'Auroville mais c'est devenu un plan concret il y a seulement dix ans. Il est devenu évident qu'avec la croissance de la ville on ne pouvait pas continuer à avoir les lignes aériennes du TNEB et les transformateurs à l'extérieur. Cela fait très désordre. Dès le début il était clair que la ville aurait un système de distribution électrique souterrain. Mais une très grande difficulté à l'époque – qui est encore là de nos jours – vient de la faible densité d'Auroville. S'il vous faut poser un câble souterrain de 500 mètres pour 2 ou 3 maisons, par exemple, ça devient très cher. Mais la densité de la ville a maintenant un peu augmenté : avec des concentrations dans les secteurs résidentiels I et II et le long de la route de la Couronne, il y a maintenant des endroits où des densités sont relativement plus importantes. La zone du Town Hall et du bureau de la Fondation est un autre exemple. Quand ces endroits ont commencé à se développer, j'ai suggéré au Town Development Council [TDC : organisme de planning d'Auroville] que c'était le bon moment pour commencer à faire ces conversions systématiquement. J'ai également suggéré de préparer un plan général d'électrification – essentiellement de définir la méthode pour réaliser la conversion –, ce qu'ils ont immédiatement approuvé.

Nous avons aidé le TDC à préparer un document de déclaration d'intérêt et l'avons envoyé à cinq experts en vue d'obtenir des devis. Le contrat pour la préparation du plan général d'électrification a été attribué à une compagnie de Calcutta, Development Consultants Pvt Ltd. Nous avons été satisfaits de cette sélection parce que le fondateur – aujourd'hui décédé – de cette compagnie avait été un fidèle de Sri Aurobindo et Mère et un bon ami d'Auroville. Le processus de choix fut professionnel, incluant des enchères techniques et commerciales séparées et cette compagnie a fait la meilleure offre. Nous avons donc travaillé avec eux pendant presque deux ans pour préparer le Plan général d'électrification d'Auroville.

Ce Plan a été complété en décembre 2014 et est devenu depuis la référence pour tout développement de l'infrastructure électrique. La partie haute tension a été préparée en premier et présentée au TDC. Après quoi, la partie basse tension a été mise au point. Nous avons dit au consultant que nous voulions un plan qui permette d'ajouter beaucoup de production d'énergie renouvelable dans tout Auroville – les panneaux solaires sur les toits et les petites éoliennes devaient pouvoir faire partie du système de distribution électrique. La partie haute tension du système a un câble d'alimentation principale en anneau qui court le long de la Couronne et, de là, des câbles le long des radiales vont distribuer le courant dans les diverses zones et secteurs. Quand vous visitez des villes, vous voyez en général des gros transformateurs pour la distribution en basse tension. Nous avons décidé de pénétrer plus profondément avec les câbles haute tension à l'intérieur de la matrice urbaine et d'utiliser un grand nombre de petits transformateurs plutôt qu'un petit nombre de gros transformateurs. Cela a pour effet de limiter les pertes d'énergie et les baisses de tension. C'est un peu plus cher au début mais sur le long terme on économise beaucoup d'énergie.

Dès que les fonds ont été donnés, Auroville Electrical Service a commencé le travail de câblage souterrain. Ils ont travaillé sur des groupes de bâtiments. Par exemple, le groupe de bâtiments au Town Hall. Il y a d'autres groupes dans la zone résidentielle et maintenant aussi dans la zone internationale. Bien entendu, le premier groupe a été celui du Matrimandir. Les bâtiments dans chaque groupe sont reliés aux câbles basse tension et aux transformateurs qui sont devenus la propriété d'Auroville après annulation des connexions individuelles reliées au système aérien de distribution du TNEB. Les transformateurs d'Auroville sont reliés au câble haute tension de la couronne dont une partie a déjà été installée. À proximité du Bharat Nivas, vers le nord, il y a un bâtiment où l'on reçoit la ligne haute tension du TNEB. De cet endroit un câble haute tension va au Matrimandir et un autre suit la Couronne pour atteindre la zone résidentielle.

C'est le travail en cours. AVES a déjà annulé environ 400 connexions (individuelles) et les a amalgamées dans le nouveau réseau souterrain. Là où il y avait auparavant 400 connexions basse tension au réseau TNEB, nous avons maintenant une seule connexion haute tension, et les connexions basse tension appartiennent à Auroville. Ce processus continuera jusqu'à ce que toutes ou presque toutes les connexions aériennes basse tension du TNEB soient remplacées par le système souterrain d'Auroville.

AVES a installé dans chaque bâtiment des compteurs électriques capables d'enregistrer les entrées et sorties d'énergie. On appelle ces compteurs « bidirectionnels ». Cela veut dire que même s'il n'y a qu'un seul compteur TNEB pour toutes ces connexions, chaque bâtiment a un compteur séparé pour qu'on puisse contrôler. Les compteurs d'Auroville sont de ce type bidirectionnel pour que les importations et les exportations d'énergie au sein du réseau d'Auroville puissent être mesurées et contrôlées.

Donc tout cela va dans le sens d'un développement intelligent et renouvelable.

Avec ces compteurs la consommation d'énergie de chaque bâtiment peut être surveillée. Ce n'est pas une nécessité et on aurait pu dire qu'on avait déjà un compteur d'énergie près du Bharat Nivas pour toute la zone. Mais on a décidé qu'on avait besoin de vérifier la consommation d'énergie et donc, en plus du compteur TNEB au Bharat Nivas, il y a un contrôle de l'énergie près de chaque transformateur, près de chaque groupe de bâtiment et dans chaque bâtiment. La consommation totale d'énergie des bâtiments doit être égale à celle du groupe et la consommation de tous les groupes doit être égale à celle mesurée près des transformateurs. En fin de compte, le total de la consommation d'énergie des transformateurs doit être égale à celle qui est mesurée au point de connexion avec le TNEB. De cette façon il est facile de déterminer où il y a un problème.

Par exemple, si la facture du TNEB montre une augmentation de la

Le système solaire de la maison de Toine van Megen à Auroville.

consommation de, disons 10%, par rapport à la consommation moyenne de ce mois, on peut vérifier de quel transformateur, de quel groupe et finalement de quel bâtiment est venue cette augmentation. Alors on pousse l'enquête et on trouve que quelqu'un a ajouté un nouvel appareil ou bien qu'un équipement défectueux a causé une perte d'énergie ou encore quelque chose d'autre. De cette manière AVES peut suivre l'évolution de la consommation et on peut mener des audits systématiques de la consommation d'énergie.

Avec ce système de distribution en place, les bâtiments d'Auroville peuvent importer de l'énergie de bâtiments qui en exportent, et vice versa. Par exemple dans le groupe du Town Hall, des panneaux solaires ont été installés sur les toits du bâtiment de la Fondation d'Auroville (15 kW), de SAIIER (10 kW) ainsi que sur le toit de la pièce de contrôle électrique derrière le restaurant du Morgan (10 kW). Ils sont tous reliés au système de distribution électrique d'Auroville. Après, que se passe-t-il ? Quand l'un quelconque de ces bâtiments génère plus d'électricité solaire qu'il n'en consomme, ce bâtiment se met à exporter l'énergie en surplus vers le système de distribution. À ce point de vue, le bâtiment de SAIIER est notre champion car il ne consomme qu'une partie des 10 kW de son installation. Il exporte le double de l'énergie qu'il importe, c'est-à-dire que quand il importe 100 kWh il redonne 200 kWh. Où va ce surplus d'énergie ? Il ne va pas dans le réseau TNEB. Il va dans les bâtiments les plus proches car l'électricité utilise le chemin le plus court. Ce surplus va par exemple dans le bâtiment de la Fondation et demain il ira dans celui des Archives qu'on est en train de construire. Il va dans le bâtiment le plus proche qui a besoin d'énergie à ce moment-là. Grâce à cela nous avons réussi à ce que toute l'énergie solaire que nous produisons dans la zone du Town Hall et au Matrimandir soit absorbée par Auroville au lieu d'être exportée dans le réseau du TNEB.

Mais cette énergie que nous envoyons dans le réseau TNEB, ce n'est pas encore reconnu ?

On reçoit des crédits d'énergie. Mais maintenant, parce que Citadines, le Mitra Hostel et Sunship [trois grands immeubles près du Matrimandir] ont été connectés au réseau interne d'Auroville, le surplus du dimanche, qui était autrefois exporté, est absorbé par ces bâtiments et même si ces bâtiments n'arrivaient pas à absorber toute l'énergie solaire disponible, les groupes de bâtiments de la zone résidentielle le feront. Donc pour l'instant rien n'est exporté vers le TNEB et toute l'énergie solaire est absorbée par les besoins électriques d'Auroville.

Il y a un avantage important à cette situation ; on peut dire que nous sommes maintenant protégés des fluctuations des politiques gouvernementales d'énergie. Si plus tard le gouvernement veut changer les politiques en relation à l'export d'énergie sur le réseau TNEB, cela nous importera peu puisque nous absorbons l'énergie produite au lieu de l'exporter vers le réseau public. C'est d'ailleurs ce qu'ils sont en train de faire dans le Tamil Nadu : ils revoient le traitement de l'énergie exportée, mais cela n'affecte pas Auroville.

De l'énergie solaire directe ?

Oui, c'est en fait de la cogénération qui utilise l'énergie du réseau.

Elle ne va pas dans des batteries ?

Certains bâtiments ont les batteries des UPS [Uninterrupted Power Supply : onduleur] habituelles. Elles sont là en réserve. Mais ce sont des systèmes d'énergie solaire connectés au réseau. L'énergie solaire commence par couvrir les besoins du bâtiment. S'il reste quelque chose, elle quittera ce bâtiment et cherche le bâtiment le plus proche qui a besoin d'électricité au travers du réseau local. Elle se comporte comme de l'eau qui remplit des trous : elle va au plus proche, l'électricité trouve le besoin d'énergie le plus proche par le chemin de moindre résistance.

Et sur le plan financier, qu'est-ce que cela donne ?

Avec le plan de don d'énergie en nature, celui que Varuna[1] a mis en place, il n'y a pas de comptes financiers de toutes façons. Mais AVES conserve les données de la consommation électrique et s'il se passe quoi que ce soit d'anormal, on peut faire les vérifications nécessaires. On sait où va l'énergie. On sait aussi combien d'énergie solaire est produite et par quels bâtiments. Nous avons donc un système de contrôle mais pas de circulation d'argent autour de l'électricité à Auroville.

La consommation de l'électricité provenant du TNEB doit être en train de se réduire ?

Exactement. Chaque kWh d'énergie solaire produite est autant de moins pris sur le réseau TNEB. Aujourd'hui, Auroville dispose d'environ 200 kW de systèmes solaires connectés au réseau. Cela fait une production d'à peu près 800 kWh par jour. C'est cela en moins de pris sur le réseau TNEB. C'est important de continuer puisqu'Auroville grandit, de nouveaux bâtiments apparaissent, il nous faut donc ajouter de l'énergie solaire. Bien sûr la vision finale, c'est que tout Auroville devienne entièrement neutre en termes d'énergie, c'est-à-dire que tout ce que nous consommons provienne de sources renouvelables à Auroville même.

Si on prend en compte les éoliennes que Varuna a installées, les systèmes solaires reliés au réseau et les systèmes solaires non connectés, Auroville a un bilan d'énergie électrique positif de 160%. C'est-à-dire que pour chaque 100 kWh consommé, 160 kWh est produit de sources renouvelables d'Auroville.

Une des éoliennes de Varuna est maintenant sur ce qu'on appelle *transit*. Dans le mécanisme du transit, l'énergie que cette éolienne injecte dans le réseau TNEB à plus de 400 km d'ici est créditée dans la connexion haute tension du TNEB ici même à Auroville. Sur la facture de la connexion haute tension, la valeur de la production de l'éolienne – moins un petit pourcentage pour les charges administratives liées au transit – est déduite du coût de la consommation totale. Donc c'est cette combinaison du transit de l'éolienne et de l'ensemble de la production solaire du réseau interne qui donne présentement à Auroville un bilan énergétique 160% positif.

Mais bien sûr Auroville va grandir et nous devons au moins assurer un

---

1. Une unité d'Auroville qui produit de l'énergie renouvelable (éoliennes) à l'extérieur d'Auroville et utilise les ressources ainsi créées pour couvrir les besoins en électricité d'Auroville.

bilan de 100%, produire ce que nous consommons. Un bilan de net zéro énergie est l'objectif minimum.

L'équipe de Varuna veut créer une ferme solaire. Ils vont installer au sol un système de 50 kW avec possibilité d'agrandissement futur. L'idée est de transférer plus tard le système sur des toits de bâtiments de la zone industrielle quand ils seront construits. Ce système de 50 kW sera aussi connecté au système de distribution interne d'Auroville et l'énergie produite absorbée à l'intérieur d'Auroville.

Donc le côté intelligent, ou « smart » si on veut employer ce mot, c'est d'avoir des systèmes qui génèrent de l'énergie et la distribuent dans les bâtiments eux-mêmes. Le solaire sur les toits a le très grand avantage d'avoir pas ou peu de pertes de transmission et distribution puisque seul un reliquat de production est envoyé dans le réseau. Le réseau conventionnel, au contraire, doit recevoir l'énergie de grosses unités de production souvent très éloignées. Avec la production distribuée, il y a très peu de pertes et on n'a pas besoin d'investir dans une infrastructure supplémentaire puisque vous utilisez celle qui existe : les câbles et fils qui ne sont normalement utilisés que pour la consommation d'énergie sont dans ce cas également utilisés pour la distribution de l'énergie produite. Ça, c'est un élément intelligent de ce système. L'autre aspect intelligent, c'est que grâce au réseau souterrain de distribution, Auroville garde cette énergie à l'intérieur de son réseau tout en obtenant un bilan positif d'énergie.

Ce qui est fait ici à Auroville se fait-il ailleurs en Inde ?

Il y a des campus universitaires qui ont aussi de l'énergie solaire. Je n'ai pas d'exemple concret mais je ne serais pas surpris qu'il y ait des campus possédant plusieurs systèmes d'énergie solaire reliés à un système commun de distribution. Cet aspect-là n'est pas unique à Auroville.

Ce qui est sans doute unique, c'est que nous sommes une ville en croissance. Ce pourrait donc devenir un exemple de comment une ville toute entière peut devenir neutre en terme d'énergie. Ce qu'on fait à Auroville peut être copié dans d'autres villes, même si les connexions électriques sont à des noms différents (contrairement à ici où il n'y a qu'une entité, Auroville). Le gouvernement peut tout de même avoir un objectif de neutralité pour l'énergie. Certains bâtiments de la ville pourront exporter de l'énergie renouvelable quand d'autres en importeront.

Auroville Consulting a également travaillé avec certains États en Inde sur des projets et des politiques d'énergie renouvelable ?

Oui, nous avons travaillé avec le gouvernement du Tamil Nadu et nous avons fait avec eux le premier projet pilote de connexions d'énergie solaire à partir de bâtiments. Cela, avant même qu'il y ait une politique pour l'énergie solaire au Tamil Nadu. Cette expérience a aidé à la formulation de la politique d'énergie solaire 2012 du Tamil Nadu et des règlements et instructions ensuite. Plus tard nous avons aidé les États de Puducherry, Odisha et Delhi à formuler leurs politiques et règlements.

Nous avons entièrement élaboré la politique d'énergie solaire du gouvernement de Puducherry. Dans cette politique nous avons introduit deux éléments qui sont tout à fait nouveaux en Inde. Ces éléments ont été également adoptés par Delhi après qu'ils nous ont invités à participer à la formulation de leur politique d'énergie solaire. Un de ces éléments ou mécanismes s'appelle « comptage net de groupe » et l'autre « comptage net virtuel ». Ces deux éléments peuvent être considérés comme « smart ».

Prenons le cas du Sri Aurobindo Ashram à Puducherry. L'Ashram a des centaines de connexions électriques. Il se trouve que la bibliothèque de l'Ashram a un toit parfait pour l'installation d'énergie solaire : on y a installé un système solaire de 30 kW. Cette bibliothèque n'a même pas besoin de 10% de cette énergie. Nous nous sommes alors demandés comment faire pour que ce ne soit pas perdu puisque normalement un système de 3 kW aurait suffi à leurs besoins. Nous avons donc introduit dans la politique solaire de Puducherry cette option de « comptage net de groupe » grâce à laquelle le surplus généré par la bibliothèque peut être crédité sur une autre connexion de l'Ashram. La seule règle, c'est que les connexions doivent appartenir au même consommateur d'électricité, dans ce cas le Sri Aurobindo Ashram. Donc le surplus d'énergie de la bibliothèque de l'Ashram est crédité, en kW, sur la facture du Nursing home [clinique] de l'Ashram, par exemple. C'est ainsi que le système de « comptage net de groupe » fonctionne.

Le système de « comptage net virtuel » est également intéressant. Prenez le cas d'une personne dans un appartement. Elle n'a pas de toit qui lui appartienne en propre et elle ne peut donc installer un système solaire. Mais un entrepreneur quelque part dans cet État, n'importe où, installe un système solaire de, disons, 500 kW, au financement duquel cette personne participe à hauteur de 1% par exemple. Grâce au comptage net virtuel,

1% de l'énergie produite est crédité sur sa facture, comme si elle avait un système sur son propre toit. C'est pourquoi on dit « comptage net virtuel ». Ça donne les mêmes avantages qu'un système solaire sur le toit.

C'est une façon de participer. C'est pour faire en sorte que, comme de plus en plus de gens vivent en appartement, ils puissent aussi participer à la production d'énergie solaire.

Tout cela doit se faire par informatique. Ce n'est rien de plus qu'un système de débit et crédit. À Puducherry, cela se fait encore manuellement et ça ne pose pas de problèmes puisqu'il n'y a, pour le moment, que quelques connexions du Sri Aurobindo Ashram dans ce système. Mais si ça se développe, alors ils devront changer l'informatique pour que ce soit automatisé.

Qu'est-ce qui n'est pas encore très « smart » dans l'électricité à Auroville ?

Il y a encore beaucoup de lignes aériennes du TNEB. Il faut les remplacer par un système souterrain. Nous devons nous assurer que tous les câbles que nous posons soient accessibles dans le futur pour pouvoir les réparer si besoin. Ils doivent donc être posés le long de routes et chemins permanents.

Une chose arrive souvent ici : quand on creuse pour poser de nouveaux câbles ou canalisations, des câbles sont coupés par erreur.

Il faut commencer par poser les câbles au bon endroit et c'est le long du droit de passage permanent, comme on l'appelle. C'est un principe très simple : on doit poser câbles électriques, téléphoniques et autres services souterrains des deux côtés du droit de passage. Les services d'infrastructure d'Auroville ont élaboré avec le Town Development Council une série de corridors de service. Dans ces corridors, chaque service souterrain a des cordonnées verticales et horizontales définies. Du bord extérieur du service corridor, les câbles basse tension par exemple seront à 50 cm horizontalement et 70 cm verticalement, alors que les câbles haute tension seront respectivement à 70 cm et 100 cm. Nous savons ainsi exactement où est chaque service du fait de cette discipline d'installation. Il y a aussi des rubans d'identification, rouge pour haute tension, orange pour basse tension, bleu pour l'eau et vert pour les télécommunications.

Mais tout cela ne peut être fait que si on décide clairement où les routes passeront. C'est ce que les services d'infrastructure ne cessent de répéter au Town Development Council : il faut marquer et nettoyer les droits de passage futurs. Pas nécessairement pour les ouvrir à la circulation si ce n'est pas nécessaire. Plus tard, quand il y aura clarté pour les plans de mobilité, qui continueront d'évoluer, alors ils pourront être ouverts selon les règles du plan de mobilité. On peut faire ça pour la plupart des routes radiales. Auroville n'aura sûrement pas besoin des douze radiales pour la mobilité. Peut-être quatre maintenant, et plus tard six. Mais marquez cependant les autres radiales, nettoyez-les et permettez-leur d'avoir une utilité publique comme lieux de jeu pour les enfants ou pour jouer au badminton ou autre. Ce qui est important, c'est que le Town Development Council désigne ces lieux comme espaces publics pour que personne ne puisse construire sur ces espaces réservés. Nous pourrons alors installer tous les services le long de ces passages démarqués.

Ce n'est pas toujours le cas présentement et ce n'est pas smart. Nous établissons certains services souterrains le long de routes qui ne sont pas celles qui sont planifiées. Cela a créé et crée encore beaucoup de difficultés d'accès et de maintenance qui auraient pu être évitées. Et c'est la même chose pour les tuyaux d'eau et la fibre optique.

Le plan est donc avant tout de convertir le système de lignes aériennes du TNEB en système de câblage souterrain appartenant à Auroville. Mais nous avons une difficulté : les lignes privées. Même si on retire et on relie par voie souterraine toutes les connexions d'Auroville, les lignes aériennes alimentant ces personnes privées ne peuvent pas être enlevées. C'est pourquoi nous devons aller vite pour éviter que de nouvelles connexions aériennes apparaissent que le TNEB ne pourra pas enlever ensuite. Malgré tout, beaucoup de poteaux électriques ont déjà pu être enlevés et on peut espérer que la plus grande part de la zone urbaine d'Auroville sera sans lignes aériennes et sans énormes transformateurs extérieurs.

—Propos recueillis par Alain Bernard

Contrôle à distance

Akash Heimlich est né à Auroville et y a été éduqué. Programmeur dès son plus jeune âge, Akash a toujours passé son temps libre à lire des livres d'électronique et de conception de logiciels. Il possède une connaissance approfondie des technologies de mise en réseau, du développement intégré et de la surveillance de l'énergie. En 1997, il cofonde l'entreprise de logiciel Cynergy. Il est un des responsables d'EVFuture, une société de Recherche et Développement pour bicyclettes électriques, qui a produit un véhicule très robuste pour les conditions indiennes. Il a conçu l'Aurocard (pour les paiements électroniques internes à Auroville). Et enfin il est le fondateur et le directeur du projet « Wattmon ».

Claude Arpi l'interroge sur ce qu'il fait de « smart » à Auroville :

Depuis cinq ans, nous avons développé un instrument flexible, le Wattmon, que l'on ne peut vraiment appeler un « enregistreur de données »; c'est davantage quelque chose entre enregistreur et mini-ordinateur.

Cet instrument peut collecter toutes sortes d'informations sur notre environnement énergétique, soit à partir d'autres appareils, soit à partir d'un compteur d'énergie; par exemple, pour connaître la quantité d'eau qui s'écoule d'un débitmètre.

Si vous avez un onduleur, vous pouvez le connecter directement sur le Wattmon et obtenir les données dont vous avez besoin. Notre instrument stocke lui-même les données et vous les ressort sous une forme qu'une personne ordinaire peut comprendre : par exemple, sous forme de graphiques. Les données reçues sont gérables par quelqu'un qui n'est pas un spécialiste, disons en énergie solaire. L'utilisateur peut donc vérifier lui-même si son système fonctionne bien ou pas.

J'ai commencé à travailler sur cet instrument, le Wattmon, il y a cinq ans.

Bien sûr, il y a eu une évolution. Le produit que l'on installe aujourd'hui est beaucoup plus flexible que ne l'étaient les premiers instruments ; il peut être utilisé dans de nombreux domaines différents. Nous faisons la surveillance énergétique de bâtiments, de systèmes solaires, petits, moyens, et récemment même supérieurs à un mégawatt.

Tout a commencé avec un instrument qui ne faisait qu'une ou deux opérations, mais à chaque fois que quelqu'un demandait d'intégrer une nouvelle fonctionnalité, nous l'avons développée, et ainsi, au fil des ans le Wattmon est devenu plus flexible ; de l'aspect simple surveillance, il est passé à l'aspect contrôle. C'est aujourd'hui un « dispositif de surveillance et de contrôle à distance ».

Nous pouvons surveiller des équipements, vérifier s'ils fonctionnent, mais nous pouvons aussi les allumer ou les éteindre à distance.

Prenons l'exemple de votre bureau : vous avez un onduleur, un système solaire sur le toit et un contrôleur de charge, c'est une configuration classique ; avec notre appareil nous réussissons à optimiser jusqu'à 70% la consommation d'énergie.

Avec les graphiques du Wattmon, nous savons le niveau d'utilisation de vos batteries ; automatiquement, lorsqu'il n'y a pas assez de puissance solaire, nous pouvons passer sur le réseau conventionnel pour éviter que les batteries ne se déchargent, puis repasser ensuite sur le solaire, lorsque c'est possible. C'est donc un système que l'on peut qualifier de « smart ».

Cet exemple est juste une des applications du Wattmon. Nous faisons beaucoup d'autres choses. Dans une communauté d'Auroville, à Sharnga, avec le Wattmon nous contrôlons trois réserves d'eau ainsi que la pompe souterraine. Les niveaux des réserves d'eau sont toujours optimisés.

Comment recevez-vous les données ?

Tout se fait en ligne.

De cette façon, tout le monde peut se connecter de chez soi. Les utilisateurs voient les données de chez eux, mais peuvent également les consulter à distance.

Nous avons commencé en utilisant Auroville comme cobaye ! Les 50 premiers appareils étaient pour Auroville. Maintenant, nous en avons vendu plus de 1 000 dans le monde entier, dans au moins 25 pays.

Qu'est-ce qui vous pousse à trouver de nouvelles choses, à progresser?

Auroville est un très petit marché. C'est vraiment génial de pouvoir développer les premiers prototypes ici, car tout le monde nous encourage; les Auroviliens sont toujours prêts à essayer de nouvelles techniques. Mais il y a des limites, donc nous nous tournons vers l'extérieur.

Ce que vous faites est « smart ». Pensez-vous qu'Auroville puisse participer à des projets comme les « Smart Cities » ou encore l'Alliance Solaire du gouvernement indien?

Je ne pense pas qu'Auroville soit vraiment une « smart city ». Par contre je pense que la force d'Auroville réside dans le fait que c'est un laboratoire d'essai. C'est un endroit parfait pour tester de nouvelles technologies.

Les gens sont prêts à servir de cobayes?

Je crois que oui. D'autant plus que les conditions de l'endroit sont horribles, ce sont les pires conditions possibles (en termes de climat, d'humidité, de température, d'alimentation). C'est le pire endroit pour faire des tests [par « le pire » Akash entend « le meilleur »]. Si nos instruments fonctionnent ici, ils fonctionneront n'importe où. Auroville est l'endroit parfait pour cela.

L'autre côté positif est qu'Auroville (et les Auroviliens) ont toujours été très favorables à ce qui est nouveau.

Chaque fois que j'ai voulu concevoir un nouveau produit, il y a toujours eu quelqu'un pour me dire: « D'accord, laisse-moi essayer. » Même si au départ c'est plus cher. Après tout, c'est un prototype et on ne sait pas si ça va marcher. Une fois que vous avez quelques personnes qui l'ont testé, il est possible de le mettre sur le marché. Auroville est comme une chambre d'incubation. C'est l'endroit idéal pour faire ces essais.

Penses-tu qu'il y ait un effort à Auroville pour essayer d'être conscient de la consommation d'énergie? Cela semble être quelque chose qui manque dans les grands projets de villes dites « intelligentes ».

Il s'agit de surveiller et aussi de prévoir. Tout n'est pas facile à Auroville. Par exemple, nous avons un gros problème dans la zone résidentielle car le transformateur principal n'est pas assez puissant pour alimenter tous les bâti-

Le Wattmon.

ments quand les climatiseurs sont en marche pendant l'été [depuis l'interview, un deuxième transformateur a été mis en service et la situation s'est améliorée.]

Il y a quelques jours, nous avons eu presque 20 heures de coupure de courant. En outre, parfois il n'y a pas assez de courant pour toutes les communautés. Pour résoudre le problème, le département de l'électricité coupe alternativement le courant pour chaque communauté pendant quelques heures.

Pour ce genre de problèmes, il faudrait une surveillance et un contrôle intelligents, on pourrait ainsi arriver à équilibrer les charges énergétiques et éviter les coupures.

Supposons qu'il y ait une quantité d'électricité donnée pour distribution dans un certain nombre de communautés, et qu'elle ne soit pas suffisante. Dans ce cas, chaque appareil énergétivore comme un climatiseur pourrait avoir un petit interrupteur qui serait contrôlé sans fil depuis la centrale locale.

Nous pourrions aussi avoir différentes zones (centralement contrôlées) et dire : les climatiseurs de Prarthana [communauté d'Auroville] peuvent continuer pendant 15 minutes (ou 1 heure), puis cela passerait à Maitreye, [autre communauté] puis de nouveau Prarthana et ainsi de suite.

Il pourrait y avoir un logiciel « smart » qui contrôle et s'assure que l'énergie utilisée reste toujours en dessous de la limite disponible.

De cette façon, tout le monde recevrait une certaine quantité d'électricité qui dépendrait de ce qui est disponible à un moment donné dans le réseau. Ainsi, les personnes qui n'ont pas de climatiseur, qui n'utilisent pas beaucoup de courant, ne ressentiraient pas les coupures.

Ce serait un bon projet pilote pour Auroville ; ce genre d'expérience est quelque chose que j'aimerais entreprendre.

Avez-vous contacté des personnes qui travaillent sur le projet « Smart City » ?

C'est ce que nous faisons déjà avec le Wattmon, qui est une plate-forme pour ce genre de choses, donc le projet « Smart City » va dans le sens de ce que nous faisons maintenant. Je pense particulièrement à la gamme de relais sans fil Wattmon.

Cela nous intéresserait, mais je crois comprendre que le projet n'en est qu'à ses débuts. Si nous voulons montrer ce qui se fait à Auroville, cela pourrait être intéressant.

— Propos recueillis par Claude Arpi

Des salades «smart»

Akash, nous l'avons vu, est un innovateur. Et il a plus d'une corde à son arc. Il est aussi maraîcher à ses heures… sur le toit de son appartement. Et bien sûr, ses salades sont «smart».

Il reste modeste : «Encore une fois, il n'y a rien d'innovateur, c'est uniquement que dans ce domaine, il n'y a pas beaucoup de gens qui emploient cette technique.» Il parle de la culture hydroponique, qui n'est peut-être pas nouvelle mais qui n'est pas souvent utilisée. Akash, qui adore les nouvelles expérimentations, a essayé de voir s'il pouvait faire pousser de la laitue sur une période beaucoup plus longue que ce que l'on fait d'habitude, tout en économisant de l'eau.

Il fait cela depuis deux ou deux ans et demi maintenant, juste pour «essayer». Il avoue : «Nous avons fait beaucoup de choses auparavant, il y a sept ans nous avons essayé l'aquaponie.»

Ce terme un peu barbare signifie que l'on associe l'élevage de poissons et la culture de plantes en circuit fermé.

D'après la définition officielle : «L'aquaponie fonctionne grâce à la symbiose entre les poissons, les plantes et les bactéries présentes naturellement : les déjections des poissons sont alors transformées en matières assimilables par les plantes qui, à leur tour purifient l'eau.» Donc, ce sont les poissons qui fournissent les nutriments aux plantes.

Akash a fait l'expérience là où se trouve maintenant Auro vélo (le magasin qui fournit les vélos à Auroville et s'occupe de leur entretien), près de Courage, à la limite de la zone résidentielle. «À l'époque, nous avons reçu une subvention du groupe des fermes, et nous avons construit une serre de 20 mètres de long. Nous avons fait l'expérience dans des bassins en ciment pendant plus d'un an, malheureusement nous n'avons jamais trouvé le bon mélange. Pendant quelques mois nous avons tout arrêté, et ensuite nous avons décidé d'essayer la culture hydroponique.»

Une petite définition tout d'abord : le terme hydroponique est dérivé du grec «hydro» (eau) et «ponos» (travail), autrement dit «le travail par l'eau». C'est une technique horticole très ancienne qui permet de procéder à une culture (hydroculture) hors-sol : la terre est alors remplacée par un substrat inerte et stérile, comme des fibres de coco ou des billes d'argile. Afin de pallier le manque de nutriments contenus habituellement dans une terre horticole, le cultivateur doit réguler lui-même la composition des contenus nutritifs. Du fait de l'absence de terre, la qualité de l'eau est essentielle à un bon fonctionnement du système.

Akash explique : « Nous avons préparé nos propres formules avec différents éléments que nous avons achetés, calcium, etc., afin d'obtenir le bon mélange. Après les premiers essais, de très bons résultats ont été obtenus. Dans la bonne saison, nous cultivions environ 20 kg de laitue par semaine sur le toit. »

« Cette année, nous avons arrêté en avril/mai, parce qu'il faisait trop chaud, mais maintenant (en juillet) nous avons recommencé, les semis sont en cours. Notre idée est de faire pousser de la salade huit mois par an. D'habitude les gens ici n'en font que pendant deux à trois mois seulement, à cause de la température du sol et de la chaleur ambiante, etc.

« Le grand avantage est l'économie d'eau. On n'utilise que ce que les plantes consomment, plus l'évaporation. Et comme il y a recyclage complet des nutriments, on ne gaspille rien. Les bactéries du sol étant absentes, elles ne se propagent pas dans la plante, de sorte que l'on peut les manger sans les laver. Bien sûr, il est mieux de les rincer, mais ce n'est pas nécessaire. Tout cela ne prend pas beaucoup d'énergie. On a besoin juste d'une petite pompe pour faire circuler l'eau ; une pompe d'aquarium de quelques watts. Donc, notre expérience est positive ; on peut cultiver des salades avec une densité beaucoup plus élevée que dans le sol, les racines peuvent se chevaucher, il n'y a pas de lutte pour les nutriments. Et cela peut pousser n'importe où, sur un toit, dans une ville, peu importe où. »

Encore une fois, cela prend du temps et beaucoup de soin. On ne peut pas juste mettre ce système en place et puis l'oublier.

—Claude Arpi

Projet d'irrigation intelligente

L'un des principaux objectifs de SCORRES (en français, Contrôle Intelligent de l'Energie Renouvelable Rurale et du Stockage) est le développement de systèmes d'irrigation financièrement viables et robustes, spécifiquement adaptés au secteur agricole indien.

Les systèmes sont programmés pour fournir aux exploitations agricoles un arrosage « seulement au moment voulu » et « seulement ce qui est nécessaire ».

On réduit ainsi la consommation d'eau et d'énergie, on augmente le rendement des cultures et la teneur en nutriments alimentaires, et on améliore la condition des sols.

La partie « intelligente » du système est un micro-processeur [TIC] qui conçoit, prévoit et contrôle l'irrigation. Pour obtenir un équilibre hydrique et contrôler les électrovannes qui activent l'irrigation, l'instrument utilise des informations sur les récoltes, les données sur l'humidité du sol provenant des capteurs, ainsi que les prévisions météorologiques. Les algorithmes « intelligents » améliorent les prévisions d'irrigation pour répondre aux besoins de différentes cultures. Le système optimise également les panneaux photovoltaïques ainsi que des batteries qui alimentent les pompes solaires et le système d'irrigation.

Ce projet développe une technologie durable qui utilise le lien : sol, eau, énergie, alimentation, réduisant ainsi la consommation d'eau et d'énergie jusqu'à 80%.

Il est intéressant de noter que l'agriculture indienne est aujourd'hui responsable de 22% de la consommation totale d'électricité et de 85% de la consommation d'eau.

SCORRES a été développé par l'Université Heriot-Watt en collaboration avec Findhorn Foundation College, Auraventi et Scene Connect (Royaume-Uni) et Auroville Consulting, Buddha Garden, le Centre de recherche scientifique [CSR] et le Sustainable Livelihood Institute [SLI] (Auroville).

Ce projet a pu avoir lieu grâce à une bourse d'Energy Catalyst d'Innovate, (Royaume Uni).

— D'après un texte de Martin Scherfler

L'appareil qui contrôle la consommation d'eau.

Recyclage des eaux usées

Tency Baetens, belge de naissance, a vécu près de 40 ans à Auroville. Si on lui demande si Auroville est « smart », il répond que non. Mais si on insiste, et que l'on pose la question différemment : « Est-ce qu'Auroville est plus « smart » que d'autres villes ? », il répond : « Oui, bien sûr, parce que l'on essaye. » Et il ajoute : « Ici, au Centre de Recherche Scientifique (CSR) on a travaillé sur le solaire, les déchets ménagers et aussi sur des systèmes naturels de traitement des eaux usées. »

Le projet a un nom assez barbare, DEWATS (Decentralised Waste Water Treatment with Vortex System en anglais) : traitement naturel décentralisé des eaux usées avec système de vortex.

Le tout repose sur des techniques de traitement naturel ; différentes combinaisons répondent aux besoins des utilisateurs. Plusieurs dispositifs techniques peuvent se classifier en différentes étapes de traitement : primaire, secondaire et tertiaire.

Les processus de traitement des eaux utilisent certains principes physiques combinant des réactions biologiques utilisant des micro-organismes. Les dispositifs de traitement génèrent des bactéries, ces populations microbiennes étant présentes naturellement dans les eaux usées.

Le concept de ce système de traitement décentralisé est qu'il demande un entretien minimal à l'utilisateur.

Tency nous affirme que toutes les parties critiques du système de traitement fonctionnent en continu et sans interruption avec de très faibles apports énergétiques.

L'avantage de cette technologie est qu'elle est décentralisée ; de plus elle peut utiliser des eaux usées de provenance domestique ou industrielle (la condition est qu'elles ne doivent pas contenir de produits toxiques).

Le DEWATS peut traiter des effluents allant de 1 à 1000 m^3 par jour. Autre point intéressant, cette technologie tolère des grands changements en amont du processus (par exemple sur un campus universitaire où les toilettes ne sont utilisées que pendant la journée), et surtout elle n'exige pas d'entretien complexe nécessitant des spécialistes.

Autre méthode innovante, c'est le traitement par un vortex, une sorte de tourbillon qui réduit la consommation globale d'énergie. Tency affirme que c'est vraiment là une nouveauté technologique qui, dans un espace minimal, peut offrir un rendement maximal. Le produit final est réutilisable, ce qui est un avantage écologique supplémentaire.

Un dispositif de prétraitement est utilisé pour le processus de sédimentation, dans lequel la partie liquide est séparée de la matière solide. Un dispositif appelé «settler» est utilisé pour cette phase si nécessaire, dispositif destiné à empêcher l'entrée de gros matériaux indésirables dans le système.

Le «settler» est un réservoir situé au-dessous du niveau du sol avec une partition. Deux processus de traitement y ont lieu, tout d'abord une sédimentation, et ensuite une stabilisation et une digestion des produits décantés par traitement biologique. Le volume de stockage est de un à trois ans, cela définit la période de vidange nécessaire.

Le décompactage est le processus consistant à vider à intervalles réguliers les boues de la première et de la deuxième chambre ; c'est une nécessité absolue. La boue est composée de bactéries utiles, il faut assurer qu'une partie reste au fond.

Le décanteur peut être un dispositif séparé ou bien peut être incorporé en tant que première partie d'un réservoir à chicanes.

Dans la première phase de traitement, des processus chimiques biologiques et naturels sont utilisés pour digérer et éliminer la plus grande partie de la matière organique.

Un dépôt de particules en suspension (milieu bactérien flottant) et de micro-organismes se produit naturellement au fond de chaque chambre. En raison de la séparation physique (chambres multiples), divers micro-organismes sont actifs à différents stades, permettant une grande efficacité de traitement.

Au bout de la dernière chambre du réacteur à chicanes, une ou plusieurs chambres peuvent être équipées avec des filtres anaérobies afin d'améliorer l'efficacité du traitement. Un filtre permettant un contact avec le flux d'eaux usées est utilisé, ce qui est très efficace pour retenir et digérer les polluants restants.

Le prétraitement (décantation), le premier traitement (réservoir à chicanes)

et le second traitement (filtre anaérobie) sont situés en dessous du niveau du sol. Il est possible de construire les différentes parties du système ensemble ou séparément. Ce qui est très positif c'est que l'effluent sortant des filtres anaérobies aura éliminé 90% de la charge polluante initiale.

Les normes du Central Pollution Control Board (le Bureau central du contrôle de la pollution indien) sont respectées et les eaux usées peuvent, si nécessaire, être utilisées en toute sécurité pour le jardinage ou pour la recharge de la nappe phréatique.

Oubliant pour un moment le système DEWATS, Tency nous questionne : « Qu'est-ce que cela veut dire, une cité *smart* ? Il y a beaucoup de domaines dans lesquels nous ne sommes pas très smart. » Il cite la mobilité : les transports à Auroville restent bien individuels et « polluants », bien qu'un des collègues de Tency ait commencé la production de bicyclettes électriques. Mais on peut comprendre Tency, il n'y a pas encore de transports en commun réguliers à Auroville (un bus va à Pondichéry plusieurs fois par semaine). C'est sûrement un domaine sur lequel Auroville devra travailler dans l'avenir.

Tency ne pense pas qu'il soit important de définir le terme « smart », mais il n'existe pas aujourd'hui de villes qui soient complètement « smart ».

Tency nous parle d'entreprises pour lesquelles il a travaillé. Ces grandes compagnies ont un système rodé, tout tourne. L'eau est réutilisée pour l'arrosage ou même pour les toilettes pour les systèmes les plus avancés. Tency précise « jamais comme eau potable ».

En ce qui concerne Auroville, il nous explique : « On a eu la chance de pouvoir faire des expériences, et c'est pour cela que nous avons aujourd'hui un système au point. Grâce à toutes ces expériences, on a trouvé les éléments adéquats. »

Là encore, il semble que la destinée d'Auroville soit d'être un incubateur de nouveaux produits qui un jour peut-être, seront utilisés à une plus large échelle. Le laboratoire envisagé par la Mère ?

— Claude Arpi

Système de traitement des eaux usées installé par Auroville pour l'hôpital d'ophtalmologie Arvind à Chennai.

LA COMMUNAUTÉ

À l'école de l'avenir

Jean-Yves Lung enseigne le français, l'histoire et le sanskrit à Last School, la « dernière école ». Pourquoi la dernière ? Parce qu'à terme c'est toute la cité qui devra devenir un centre d'éducation intégrale et permanente. À Last School, les programmes d'éducation évitent une spécialisation trop poussée pour permettre aux élèves de développer leur esprit de synthèse afin de mieux pouvoir affronter un monde en pleine mutation. Nous demandons à Jean-Yves comment l'éducation peut préparer les enfants au monde de demain.

L'AVENIR PROCHE SERA MARQUÉ par un accroissement des incertitudes, de l'imprévisibilité. Nous connaîtrons des défis d'une nature globale à grande échelle, et cela exercera une pression pour sortir des sentiers battus, se préparer à l'incertain, trouver des réponses nouvelles tandis que les vieux pouvoirs résisteront de toutes leurs forces pour que rien ne change. La seule certitude disponible sera celle que l'on trouve en soi.

La mondialisation de nos sociétés impose aussi une approche inclusive, on ne peut plus considérer l'autre comme absolument autre, nous sommes tous engagés dans une aventure humaine commune et on doit trouver la réponse ensemble et s'accorder ensemble sur l'avenir que nous voulons. Il faut développer une pensée synthétique et réconciliatrice, alors que nous sommes habitués à manier une pensée exclusive, qui ne pourra pas répondre aux défis qui s'annoncent. Nous ne sommes plus dans la reproduction du passé ou la prolongation des tendances passées, nous sommes plongés de plus en plus dans un phénomène d'émergence et il va falloir créer du nouveau. C'est dire qu'il faudra de la créativité, le respect de la complexité du réel, le sens de l'aventure commune de l'humanité sur cette petite planète et une vision de l'avenir humain, c'est ce dont les générations montantes auront de plus en plus besoin et c'est ce qu'il faut leur fournir. Après il y a des outils, des savoir-faire.

Comment développez-vous cela à l'école, Jean-Yves ?

Eh bien on accorde beaucoup d'importance au développement de l'individu selon ses propres lignes de progrès, parce que sinon nous avons des personnalités artificielles qui ne sauront pas faire appel à leurs propres ressources. Nous accordons beaucoup de place à l'art comme moyen de découverte de soi et de maîtrise dans la manifestation des formes. On essaye aussi de donner un développement général, non spécialisé. Dans l'idéal, un être humain devrait être comme une cellule souche, non spécialisée mais capable de toutes les spécialisations selon le contexte. Cela devrait être une priorité des programmes d'éducation. Même dans le paradigme économique, on nous annonce que quarante pour cent des emplois dans les services vont disparaître dans les quinze ans qui viennent et nous ne connaissons pas les emplois nouveaux. Donc il faut absolument éviter une spécialisation trop poussée, sinon on envoie les étudiants dans le mur. Et c'est pourtant ce que l'on fait partout. La démarche qui consiste à trouver une vérité exclusive et à l'imposer comme LA solution ne marchera plus dans un monde de complexité. Il faut développer une culture de la synthèse.

Pour cela, il faut d'abord apprendre à penser, posséder une clarté d'analyse et de discrimination. Ensuite, si l'on observe la façon dont procède Sri Aurobindo, il y a un travail de déconstruction des formulations, car celles-ci ne sont que des tentatives pour exprimer une idée, généralement incomplètes et limitées et, par conséquent, exclusives. Chaque point de vue s'oppose à son contraire. Il faut donc délivrer l'idée centrale de cette tentative d'expression qui l'emprisonne, élargir et trouver le point où les formulations apparemment opposées trouvent leurs complémentarités.

Cela demande du temps, car la synthèse n'est pas un mouvement spontané pour l'intellect, lequel est plus à l'aise dans l'analyse qui pose en s'opposant… Donc en fait, la plupart des étudiants s'échappent avant d'avoir atteint la maturité nécessaire pour y arriver. Mais l'idée qu'il doit y avoir quelque part une idée réconciliatrice est déjà un acquis, je pense.

Est-il possible de procéder à des démonstrations de la façon dont se forme une pensée synthétique ?

Cela demande un élargissement. Le plus formateur est de lire Sri Aurobindo parce qu'il élargit votre façon de voir, sinon c'est un exercice qui n'est pas facile, cela ne vient pas naturellement. Mère le mentionne dans *Éducation* : « Toutes les contradictions peuvent être transformées en complémentaires, mais pour cela il faut découvrir l'idée plus haute qui aura le pouvoir de les unir harmonieusement. » Mais se détacher de tous les points de vue adoptés pour en faire une synthèse vraie demande un mental très conscient de ses propres opérations, c'est-à-dire qu'il n'a pas de préférences, d'a priori, qu'il est toujours à la recherche ce qui est vrai, etc. Nous sommes habitués à privilégier nos pensées préférées, à penser à l'aide de logiques exclusives.

Peut-on dire que dans votre approche, l'enfant est placé au centre ?

Chacun a quelque chose à développer qui lui est propre, donc ils ne peuvent pas tous suivre les mêmes programmes, de la même manière et avec les mêmes buts. Alors on individualise autant que faire se peut les parcours éducatifs, pour créer l'espace nécessaire à une progressive capacité d'auto-détermination. Mère disait qu'il fallait leur apprendre « à se vouloir et à se choisir. » Cela devrait être l'objectif numéro un de l'éducation partout. Il faut de l'espace pour se chercher, expérimenter, grandir. Cela demande une prise de risque, car il n'y a pas de programme ni de diplômes qualifiants, donc cela peut apparaître comme un saut aléatoire dans l'inconnu, mais il s'agit de permettre à chacun d'entrer en possession de soi-même, et cela devrait être le but pour tout le monde.

Arrivez-vous vraiment à réaliser ce programme ?

Je crois que nous y arrivons dans une certaine mesure. Nous offrons l'espace nécessaire pour qu'ils puissent se développer sans murs, qu'ils se sentent autorisé à tenter l'aventure de se vouloir et de se choisir. Cela ne veut pas dire que l'on ne s'occupe pas d'eux, ou que l'on n'est pas exigeant, au contraire, parce qu'on leur demande d'être au meilleur d'eux-mêmes, quelque soit ce meilleur, et d'être sincère avec eux-mêmes, de ne pas se raconter d'histoires. On leur demande d'être vrais à l'égard de ce qu'ils sont, d'être fidèles à eux-mêmes. Rien que le fait de leur dire cela crée un espace qui leur permet de se trouver eux-mêmes, et ils grandissent, non dans un modèle qui leur est étranger mais en prenant possession d'eux-mêmes avec la foi grandissante en ce qu'ils peuvent faire et devenir. En tous cas, on lance l'invitation, et chacun répond à sa manière. C'est là le travail essentiel de l'éducateur.

Vous avez des retours de la part de ceux qui ont suivi cette voie ?

Parfois, pas toujours. Mais il y a deux ans nous avons lancé une enquête sur l'éducation à Auroville auprès d'anciens jeunes Auroviliens, et la réponse

dominante était de nous dire : « Surtout continuez dans cette voie », avec le sens qu'ils avaient reçu quelque chose de précieux, malgré tous nos tâtonnements, même s'ils ne le définissaient pas de manière précise.

On fait aussi un bilan en fin d'année pour chacun, de manière personnalisée et, dans la grande majorité des cas, celui-ci est positif quant à leur développement. Il est vrai que pour certains d'entre eux que je connais, il est visible qu'ils ont développé une grande confiance en eux-mêmes. On a l'impression quelque soit le problème qui se présente à eux, ils seront en mesure d'y faire face et de trouver une réponse.

Et le rapport entre l'école et la cité ? Entre Last School et Auroville ?

On s'efforce de créer des liens, de présenter la réalité d'Auroville aux étudiants afin qu'ils puissent se situer, justement. Il y a les idéaux, qui sont une occasion d'exploration, parce que cela ne s'enseigne pas, et puis il y a la réalité empirique d'Auroville, les itinéraires individuels, les services, les unités commerciales, les fermes ou l'afforestation. L'année dernière, on avait consacré un après-midi par semaine là-dessus, cela s'appelait « Pourquoi Auroville ? ». Des Auroviliens venaient présenter leur expérience. Cela permet aux étudiants de réaliser qu'il se passe ici plein de choses passionnantes et de leur donner des idées d'activité. On tente de garder cette connexion avec les pratiques, sinon Auroville reste un projet abstrait, qui flotte en l'air, sans corps.

Quand ils sortent de Last School, ils entrent dans la vie de la cité souvent progressivement. Ils trouvent un angle de travail qui les intéresse, et partagent leur temps entre l'école et un lieu de travail. Il y a aussi ceux qui choisissent de partir voir ailleurs, de se tester eux-mêmes dans un environnement différent.

Comment sont-ils impliqués dans l'organisation pratique de l'école ?

Quand ils viennent d'arriver, vers treize, quatorze ou quinze ans, on fait l'emploi du temps pour eux afin qu'ils fassent un peu de tout et se développent de manière diversifiée. Puis, à mesure qu'ils deviennent plus précisément conscients de leurs besoins, on leur donne la capacité d'organiser leur emploi du temps, leurs recherches, leurs activités, le tout dans la mesure des possibilités. On encourage aussi la prise de responsabilités au sein de l'école elle-même, que ce ne soit pas seulement quelque chose que l'on utilise mais quelque chose dont on prend soin. Ces deux possibilités leur permettent de s'impliquer dans l'école davantage et de s'approprier à la fois l'école et leur parcours éducatif.

Il nous faut apprendre des enfants ! Ce sont eux qui nous donnent des pistes à suivre, à accompagner. Le programme n'est pas défini a priori, parfois il faut le construire en cours d'année. Être enseignant, cela s'apprend toute la vie, il faut se débarrasser de beaucoup de réflexes conditionnés, il y a beaucoup à désapprendre pour en devenir capable et offrir un environnement humain qui soutienne la croissance des enfants avec confiance, bienveillance, exigence, lucidité. On parle beaucoup avec eux, individuellement, on s'adresse vraiment à ce qu'ils sont, justement pour que cela vienne à la surface. Donc on n'est pas dans des rôles, encore moins dans le jugement. Et bien tout cela, cela s'apprend.

Vous n'avez ici que des enfants d'Auroville ?

Non, il y en a aussi qui viennent de l'extérieur, quand ils suffoquent un peu trop, ils sont à la recherche d'un endroit où ils peuvent respirer et grandir au lieu d'être coincés dans une boîte. Ils peuvent venir du Nord de l'Inde ou de Chennai, et on accepte parce que cela correspond à un vrai besoin, et puis aussi parce qu'on aime bien avoir des étudiants indiens, il y a une indianité qui apporte quelque chose à l'école. Cette année, il y en a aussi qui viennent d'Europe. On est parfois obligé de refuser, parce qu'il y en aurait trop, et le cœur de l'école doit rester quelque chose d'Auroville avec des enfants qui savent qu'ils sont à Auroville, qui font partie du projet. Le fait de grandir comme enfant d'Auroville a un impact éducatif par lui-même, quelle que soit l'école où on passe, parce qu'on grandit dans une cité orientée vers la création d'un avenir nouveau, et cela porte, cela soutient, cela aide à grandir.

—Propos recueillis par Jean-Luc Guignard

Deepti avec ses élèves.

État des lieux

UNE DES GRANDES IDÉES de départ, c'était l'absence de circulation d'argent à Auroville. Où en sommes-nous ? L'argent en tant que tel n'est pas, ou très peu, utilisé à l'intérieur d'Auroville. Il y a un système interne de comptes qui sont crédités et débités sous le contrôle d'un service financier. Les comptes sont ouverts essentiellement pour les Auroviliens et les unités d'Auroville (production, commerce et services) plus quelques comptes ouverts à des «amis d'Auroville» qui jouissent d'un statut spécial. Ces comptes permettent à leurs titulaires de payer pour services reçus, achats dans les magasins d'Auroville, ou repas pris dans les restaurants ou cuisines. Le fonctionnement n'est pas vraiment différent de celui d'une carte bancaire dans la mesure où les titulaires des comptes en sont responsables et doivent veiller à maintenir le crédit. C'est donc sûrement assez loin de ce qui avait été envisagé. Mais une absence effective de circulation d'argent à Auroville demeure une idée de référence et les efforts continuent pour sa réalisation dans un futur plus ou moins lointain.

Les comptes sont alimentés de différentes façons : soit par une entreprise ou un service d'Auroville pour ceux qui y travaillent, soit par des ressources personnelles, soit par un fonds central pour d'autres cas spécifiques (gens âgés, enfants, etc.). On trouve bien sûr pas mal de situations individuelles où se mélangent différentes sources, personnelles et collectives.

Il faut bien dire qu'au début d'Auroville et pendant les premières années jusqu'au début des années 80, l'économie d'Auroville a été comme naturellement collective et assez fraternelle ; au temps des vaches maigres on partageait le peu qu'on avait. Beaucoup d'expériences ont été tentées ensuite pour essayer de réinstaurer une économie plus fraternelle, les principales ayant été sous la forme de cercles de partage où les ressources sont en totalité ou en partie mises en commun pour couvrir les dépenses courantes. Ces expériences, si elles n'ont pu se maintenir durablement, ont mis en évidence la nécessité d'un niveau de conscience collectif difficile à atteindre, et surtout à maintenir, pour la pérennité d'une économie de partage. Il faut néanmoins souligner qu'il existe une solidarité active à Auroville qui se manifeste de différentes façons, la plupart informelles. Mais c'est une réalité vivante de fraternité au jour le jour.

Vue de la salle à manger de la Cuisine solaire.
Cette cuisine prépare chaque jour environ 1200 repas.

On a fait un effort important ces dernières années pour augmenter, dans les maintenances [allocations mensuelles], la part de contributions en nature, telles qu'accès à divers services (santé, vêtements), déjeuners dans certains restaurants, etc. L'idée implicite est qu'Auroville doit de plus en plus prendre soin de tous ses habitants au niveau de leurs vrais besoins, au delà des considérations habituelles des économies monétarisées où le niveau de vie dépend essentiellement des moyens individuels. C'est le but mais, bien sûr, encore un long chemin pour y parvenir.

Les ressources d'Auroville proviennent des contributions de ses entreprises commerciales et de ses services, ainsi que des contributions venant des Auroviliens vivant de leurs ressources personnelles. Le gouvernement indien donne une importante subvention annuelle qui va pour l'essentiel au développement de l'infrastructure. Auroville reçoit aussi des donations plus ou moins importantes qui viennent du monde entier pour des projets spécifiques.

Notons quand même une particularité unique de la vie à Auroville : en devenant aurovilien, on accepte le fait que la maison que l'on construira avec des fonds qu'on a apportés, le terrain sur lequel on bâtira cette maison, l'entreprise commerciale qu'on créera, tout cela appartiendra à Auroville. On accepte le fait qu'il n'y a pas d'héritage à Auroville, qu'il n'y a pas de vrai « salaire », et que personne ne travaille pour faire une carrière, gagner de l'argent ou acquérir une position sociale. C'est tout de même un pas vers « la libération de ne plus avoir de possession personnelle ».

—Alain Bernard

Une coopérative pour tous

Institution emblématique s'il en est, le Pour Tous Distribution Center (PTDC) s'est donné pour mission de rester fidèle à l'esprit collectif d'Auroville. Et le succès ne se dément pas.
À tel point que la coopérative d'achat doit s'agrandir aujourd'hui afin de trouver des solutions pour répondre à ses besoins en matière de personnel et d'espace.
Explications d'Anandi, la responsable.

Le PTDC actuel est né de la volonté des Auroviliens de récupérer le premier « Pour Tous » de Kuilapalayam – créé à l'époque où Mère était encore là, dans les premières années d'Auroville – mais qui avait perdu petit à petit sa direction et son esprit. Il y avait aussi la nécessité pratique d'avoir un endroit au centre-ville pour répondre aux besoins de nombre d'Auroviliens habitant déjà ce secteur. L'ancien « Pour Tous » correspondait à une période où beaucoup de monde logeait à Aspiration, avant que les plans de la ville ne soient établis. Mais quand la Cuisine solaire a été créée, il était nécessaire d'avoir quelque chose à côté.

Quelle était l'idée de ceux qui ont démarré PTDC ?

En 2005, nous voulions mettre sur pied quelque chose de plus fraternel, en respectant les idéaux d'Auroville au niveau de l'économie. On ne voulait pas faire un supermarché commercial basé sur le profit. L'idée était de créer une coopérative en évitant au maximum les échanges d'argent entre nous. Nous avons beaucoup discuté à l'époque pour savoir comment nous organiser. Tout était envisagé : cela allait de l'idée extrême de ne rien contrôler, à celle au contraire de donner un ticket de caisse pour chaque article. Finalement, nous avons opté pour une solution intermédiaire où l'on garde une trace de ce que consomme chaque membre, sans pour autant que cela ne soit individualisé.

Tous les membres de la coopérative paient une contribution mensuelle, petite, moyenne ou plus élevée, selon leurs besoins. Ces contributions sont ensuite versées dans un pot commun, à partir duquel nous achetons la marchandise. Tout ce que l'on achète au prix de gros est revendu au prix de gros, sauf dans certains cas, en raison des frais de transport. Chose importante: il n'y a pas de prix sur les articles, pas de facture non plus, nous ne sommes pas une entreprise commerciale. Nous voulions éviter cette relation des achats conditionnée par le prix, se détacher de cela, casser cette impression qu'on vient ici pour acheter. Bien sûr les choses ont un prix qu'il s'agit de payer mais si l'on veut vraiment s'informer, nous avons un livre qui indique les prix par catégories de produits.

Chaque membre a son propre compte?

Non, pas du tout. Nous ne sommes pas un système financier. Nous avons seulement un compte au Service financier, qui s'appelle «Prospérité pour tous», et tout notre budget est là. Quand le mois commence, nous disposons d'une certaine somme et quand le mois se termine nous sommes à zéro. Les membres de la coopérative n'ont donc pas de compte personnel mais nous publions le montant de ce que chacun a acheté afin qu'il puisse regarder sur une liste mise à jour chaque mois si sa contribution correspond à ses besoins. On publie aussi une liste au milieu du mois et au vingt-cinquième jour pour que les participants restent bien informés du niveau de leurs dépenses.

Que se passe-t-il si l'on dépasse le montant de sa contribution mensuelle, ou au contraire si l'on reste en dessous?

Cela arrive souvent, et c'est normal. Il est possible de donner une contribution supplémentaire si, certains mois, on accueille des amis ou on célèbre une fête, par exemple. À l'inverse, si les dépenses s'avèrent en dessous de la contribution mensuelle, on peut réduire cette dernière, ou bien décider que la différence ira au pot commun. À la fin de chaque mois, il est possible de faire une contribution spécifique pour couvrir un déficit mais nous encourageons nos membres à faire l'effort de bien ajuster leurs contributions mensuelles à leur niveau de dépenses habituelles pour éviter le travail supplémentaire de beaucoup de corrections.

Pour les achats, nous avons établi un certain nombre de paramètres à respecter. En premier lieu, nous donnons la priorité aux produits en provenance d'Auroville. C'est la chose la plus importante car nous sommes une communauté, avec une quinzaine de fermes, dont Annapurna et AuroOrchard, qui représentent la moitié de la production locale. Le deuxième critère consiste à acheter le plus possible de produits organiques, bons pour la santé. Ainsi nous ne travaillons pas avec des multinationales comme Monsanto ou Nestlé, ni avec des entreprises dont les produits viennent de l'extérieur de l'Inde. Nous essayons de faire nos achats le plus près d'ici – sauf pour l'huile d'olive qui vient d'Europe – afin de limiter le transport. Nous voulons aussi minimiser l'emballage, ou même l'éviter, c'est pourquoi nous avons fait beaucoup de recherches dans ce sens, pendant des années, sans obtenir beaucoup de réponses... Nous avons eu davantage de succès ici avec les unités d'Auroville : la boulangerie d'Auroville par exemple nous livre chaque semaine quatre-vingts kilos de biscuits sans emballage. On reçoit aussi de cette manière les produits de nettoyage naturel (probiotiques), pour la machine à laver, la vaisselle, le sol. C'est très efficace, cela marche très bien.

Mais Auroville ne produit pas tous les besoins des Auroviliens et doit aussi s'approvisionner à l'extérieur ?

Environ 30% de la production vient d'Auroville. Il faut dire qu'Auroville a toujours produit des articles destinés à ceux qui ont suffisamment de moyens pour se les offrir, comme la marque « Naturellement » par exemple. Mais ici, à « Pour Tous », nous voulons proposer des articles qui tiennent dans le budget d'un Aurovilien – c'est notre troisième et dernier paramètre : le prix – sachant que la maintenance [allocation mensuelle pour tout Aurovilien qui ne dispose pas d'argent personnel] s'élève à dix mille roupies. Bien sûr nous avons quelques articles qui coûtent plus cher, comme le miel ou le fromage, mais on peut quand même se les procurer avec la maintenance. Nous ne voulons pas créer un espace où seule une partie des Auroviliens pourraient venir se fournir.

Un élément important dans notre service, et c'est très apprécié, c'est notre cuisine. Nous voulions simplifier la vie des Auroviliens ne souhaitant pas se rendre à la Cuisine Solaire ou cuisiner. Ils ont désormais un endroit pour prendre un repas ou pour venir en chercher un. Notre cuisine assure tous les déjeuners et fabrique en outre des produits de qualité à bas coût, comme de la mayonnaise, de la sauce tomate, du pesto ou de l'humus. Grâce au savoir-faire d'un nouvel arrivant [c'est-à-dire de quelqu'un qui n'est pas encore officiellement Aurovilien] originaire d'Afrique du Sud, nous avons désormais à disposition du lait frais pasteurisé, contenu dans des récipients que l'on peut nous retourner. On essaye toujours d'avoir un système qui permet aux Auroviliens d'avoir des produits d'Auroville avec un minimum d'impact sur la nature.

Vos projets d'avenir?

Nous avons dû fermer les inscriptions durant quelques mois, avant de les rouvrir au mois d'avril, profitant du fait que nombre d'Auroviliens partent durant la période estivale. Mais quand tout le monde sera revenu, il faudra trouver des solutions. Nous allons faire une demande auprès du service concerné afin d'obtenir une ou deux maintenances supplémentaires. Parallèlement, nous voulons mettre en place – sans l'imposer, bien entendu – un système qui s'inspire de la coopérative alimentaire Park Slope à New-York, c'est-à-dire un système dans lequel chaque membre travaille quelques heures par mois pour avoir droit ensuite à acheter les meilleurs produits au meilleur prix. Nous voulons aussi installer un nouveau container pour agrandir notre espace. Le grand projet est d'ajouter un étage, prévu sur les piliers existants, et d'y loger les deux magasins situés actuellement au rez-de-chaussée [Nandini et Free Store, services gratuits de confection et distribution de vêtements]. Nous pourrions alors utiliser la partie du bas libérée.

Comment allons-nous financer cela, c'est la question. « Pour Tous » a été créé grâce à des donations, la Cuisine solaire aussi. Nous allons lancer l'idée et voir qui peut nous soutenir. Normalement, la communauté n'aide pas pour le développement... Mais tout cela pourrait se faire très vite, sachant que nous avons déjà les fondations.

—Propos recueillis par Jean-Luc Guignard

La Coopérative en chiffres

PTDC regroupe actuellement 1480 membres, alors qu'il n'en comptait que 260 en 2007, pour un budget de fonctionnement de 5 lakhs. Le budget actuel s'élève à 45 lakhs mensuels pour les achats, via les contributions, 52 000 roupies pour la maintenance des lieux (l'eau, le loyer, les générateurs, etc) ainsi que les maintenances de 11 personnes, fournies par le service concerné. De nombreux volontaires assurent également le fonctionnement de la coopérative. Pour sa part, la cuisine prépare entre 250 et 300 plats par jour, à 40 roupies la part.

Une histoire qui dure

La mobilité intelligente ne date pas d'hier à Auroville. Plusieurs projets de transports publics et individuels non polluants ont été développés par le passé, avec plus ou moins de succès. Mais les choses prennent du temps à se mettre en place, et le moteur à combustion tient toujours le haut de l'affiche. Récit d'une longue histoire avec Chandresh, l'un des fondateurs du groupe Electric Vehicle Service (EVS).

Il y a quelques années, nous avons initié un projet de service d'autobus pour la communauté. À l'époque il existait déjà des autobus électriques, mais à cause du coût prohibitif de remplacement des batteries usagées et des stations de charge, nous avons dû nous rabattre sur des autobus au diesel. Nous avons passé en revue huit points d'entrée à Auroville, et étudié la circulation le matin, à midi et en soirée pendant les heures de pointe. Nous sommes parvenus à une solution de service de base avec une fréquence satisfaisant 80% des besoins des Auroviliens. Mais nous avions besoin d'une crore [10 millions de roupies] pour déployer ce projet et je n'avais pas ces fonds. Nous avons donc commencé avec un service plus restreint et acheté deux véhicules grâce à des donations.

« Notre modèle économique était basé sur l'idée de faire payer un prix minime de cinq ou dix roupies pour le transport entre le Centre des Visiteurs et le Matrimandir. Avec cet argent, nous aurions eu suffisamment de volume pour soutenir et faire croître un système de transport en commun pour Auroville dans son ensemble. Mais les groupes responsables du Matrimandir et du Centre des Visiteurs ont dit « Non, c'est un endroit spirituel et nous ne devons pas demander d'argent. » Le projet n'était pas durable, car notre modèle économique de génération de revenus était entravé dès le départ. Après huit ans de service ininterrompu, nous avons dû cesser les opérations.

Électrifier les rickshaws

« Côté mobilité intelligente, nous avons eu l'idée d'un tricycle/rickshaw électrique. Nous avons même fait entièrement la conception du tricycle, où le conducteur est assis devant, et les passagers font face à l'arrière pour un accès plus facile. Le couplage de la remorque électrique avec le groupe motopropulseur permet l'ajout d'un ou de plusieurs modules de quatre sièges, selon les besoins du moment. Certains modules peuvent transporter des marchandises. C'est comme un train électrique, avec des modules autonomes détachables qui peuvent allonger le train pendant les heures de pointe ou le raccourcir pendant les heures creuses.

Mais là encore, les batteries posaient problème à l'époque. Nous avons construit deux de ces rickshaws, mais nous n'avons trouvé personne pour les conduire. Si cette idée de rickshaw modulaire était adoptée par le gouvernement indien et adaptée aux grandes villes de l'Inde, elle pourrait résoudre le problème du dernier kilomètre et réduire considérablement le bruit et la pollution.

Nous pourrions obtenir cent à deux cents de ces rickshaws pour Auroville et en faire un concept exemplaire à montrer aux industriels, qui pourraient le développer pour l'Inde entière. À notre époque, avec les nouvelles batteries, cela pourrait marcher. Nous avons fait pour ce projet beaucoup d'analyses conceptuelles, dynamiques et structurelles avec nos propres ingénieurs. C'est un projet vert que le gouvernement peut soutenir. »

Partager les taxis

Chandresh poursuit : « En 2008, nous avons conçu une page sur l'intranet pour partager les taxis. Elle est encore là, certains l'utilisent encore, mais les chauffeurs ne sont pas intéressés à partager un taxi, car ils gagnent plus en revenant vides au retour. Ce mouvement n'a pas pris d'ampleur. Nous avons tout essayé. Auroville est un endroit trop petit, nous devrions considérer seulement les motos et vélos électriques. L'autre solution consistait à utiliser des sources d'énergie alternative pour un transport individuel, par exemple des motos et vélos électriques, à pédalage assisté pour l'hiver et entièrement motorisés pour l'été. Ce projet a eu un grand succès, et nous avions pratiquement converti tous les genres de deux-roues à combustion sur le marché après quatre ans. Il y avait environ cent cinquante véhicules circulant sur les routes d'Auroville à l'époque. Puis nous avons créé notre propre véhicule électrique, le Humvee, et avons appris comment réparer et maintenir ces véhicules en bon état. Ils sont encore en circulation à Auroville. Mais les batteries n'étaient pas disponibles en Inde à ce moment-là et devaient être importées de Chine, ainsi que les composants moteurs. Nous devions payer une taxe à l'importation de 36% et il n'y avait aucun subside du gouvernement pour soutenir cette nouvelle initiative. Cela rendait le véhicule trop cher pour les résidents qui n'avaient pas beaucoup d'argent et qui n'étaient pas prêts à investir de telles sommes pour leurs transports. »

Campus universitaire ?

« Nous avions un ami prêt à faire don de cinq cents vélos électriques à Auroville et les faire venir depuis la Chine, avec 10% de vélos en plus pour les pièces de rechange pour qu'on puisse apprendre à les réparer. En 2006, nous avons publié une annonce pour voir qui serait intéressé par l'idée de vélos électrique en libre-service, et cinq personnes seulement sont venues ! Alors j'ai dit « Nous ne sommes pas prêts », et nous n'avons pas accepté cette offre.

« Si nous mettons l'accent sur les pistes cyclables et les entretenons bien tout en limitant strictement leur accès aux vélos, nous pourrions créer une ambiance de campus universitaire à Auroville, où tout le monde circulerait à vélo. Pour augmenter la sécurité, nous pourrions installer des lampadaires bas avec capteurs, qui s'allument seulement au passage de quelqu'un. Nous avons ce design. Une autre idée pour améliorer la sécurité en soirée, plutôt que d'avoir des gardes de sécurité debout aux intersections, serait de créer des caravanes de vélos sur des itinéraires pré-déterminés vers le Bharat Nivas [salle de spectacle] ou les autres lieux culturels et de rencontre, avec un garde en tête et un autre fermant la marche de la caravane. Tout le monde pourrait s'y joindre. C'est ce genre d'initiatives qui ferait de nous une ville accueillante pour les vélos. Nous pourrions aussi donner aux enfants des vélos de qualité pour les motiver.

« En ce moment, nous ne sommes pas du tout intelligents en ce qui concerne notre mobilité, et nous aimerions pouvoir nous rassembler en tant que communauté pour résoudre notre problème concernant ce sujet d'importance. Le moyen de transport principal pour tous est devenu le deux-roues à moteur à combustion. Ce n'est pas juste un problème de transport, cela affecte aussi notre santé. Nous avons choisi un mode de transport individuel, et nous recevons un flux quotidien de visiteurs occasionnels. Pendant la haute saison, le nombre de résidents double presque. Comme nos routes ne sont pas toutes pavées, la poussière, le bruit et la vitesse à laquelle les gens roulent en font pratiquement un cauchemar. C'est l'inverse de ce que nous souhaitons et espérons créer. »

— Marlyse

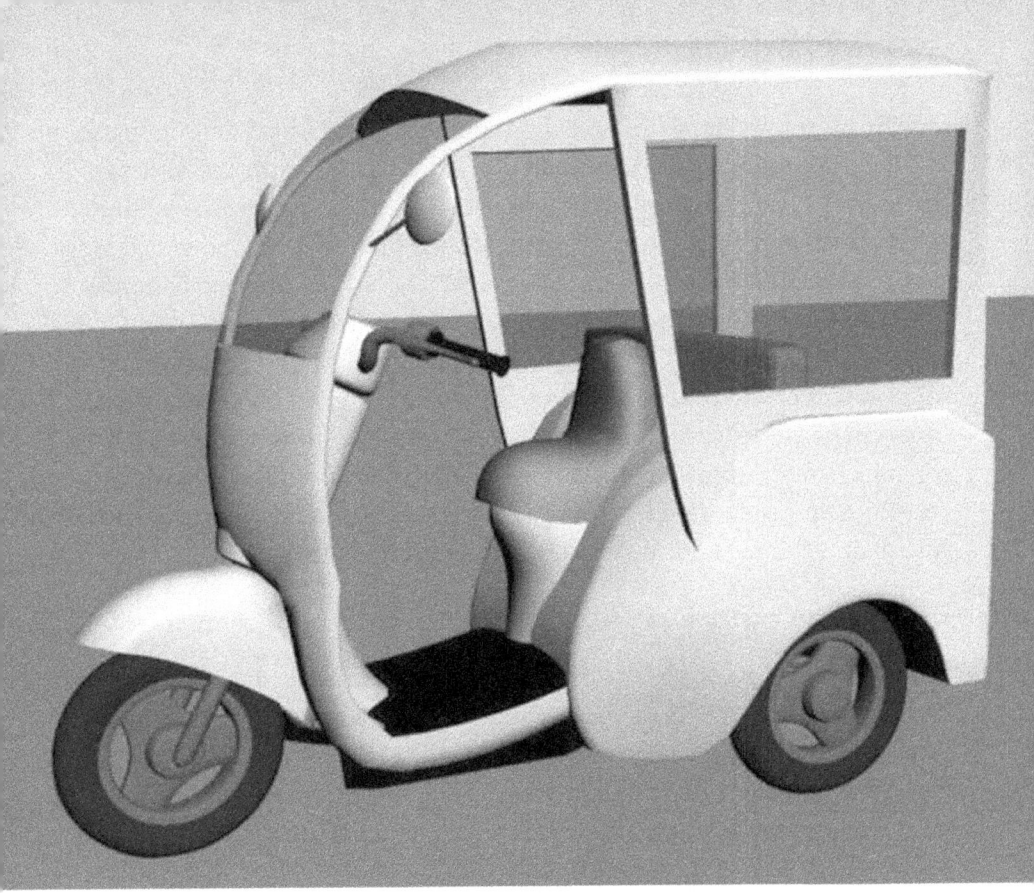

Dessin du rickshaw électrique.

Services de transports partagés

Au début de l'année dernière, une seconde initiative a vu le jour pour faciliter le partage des taxis. En effet, on estime que chaque jour pendant la saison touristique environ 50 taxis vont à Chennai, avec pour la plupart comme destination l'aéroport ou la gare ferroviaire. Cela veut dire une dépense mensuelle considérable (31 lakhs de roupies), et des émissions de carbone inacceptables (60 970 kg). Cette initiative permet aux Auroviliens de voir sur une page internet quels taxis vont où, à quelle date, et combien de places sont disponibles dans la voiture. Ce système semble bien marcher cette fois, puisque grâce à cette plateforme, on a pu éviter de nombreux trajets individuels et économiser de façon significative les émissions de carbone.

Une question de coût

Il serait possible de résoudre le problème de manque de liquidités pour acheter un véhicule électrique en créant un système de transport individuel privé subventionné par des fonds publics. Les gens qui désirent passer à l'électrique pourraient acheter leur premier véhicule chez Kinisi, payer le prix qu'ils paieraient normalement pour un véhicule à combustion, et recevoir un prêt pour payer la différence. Ce prêt serait remboursé par les économies faites sur le non-achat de gazoline. Si Auroville décidait de standardiser les meilleurs modèles disponibles, d'énormes économies seraient faites à l'achat. Les pièces de rechange seraient beaucoup plus facilement disponibles et interchangeables, et l'expertise de réparation et d'entretien pourrait grandir très rapidement. Ce système pourrait fonctionner jusqu'à ce que chaque Aurovilien possède son véhicule électrique. À ce stade, plus besoin d'emprunt, chacun pourrait acheter sa prochaine batterie ou son prochain véhicule avec les économies faites sur le pétrole.

Solutions pour l'avenir

Auroville peut adopter un mode de transport intelligent, car les nouvelles batteries au lithium arrivent en Inde. EVS commence à s'attaquer sérieusement à ce problème, et veut fournir un service d'excellente qualité aux véhicules électriques existants. Le groupe construit actuellement une station-service dans la zone de service, et va collaborer à l'installation de plusieurs points de charge à Auroville. Ce groupe désire aussi aider les Auroviliens à choisir leur prochain véhicule électrique parmi les meilleurs qui existent sur le marché. En même temps, une nouvelle unité commerciale d'Auroville, Kinisi, est née afin de trouver et de développer un modèle de bicyclette adapté à Auroville, dans un rapport qualité/prix intéressant. Actuellement, un certain nombre de vélos électriques ont été commandés par container en provenance de Chine, et devraient être disponibles bientôt. Il s'agit d'un modèle en aluminium (22 kg), féminin, avec batterie au lithium et à pédalage assisté, qui sera mis en location ou vendu. Son prix reste à définir car celui-ci va dépendre du niveau de la taxe qui sera demandé à la frontière, lors des formalités de douane. Pour l'heure, le coût de cette opération est couvert à hauteur d'environ 40%, et le solde de la facture devra être payé par une nouvelle levée de fonds.

Approche globale

Diplômée en médecine ayurvédique, Bérengère a suivi une longue formation en Inde avant de rejoindre l'équipe du centre médical de « Santé » à Auroville, où les praticiens travaillent main dans la main, toutes disciplines confondues, afin de mieux comprendre le corps dans son ensemble. Récit d'une belle aventure.

Comme beaucoup d'Auroviliens, Bérengère Bérieau a eu un parcours assez atypique. Depuis l'enfance, elle rêvait de « partir ». Une petite voix lui disait qu'il fallait qu'elle trouve son chemin, qui n'était pas dans sa Vendée natale. Mais ce n'est qu'après ses 18 ans que le début de son rêve a commencé à prendre forme. Elle quitte enfin la France sous le prétexte de faire des études en Business international à l'étranger. Mais ce qu'elle cherche vraiment, elle ne le trouvera que quinze ans plus tard lorsqu'elle aura l'occasion de venir en Inde étudier le massage ayurvédique. C'est une révélation pour elle. Cette science, l'Ayurveda, est ce qu'elle cherchait vraiment et au fil des lectures et de la pratique, elle en est de plus en plus convaincue. C'est non seulement une connaissance du corps dans son intégrité, mais cela inclut aussi tous les aspects mentaux et émotionnels, encore oubliés dans l'allopathie.

Elle décide donc de partir pour l'Inde, au Gujarat, pour suivre une formation longue de six ans afin d'acquérir les connaissances nécessaires pour continuer sa quête. Puis elle se rend au Kerala, dans une université ayurvédique. Ce ne fut pas tout les jours facile, elle dut apprendre le hindi et le sanskrit, mais elle avait trouvé sa voie. C'est ainsi que Bérengère devint diplômée en médecine ayurvédique.

Du Kerala à Auroville

À la fin de son internat, elle se posait souvent la question : « Où aller ? Que faire maintenant ? » C'est alors qu'elle rêve d'Auroville. Elle y est bien passée en 2004, lors d'un séjour au Kerala, mais à cette époque, elle n'avait pas étudié la philosophie de Mère ou de Sri Aurobindo et elle ne s'était pas intéressée au projet. Elle était là seulement pour un stage de massage thaï dans un établissement qui n'appartenait pas à Auroville, avant de rentrer en Europe. Mais après son rêve, elle décide de revenir à Auroville. C'est en 2013. Quelques jours après son arrivée, elle rencontre le Dr. Ruslan, l'Aurovilien responsable du centre médical de « Santé » qui, n'ayant pas de docteur ayurvédique, lui propose de se joindre à l'équipe. C'est ainsi qu'elle s'engage aussitôt dans un projet de médecine intégrale (on pourrait dire « smart »).

Au début, la clinique s'appelait « Kailash Clinic », elle était située dans un petit bâtiment de fortune et l'on y pratiquait une médecine pluridisciplinaire. Ce n'est qu'après le déménagement de la clinique dans le nouveau bâtiment de « Santé » que le centre est devenu vraiment « intégral ». Dorénavant, tous les thérapeutes travaillent ensemble : médecine allopathique, ayurvédique, chinoise (avec l'acupuncture et le shiatsu), soins liés aux troubles psychologiques (psychologie, hypnose, consultations familiales, etc.). Auparavant c'était juste plusieurs systèmes sous le même toit, mais au fur et à mesure qu'ils ont traité des patients, les praticiens de Santé ont essayé de comprendre le corps dans son ensemble, non seulement du point de vue physique et physiologique, mais aussi au niveau énergétique, car ce sont ces déséquilibres qui provoquent les symptômes et donc les maladies.

L'allopathie, par exemple, ne prend pas de recul pour considérer le corps dans son ensemble : un problème se manifeste dans le corps sur un point précis, on traite ce point avec une molécule précise, qui doit guérir le symptôme. Dans un grand hôpital, on renvoie souvent le patient d'un département à l'autre, sans avoir de vue globale de l'individu. Dans les médecines traditionnelles asiatiques, on suit un autre principe. On prend du recul, on étudie le corps dans son ensemble, intégralement : quelle est son histoire, quelles sont ses tendances ou défauts, qu'est-ce qui a provoqué le symptôme que l'on a repéré, où est l'origine de la maladie ?

Connaître ses limites

« À Santé, nous travaillons ensemble. Cela veut dire que chacun a l'ouverture d'esprit nécessaire pour comprendre l'autre et sa discipline, et qu'il utilise cela pour aider le patient à retrouver la santé. Il est important pour chaque médecin de reconnaître les limites de sa discipline, » explique Bérengère, qui admet : « Beaucoup de médecins ayurvédiques pensent que leur tradition peut tout guérir, cela se traduit souvent par un rejet de la médecine allopathique. Il y a des circonstances où la médecine ayurvédique a besoin des autres corps médicaux. C'est nécessaire pour arriver à un dia-

gnostic (et traitement) plus intégral. »

Quand on demande à Bérengère s'il est des maladies ou symptômes spécifiques aux Auroviliens, elle répond que selon la médecine ayurvédique, beaucoup de maladies sont dues au fait que les gens ont vécu longtemps dans un endroit différent de leur pays d'origine du point de vue climatique. « Par exemple, pendant l'été ici, il y a beaucoup de problèmes de peau. Nous voyons moins de troubles respiratoires dus à la pollution, contrairement à Delhi ou d'autres grandes villes de l'Inde. À Auroville, à part la peau, la plupart des symptômes sont liés aux troubles digestifs, ainsi qu'aux allergies ou intolérances. » Lorsqu'on lui cite le cas du docteur personnel du dalaï-lama qui avait passé plusieurs jours à Auroville dans les années quatre-vingt et qui avait conclu que les Auroviliens avaient « beaucoup de vent dans la tête », elle opine : « Il y a une sorte de tension, d'excitation latente qui provoque certains symptômes. Comme une agitation intérieure. Cela peut être une tension au niveau du travail pour construire la ville. Beaucoup de gens sont engagés dans plusieurs projets à la fois, ils veulent trop en faire. Un fort désir d'évoluer vers un idéal élevé peut aussi créer des tensions. »

Pour elle, ce qui est « smart », c'est vraiment cette capacité à travailler ensemble, mais elle ajoute : « Ce n'est pas unique à Auroville. Il existe des petits groupes un peu partout dans le monde (comme au Danemark ou en

Allemagne) qui essaient d'avoir une vue plus large du corps humain et de la santé. Malheureusement, il n'y a pas encore beaucoup de communication entre ces différents groupes, mais il faudra un jour publier des articles pour faire comprendre que toutes ces disciplines sont complémentaires et que l'on peut profiter des expériences des autres. »

Un choix intelligent

En Inde, c'est le gouvernement fédéral avec le Département AYUSH (comprenant Ayurveda, Yoga, Unani, Siddha, Homéopathie, et, plus récemment, médecine tibétaine, SOWA RIGPA), qui finance les médecines traditionnelles. Des étudiants étrangers peuvent recevoir une bourse pour étudier ces systèmes traditionnels.

Le problème est que, bien que ces systèmes dépendent d'un seul département, ils ne collaborent pas souvent ensemble. Même si, se souvient Bérengère, lorsqu'elle étudiait au Gujarat, « il y avait d'un côté de la rue, l'université ayurvédique avec deux hôpitaux et de l'autre, la faculté de médecine allopathique avec un hôpital. En fonction des symptômes, il y avait un échange de patients, mais ce n'est pas encore très courant. Du fait qu'il y a une certaine infrastructure pour l'Ayurveda en Inde, c'est plus facile de trouver une entente. Parler d'égal à égal aide à mieux collaborer. Les autres systèmes ont aussi besoin d'infrastructures pour pouvoir échanger et traiter toutes sortes de maladies, y compris les maladies chroniques et évolutives. Cette infrastructure manque encore en Inde. »

Quand on demande à notre interlocutrice si c'était un choix « smart » de venir à Auroville, elle n'a pas de doutes : « Oui. Je ne me vois pas dans une autre structure. C'était un choix smart, dans le sens où cela m'a permis d'ouvrir mon horizon sur d'autres aspects de la médecine qui peuvent aider les patients. » Elle admet qu'elle avait auparavant beaucoup d'appréhension par rapport à l'allopathie : « Maintenant, je n'en ai plus. Par ailleurs je ne connaissais pas l'homéopathie, et aujourd'hui je la conseille à mes patients. Auroville m'a permis d'ouvrir mes horizons sur toutes les possibilités pouvant être utilisées pour guérir. »

—Claude Arpi

Les secrets de l'eau

Aqua Dyn est une petite entreprise située à Aspiration près du village de Kuilapalayam : à voir l'exiguïté des locaux et leur forme un peu biscornue, on ne devinerait jamais qu'ici se fait un travail tout à fait en pointe : une recherche sur le rapport entre l'eau et la santé.

CETTE RECHERCHE toutefois n'est pas seulement recherche pure : en face d'Aquadyn, de l'autre côté du chemin de terre, des habitants du village se pressent autour d'une fontaine. L'eau qui en sort a ceci de particulier, d'abord – et tout le monde le sait ici, même dans les villages alentour – qu'elle est parfaitement purifiée, et c'est un don du ciel pour tous ces gens qui ne disposent pas chez eux d'un purificateur d'eau. Ensuite, et tous par contre ne le savent pas, cette eau n'est pas seulement pure. Elle a aussi d'autres qualités.

Aquadyn emploie une vingtaine de personnes ainsi que quatre Auroviliens. L'âme de cette entreprise, c'est Bhagwandas, Aurovilien de la première heure, passionné par l'exploration du mystère qu'est l'eau. La philosophie qui inspire Aqua Dyn, nous l'avons dit, c'est la recherche du rapport entre l'eau et la santé. L'eau, c'est la vie, tout le monde le sait, et cet élément vital que contient l'eau est l'objet de la recherche d'Aqua Dyn : développer des produits permettant des applications au niveau de cette recherche.

L'eau fait partie des cinq éléments fondamentaux, soit l'eau, le feu, la terre, l'air et l'éther, qui sont les composants de la matière et de son principe, vital et spirituel. On peut donc dire que l'eau est une manifestation de l'esprit dans la matière, à travers la vie. Bhagwandas aime citer une très belle expression d'un prix Nobel de chimie, Albert Szent-Gyorgyi, qui dit : « L'eau, c'est la vie dansant sur la mélodie des solides ».

Chacun sait que l'eau, chimiquement, ce sont deux molécules d'hydrogène et une molécule d'oxygène (H_2O). En ce qui concerne l'élément électro-magnétique, on parle, entre autres, du lien hydrogène, c'est-à-dire d'un lien électro-magnétique qui relie les atomes d'hydrogène et d'oxygène. Ce lien permet à la molécule d'eau qui est composée de deux gaz de passer de l'état gazeux à l'état liquide. Ce processus est encore très mystérieux, mais en même temps la physique, la chimie quantique – qui étudie l'infiniment petit – sont en train de l'explorer. En fait les liens électro-magnétiques s'opèrent au niveau des atomes. On passe ici dans le monde de l'énergie, de la vibration, qui font l'objet de la recherche fondamentale d'Aqua Dyn.

« Un jour, nous aurons une eau de jouvence qui nous permettra de vivre trois cents ans ! » nous dit Bhagwandas. Nous ne sommes qu'au début de la découverte du secret du vivant, et l'eau en est un parfait exemple.

Jusqu'à maintenant on parlait d'eau potable, c'est-à-dire d'une eau qui est bonne à boire, qui ne rend pas malade. Bhagwandas a considéré que ce n'était pas suffisant et a voulu offrir une eau *dynamisée*, qui porte l'information de vie, une eau qui guérit. La purification est une chose indispensable, mais la technologie d'Aqua Dyn s'est concentrée sur un élément que l'on appelle la biodynamisation et l'information « lumière et sons » qui restituent à l'eau son élément vital, un peu comme dans les eaux thermales. C'est là la principale innovation d'Aqua Dyn. Ils fabriquent des « fontaines » qui purifient et dynamisent l'eau.

Les différentes avancées

Une smart city est une cité à la pointe de la technologie. Or les fontaines d'Aqua Dyn peuvent être gérées à distance via internet. On dispose d'une technologie (made in Auroville) qui permet de mettre des capteurs sur les grosses fontaines et ces capteurs contrôlent les différents composants de la machine. Par Internet et d'ici on peut voir si une machine installée à Hyderabad fonctionne bien. En cas de problème, les distributeurs peuvent être avertis.

Une smart city est une cité qui préserve l'environnement ; ce point est fondamental. Aquadyn met fin à la pollution des bouteilles d'eau en plastique et à leur transport. On a des bouteilles en verre qu'on remplit à la fontaine.

Une smart city est une cité viable économiquement : l'achat, l'installation et la maintenance des fontaines d'Aqua Dyn, dont la pérennité est d'au moins dix ans, réduit de manière drastique le budget « eau » et le budget « santé » de chacun des habitants, et des communes. Cette eau est – sans comparaison possible – beaucoup moins chère que celle mise en bouteilles.

Une smart city est une cité solidaire : depuis sa création Aqua Dyn aide à l'installation de fontaines dans des situations d'urgence ou de grande

pauvreté. C'est la branche humanitaire « Aqua Dyn for the people ». Déjà, entre la fontaine publique à Kuilapalayam et celle installée au Centre des visiteurs, c'est à peu près 30 000 litres par jour d'eau purifiée et dynamisée qui sont distribués gratuitement. L'idée maintenant, c'est d'installer encore deux ou trois points de distribution d'eau du même genre. Par contre, Aqua Dyn veut changer son modèle économique et arrêter de tout fournir gratuitement. S'il n'y a pas un coût minimum, le service n'est pas apprécié à sa juste valeur. Après le tsunami, Aqua Dyn avait installé des fontaines dans certains villages très touchés par le manque d'eau potable. Les panchayats avaient promis qu'ils s'en occuperaient, mais il y a eu des robinets cassés, des fuites, parfois du vandalisme, des tas de problèmes. Aqua Dyn s'est chargé de l'entretien gratuitement pendant un ou deux ans, et puis après il a bien fallu arrêter. Bilan : seules 30 % des fontaines fonctionnent encore. Donc maintenant Aqua Dyn veut reprendre ce travail mais d'une autre façon, avec AVAG [Auroville Village Action Group]. Il faudra un modèle économique autonome, pour qu'il puisse faire vivre les quelques personnes qui s'occuperont de la machine au quotidien dans un village et pour les frais de maintenance. Point très important : il y aura un suivi médical, avec un médecin du gouvernement qui fera des contrôles réguliers sur un certain nombre de familles, et étudiera quelle est l'évolution de la santé de ces personnes. Le but est d'obtenir une étude systématique.

En effet, une cité en pointe prend soin de la santé et du bien-être de ses habitants : c'est le cœur de l'activité d'Aqua Dyn et cela s'inscrit dans une médecine préventive. Ces dernières années, Aqua Dyn est entré en relation avec des médecins qui ont constaté les effets curatifs de cette eau, en particulier le professeur Luc Montagnier, prix Nobel de médecine. Ce chercheur de haut niveau travaille maintenant sur la partie « eau porteuse de l'information » au niveau de l'ADN et des maladies virales. Il est concentré, en fait, sur la continuation du travail de Jacques Benveniste, de l'INSERM (Institut national de la santé et de la recherche médicale) qui a été le premier scientifique à découvrir et travailler sur la mémoire de l'eau. Deux fontaines d'Aqua Dyn sont installées dans ses laboratoires et Montagnier a fait une étude prouvant qu'il existe, avec cette eau, un effet tout à fait détectable de la diminution de la virulence des maladies chroniques ou maladies dites de « civilisation », telles que sida, autisme ou maladie de Lyme, ces pathologies importantes qui posent de si grands problèmes à la médecine actuelle. Pour l'instant ce ne sont que des études *in vitro*, en laboratoire, sur l'ADN. La prochaine étape sera de faire une étude clinique. Montagnier a 86 ans, mais son bras droit Jamal Aissa va constituer sa propre équipe avec des anciens collaborateurs de Benveniste. L'eau d'Aquadyn va être au centre de leurs recherches.

Depuis des années Aqua Dyn passe par des difficultés financières récurrentes et qui en auraient découragé plus d'un. Mais la confiance de Bhagwandas, sa conviction, sa persévérance ont toujours maintenu le navire à flot. Comme il le dit lui-même : « Ici, j'ai la responsabilité de garder la foi. »

—Christine Devin

Un prototype que l'on visite

Kali Borg est née à Auroville de parents français. Elle parle parfaitement l'anglais, le français et le tamoul. Toujours impliquée dans la vie d'Auroville, elle a pris il y a deux ans, la responsabilité de Eco Service, le service d'Auroville qui s'occupe de collecter et de gérer les déchets produits par la communauté. Ceux qui connaissent l'Inde apprécieront ce que ce service, situé dans le Tamil Nadu profond, a d'exceptionnel.

Eco Service dispose d'un terrain relativement spacieux, occupé par plusieurs hangars. On est surpris par l'ordre et la propreté qui règne dans un lieu destiné aux ordures. Dans le premier hangar, une accumulation impressionnante de sacs …. qui monte jusqu'au toit. Ce sont tous les sacs qui sont en attente d'aller à la décharge.

Kali nous explique que durant la saison touristique, environ dix tonnes de déchets arrivent chaque mois à Eco Service. Hors saison c'est sept tonnes. Donc Eco Service gère entre sept et dix tonnes de déchets par mois. L'équipe se compose de sept employés – six femmes et un chauffeur – plus deux Auroviliens, Kali et Palani. Chaque jour, le petit camion va ramasser des poubelles dans quelques-uns des trois cent trente endroits de collecte (communautés, entreprises commerciales, services, maisons individuelles, immeubles) et les rapporte à Eco Service. Là les six femmes trient ce qui est arrivé, les disposant dans des cartons, en environ soixante-cinq catégories (rien que le papier est divisé en sept groupes, les sacs en plastique en sept types différents de plastique, etc.)

La plus grande partie de tout cela est vendu à des gens qui recycleront ces déchets. 27% par contre, ira ultimement à la décharge, mais on compte que dans ces 27 % il y en a à peu près 15% qui est constitué de déchets organiques, par exemple du papier trop sale pour être recyclé, des balais, des nattes, du tissu. Ce qu'on ne peut pas recycler d'une manière ou d'une autre est relativement peu. Mais bien sûr c'est toujours trop : le verre plat (vitres), les chaussures, les valises, etc. Quant aux sacs en plastique, si les gens prennent le temps de rincer ceux qui sont transparents et qui contiennent le fromage, les biscuits, le lait d'Auroville par exemple, Eco Service peut les recycler.

Évidemment on pourrait se débarrasser de davantage de choses si on avait accès à certaines usines, mais malheureusement elle sont trop loin d'ici. Par exemple, remarque Kali, à Coimbatore une usine de ciment pourrait reprendre toutes les chaussures et les sacs mais le coût pour envoyer un camion à Coimbatore est prohibitif.

Kali nous explique le système prévalant dans la région : des chiffonniers ramassent ce qu'ils peuvent dans les rues des villages et vendent ce qu'ils ont collecté à un petit dépôt. Celui-là à son tour revend à de plus grands dépôts, qui sont ceux qui sont en contact avec les usines. Eco Service traite avec les grands marchands mais in fine l'idéal serait d'avoir le contact direct avec les usines. Seulement le problème, si on veut traiter directement avec elles, c'est un délai financier trop long car ils payent après un mois et demi, ce qui est impossible financièrement pour Eco Service. Tout de même, la chose positive, c'est que Kali a imposé aux marchands de venir chercher les déchets. On ne les leur apporte plus, ce sont eux qui viennent, ce sont eux qui sont demandeurs, et ils payent sur place. C'est ce qui a sauvé le budget d'Eco service.

Le côté financier

Eco Service reçoit 7 000 roupies par mois du Fonds central d'Auroville, plus les deux maintenances des Auroviliens. En outre, Eco Service facture les gens qui bénéficient du service. Ce qui a l'avantage de les motiver et de les encourager, car ils devront payer seulement trente roupies pour un sac de déchets bien triés, mais, pour un sac non trié, ce sera trois fois plus.

Eco service dispose donc de cet apport financier, à quoi s'ajoute la vente des articles qui se recyclent.

Les prestataires du service

Ce qui est demandé aux bénéficiaires du service, c'est d'avoir entre 5 ou 7 poubelles, pour pouvoir jeter séparément le papier, le plastique, le métal, le verre, le non recyclable (chaussures, sacs à dos, tissu), le sanitaire, le verre cassé. Heureusement Eco Service ne gère pas les déchets alimentaires (utilisés par les différentes communautés pour faire du compost). C'est pour cela aussi qu'Eco Service est un lieu aussi propre.

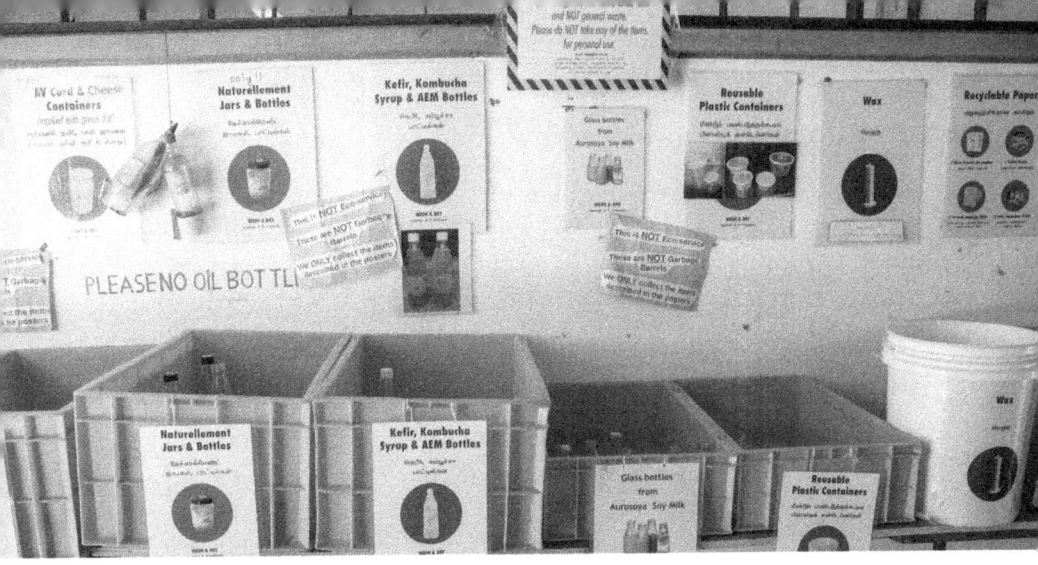

Endroit où les Auroviliens sont invités à venir rapporter leurs bouteilles vides, pots, flacons, et autres emballages ou déchets une fois triés.

Le message de Kali aux Auroviliens, c'est : « Vous êtes responsable de la poubelle que vous produisez, et nous on est là juste pour vous aider. On ne « doit » pas obligatoirement collecter vos poubelles. Par contre on est prêt à vous montrer comment il faut faire et pourquoi. Mais aucune obligation de notre part. »

Ce que Kali trouve très encourageant, c'est la collaboration avec Pour Tous. Anandi fait le maximum pour qu'il y ait le moins d'emballage possible et pour que les emballages existant soient le moins polluants possible. Elle vient s'informer à Eco Service et les deux services collaborent étroitement (il faut dire aussi qu'à l'extérieur de PTDC est rangée toute une série de poubelles où les Auroviliens peuvent déposer certains articles : piles, cire, bocaux, etc.). Mais, d'après Kali, il y a beaucoup d'autres réponses formidables d'Auroviliens. Quand elle a repris le service il y a deux ans, il n'y avait que cent cinquante endroits de collecte, en moins d'un an le nombre de ces endroits a doublé. Eco Service a gagné la confiance de tout le monde. Kali donne l'exemple de la communauté de Courage où on compte soixante-dix appartements, et où les habitants arrivent à maintenir des poubelles très propres, avec un tri bien fait, une bonne coordination. Quelquefois, ajoute Kali, il faut être un peu brutal, on dit aux gens : on ne ramasse pas vos poubelles tant que vous n'aurez pas nettoyé. Et alors un effort est fait. Mais généralement on peut dire que les endroits difficiles sont rares. Néanmoins, il y a encore des Auroviliens qui ne font pas appel à Eco Service ; comment se débarrassent-ils de leurs déchets, mieux vaut ne pas le savoir…

Autres pratiques

La grosse différence avec ce qui se fait ailleurs, c'est qu'en Inde pour faire une décharge, ils entassent les déchets les uns sur les autres en des sortes de collines. Tout cela se disperse au vent, est exposé à tout, aux enfants, aux animaux. De l'eau se met dans les sacs en plastique, cela attire les moustiques, etc., et finalement on a un lieu hautement insalubre.

Eco Service, de son côté, fait des trous de cinq mètres de profondeur, déverse une couche de déchets, puis couche de terre, puis encore déchets, etc. Donc tout est protégé. C'est une grosse différence. Kali compte aussi planter des arbres sur cet espace.

Sauf erreur, si on compte toute la population (ce qui inclut les visiteurs, les travailleurs, etc., car Eco Service gère beaucoup plus que les déchets de seulement deux mille cinq cents personnes), Auroville produit beaucoup moins de déchets à enfouir que n'importe où sur terre.

Reproductible ?

Ce système est tout à fait reproductible ailleurs nous affirme Kali, car d'abord c'est lucratif, ensuite on n'a pas besoin d'avoir une infrastructure monumentale. Si une ou deux personnes dans le village décidaient de faire quelque chose comme ça, ce serait parfaitement possible, ils pourraient nettoyer le village et gagner un salaire décent.

Eco Service est devenu comme un prototype de réussite. Un ministre de Pondichéry est venu le visiter. Des tas de gens passent ici : des étudiants de l'université, de différents collèges, d'écoles, ceux qui viennent faire des formations au Sustainable Livelihood Institute [SLI], etc. Ils sont très intéressés par ce qu'ils voient, il faudrait même une personne qui ait le temps de s'occuper uniquement de les recevoir et de leur parler. L'École internationale de Kodaikanal a invité l'équipe d'Eco service pour les aider à démarrer un système là-bas. Dans certains collèges, après leur visite ici ils ont décidé de s'organiser de leur côté.

Quant aux villages autour d'Auroville, il est clair qu'Eco Service ne fera quelque chose que s'il y a une demande de leur part et une offre de participation. D'après Kali, ils ont assez de *poramboke* [terres qui appartiennent au gouvernement] pour organiser leur propre décharge. Eco Service est prêt à leur payer une pelleteuse, mais refuse de faire le travail pour eux. L'idée, c'est que si on fait tout à leur place, ils ne seront jamais vraiment motivés et ça ne fonctionnera pas.

L'effet du programme Swachh Bharat ? [« une Inde propre », slogan lancé par le Premier ministre indien il y a deux ans] Lors d'un voyage dans le sud, Kali a remarqué des endroits plus propres (ce qui ne veut pas dire que les déchets soient gérés correctement). Mais cela indiquerait peut-être que les gens se sont mis à faire des efforts. Bien entendu des choses plus radicales n'ont pas été faites, comme de bannir les sacs en plastique. Mais au Kerala, au temple de Sabarimala, ils sont en avance, ils viennent d'interdire les sacs en plastique pour les pèlerins. Plus d'assiettes en papier, etc. Quelques progrès quand même.

La corruption est un gros obstacle. Récemment quelqu'un est venu, qui voulait organiser (et financer) le nettoyage avec les panchayat [conseils de village] pour les cinq villages autour d'Auroville. Les panchayat ont dit : Qu'est-ce qu'on va en tirer comme bénéfice ? Et cela ne s'est pas fait...

Il y a quelques années à Pondichéry, une entreprise française voulait acheter tous les déchets pour les transformer. Les gens de Pondi ont demandé des pots de vin pour accepter de leur vendre leurs déchets ! Cette entreprise est partie.

Cela dit, c'est impressionnant la quantité de recyclage qui se fait en Inde. Si l'Inde ne recyclait pas on ne pourrait plus se déplacer dans la rue !

Encore à faire

Clairement ce qu'il faudrait, c'est qu'au niveau de chaque immeuble d'habitation, de chaque entreprise commerciale, encore davantage d'information et de conseils soit disponible. Que des gens comme Kali, ou d'autres qui connaissent bien le sujet, aient le temps de communiquer avec tous ceux qui produisent quelque chose à Auroville, qui les informent en détail sur les diverses sortes d'emballage, les précautions à prendre, les gestes simples à faire pour éviter des déchets inutiles, etc. Ainsi Auroville pourrait faire encore d'énormes progrès.

—Christine Devin

De bons microbes

Une des expériences les plus « en pointe » d'Auroville est la recherche entreprise par une Colombienne, la docteur Margarita Correa, sur les produits probiotiques.

Les PROBIOTIQUES DÉSIGNENT des micro-organismes vivants, bactéries ou levures, qui, apportés en concentration suffisante, vont exercer un effet sur la santé durant le transit intestinal.

Il est bon de se souvenir que les bactéries ne sont pas uniquement de méchants microbes dont il faut se débarrasser à tout prix à l'aide d'antibiotiques ! Certaines existent dans notre alimentation et peuvent être bénéfiques pour notre tube digestif. Celui-ci héberge en effet plusieurs centaines de milliards de bactéries, de 600 espèces différentes, qui composent la flore intestinale. Par la sécrétion d'enzymes, elles facilitent la digestion, mais elles ont aussi un rôle clé dans le système de défense de l'organisme contre les agressions extérieures. Contrairement aux produits antibactériens qui tuent sans discrimination toutes les bactéries (saines et nocives), les produits probiotiques diminuent le pourcentage de micro-organismes néfastes.

Les probiotiques à Auroville

Convaincues du bénéfice des probiotiques pour la santé et pour l'environnement, Guidelma Grandi, italienne d'origine et Margarita Correa, une chercheuse colombienne, ont créé MGEcoduties en 2011 à Auroville. L'idée était d'offrir un concept nouveau avec des produits respectueux de l'environnement qui seraient fabriqués avec des ingrédients entièrement naturels et donc non toxiques, non dangereux pour la santé, non corrosifs ; en d'autres termes, entièrement biodégradables.

Par exemple, MGEcoduties n'utilise pas d'huile de palme, sachant que industrie associée à cette huile provoque à long terme un désastre environnemental, social et économique.

Les déchets causés par l'emballage sont aussi minimisés ; recyclage et réutilisation de l'emballage d'origine sont encouragés.

Sous la marque Probiotics House, MGEcoduties a développé toute une

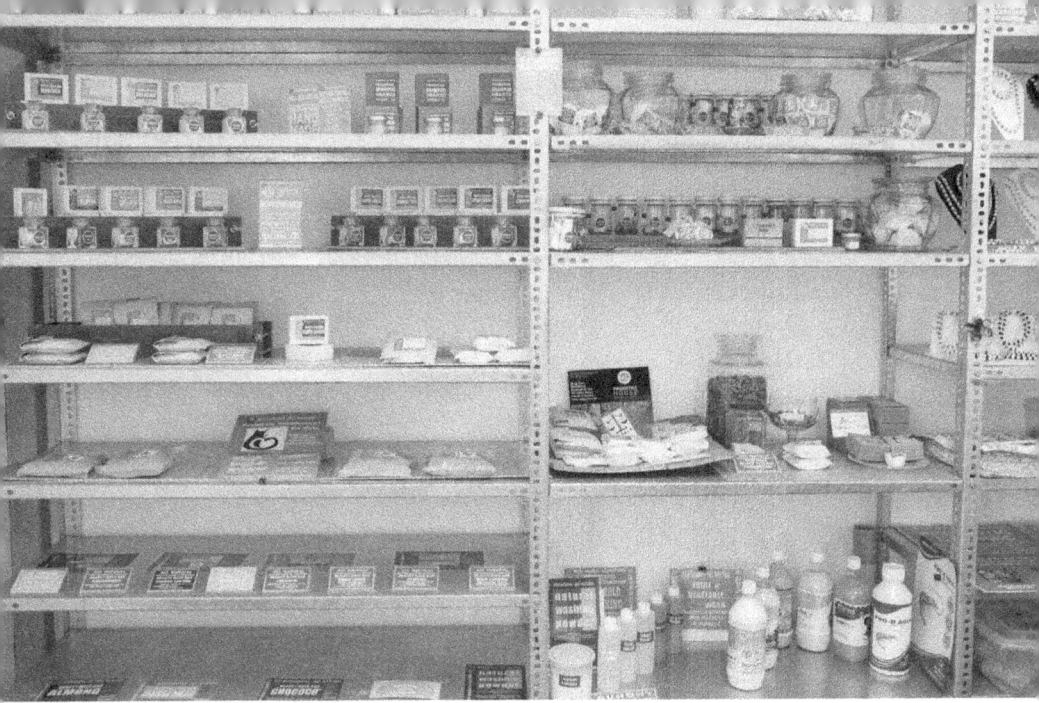

gamme de produits allant du savon à la lessive, en passant par le shampooing, le savon à barbe, les produits désinfectants variés, les produits de nettoyage, et même un supplément alimentaire sous forme liquide, très complet, qui a l'avantage de pouvoir être conservé hors du réfrigérateur.

Tous les ingrédients « naturels » sont soigneusement sélectionnés ; des ingrédients locaux sont prioritairement utilisés pour assurer la durabilité économique, écologique et sociale des produits.

Le but est de fournir des produits de haute qualité, efficaces, performants, qui auront un impact positif sur les individus, les animaux et l'environnement.

Les recherches faites à Auroville dans le domaine de la technologie des consortiums probiotiques ont permis de développer aussi des anneaux de céramique, support parfait pour dynamiser, revitaliser et améliorer la qualité de l'eau, ainsi que des bijoux céramiques.

Les anneaux de céramique probiotiques sont plongés dans l'eau. Ils émettent des rayons infrarouges lointains (une radiation correspond à un spectre de 20 THz à 300 GHz), qui réduisent la taille des agrégats dans l'eau potable, ce qui permet aux nutriments et aux minéraux d'être mieux transférés dans les cellules avec l'avantage d'une hydratation rapide favorisant la fonction immunitaire. L'eau ainsi restructurée peut être utilisée par les humains, les animaux ou même les plantes.

Des bijoux céramiques probiotiques sont aussi disponibles. Ils sont d'un grand bénéfice pour le corps qui reçoit les rayons infrarouges lointains pouvant pénétrer à l'intérieur jusqu'à 7 centimètres. Cela contribue à restructurer les fluides corporels, stimule la circulation, la vitalité, et réduit les douleurs musculaires ou rhumatismales.

L'environnement

Pour Guidelma et Margarita, ce travail est une occasion unique de mettre de la conscience dans la matière. En effet notre terre surchargée de déchets polluants a un besoin pressant de produits comme ceux-là.

L'objectif des deux Auroviliennes est de sensibiliser non seulement Auroviliens, mais aussi visiteurs, clients, bénévoles ou étudiants, aux bienfaits de ces produits.

Point très important : les produits sont disponibles à Auroville sans emballage individuel, dans de grands containers, ce qui entraîne une réduction importante des déchets plastique. Le système simple et efficace implique la participation du « producteur » et du « consommateur ».

Des produits de nettoyage sont donnés gratuitement aux écoles d'Auroville ; cela fait partie de l'initiative GSP – Green Schools Program (« programme vert pour les écoles ») –, qui vise à une réduction importante des agents de nettoyage dangereux communément utilisés et des bouteilles en plastique.

Les nettoyants probiotiques favorisent les bactéries positives, offrant une protection naturelle pour notre peau. Ils créent un environnement où les bactéries pathogènes ne peuvent survivre car les micro-organismes « sains » sont dominants. En raison des ingrédients naturels et des micro-organismes positifs, ces produits sont exceptionnellement doux sur la peau. Par rapport aux nettoyants conventionnels, ces produits offrent des avantages significatifs dans l'élimination des impuretés microbiologiques, contrôlant naturellement les mauvaises odeurs et les moisissures.

L'élevage et l'agriculture ont également bénéficié de l'application de probiotiques, que ce soit pour le nettoyage ou l'alimentation. La lutte pour la durabilité passe par la compréhension du lien étroit entre humains, animaux et agriculture.

L'entreprise ne se contente pas de fournir ses produits à Auroville. C'est aussi une entreprise commerciale qui vend ses produits sur le marché et qui est fière de faire partie de ceux qui essayent de changer la direction de la consommation, jusqu'à présent principalement orientée vers les produits chimiques. Le rêve de Guidelma et Margarita est d'apporter à Auroville des ressources financières, en générant des revenus à partir de pratiques saines et « durables », tout en respectant la nature.

Probiotics Consortia Technology veut communiquer cette connaissance et cette pratique. Cela a toujours été l'objectif de Margarita, la fondatrice et principale conseillère scientifique du projet. Dans de nombreuses conférences à Auroville et ailleurs, Margarita partage son savoir avec d'autres.

—D'après un texte de Guidelma Grandi

Margarita dans son laboratoire.

Mens sana in corpore sano[1]

> *Un des aspects les plus riches d'Auroville est sans doute le nombre d'activités ayant à voir avec le travail sur le corps. Celles-ci se caractérisent par une grande variété de disciplines venues de toutes sortes d'horizons, et par la compétence des professeurs. Parmi ceux-ci, certains se sont formés à Auroville même ; d'autres sont arrivés ici étant déjà des professeurs qualifiés. Dans une cité en pointe les habitants doivent être encouragés à faire le nécessaire pour maintenir leur corps dans une forme optimum. À plus forte raison à Auroville. En effet le travail sur le corps, loin d'être une occupation seulement distrayante ou bénéfique pour la santé, est une base indispensable dans le yoga.*

Le yoga d'Auroville est le Karma yoga, le yoga de l'action. Or dans toute action, si le corps est incapable de seconder la pensée ou la volonté, dans cette mesure-là, dit Sri Aurobindo, l'action échoue ou devient plus ou moins insatisfaisante ou incomplète. Même pour écrire de la poésie, ajoute-t-il, même dans les activités les plus purement mentales, un instrument corporel dans une condition optimum de préparation est indispensable. Et pour cela, il faut suivre une discipline physique et être le maître dans sa propre maison.

D'ailleurs, le réveil progressif d'une conscience cachée au cœur de cette chose inconsciente qu'est le corps, un contrôle tant soit peu effectif gagné même sur ses automatismes, la prise de conscience de ses limitations et l'effort pour s'en affranchir, tout cela semble bien faire partie d'une approche dédiée à « un effort méthodique vers la perfection de soi ».

Beaucoup d'Auroviliens ont leur jardin secret – une discipline qu'ils pratiquent régulièrement, seuls ou en groupe, et sans laquelle ils avouent qu'ils ne pourraient bien s'acquitter de leur tâche quotidienne à Auroville. D'autre part, les écoles d'Auroville, ou même celles gérées par Auroville pour les villages alentour, insistent toutes sur une activité physique régu-

---

1. Un esprit sain dans un corps sain.

lière dans l'après-midi. Nous avons voulu jeter un regard sur certains de ces apprentissages, et nous en avons choisi quatre.

Hatha yoga

À tout seigneur tout honneur. Ce système de yoga utilise traditionnellement le corps lui-même et son fonctionnement comme base de départ pour progresser vers la perfection. Il se sert principalement de deux outils, les *asana* ou postures et le *pranayama* ou exercices de respiration, pour d'abord guérir le corps de son agitation chronique, lui donner santé et souplesse et finalement le libérer des habitudes de la nature et lui permettre d'éveiller des facultés considérées comme extra-ordinaires. Cela dit, ceux qui pratiquent le hatha yoga à Auroville ont des motivations diverses et beaucoup d'entre eux le font surtout pour acquérir souplesse, calme, santé, et pour aiguiser la conscience du corps.

Il existe différents endroits à Auroville où l'on donne des cours de yoga, mais Pitanga, qui dispose de plusieurs salles spécialement destinées à la danse ou au yoga, est le centre le plus actif. Les cours de yoga s'y succèdent presque sans interruption, surtout tôt le matin et en fin d'après-midi, à un tel rythme qu'il est désormais prévu d'ajouter un bâtiment à l'espace existant.

L'école de yoga la plus représentée est celle dite de BKS Iyengar. Plusieurs Auroviliens suivent régulièrement ou occasionnellement des stages à Pune, où la fille de BKS Iyengar, Geeta, et son fils Prashant ont pris la relève de leur père.

Le « yoga de Iyengar » est caractérisé par une discipline stricte, une attention extrême donnée à chaque détail de la posture, l'insistance sur un alignement impeccable, et enfin une grande rigueur dans la gradation des différentes étapes pour l'apprenant.

Tatiana, un professeur « Iyengar » d'origine russe nous donne un aperçu de l'immense complexité de la science du hatha yoga : « Derrière des phrases comme « tendez les bras » ou « tendez les jambes », l'important c'est l'attitude – pas ce que vous faites, mais pourquoi vous le faites. Je dis souvent : Si vous ne devenez pas très flexible avec le yoga, ce n'est pas grave. Si vous ne devenez pas très fort, ça ne fait rien. Mais si avec le yoga vous ne devenez pas *smart*, alors il y a quelque chose qui ne va pas. » Cette intelligence qui vient avec la pratique est une chose très importante. Sur le plan physique il se peut qu'un *asana* ressemble à un autre exercice. Vous devez plier le genou, par exemple. Dans le yoga, plier le genou n'est pas le but, c'est un moyen pour explorer le corps et l'esprit : comment dois-je plier le genou, dans quel but, avec quelle conséquence ? Plier le genou est une action, mais quelle est la réaction dans le corps au niveau physique, au niveau physiologique et enfin au niveau du mental ? C'est cela qu'il faut comprendre. Au moins à ces trois niveaux-là, on doit contrôler. On ne peut pas s'asseoir les jambes croisées et se dire : aujourd'hui je vais atteindre *anandamaya kosha* [l'être de béatitude]. Mais on peut contrôler ce qui se passe au moins aux trois autres niveaux. Comme le résume une Aurovilienne, qui pratique le yoga depuis longtemps : « Le yoga aiguise l'intelligence du corps. Celui-ci acquiert une nouvelle conscience indépendante des processus de pensée. Pendant la pratique, c'est le corps qui enseigne au mental et non le contraire. Ce yoga donne un mental clair, calme, observateur, attentif, capable de discernement. »

Éveil de la conscience par le corps

Autre discipline, celle-là typiquement aurovilienne car élaborée ici même, dans les écoles d'Auroville, par deux Auroviliens d'origine espagnole, Aloka et Juan : ATB (Awareness through the body) : Éveil de la conscience par le corps. Non pas qu'il s'agisse uniquement du corps, mais l'idée est, par des exercices qui impliquent la participation entière du corps, d'augmenter la concentration, la détente et la connaissance de soi. Au fur et à mesure des années, a été élaboré un programme complet d'exercices qui ont comme but d'éveiller l'attention des enfants, de façon à ce qu'ils deviennent plus conscients de leurs propres perceptions et de leurs capacités. Ces activités sont créatives et souvent ludiques.

Par exemple, on installe dans la pièce des tas d'éléments différents, échelles, tabourets, tables, planches de bois, balles de gymnastique, coussins, etc. Bien qu'aucun de ces éléments ne soit dangereux, ils ne sont pas fixés les uns aux autres, et peuvent tomber si les enfants ne font pas attention. Le but est de leur faire prendre conscience de leurs possibilités et de leurs limites, et de les rendre responsables de ce qu'ils font. Un des exercices est de disposer des éléments les uns au bout des autres pour faire une sorte de chemin, et ensuite de demander aux enfants de faire tout le circuit, par exemple d'abord de marcher sur une planche, de passer sur une échelle, puis sur une poutre, puis sur une autre planche placée à angle droit, puis de descendre sur une corde posée sur le sol. Les exercices peuvent se complexifier petit à petit, par exemple on peut demander aux enfants de faire le circuit les yeux bandés. Cela les aide à être plus concentrés et plus attentifs.

Cours d'aïkido à Pitanga (avant la construction du dojo).

On demandait à des adolescents ce qu'ils préféraient à l'école de Transition. D'une seule voix : ATB ! Quand on leur demande pourquoi, l'un d'eux répond : « Ça rend le corps beaucoup plus réel et on découvre des choses sur soi-même. »

Comme disent les inventeurs de cette méthode, le ATB permet de découvrir les connexions existantes entre le mental, les émotions, le corps physique, et d'intégrer ces différentes parties en un tout plus harmonieux, organisé autour de son centre intérieur.

Le ATB fait partie du programme régulier de plusieurs écoles d'Auroville. Des stages pour adultes sont offerts de temps en temps.

Aïkido

L'aïkido est l'art martial qui a la relation la plus ancienne avec Auroville. Depuis quelques années cet art dispose d'un dojo, situé à l'intérieur de Dehashakti, le complexe sportif des écoles d'Auroville. Cours d'adultes tôt le matin, cours pour les enfants plusieurs fois par semaine, cours le dimanche pour les femmes de la région. L'enseignement est donné par différents Auroviliens, mais de temps en temps un enseignant plus qualifié venant de France séjourne ici un mois ou deux pour aider les pratiquants, professeurs et élèves, à progresser.

Surya, qui pratique l'aïkido depuis 20 ans et l'enseigne depuis quelques années, nous parle des qualités que développe cette discipline : « L'aïkido, c'est la voie (Do) qui unifie l'énergie (Ki) et l'harmonie (Ai). Ce n'est pas un sport. Pas de l'autodéfense non plus à proprement parler, bien que ça permette de se défendre très efficacement, mais ce n'est pas le but recherché. La finalité serait d'être dans une telle harmonie énergétique que rien ni personne ne puisse plus nous attaquer. On n'en est pas encore là… Mais c'est un art noble qui permet de travailler sur les différents niveaux de l'être ; on affine la personnalité grâce aux techniques qui font travailler le corps entier. Par exemple le travail sur les chutes : pour bien chuter il faut arriver à lâcher prise ; accepter la chute pour, non seulement ne pas se faire mal, mais ensuite se relever rapidement sans être affaibli, ni se sentir « perdant » parce qu'on a chuté.

« L'aïkido est une voie pour le collectif. Le partenaire fait office de miroir. Si j'ai l'impression que mon mouvement est correct mais que l'autre me renvoie autre chose, ça ne fonctionne pas. Il faudra corriger avec un autre geste. Dans l'aïkido on est très proche physiquement, on s'attrape la main, le bras, la tête même – sans violence mais en même temps avec un travail rigoureux dans la justesse à chaque instant. »

Éducation Somatique

Le principal théoricien de la somatique, Thomas Hanna, auteur de : « Somatics – reaweakening the mind's control of movement, flexibility, and health » [Somatique – Réveiller le contrôle du mouvement, de la flexibilité et de la santé par le cerveau] a expliqué les principes de cette méthode. Il a identifié quelque chose qu'il appelle amnésie sensori-motrice. Qu'est-ce que c'est que cette amnésie ? D'après Hanna, si nos os ne sont pas habitués à porter régulièrement des poids substantiels, ils s'amollissent ; si nos muscles ne sont pas utilisés régulièrement pour des activités qui demandent habileté et effort, ils s'affaiblissent et sont moins réactifs. Si les cellules de notre cerveau ne sont pas engagées dans une grande variété de tâches volontaires, elles se détériorent. Cet affaiblissement et cette détérioration de nos ressources se produisent graduellement – non pas à cause du vieillissement mais à cause de ce que nous cessons de faire quand nous prenons de l'âge. Dès que nous cessons d'utiliser certaines fonctions, nous les perdons. Et nous les perdons parce que notre cerveau, organe éminemment adaptable, s'ajuste et s'adapte à ce manque d'activité. Si certaines actions ne font plus partie de notre inventaire comportemental, notre cerveau les élimine. En un mot, il oublie.

Dans notre cerveau les nerfs sensoriels contrôlent nos perceptions du monde et de nous-mêmes. Les nerfs moteurs, eux, contrôlent nos mouvements. Or, le système sensori-moteur est un système intégré dans lequel le mauvais fonctionnement d'une partie affecte l'autre partie. Réapprendre à sentir certains muscles, c'est réapprendre à les contrôler.

On peut faire cela en travaillant principalement sur notre système nerveux. Pour cela il faut rééduquer le lien esprit-corps.

Les mouvements de somatique sont des mouvements à faire avec grande attention, lentement, consciemment. On bouge doucement, confortablement, en faisant attention aux sensations internes. Le travail principal est de centrer son attention sur les sensations du mouvement car celui-ci va révéler les parties du corps les plus affectées par l'amnésie. L'important est de regagner les sensations.

À Auroville, quelqu'un enseigne la somatique. C'est Maggie qui vient d'Angleterre, et qui a découvert cette méthode en lisant le livre de Thomas Hanna. Puis elle a suivi des formations pour professionnels données à Tiruvannamalai par Brian Siddhartha Ingle (élève de Thomas Hanna en Amérique).

Maggie donne une fois par mois un stage d'un ou deux jours pendant lesquels elle enseigne la pratique journalière. La clé de la somatique, souligne-t-elle, c'est la pratique régulière, pour installer les bonnes habitudes. En outre Maggie propose une fois par semaine des cours de somatique dans le hall de Vérité, cours ouverts à qui veut.

Nous avons parlé hatha yoga, ATB, aïkido, somatique, mais ce choix était arbitraire, nous aurions pu aussi bien parler des cours de fitness, d'anti-gymnastique, d'aérobics, de danse, de capoera, de tango, de bio-décodage, que ce soit à Vérité, à Pitanga ou à New Creation ; nous aurions pu vous dire qu'à Auroville on peut apprendre l'escalade, l'équitation, le skate board, on peut pratiquer le badminton, le frisbee, le judo, le taï chi, le ninjutsu ; nous aurions pu parler aussi de l'école de cirque d'Eluciole, des terrains de volley-ball, de basket-ball, de tennis de New Creation, de Dehashakti et de Certitude ; nous aurions pu vous parler de ceux qui s'entraînent en prévision du grand marathon annuel d'Auroville; nous aurions pu parler de la Piscine de New Creation, de tous les jeunes qui font du surf sur les plages en face d'Auroville, de ceux qui courent pieds nus, de ceux qui se préparent au triathlon, de ceux qui font des randonnées de 100 km en vélo toutes les semaines, de ceux qui apprennent le tir à l'arc, etc., etc., mais cela n'est pas la peine car vous l'aurez compris : à Auroville le travail sur le corps est vu comme une chose essentielle car, « un corps qui vous gouverne est un ennemi, c'est un désordre inacceptable. »

—Christine Devin

Exercice ATB : les enfants font tout un circuit les yeux bandés.

Les soucoupes volantes arrivent

Peut-on jouer avec des soucoupes volantes ?
« Oui, on peut », *a décidé un groupe de jeunes Auroviliens.*

ILS ORGANISENT MÊME depuis quelques années un tournoi national d'Ultimate à Auroville, auquel participent des équipes venues de toute la péninsule. Ce jeu (ou sport) nommé « Frisbee », qui constitue à se passer un disque en plastique en forme de soucoupe volante, peut être considéré comme « smart » à beaucoup de points de vue, en premier lieu parce qu'il s'auto-arbitre. Il est régulièrement pratiqué par de nombreux Auroviliens à qui se joignent des jeunes des villages avoisinants.

Mais qu'est-ce que c'est que cet Ultimate (ou Ultimate Frisbee en anglais) ?

Comme on peut l'imaginer, l'Ultimate (aussi appelé « ultime-passe ») est un sport collectif utilisant un disque, sorte de soucoupe volante en plastique.

Ce disque volant ou frisbee (marque déposée par les Américains qui ont la manie de tout breveter) ne pèse que 175 grammes et peut « voler » d'un bout à l'autre d'une zone de jeu de la taille d'un terrain de football (ou plutôt, de rugby américain).

Le jeu oppose deux équipes de sept joueurs. L'objectif est de marquer des points en progressant sur le terrain en s'envoyant le « frisbee » par passes successives jusqu'à l'en-but adverse. Si l'équipe attaquante y réceptionne le frisbee, elle marque un point. Le jeu dure entre 60 et 75 minutes avec une mi-temps, suivant les tournois, mais peut aussi se terminer si un certain score est atteint.

Les joueurs ne doivent pas courir avec le disque (ils peuvent faire tout au plus un pas), mais ils peuvent pivoter sur eux-mêmes pour trouver un ou une de leurs partenaires libres.

L'Ultimate se pratique habituellement sur pelouse à l'extérieur (7 contre 7), mais peut aussi se pratiquer sur un terrain de handball (intérieur, 2 équipes de 5 joueurs par exemple), ou sur la plage (5 contre 5 ou 4 contre 4). Chaque équipe doit faire jouer une ou deux filles.

C'est là le premier point « smart ». C'est un des seuls (ou peut-être le seul) jeu au monde qui soit « mixte », avec des joueurs/joueuses des deux sexes. Une sorte de révolution en soi.

Les règles peuvent changer selon les circonstances locales ; rien n'est impossible, à partir du moment où les 2 équipes s'entendent au préalable. Il peut exister également des divisions selon les âges : junior et maître.

IL existe quand même une fédération nationale et internationale d'Ultimate ; cette dernière organise annuellement des championnats du monde auquel trois Auroviliennes participèrent en 2016 en Angleterre (et remportèrent la médaille du fair-play, si importante dans ce jeu).

Bien entendu ici à Auroville, l'herbe fraîche et grasse des campus américains est remplacée par la latérite rouge qui donne cette distinction si spéciale aux Auroviliens jouant pieds nus, « les Pieds rouges ». Les joueurs venant de « l'extérieur » jouent normalement avec des chaussures de sport munis de petits crampons.

Ce qui a dû attirer l'attention des jeunes Auroviliens fanatiques de ce jeu est le fait qu'il n'y ait pas d'arbitrage. L'Ultimate est « auto-arbitré », comme Auroville. Chaque joueur a la responsabilité de veiller au respect des règles et d'accepter sa faute de lui-même (comme à Auroville ?).

On dit que le jeu a été inventé aux États-Unis à la fin des années soixante (il reste un parfum de plage et de génération soixante-huitarde dans le fait que les joueurs s'auto-arbitrent). Un an plus tard eut lieu le premier tournoi, ce fut pour les participants « l'ultime expérience sportive », d'où le nom de ce sport aujourd'hui.

Les règles restent les mêmes que pour les premiers jeux à l'Université de Columbia. Une faute était alors (et est toujours) définie : lorsque le contact était « suffisant pour provoquer l'irritation de l'opposant ».

Un tournoi d'Ultimate à Auroville est organisé tous les ans pendant le deuxième week-end de février. Quelque 150 joueurs venus de toute l'Inde (Delhi, Pune, Ahmedabad, Bangalore, Chennai, etc.), participent à ce tournoi, nommé « Chapeau », car les noms de tous les joueurs sont tirés au sort, mais ils peuvent être aussi choisis pour un meilleur équilibre.

Ceci aussi est smart, car il n'y a plus « mon équipe », « ton équipe » : on joue pour le plaisir de jouer.

Le tournoi a lieu sur deux jours, le samedi et le dimanche et un des exploits de l'équipe organisatrice est de réussir à héberger presque cent personnes à une période de l'année où il est difficile de trouver une chambre d'hôte.

C'est un autre miracle du tournoi.

Les matchs se jouent sur le terrain de frisbee dans la zone culturelle d'Auroville.

Il importe peu de gagner, l'important est de participer.

Autre aspect intéressant du jeu c'est qu'une fois la partie terminée, les deux équipes forment un cercle et félicitent leurs adversaires en jouant ensemble à un jeu décidé par les capitaines.

Les équipes étant « mélangées », on ne se souvient plus de qui furent les gagnants et les perdants ; l'important est que tous ont passé un excellent week-end et ne regrettent pas d'être venus (de plus de 2 000 km pour certains), pour vivre cette ultime expérience dans la cité de l'Unité humaine.

Comme pour le Marathon d'Auroville, c'est plus l'atmosphère qui compte que les résultats. Les participants sont toujours touchés par l'accueil « fraternel », mais néanmoins efficace de l'équipe organisatrice.

Un grand nombre d'entreprises artisanales et services d'Auroville participent à l'événement en offrant des cadeaux (souvent des gâteaux fort appréciés des joueurs exténués) ; les joueurs repartent le dimanche soir avec leurs « souvenirs », ayant vécu un « ultimate » week-end aurovilien.

La semaine suivante, plus d'un millier de coureurs, encore une fois venus de toute l'Inde, participent au Marathon d'Auroville, avec pour tout prix une médaille en papier mâché (le chocolat fond trop rapidement, même en février).

Décidément, Auroville est en train de trouver une place sur la carte du « sport smart » de l'Inde.

—Claude Arpi

Au-delà des différences

« Si nous étions traitées cette manière-là dès le début, de nombreux problèmes concernant les filles ne se produiraient jamais. » — Varalaxmi, 12 ans, école d'Aikyam après le stage.

Une des particularités du frisbee est que ce sport mixte est utilisé pour établir non seulement un rapprochement entre filles et garçons dans les villages indiens (et les villes), mais aussi pour travailler sur les différences dues à la couleur de la peau, à la caste ou au milieu social.

Le programme « Bridging the gaps » (BTG : « combler les différences »), organisé à Auroville, est l'initiative d'une ONG indienne, Katradi. C'est un fascinant parcours éducatif, centré sur les problèmes de genre et de violence ; il offre une formation de facilitateur en utilisant le sport (le frisbee) ainsi que l'art (danse/théâtre) pour aider à gommer un peu les différences entre les sexes, souvent si présentes dans les villages.

Le BTG propose des stages sur l'égalité des sexes et sur l'intégration sociale. Il vise à améliorer les relations interpersonnelles entre des jeunes de différentes origines sociales, âges, langues, genres et castes – et ceci à l'aide du sport, de l'art et de la danse.

Une série de quatre sessions (Sexe, genre et stéréotypes ; Santé génésique ; Médias et genre ; Violence et genre) couvre toutes sortes de questions autour de la différence entre les sexes dans l'Inde contemporaine, qu'elle soit rurale et urbaine : sachant que les différences existent, comment les aborder d'une façon positive ?

Utilisant des jeux novateurs, le théâtre de rôles, des contes et des mouvements créatifs, la formation entreprise à Auroville (et continuée au Gujarat avec des jeunes d'autres régions), prend en compte tous les tabous et les questions difficiles à gérer pour des adolescents. Chaque session est suivie d'une heure d'Ultimate Frisbee, heure pendant laquelle certaines valeurs liées à l'amitié et au respect des autres, sont utilisées pour tenter de combler le fossé entre filles et garçons. Mais peut-être plus encore, le but de cette formation est de comprendre l'autre, de se mettre à sa place… et puis finalement de se faire des amis, même s'ils ne parlent pas la même langue,

ont une culture différente ou viennent d'un autre milieu.

Bien que les problèmes abordés dans ce programme (que ce soit la question du genre ou la violence) ne soient pas particuliers à l'Inde mais universels, c'est un peu l'enseignement éternel de l'Inde, *vasudhaiva koutoumbakam*, « le monde est une famille », que le BTG essaye de mettre en pratique et ceci d'une manière concrète.

—Claude Arpi

LE RAYONNEMENT

Des écoles pour tous

L'ÉDUCATION À AUROVILLE ne se limite pas aux écoles d'Auroville. Et heureusement. En effet Auroville a créé au fil des années un vaste réseau d'écoles, de centres éducatifs et culturels, tous gratuits, destinés aux habitants des villages alentour. On compte plus de 5 écoles importantes avec un total de plus de 800 élèves, plusieurs centres dispensant des cours du soir, des lieux qui offrent un complément d'éducation ou des formations diverses à des jeunes filles défavorisées (pour les aider à acquérir des savoir-faire qui leur serviront aussi bien à la maison que pour trouver un emploi), des centres culturels avec diverses activités pour les jeunes, une école pour enfants handicapés, un collège technique, un centre de ressources sportives qui encourage le sport chez les jeunes dans plusieurs villages des environs et organise des tournois, etc. Nous ne pouvons ici faire une liste exhaustive de toutes ces activités.

Shankar est le principal d'une des principales écoles, Aikiyam, dans laquelle étudient 260 élèves, et qui est située dans le village de Kuilapalayam (dont d'ailleurs Shankar est originaire). Il nous a un peu expliqué ce qui différencie les écoles gérées par Auroville des écoles privées en Inde.

Salle de classe à Aikiyam.

« D'abord il faut savoir qu'actuellement l'éducation est le business le plus lucratif dans ce pays. Dans certains établissements on demande aux familles, quand le petit enfant entre à l'école, de déposer 1 lakh [100 000 roupies] sur un compte qui rapportera à l'école un intérêt annuel, et ces familles ne pourront reprendre cette lakh que 14 ou 15 ans plus tard. Vous vous imaginez les fortunes qu'ils se font.

« Il existe quelques écoles alternatives, dans le milieu rural surtout ; au Tamil Nadu il y en a une dizaine. Mais la chose unique d'Auroville, c'est que ce que nous offrons n'est conditionné à rien. Auroville rayonne, c'est vrai, mais ce n'est pas parce que nos écoles sont gratuites qu'on veut influencer les apprenants et les pousser dans tel ou tel système.

« Ensuite, ce qui est unique aussi, c'est que nos enseignants mettent leur formation à jour régulièrement, autant que dans les écoles les plus chères de Delhi.

« Il y a quelques années notre école a adopté le programme du CBSE [Central Board of Secondary Education : un des systèmes d'examen que peuvent choisir les élèves indiens]. Mais cela ne nous a pas empêchés de continuer à donner une grande place aux sports, aux activités manuelles ou artistiques, et en général à tout ce qui fait une joie de l'apprentissage. De plus, notre système est tout à fait inclusif. Nous avons à peu près 20% d'enfants qui ont des troubles d'apprentissage, mais nous arrivons toujours à trouver un moyen pour qu'ils continuent malgré tout.

« La difficulté, c'est de faire comprendre aux parents ce que nous faisons et de les encourager à participer et à aller dans le même sens que nous. Nous nous heurtons ici à beaucoup de préjugés, de négligence et d'avidité. C'est un grand défi.

« Toutes ces écoles d'Auroville sont devenues des modèles pour l'extérieur. L'ironie, c'est que des écoles importantes de Pondichéry viennent ici nous demander de leur expliquer notre pédagogie et qu'ensuite elles en profitent pour augmenter leur prix !

« Nous ne pouvons admettre tous ceux qui voudraient entrer chez nous. Pas plus Aikiyam que Udavi [école située dans le village de Edayanchavadi], ne peuvent satisfaire à toutes les demandes d'admission. L'année dernière j'ai reçu 64 demandes et nous n'avons pu en accepter que 20, ce qui est un crève-cœur. »

Ce qui est réconfortant dans l'école d'Aikiyam, c'est que, comme nous l'avons dit, elle a adopté un programme tout à fait officiel, et en même temps elle réussit à intégrer dans ses méthodes pédagogiques et dans sa vision générale le meilleur de ce qu'offre l'éducation à Auroville.

—Christine Devin

Stratégie bénéfique de part et d'autre

NOMBREUX SONT LES JEUNES venus de France, de l'Inde elle-même ou d'ailleurs, qui passent à Auroville trois semaines, un mois ou une année, pour découvrir le projet tout en travaillant pour la communauté. On les appelle ici des « bénévoles », car en général ils ne sont pas rétribués mais ils bénéficient souvent de logements ou de repas gratuits. Que ce soit dans des fermes, dans des entreprises commerciales, des bureaux d'architecture, des organisations centrées sur l'aide aux villages environnants, tous ces bénévoles sont une aide très réelle pour Auroville, et en même temps s'initient à toutes sortes de tâches dont ils n'avaient sans doute qu'une connaissance théorique auparavant. De plus, dans le meilleur des cas, ils découvrent l'Inde de façon bien plus intéressante et concrète que s'ils étaient venus ici faire du tourisme. Donc on peut dire que cette infusion de bénévoles est une stratégie gagnante pour tout le monde, et on espère que des considérations bureaucratiques au niveau officiel ne vont pas mettre des bâtons dans les roues de cette pratique.

Lola est venue pendant un mois à Auroville pour s'immerger dans l'entreprise de papier à la main Auroville Papers. Elle avait suivi un stage de quelques jours l'année dernière alors qu'elle voyageait en Inde, et c'est ce qui lui avait donné l'idée de revenir.

Lola étudie à l'école des Beaux Arts de Toulouse. Bien entendu trouver un stage fait partie du programme de 3e année, mais Lola avait jugé comme nul et ne lui apportant rien le stage qu'elle avait fait pour un festival de vidéo expérimental, et elle n'avait pas envie de rester sur cette expérience.

Ce stage-ci a été radicalement différent. Lola s'est retrouvée immergée dans un autre pays, une autre langue, une culture complètement étrangère, une équipe qu'elle ne connaissait pas, un travail qu'elle ne connaissait pas, elle logeait dans une maison d'hôte située au milieu d'une communauté où elle ne connaissait personne.

Elle ne savait pas trop à quoi s'attendre mais assez vite elle a réalisé qu'elle était libre, et qu'on lui faisait confiance.

Elle a aimé travailler avec les ouvriers. Ils n'avaient pas peur d'interférer, de donner leur avis sur ce qu'elle faisait, et même souvent de s'amuser d'elle.

Elle s'est sentie à l'aise avec eux.

Lola a conscience qu'elle a appris beaucoup de choses ici. Elle sait par exemple maintenant fabriquer elle-même un livre de A à Z, en commençant par la fabrication de son papier. Elle a aimé le travail collectif et s'est bien amusée en travaillant, en créant, en essayant de répondre aux demandes de Luisa, la personne responsable de l'entreprise.

Cela dit, l'expérience en elle-même a été pour elle beaucoup plus importante que les choses qu'elle a pu apprendre, même si elle est contente et fière de les avoir apprises.

En effet, l'important, c'est que ce passage à Auroville Papers a déclenché en elle une autre façon de voir. Cela lui a fait regarder différemment sa vie, son école et ce qu'elle fait dans cette école. Plus du tout envie de passer un temps infini à créer des « objets d'art » que quelqu'un examinera pendant dix minutes et qui ensuite seront stockés quelque part pour n'en plus bouger; nulle envie d'encombrer un monde, déjà très encombré, avec un objet figé, mort, qui n'évoluera jamais. Elle a aimé travailler sur quelque chose qui a eu une vie avant nous (les chutes de coton, le vieux papier à recycler) et qu'on fait évoluer, qu'on transforme, pour qu'il ait une vie après nous. C'est un cycle vivant.

Ici elle n'a jamais créé un objet qui, « fini », a été mis sur une étagère. Chacune des étapes dans la transformation de la matière était importante, rien n'était jamais final.

Déjà auparavant elle ne trouvait pas de sens à ce qu'elle faisait, mais son expérience ici lui a confirmé qu'elle faisait fausse route dans son école. En conséquence Lola pense à changer d'orientation. Elle voudrait essayer d'entrer dans l'école du Paysage, qui devrait mieux convenir à ses aspirations. En effet les plantes ont une vie, une vie qui se prolonge après nous, elles se transforment, elles font partie de tout un cycle. Il faudra bien sûr que Lola apprenne d'autres choses, par exemple la botanique, mais elle sera davantage dans le vrai travail, davantage dans la réalité des choses.

Voilà, dit-elle, « Merci à vous, et maintenant il va falloir changer. »

—Christine Devin

Papier : Lola découvre le résultat de sa composition.

Bénévoles français

En 2015, une jeune Française venue explorer Auroville tout en étant bénévole dans une école Montessori a eu l'idée de faire appel au service civique français pour couvrir son expérience à Auroville. Après plusieurs mois d'effort, avec l'aide de Savi, le bureau des bénévoles à Auroville, elle a obtenu la reconnaissance de son projet par le service civique français. Grâce à cette jeune fille, un pont s'est créé entre Auroville et la France pour accueillir une dizaine de bénévoles pour une année complète dans des domaines variés tels que l'éducation, l'agriculture, le design, la santé et la jeunesse. Ces volontaires ont entre 18 et 25 ans, et sont compensés à hauteur de 500€ par mois pour couvrir leurs frais sur place. Il a été démontré que l'expérience avait un profond impact sur ces participants et leur faisait découvrir de nouvelles perspectives de vie.

Auroville Papers

Auroville Papers est une entreprise d'Auroville, qui fait du papier comme son nom l'indique mais pas n'importe quel papier !

C'est un papier fait de façon artisanale, fabriqué à partir de chutes de coton, de papier recyclé et de matières végétales. Donc, un papier qui ne détruit pas l'environnement. En outre, c'est un papier qui est artistique, naturellement artistique pourrait-on dire. Au fur et à mesure des années les artisans et artistes d'Auroville Papers ont redécouvert d'anciennes techniques et ils en ont inventé de nouvelles, essayant toujours de se servir des matériaux existant autour d'eux. Le nouveau défi aujourd'hui pour l'entreprise, c'est de se diriger résolument vers un papier pour lequel on utilisera le maximum de coton organique et de couleurs végétales.

Des femmes en action

Si Auroville aspire à être « smart » – ce qui, au fond, au vu de ses idéaux, pourrait être considéré comme un minimum à accomplir en attendant beaucoup plus – Auroville ne considère pas cela comme un but pour elle seule. Auroville sait que c'est aussi tout son environnement qui doit devenir smart en même temps. C'est pourquoi une grande attention a été portée dès le début aux villages avoisinants, d'autant que plusieurs d'entre eux sont très proches, certains dans le périmètre même de la Green Belt qui doit ceinturer la ville.

Auroville Village Action Group (AVAG) est l'une des manifestations, l'une des premières et des plus importantes, de cette préoccupation. Beaucoup d'importance est donnée à la formation pour donner aux femmes qui y participent des expériences transformatrices face aux préjugés et à la pression sociale, encore si forts dans les villages. L'une des actions les plus audacieuses est celle menée sans relâche contre la discrimination dont souffrent les *dalit* [basses castes], et cette action a déjà vu des prises de conscience d'une qualité exceptionnelle et des expériences transformatrices pour celles qui y ont participé.

Un groupe de femmes discute avec passion. Le sujet de la discussion est une de ces situations qu'elles rencontrent souvent dans leur vie de mère de famille. Une jeune fille, sérieuse comme elles le sont la plupart du temps, a économisé sur ses maigres ressources de petite employée pour s'acheter une bicyclette dont elle se sert pour aller travailler. Son frère aîné, après avoir été sans emploi, vient enfin de trouver du travail dans une usine à quelques kilomètres. Il va trouver sa mère et lui demande de lui donner la bicyclette de sa sœur pour aller travailler. En échange de quoi il promet de verser une partie de son salaire pour les dépenses quotidiennes de la famille, chose qu'il n'a jamais faite lors de ses emplois précédents. Quant à la sœur, elle devra prendre l'autobus pour aller travailler, c'est-à-dire se lever encore plus tôt (car elle devra néanmoins toujours s'acquitter des tâches ménagères réservées aux filles). Que doit faire la mère ? Ça discute ferme.

Bienvenue à Auroville Village Action Group (AVAG). Les femmes qui discutent font partie des 5 039 villageoises qui ont établi un rapport étroit avec cette organisation créée il y a 34 ans. Elles sont organisées en 288 groupes d'entraide comprenant chacun entre 15 et 20 femmes, jeunes comme plus âgées, et viennent d'environ 80 hameaux de la périphérie plus ou moins proche d'Auroville.

Le contexte

Très tôt dans la vie d'Auroville, des Auroviliens se sont préoccupés des villages alentour. L'apparition soudaine du vaste projet d'Auroville a été un événement majeur, surtout pour les villages tout proches, qui ont vu une bonne part de leurs terres achetées, mais qui ont aussi trouvé du travail et des possibilités de développement jusque-là quasi inexistantes. Pour donner un seul exemple, un des plus gros villages tout proche n'avait pas de puits et les femmes devaient faire des kilomètres tous les jours pour rapporter de l'eau. Creuser un puits pour ce village a donc été une des premières actions d'Auroville. Comme Auroville ne pouvait pas se développer comme une oasis de prospérité au milieu de villages à la pauvreté écrasante, des initiatives variées ont vu le jour au fil des ans, et l'une des plus importantes fut la création d'Auroville Village Action Group.

Aujourd'hui, 50 ans après l'inauguration d'Auroville, le travail à accomplir pour changer réellement la vie de ces villages reste considérable. Les progrès réalisés sont ambigus. Certains villageois ont su profiter pleinement des opportunités offertes par Auroville, d'autres pas ou peu, et cela se voit d'ailleurs très clairement dans la multiplication de belles maisons au milieu de masures ou huttes misérables. D'où jalousies et tensions, et aussi difficultés pour les leaders traditionnels d'exercer leur autorité en face des nouveaux riches. De plus, l'individualisme s'est accru avec la prospérité relative et il est souvent très difficile de mener des actions concernant le bien de tous.

Une entraide capitale

Alors que peuvent des femmes dans une société encore très traditionnelle, où le rôle de la femme est essentiellement d'être la servante de son mari ? Une société où, encore, la naissance des filles est souvent déplorée, au point que le Gouvernement a dû interdire aux médecins de révéler le sexe du fœtus par crainte des avortements systématiques – interdiction bien entendu contournée de mille façons. Une société où les femmes n'ont généralement pas droit à la parole dans les institutions traditionnelles.

Compétition pour la Journée des Femmes.

Eh bien, elles le disent elles-mêmes dans les nombreuses réunions auxquelles elles participent : le pouvoir de leur union, la conjonction de leurs efforts, voilà ce qui fait la différence, voilà ce qui a changé profondément leur vie. Ce fut souvent difficile au début ; bien des maris ne comprenaient pas ces réunions qui les faisaient sortir de la maison, ils n'appréciaient pas ces femmes qui osaient élever la voix et parler des affaires du village, des affaires d'hommes. Mais au fil des années, les attitudes ont commencé à changer devant les résultats obtenus par les efforts conjugués des femmes.

Et il y a tellement à faire : la vie quotidienne dans la plupart des villages de ce coin arriéré du Tamil Nadu – le district de Villipuram où se trouve Auroville est l'un des moins développés – est terriblement difficile. Beaucoup de villages n'ont pas de routes praticables en toutes saisons. Les infrastructures, quand elles existent, sont en piteux état – les coupures prolongées de courant sont une réalité journalière – le sous-emploi est endémique. Ajoutez à cela la calamité de l'alcool bon marché : il fait rentrer le soir des hommes saouls qui, après avoir dépensé en alcool souvent frelaté leurs maigres ressources, battent femmes et enfants qui n'en peuvent mais. Bien sûr, et heureusement, ce n'est pas le cas de tous les hommes, mais c'est hélas assez fréquent pour être un des problèmes majeurs dans la vie de ces femmes – ces femmes qui, depuis toujours, ont été le vrai pilier de leur familles. L'apprentissage d'une vie au service de la famille et de l'homme leur est inculqué très tôt. La fille doit participer à toutes les tâches ménagères, dont son frère est bien sûr exempté. Son destin est généralement d'être mariée le plus tôt possible. Elle quitte sa famille pour entrer dans celle de son mari où il n'est pas rare qu'elle ne devienne guère plus qu'une servante. Ce qui frappe le visiteur, c'est le courage de ces femmes qui trouvent généralement le moyen d'être souriantes et dignes et même souvent joyeuses en dépit de leur vie si difficile.

C'est donc une vraie révolution dans leur vie quand elles découvrent la solidarité du groupe d'entraide et, au delà, des rencontres fréquentes avec des centaines de femmes confrontées aux mêmes difficultés quotidiennes. L'âge minimum est de 18 ans mais certaines femmes ont 60 ans et plus. Ce mélange est une première richesse. Elles choisissent chaque année une animatrice et deux représentantes qui sont responsables de l'organisation du groupe, veillent à la bonne marche des activités financières (prêts et remboursements) et animent les discussions. Chaque membre a donc à tour de rôle la possibilité d'apprendre à exercer des responsabilités.

Parmi les principaux objectifs d'Auroville Village Action Group, il y a la prise de conscience par les femmes de problèmes sociaux telles que la discrimination entre hommes et femmes, dont elles sont elles-mêmes si souvent victimes, et la discrimination entre castes, encore très réelle, comme le vivent tous les jours les dalit qui forment des communautés à l'écart du village principal. En certaines occasions, comme pour la Journée Internationale de la Femme, qui donne lieu à une importante célébration, des femmes dalit font la cuisine et prennent leur repas avec leurs consœurs, ce qui normalement ne se fait pas du tout. Lors de cette fête, entre chants et danses traditionnelles, des femmes jouent de petites scènes où elles présentent, de façon dramatique et explicite, les conséquences redoutables des fléaux sociaux tels que la corruption, le système des dots ou l'alcoolisme. Les femmes applaudissent à tout rompre et on peut voir sur leurs visages que le message est passé.

Les activités

Il y a donc déjà une bonne mobilisation de ces femmes. Il s'agit maintenant de trouver les moyens de canaliser ces énergies dans des activités économiquement viables qui permettraient à ces femmes, presque toutes pauvres, d'augmenter les ressources de leur famille. C'est un nouveau champ d'activité à développer, le champ de « l'entreprise sociale » qui est considéré par beaucoup de spécialistes du développement rural comme la formule de développement la plus prometteuse pour l'avenir. Pendant 4 ans, AVAG a été partie prenante d'un programme de développement d'entreprises sociales financé par le gouvernement central et le gouvernement local.

Les résultats ont été mitigés pour diverses raisons : des engagements de soutien de la part d'unités productives d'Auroville qui ont été pas ou peu tenus, les retards considérables dans la mise à disposition des fonds gouvernementaux – jusqu'à un an de retard la deuxième année du programme. Et puis bien sûr l'inexpérience relative des promoteurs. Le bilan est tout de même positif, notamment les nouvelles compétences acquises sur le terrain par les animateurs d'AVAG, l'établissement d'une entreprise collective de confection qui offre à plus de 40 femmes des opportunités d'apprentissage et de gains accrus. Plusieurs femmes se sont d'ailleurs établies à leur compte dans les villages avoisinants après avoir suivi la formation initiale de plusieurs mois. Des formations d'esthéticienne ont été également proposées qui ont permis à un certain nombre de femmes d'ouvrir des petits salons dans leur village. AVAG continuera de développer ses activités d'entreprises sociales pour aider ses membres à développer de nouvelles compétences leur ouvrant des opportunités économiques.

AVAG exerce une responsabilité importante auprès des banques locales et des bureaux du gouvernement. Pour les prêts bancaires ou les nombreux subsides dans la panoplie du gouvernement local, le support d'AVAG peut faire la différence. C'est une responsabilité importante et parfois difficile à exercer quand il faut refuser une recommandation. De ce fait, les animateurs d'AVAG, en particulier Anbu et Moris, un couple de travailleurs sociaux qui en assument la charge principale depuis 1988, jouent un rôle parfois crucial dans l'attribution des allocations publiques et prêts bancaires aux groupes d'entraide.

Notre groupe de femmes a continué à discuter longuement du problème de l'attribution de la bicyclette mais la discussion tire à sa fin et il n'y a pas de consensus. La majorité pense que la fille doit garder la bicyclette. Après tout elle l'a payée au moyen de son salaire, elle en a besoin et on peut être sûr qu'elle soutiendra la famille. Les promesses du garçon ne sont guère convaincantes du fait de son attitude antérieure à l'époque où il travaillait. Et il n'a même pas pensé qu'il devrait au moins en parler d'abord à sa sœur. Mais certaines femmes défendent encore la vision traditionnelle : la fille va se marier, elle quittera la famille, c'est le garçon qui restera. Donc elles lui donneraient la bicyclette. Discussion intense, mais dans la bonne humeur. On apprend à écouter, à respecter le point de vue de l'autre même si on n'est pas d'accord. Et en même temps ce sont des citadelles séculaires de conventions qui se trouvent ébranlées dans l'esprit et le cœur de ces femmes.

Et...

D'autres organisations à Auroville travaillent dans les villages. Dans le Trust de Village Action, à côté d'AVAG, il y a plusieurs unités plus petites qui toutes travaillent pour et dans les villages d'une manière ou d'une autre. Dans le domaine de l'éducation, Auroville a ouvert plusieurs écoles pour les enfants des villages avoisinants. Au total, l'effort d'Auroville en faveur des villages est substantiel, même s'il n'est pas encore, et de loin, à la mesure des besoins.

—Alain Bernard

Un éco-parc à Chennai

Depuis plus de quatre décennies Joss Brooks est un pionnier dans le domaine de l'afforestation à Auroville. Il est responsable de la forêt de Pitchandikulam. Il partage maintenant son savoir avec le gouvernement du Tamil Nadu et c'est un succès.

L'Adyar Poonga est un éco-parc « humide » de près de 24 hectares situé au cœur de Chennai. Il englobe une partie d'un bras de mer qui s'écoule dans les marécages de l'estuaire de la rivière Adyar, qui elle-même se jette ensuite dans la baie du Bengale.

L'histoire de l'éco-parc a commencé en 2004, lorsque des écologistes et des planificateurs d'Auroville ont été contactés pour élaborer un plan de masse visant à transformer l'Adyar Poonga, auparavant décharge municipale polluée, en une zone écologiquement équilibrée et un centre de démonstration sur l'environnement.

En 2005, l'Adyar Poonga Trust est devenu réalité et en 2007, Pitchandikulam Forest Consultants, une unité d'Auroville, a été engagée en tant que principal consultant pour élaborer un plan pour la restauration de l'estuaire.

Après l'acceptation de ce plan par le gouvernement du Tamil Nadu en 2008, Pitchandikulam Forest Consultants a commencé le travail de restauration de l'Adyar Poonga.

Du fait de l'intérêt croissant pour une approche holistique pour la restauration des cours d'eau de Chennai, en 2009 le Trust Adyar Poonga est rebaptisé Chennai Rivers Restoration Trust (« Trust pour la restauration des rivières de Chennai ») avec un mandat beaucoup plus large : restaurer tous les cours d'eau et plans d'eau de Chennai.

Le défi de cette restauration était énorme ; il s'agissait d'organiser l'enlèvement de 60 000 tonnes de gravats et de déchets accumulés au fil des décennies, et de trouver des solutions techniques pour faire face au ruissellement des eaux pluviales ainsi qu'à la pollution par les eaux usées.

La terre et les voies d'eau ont été remodelées et un nouvel accès a été aménagé. Les plantations ont alors commencé, favorisant les espèces indigènes de la côte de Coromandel du Tamil Nadu (connues sous le nom «Tropical Dry Evergreen Forest» ou «forêt tropicale sèche sempervirente») dans les zones humides et les mangroves, mais aussi les plantes médicinales issues de la riche tradition médicale de la région.

Au total, 200 000 plantes indigènes provenant de plus de 173 espèces différentes ont été plantées. Toute une installation a été conçue avec pour but d'éduquer et de sensibiliser les visiteurs tout en restant scientifiquement précis et gardant une certaine esthétique. De nombreux médias ont été utilisés pour capturer la diversité de la nature, peintures sur pierre de Cuddapah ou sur bois, collages en mosaïque, sculptures de la faune en ciment, etc.

Adyar Poonga et Auroville

Le projet a utilisé l'expertise d'Auroville pour concevoir et restaurer le paysage écologique.

La démonstration en a été faite grâce à une conception qui maximise l'utilisation de matériaux naturels et locaux ainsi que des alternatives «durables».

Pour donner un exemple, la plupart des marches et des bancs du parc sont en pierre et non en ciment, et le toit du hangar pour la gestion des déchets solides, qui à première vue ressemble à de l'amiante coloré, est fabriqué à partir de tétrapaks recyclés.

Des blocs de terre compressés, réalisés sur place par l'Institut de la terre d'Auroville, ont été utilisés pour construire les bâtiments.

De même, les plants mis en terre à l'Adyar Poonga ont été cultivés dans des pépinières d'Auroville, qui depuis de nombreuses années ont collecté des graines dans les «forêts tropicales sèches» subsistant encore près des temples sacrés. Il était important de restaurer les plantes indigènes dans le paysage dégradé du Tamil Nadu.

L'objectif de ces installations est de capturer l'imagination des visiteurs et de les rendre conscients des transformations qui peuvent être réalisées, que ce soit à l'Adyar Poonga, à Auroville ou ailleurs. C'est une démonstration de techniques et de pratiques qui ont été utilisées à Auroville au cours des 50 dernières années. C'est en fait une promotion du travail fait à Auroville.

Agrandissement du parc, on plante et installe des éclairages solaires.

Est-ce « smart » ?

L'Adyar Poonga est « smart » dans le sens où les techniques d'éco-construction comme nous venons de les décrire ont été utilisées. De plus c'est une démonstration vivante de l'aménagement paysager, de nouvelles technologies incluant l'énergie solaire pour l'éclairage ou l'énergie éolienne pour pomper l'eau. L'éducation environnementale inclut la ségrégation des déchets, le traitement innovant des eaux usées ; des modèles de piles à combustible et des réacteurs à biogaz sont également en service.

On ne peut qu'espérer que la vaste gamme de matériaux et technologies utilisés ici suscitera l'intérêt des ingénieurs afin qu'une conscience « verte » puisse se propager plus largement. Les programmes d'éducation et de sensibilisation sont basés sur l'idée : « apprendre sur l'environnement, avec l'environnement et dans l'environnement ». C'est un objectif intégral de la Poonga.

Reproductible ailleurs

La restauration de l'Adyar Poonga est le fruit d'une transformation méticuleusement planifiée, qui a pris en compte les aspects écologiques, sociaux, technologiques, économiques et de gouvernance, adaptés aux conditions locales.

Une telle approche pourrait être adoptée pour de grands projets similaires, mais également pour des projets plus petits, par des communautés locales sur des plans d'eau du Tamil Nadu ou ailleurs, en l'Inde et dans le monde.

Un facteur clé que nous avons identifié pour le succès et la durabilité de ces projets de restauration, est l'éducation environnementale complémentaire pour inspirer aux visiteurs un sentiment de proximité avec la nature et l'importance de la protection de l'environnement et des valeurs humaines. La réalisation de l'Adyar Poonga prouve qu'avec une vision et de la persévérance, des friches peuvent être transformées en un sanctuaire ou éco-parc et ceci peut être reproduit partout dans le monde.

—D'après un texte de Lucy Garrett

Joss Brooks, le concepteur du projet.

Formations sur mesure

> *L'Institut de développement durable (Sustainable Livelihood Institute – SLI) a commencé ses opérations à Auroville en mars 2015. Le processus de création de cet Institut en co-gestion avec l'Etat du Tamil Nadu est symbolique de la perception croissante d'Auroville comme un catalyseur de recherches et expérimentations dans le domaine du développement durable, ce qui représente sûrement un élément fondamental du caractère « smart » d'Auroville.*

UNE NOUVELLE AVENTURE a commencé à Auroville : une coopération à grande échelle entre l'État du Tamil Nadu (l'État hôte d'Auroville) et Auroville pour promouvoir un développement rural basé sur les principes du développement durable, domaine dans lequel Auroville peut apporter beaucoup tant sont nombreuses les recherches et expérimentations conduites par diverses entreprises d'Auroville.

Pitchandikulam Forest, par exemple, a déjà réalisé plusieurs projets dans le Tamil Nadu et en Inde, et c'est d'ailleurs Joss, le créateur et animateur de Pitchandikulam Forest, qui a été l'un des initiateurs de ce projet de nouvel Institut, tout près d'Auroville, qui sera créé conjointement par Auroville et le gouvernement du Tamil Nadu. Mais bien d'autres entreprises d'Auroville ont mené des recherches et des expérimentations dans ce domaine du développement durable, qui est l'une des grandes préoccupations d'Auroville depuis l'origine. Il existe donc une base solide pour une coopération fructueuse. Depuis le début des opérations du SLI il y a maintenant deux ans et demi, plus de 42 unités d'Auroville et Auroviliens interviennent dans ses programmes en tant qu'animateurs et démonstrateurs.

Nous donnons ci-dessous la traduction d'une description à la fois concise et complète de l'ambition derrière la création du SLI, où on sentira, je pense, un écho émouvant de la Charte d'Auroville.

« L'Institut du développement durable (Sustainable Livelihood Institute – SLI) est conçu comme un institut autonome. Cette idée résulte d'un dialogue entre une administration du Tamil Nadu appelée Mission pour le développement de métiers ruraux durables (Tamil Nadu Rural Livelihood Mission – TNRLM) et Auroville, en réponse à un besoin urgent de nouvelles approches et de nouvelles idées pour promouvoir un développement rural basé sur les principes du développement durable.

« Il existe un contraste saisissant entre le niveau technologique avancé des zones urbaines du Tamil Nadu et les zones rurales, où sévissent pauvreté, malnutrition, chômage grandissant, diminution des ressources naturelles, perte des terres agricoles et déclin des fermes, tendances aggravées par la globalisation et le changement climatique.

« Les activités de développement durable peuvent fournir, sans détruire davantage un environnement fragile, les moyens de vivre sainement, un développement intégré et un bonheur de vivre aux individus comme aux communautés. SLI croit que vouloir créer ce genre de développement n'est pas une utopie mais une nécessité et un but atteignable.

« Le SLI aspire à devenir un pont entre Auroville et l'Asie du sud rurale, faisant face aux défis de la globalisation par un enracinement dynamique. On veut élaborer, pour une humanité dans un monde évoluant rapidement, des solutions tirées de la richesse du savoir-faire traditionnel comme des inspirations du futur.

« Avec Auroville comme un campus élargi, le SLI a pour but de fournir un centre d'étude, de développement, d'enseignement, de recherche, d'expérimentation et d'échange dans tous les aspects du développement durable. Le SLI offrira des programmes de formation pour fonctionnaires et membres des communautés, et des plateformes où des approches nouvelles et pionnières pourront être conçues et partagées entre praticiens, décideurs, personnes engagées et tous ceux et celles qui sont intéressés à trouver des solutions pour un avenir durable. »

Le contexte

Comme on peut le voir, l'ambition est immense. Il faut dire aussi que les problèmes ne sont pas moins immenses : l'Inde va avoir le privilège douteux de devenir le pays le plus peuplé de la terre, dépassant la Chine aux alentours de 2030 pour éventuellement se stabiliser dans la seconde moitié du siècle au niveau de plus ou moins un milliard six cents millions d'habitants, soit un ajout d'à peu près quatre cents millions d'habitants dans les cinquante prochaines années par rapport à sa population d'aujourd'hui.

La tendance du gouvernement actuel sous la direction du Premier ministre Modi est de miser beaucoup sur le développement industriel et les investissements étrangers : bien sûr ils sont probablement indispensables vu les besoins considérables de développement. Mais il est peut-être illusoire de compter surtout sur les grandes corporations pour fournir les centaines de millions d'emplois nécessaires, car la tendance générale de ces grands groupes est à l'automation. Un rapport récent montrait que sur une même période de plusieurs années, le secteur formel avait créé quelques millions d'emploi seulement et le secteur informel plus de cent millions ! Or le secteur informel en Inde inclut ces milliers d'emplois plus ou moins précaires dans les villes et villages où il y a beaucoup à observer, à organiser, à améliorer et à inventer. En Inde il y a plus de 500 000 villages qui ont tout autant besoin de se développer, car il serait catastrophique de laisser s'amplifier l'exode rural vers les villes, dont beaucoup craquent déjà sous la pression d'accroissements non maîtrisés. Il s'agit donc de trouver les moyens de revitaliser le milieu rural et d'abord de renouveler le développement agricole.

L'Inde a d'ailleurs un potentiel agricole très important. Un fait remarquable, c'est que l'Inde, quoique son territoire soit à peu près trois fois moins grand, a pourtant autant de terres arables que la Chine, du fait des terrains montagneux et des déserts de cette dernière. La fameuse révolution verte des années 60 a permis à l'Inde de devenir auto suffisante mais au prix d'une dégradation importante des sols sous l'impact des engrais chimiques. Le temps est venu d'un changement de cap et il y a déjà beaucoup d'expériences d'agriculture organique qui redonnent vie aux sols. Mais les autorités agricoles, les fonctionnaires et les enseignants des universités agricoles, sont encore en grande majorité promoteurs d'une agriculture essentiellement chimique et c'est donc un combat difficile qui doit être mené. SLI se veut en pointe dans cette lutte, et les expériences d'Auroville sont ici très importantes. Une des fermes expérimentales d'Auroville, le Pebble Garden, a d'ailleurs été une source majeure d'inspiration pour le mouvement écologique indien depuis des années.

Si l'agriculture en milieu rural est centrale, particulièrement en Inde avec ces populations immenses, un développement harmonieux et durable requiert l'ajout et la synergie d'activités et de services divers pour créer un milieu rural dynamique dans une optique d'épanouissement personnel et collectif. C'est cette recherche globale que veut mener SLI en devenant un centre de rencontre et de partage pour et avec tous ceux et celles qui ont déjà réalisé des expériences significatives – il y en a beaucoup en Inde – de développement holistique en milieu rural. Des solutions existent qui sont ignorées ou méconnues et ont besoin d'un forum et d'une plateforme pour nourrir d'autres initiatives et recevoir, en retour, soutien et plus large audience. Bien entendu, ces contacts et relations ne s'arrêtent pas aux frontières de l'Inde. Toutes les contributions venant notamment des voisins proches de l'Asie du Sud, où il y a beaucoup de similarités au niveau de l'environnement, seront recherchées et bienvenues.

Les partenaires

Une équipe récemment recrutée assure la préparation et l'exécution des programmes sous la direction de Ram Subramaniam, un expert reconnu, qui assume la fonction de directeur de SLI pendant cette période de transition.

De mars 2015 à septembre 2017, des programmes ont été organisés avec près de 1 900 femmes appartenant à des groupes d'entraide (Women Self Help Groups – WSHG–, une forme d'organisation des femmes au sein des villages qui est devenue assez populaire, avec des résultats variables) venues de 31 districts du Tamil Nadu. Sont venus également 308 fonctionnaires du Département du développement rural. Un autre Etat indien, l'Odisha (autrefois appelé Orissa), sur la côte Est, au dessus de l'Andhra Pradesh, est très intéressé et a déjà envoyé deux cents fonctionnaires. L'État de Puducherry (ex Pondichéry) a exprimé un intérêt pour les programmes agricoles. Il y a eu des visiteurs de l'Himachal Pradesh et des fonctionnaires du Gouvernement de Manipur. Rahama, une organisation établie dans le nord du Sri Lanka a envoyé ses employés et dirigeants pour une intense session de dix jours sur le développement durable. Sept fonctionnaires de districts ayant participé à des programmes ont ensuite demandé des programmes pour les groupes dont ils sont responsables, programmes qu'ils ont financés eux-mêmes.

Dix-huit entreprises d'Auroville ont déjà participé aux programmes organisés par SLI. Les programmes sont aussi peu théoriques que possibles et sont largement basés sur le contact direct avec les praticiens. La plupart des femmes qui viennent suivre ces formations ont pour but d'accroître les ressources de leurs familles. Trop d'entre elles ont été victimes de divers programmes proposés par les autorités locales : on les pousse à entreprendre des activités (culture de champignons, fabrication de bijoux, etc.), et ensuite on les abandonne, soit parce que le fonctionnaire dont c'était l'idée a

Des groupes de femmes visitent Auroville.

été transféré, soit parce qu'on s'aperçoit trop tard qu'il n'y a pas de marché pour ces produits.

Visite formatrice

J'ai eu moi-même l'occasion de suivre une matinée avec un groupe d'une vingtaine de femmes engagées dans l'agriculture venues de plusieurs régions du Tamil Nadu. Elles étaient venues à Auroville pour deux jours. Nous avons visité la ferme appelée Solitude, une ferme de trois hectares environ tout près du Centre des visiteurs d'Auroville. L'Aurovilien en charge et créateur de la ferme, un solide Anglais appelé Krishna, par ailleurs musicien passionné, reçoit les femmes et fait visiter sous un soleil de plomb. Il est midi, on est au plus chaud, mais l'intérêt ne vacille pas, tant les démonstrations et explications de Krishna dans son tamoul enthousiaste sont convaincantes. Il prend dans ses mains plusieurs échantillons de terre pour montrer les différences selon les traitements donnés et les femmes murmurent entre elles devant la qualité de cette terre qu'elles savent reconnaître. Krishna leur explique que c'est la clef, cette patiente élaboration et reconstruction de la fertilité des sols. Il leur explique aussi comment associer en synergie naturelle diverses variétés de plantes et cultures locales. Sa passion est tout à fait communicative et ces presque deux heures en plein soleil avec tout de même quelques oasis d'ombre sont remarquablement éducatives. Cela se termine par un repas au restaurant où ne sont cuisinés, de façon imaginative et gourmande, que les produits de la récolte du jour. Le jour d'après, les mêmes femmes sont allées travailler avec Krishna dans sa ferme.

À la fin de leur session, on a fait une évaluation dont les résultats ont été particulièrement encourageants. Plusieurs des ces femmes ont parlé d'une «expérience transformatrice». C'est un fait que la plupart des évaluations qui suivent toutes les sessions conduites à SLI donnent des résultats très positifs.

L'établissement d'un projet aussi vaste à Auroville ne se fait pas sans difficultés, bien sûr, quoiqu'on puisse dire à ce jour qu'il y a eu une coopération généreuse de la part de beaucoup d'Auroviliens. Certains redoutent la construction de bâtiments sans âme ni beauté comme se révèlent être, hélas, trop de structures gouvernementales. C'est d'ailleurs le point souligné avec force lors d'une récente réunion du Governing Board d'Auroville. Celui-ci a fait part de son soutien pour ce projet, qu'il considère comme digne de la vocation profonde d'Auroville dans ses rapports avec le Tamil Nadu et l'Inde. Mais on ne veut surtout pas de l'architecture administrative courante, a déclaré son président, le Dr. Karan Singh. Bien sûr l'association avec le gouvernement sur un tel projet n'est pas sans risques ni difficultés. Recevoir l'argent promis en temps voulu est plutôt rare et démarcher les fonctionnaires ressemble trop souvent à une course d'obstacles, du fait que le support des plus hautes instances ne se traduit pas forcément, ou même pas souvent, en zèle aux niveaux inférieurs. Outre les lenteurs bureaucratiques diverses, les fréquents transferts des fonctionnaires provoquent des changements d'interlocuteurs, à l'intérêt et au soutien variables. C'est d'ailleurs pourquoi on veut établir cet Institut sur une base d'autonomie avec budget garanti pour protéger dans une large mesure la pérennité du développement et des activités. Nous sommes justement entrés dans une période de discussions avec les plus hautes autorités pour arriver à ce point d'établissement définitif. Ensuite la construction du campus, qu'on veut écologique et expérimental, présentera probablement des problèmes de compatibilité avec les normes administratives habituelles et il faudra se battre pour obtenir les dérogations indispensables. Décidément une aventure dans un certain inconnu mais dont les promesses qu'on peut déjà discerner dans les expériences si positives de ces derniers mois méritent qu'on s'y consacre avec détermination, tant pour contribuer significativement à un développement rural harmonieux que pour offrir à Auroville une plateforme unique d'interaction avec l'Inde et même au-delà.

—Alain Bernard

Des soins pour tous

Depuis plus de vingt ans, le programme dentaire rural a permis de réduire de façon significative les carences dans ce domaine, à Auroville et dans les villages environnants. Ce modèle de travail et d'organisation reproductible partout intéresse aujourd'hui toute l'Inde.

Nous sommes au début des années 1990. Deux fortes prises de conscience sont à l'origine du programme dentaire rural. Premièrement, le fossé entre villes et villages : pour Jacques Verré et Suriyagandhi, sa collègue, il devient choquant de comparer la dentisterie de plus en plus sophistiquée et coûteuse dans les villes et l'absence de dentistes dans les campagnes. En Inde rurale (70% de la population), plus de huit cents millions de personnes n'ont pas accès aux soins dentaires. Le second facteur concerne la découverte du « Concept Zéro » appliqué à la santé, une méthode universelle et révolutionnaire en dentisterie. Jacques Verré a exercé pendant longtemps avec un mal de dos insupportable comme la plupart des dentistes, mal de dos dû aux mauvaises positions en travaillant sur des fauteuils dentaires. Puis il a suivi une formation au « Concept Zéro ». Développée en dentisterie dès les années 1960 au Japon, cette nouvelle méthode est centrée sur l'homme, et le zéro, symbole universel, représente l'équilibre parfait et l'absence de besoins de soins. C'est aussi un chiffre reconnu universellement, pouvant servir de référence pour codifier et classifier. Ainsi ce « Concept Zéro » redéfinit complètement la relation dentiste-patient avec une nouvelle ergonomie, tout en simplifiant l'approche du travail. L'opérateur travaille le dos droit, naturellement à la tête du patient allongé (et relaxé comme sur un lit) sur un plan fixe horizontal. Cette disposition répond aux besoins physiologiques et optimise ainsi la qualité des soins car elle permet de travailler sans stress, avec plus de dextérité et un maximum d'efficacité.

Bilan positif

Le programme dentaire rural a démarré en 1994, en intégrant progressivement le Concept Zéro dans les quinze centres satellites alentour. Les femmes de villages étaient formées comme hygiénistes pour les soins préventifs et primaires, ce qui aide à démystifier «la peur du dentiste», et opérant sur de simples «tables dentaires». Aujourd'hui ces centres, qui fonctionnent avec neuf hygiénistes, se sont progressivement concentrés sur les objectifs suivants : offrir éducation et prévention, et apporter des soins de base très simples, évitant ainsi l'intervention du dentiste dans 75 % des cas ! La priorité est donnée aux enfants (quatre mille cinq cents de moins de dix-huit ans). La méthode «Dentisterie sans peur», qui se veut aussi être un exemple à reproduire en Inde, et partout dans le monde dans des conditions similaires, présente un bilan très satisfaisant après plus de vingt ans d'expérience : la jeunesse d'Auroville et des villages environnants n'a pratiquement plus besoin de soins lourds – une victoire ! On prodigue aussi davantage de soins conservateurs dans la clinique dentaire du dispensaire d'Auroville. À noter aussi un fort impact pour nos «hygiénistes» locales qui ont obtenu un statut valorisant et sont respectées.

Unique en Inde

Ce modèle de travail et d'organisation en milieu rural défavorisé – unique en Inde – a permis une réduction drastique des besoins et coûts de la santé à long terme, une amélioration de la qualité de soins avec moins de gaspillage des ressources humaines et matérielles, et en corollaire une économie pour les patients et la société. Le ministère de la Santé veut d'ailleurs appliquer ce programme dans une dizaine d'États du Nord puis dans toute l'Inde, avec cent quatre-vingt dix millions d'enfants jusqu'à dix-huit ans. En outre, le Gouverneur de Pondichéry voudrait un village modèle incluant les soins dentaires. En mars-avril dernier, Jacques et son équipe ont organisé un camp dentaire à TN Palayam, avec la collaboration d'Aravind Eyes Hospital, qui a été très apprécié et devrait continuer.

Auroville devrait donc être une excellente plateforme pour que le centre dentaire collabore avec le projet «Smart City» de Pondichéry.

— Jacques Verré

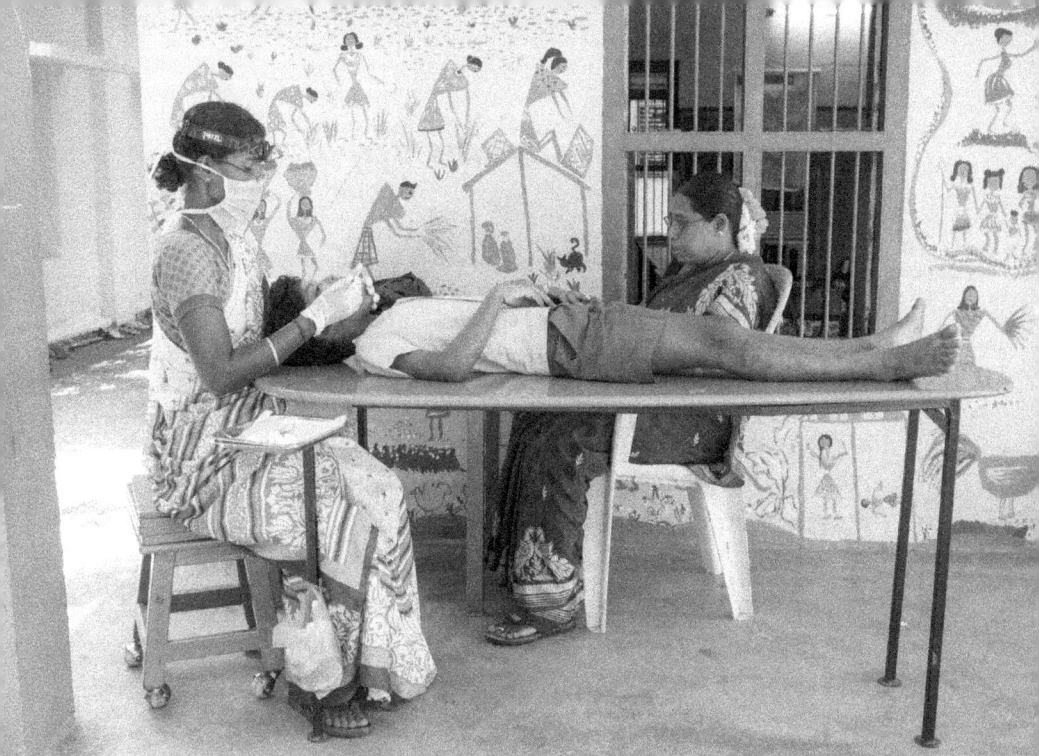

Campagne de prévention dans une école du village de Edayanchavadi.

Jacques Verré, chirurgien-dentiste français, est arrivé en 1981 à Auroville après dix ans d'exercice en France et dès 1982 a créé le Centre dentaire d'Auroville, traitant bénévolement Auroviliens, visiteurs et villageois de la biorégion. Les conditions étaient très rudimentaires, on disposait quand même d'un vieux fauteuil dentaire et Jacques opérait à l'ombre d'un arbre. Le Centre dentaire a fait du chemin depuis, mais la situation de l'époque n'était pas sans charme… Si Jacques a pu faire du si bon travail, c'est aussi que très tôt il a trouvé une collaboratrice efficace en la personne de Suriyagandhi. Sa connaissance de la société traditionnelle des villages a été un atout formidable pour la clinique dentaire.

Plus d'hygiène, moins de pollution

Tout le monde sait que les déchets sanitaires (couches, tampons, serviettes hygiéniques) sont difficiles à gérer. En ce qui concerne les règles, il semble qu'une femme jette en moyenne à la poubelle, et dans sa vie, entre 100 et 150 kg de serviettes, tampons et applicateurs. On peut donc imaginer le désastre écologique que cela représente, encore plus en Inde où la gestion des déchets laisse encore fort à désirer. Certaines Auroviliennes en avaient bien conscience et c'est mues par cette préoccupation qu'elles ont créé Eco Femme. Elles nous expliquent ici les différentes facettes de leur travail.

ECO FEMME EST UNE ENTREPRISE sociale gérée par des femmes et située à Auroville. Elle a été créée en 2010. Son but est de créer des changements environnementaux et sociaux en promouvant des pratiques menstruelles qui ne polluent pas l'environnement, qui soient saines, culturellement adaptées et qui soient un facteur d'autonomie. Eco Femme produit et vend des tampons lavables en tissu dans 27 pays, donne des cours sur l'hygiène menstruelle à des adolescentes, et propose des dialogues sur la menstruation un peu partout.

Nos méthodes de travail

Nous sommes une entreprise sociale et nous voulons être un exemple de la manière dont le business et la responsabilité sociale peuvent aller de pair. Comme la menstruation est une expérience qui transcende cultures, classes et castes, nous y voyons une occasion extraordinaire de faire avancer à chaque stade de notre travail des transformations sociales et une prise de conscience écologique. Nous essayons de créer une approche vraiment holistique de la menstruation en intégrant des pratiques commerciales éthiques, des procédés de fabrication auxquels participent les femmes des régions rurales (puisque ce sont elles qui produisent les tampons de tissu), et une pédagogie autour de l'expérience de la menstruation prenant en compte les différentes cultures.

Ceux de nos programmes qui sont proposés gratuitement incluent :

— des cours où l'on donne des connaissances élémentaires sur la menstruation ;

— un accès à nos tampons pour les adolescentes et les femmes marginalisées ;

— la formation de facilitatrices et de personnes qui pourront, au nom de la planète, se faire l'avocat d'une menstruation qui ne détruit pas l'environnement. Nous avons tout un réseau de partenaires, ONG ou éducateurs, qui travaillent sur le terrain partout en Inde.

Auto-gestion

Nos tampons sont cousus par des femmes appartenant à des groupes d'entraide. Nos partenaires sont AVAG [Auroville Village Action Group], Cocoon (une unité d'Auroville) et Ektha à Bangalore. Plus de vingt femmes ont été formées à la confection et production de nos tampons. À AVAG les femmes gèrent leur propre unité de confection qui s'appelle AVAL. Nous ne sommes qu'un de leurs clients, et elles sont payées à la pièce, ce qui leur permet de générer des salaires décents. À l'heure actuelle, la seule commande mensuelle d'Eco Femmes donne un emploi à plein temps à sept femmes.

Accès aux tampons et formation

La menstruation est une expérience qui comporte de nombreux aspects et qui doit être vue du point de vue social, culturel, économique, environnemental, et du point de vue de la santé. Nos programmes et nos modules éducatifs ont évolué avec notre compréhension grandissante du côté holistique de cette expérience – et en réponse aux pratiques menstruelles écologiques se développant en Inde et dans le monde.

L'approche éducative de Eco Femme est centrée autour des principes suivants :

Nous proposons un choix éclairé sur des produits menstruels qui encouragent la santé et le bien-être – pour l'individu, la communauté et la planète. Nous donnons des connaissances de base sur le cycle menstruel de manière à ce que le phénomène de menstruation soit compris comme un processus cyclique qui inclut bien davantage que la phase visible du saignement.

Nous respectons les différentes cultures, reconnaissant le fait que les pratiques culturelles peuvent avoir certaines significations, et des enquêtes sous forme de conversations tentent de distinguer les pratiques dangereuses de celles qui sont sans inconvénient.

Nous tenons pour important de ne jamais ressentir ou exprimer de culpabilité ou de honte en parlant de la menstruation et des produits durables, car c'est notre souci pour la planète qui nous fait parler.

Nous avons des approches adaptées au contexte. Il n'y a pas d'approche ou de programme standard.

Notre modèle économique hybride nous permet d'utiliser le profit fait avec la vente de nos tampons en tissu pour nos activités à but non lucratif, dont on veut faire bénéficier autant de femmes que possible dans le monde.

Activités à but non lucratif

Nous donnons une éducation sur l'hygiène menstruelle et fournissons gratuitement des tampons lavables à des adolescentes en Inde à travers notre programme *Pad for Pad*.

Nous facilitons l'accès à des tampons lavables à des femmes pour qui le coût serait prohibitif, à travers notre programme *Pads for Sisters*.

Nous formons des animatrices à promouvoir dans leur communauté des pratiques saines et sans dégâts pour l'environnement.

Nous offrons des conseils à des organisations dans le monde concernées par des pratiques menstruelles durables.

— Eco Femme

Le témoignage de Kalsang Dolma

J'ai commencé à m'engager dans ce travail quand j'ai emmené dix-neuf étudiants et cinq adultes à Dharamsala. C'était un programme du Pavillon de la culture tibétaine à Auroville et faisait partie des projets soutenus par le Tibetan Children Village [TCV] intitulés « Construire des ponts ». J'étais la coordinatrice de ce programme.

Chaque fois que j'arrive à Dharamsala c'est une chose qui me perturbe. Où qu'on aille, quelle que soit la randonnée ou le trek qu'on fasse, ou même si on veut passer un peu de temps sous les grands pins, partout on voit ces serviettes hygiéniques. On en voit traîner partout où vivent les moines, les nonnes, les enfants – même à l'endroit où demeure le dalaï lama ! Les singes, les chiens et autres animaux les attrapent, les traînent hors des poubelles,

Session d'information pour une école gérée par Auroville.

et puis des oiseaux parfois s'en emparent. Je me suis dit qu'il devait y avoir un moyen d'arrêter cela.

La première fois que j'en ai parlé, sans trop réfléchir avant, cela a été avec Ngodup Wangdue, le directeur du TCV. Il m'a tout de suite répondu qu'il aimerait trouver une solution. Je lui ai expliqué ce que faisait Eco Femme à Auroville. Tout de suite enthousiaste, il m'a demandé : Est-ce qu'on peut faire ça ici ?

J'étais très contente et je l'ai raconté à Kathy de Eco Femme. Harshini est alors allée à Dharamsala, voyage payé par TCV.

Elle a fait quelques présentations pour les adolescentes de TCV à propos des tampons en tissu, et leur a suggéré de changer de méthode. La réaction la plus étonnante a été quand on a expliqué aux filles l'impact sur l'environnement. Elles ont alors exprimé un grand intérêt pour se mettre aux tampons lavables.

Plus tard j'ai fait une présentation au TCV de Suja, dans l'Himachal Pradesh.

Eco femme m'a demandé encore d'aller à Dharamsala en juin 2017 et de former une jeune Tibétaine, Pema Lhamo, qui était bénévole dans le Département de la santé du gouvernement tibétain en exil. Pema avait informé Eco Femme de son intérêt pour les tampons en tissu. Cette fois-là nous avons contacté deux couvents.

Maintenant je vais de nouveau retourner à Dharamsala pour faire une présentation aux étudiantes du collège Sarah, près de Dharamsala. Il y a environ 500 filles qui étudient dans cet institut.

Nous sommes aussi en train de discuter avec le Bureau de la condition féminine du gouvernement tibétain pour les encourager à se mettre aussi aux tampons en tissu.

Au jour d'aujourd'hui, Eco Femme a fourni plus de trois mille tampons aux écoles que nous avons visitées ainsi qu'aux couvents à des prix subventionnés.

Je crois que si nous voulons changer le monde, ensemble nous le pouvons.

— Kalsang Dolma

Au nom de la terre

Spécialiste de l'architecture en terre, l'Auroville Earth Institute (AVEI) donne à des individus, comme à de multiples organisations dans le monde, les moyens d'explorer des méthodes de construction plus durables, bon marché et adaptables. Une activité qui s'inscrit parfaitement dans un concept « smart » de l'environnement.

Auroville Earth Institute [l'Institut de la terre à Auroville] est une organisation spécialisée dans la recherche, le développement, la promotion et le transfert de technologies de construction en terre, qui sont parmi les solutions les plus rentables pour le développement durable, à faible émissions de carbone et consommation d'énergie. Au cours de ces vingt-huit dernières années, AVEI est devenu l'un des meilleurs centres d'excellence au monde en architecture de terre, travaillant dans trente-six pays pour promouvoir et disséminer les connaissances dans la construction d'habitats durables.

La mission clé de cet Institut est de faire revivre les compétences traditionnelles, combinant les traditions ancestrales et vernaculaires de la construction en terre crue avec la technologie moderne de terre stabilisée. Nous avons appris aux gens pendant près de trois décennies à construire leurs propres logements en utilisant des techniques de construction à base de terre qui sont peu chères, adaptables et éprouvées par le temps.

Recherches approfondies

L'institut est composé d'une équipe dynamique de spécialistes du bâtiment (architectes, ingénieurs et maîtres-constructeurs) qui a formé plus de douze mille personnes de quatre-vingt quatre pays aux technologies du bâtiment durable et aux pratiques de gestion des ressources naturelles. Nous offrons régulièrement des formations dans notre centre, des cours spécialisés sur le terrain, des séminaires, des ateliers, des manuels et d'autres publications. C'est l'un des rares endroits dans le monde où étudiants comme praticiens peuvent venir du secteur public pour être formés à la construction avec la terre.

L'Institut de la terre a également conçu toute une gamme de machines pour la construction en terre, y compris des presses manuelles et hydrauliques produites par notre partenaire industriel Aureka (entreprise d'Auroville). Nous menons des recherches approfondies sur les sols et la performance structurelle des matériaux de construction, mais nous excellons dans la recherche appliquée mise à la disposition d'un large éventail de parties prenantes à travers des formations, des bâtiments de démonstration, des publications largement accessibles, des manuels et des ressources internet. À noter que AVEI a remporté quatre prix internationaux et onze prix nationaux pour son travail.

Notre équipe est membre d'organisations mondiales de premier plan dans ce domaine, à commencer par notre principal partenaire académique CRAterre-ENSAG (Grenoble, France). Nous sommes également des représentants académiques de l'UNESCO et nous animons des cours pour d'innombrables institutions académiques, écoles techniques locales et universités, et collaborons fréquemment avec des institutions académiques pour la recherche scientifique. Nous faisons partie d'un réseau d'institutions au niveau local et national, qui visent à influencer le développement durable des moyens de subsistance en Inde. Nous offrons une formation équitable pour le développement durable, qui vise à influencer les décideurs politiques pour la gestion respectueuse de l'environnement.

Une science « smart »

Auroville a été conçu comme un terrain d'expérimentation pour la ville du futur, un lieu où les recherches de pointe peuvent être continuellement testées et améliorées dans le cadre d'un « laboratoire vivant », apportant des solutions de développement durable valables, non seulement pour la ville elle-même, mais aussi comme modèles potentiels pour des applications ailleurs. AVEI a travaillé au service de cet objectif pendant des décennies, en développant des technologies de construction qui sont applicables pour la construction durable de bâtiments et d'infrastructures. Aujourd'hui, l'Institut fournit des conseils techniques et une assistance à un large éventail d'architectes, de groupes de travail, de représentants de planification et de parties prenantes individuelles à Auroville, aidant d'autres initiatives à réduire leurs énergies grises et leur empreinte de carbone.

Notre domaine d'expertise n'est pas celui qui est généralement considéré comme « smart » dans le sens dominant. Au contraire, le sol est souvent considéré comme un matériau « low-tech » nécessitant peu de connaissances

pour être utilisé. Rien n'est plus loin de la vérité, à la fois en termes de science de la matière du sol qu'à un niveau plus large concernant la façon dont les technologies en terre ont été développées dans l'histoire des établissements humains.

La construction en terre offre une excellente solution au changement climatique : nous travaillons fréquemment dans des régions reculées du monde, où le ciment est de plus en plus acheminé d'une distance plus de 2 000 km. Dans ces domaines, la domination de l'industrie du béton est si répandue que les gens ont du mal à imaginer des alternatives. Pourtant, ces dernières existent déjà dans les meilleurs exemples de construction vernaculaire. Le langage vernaculaire, cependant, doit être réinventé et hybridé pour le rendre valable aux yeux de la population locale et aux décideurs politiques. Notre philosophie privilégie les connaissances « open source » pour avoir le plus grand impact. Nos innovations sont les meilleures lorsqu'elles ont été appropriées et réinventées sous de nouvelles formes par des personnes qui les adaptent à leurs circonstances particulières. De telles technologies peuvent incorporer des connaissances de construction endémiques, exploiter des techniques traditionnelles de terre crue et revitaliser l'utilisation de matériaux locaux.

Une approche bioclimatique

L'avenir de la construction dépendra d'une conception qui tiendra compte du contexte, du climat, de l'écologie et de la gestion durable des ressources et des terres.

Notre campus est une destination mondiale pour les meilleures pratiques dans la construction en terre, en particulier dans les climats de mousson chauds et humides. Nous documentons méticuleusement nos constructions en cours, notant les économies d'énergie grise dans nos bâtiments et produisant des analyses d'études de cas détaillées. En plus de l'utilisation maximale de la terre comme matériau de construction, notre campus et toutes nos constructions fournissent des exemples de meilleures pratiques de conception bioclimatique (ventilation passive, éclairage naturel, orientation optimale et morphologie du bâtiment), gestion durable des terrains (récolte des eaux de pluie, systèmes décentralisés de traitement des eaux usées), et utilisation de sources d'énergie renouvelables (systèmes solaires passifs/actifs, énergie éolienne).

—Satprem

Réalisations et projets

En dehors d'Auroville, AVEI a construit 90 bâtiments, participé directement à la construction de plus de 3 400 bâtiments et aidé indirectement d'innombrables centaines d'autres. Nous avons été consultant pour de nombreuses organisations en vue de changer le marché mondial du logement ou pour la réhabilitation et la reconstruction après des tremblements de terre majeurs (par exemple 2003 Bam, 2010 Haïti, 2015 Népal) ou catastrophes (tsunami indonésien de 2004). Le résultat commun de ces interventions a été l'acceptation de ces technologies de construction dans les codes nationaux ou régionaux de reconstruction en cas de catastrophe. Ainsi, notre technologie de blocs à emboîtement creux contre les catastrophes naturelles a été approuvée par les gouvernements du Gujarat, de l'Iran, du Tamil Nadu et du Népal.

Par ailleurs, beaucoup de nos anciens stagiaires ont rejoint des organisations de développement à fort impact. Après le tremblement de terre de Kutch en 2001, un ancien stagiaire du Catholic Relief Services (CRS) s'est associé avec nous pour fournir une assistance technique à un programme de reconstruction entrepris par des acteurs locaux. En un an, nous avons aidé

CRS à construire 2 698 maisons de différents types avec les populations locales, générant des emplois, des moyens de subsistance et de la dignité pour plus de 2 000 personnes dans 39 villages. Un autre ancien stagiaire dirige un projet de l'Union Européenne au Sri Lanka (2016–2017) qui vise à construire 900 maisons avec de la terre en mettant l'accent sur l'utilisation des matériaux locaux.

Les Éditions Discovery est un éditeur multimédia dont la mission est d'inspirer et de soutenir la transformation personnelle, la croissance spirituelle et l'éveil. Avec chaque titre, nous nous efforçons de préserver la sagesse essentielle de l'auteur, de l'enseignant spirituel, du penseur, guérisseur et de l'artiste visionnaire.

www.ingramcontent.com/pod-product-compliance
Lightning Source LLC
Chambersburg PA
CBHW022057150426
43195CB00008B/165